本书为国家社会科学基金项目"中国和东盟国家的国家语言能力对比研究"的最终成果；本书出版得到了广大州大学科研基金的资助。

中国和东盟国家的国家语言能力对比研究

王晋军　施黎辉　黄兴亚　黄劲怡　著

科学出版社

北　京

内 容 简 介

本书通过梳理"语言能力"定义及有关研究成果，提出了一套国家语言能力分析的新框架，并以此为指导对比了中国和东盟国家的国家语言能力状况，探求其宏观和微观维度的异同。在宏观方面，本书着重审视了中国和东盟国家在"国家民族语言资源""国家外语资源""国家文字管理机构""语言技术和服务""语言政策和规划"等几个能力项上的异同。在微观方面，本书对比考察了中国和东盟国家国民的成人识字率和英语水平。最后，本书归结对比结果带来的启示，并尝试提出提升国家语言能力的有关设想。书中的讨论和探索丰富了国家语言能力研究的内涵，充实了我国目前对东盟国家的研究，也相应拓宽了该领域的研究外延。

本书可供社会语言学、语言政策等相关领域的研究者参阅。书中展示了鲜明的研究范式和详尽的调查数据。

图书在版编目（CIP）数据

中国和东盟国家的国家语言能力对比研究 / 王晋军等著. —北京：科学出版社，2022.11

ISBN 978-7-03-072272-0

Ⅰ. ①中… Ⅱ. ①王… Ⅲ. ①语言能力 - 对比研究 - 中国、东南亚国家联盟 Ⅳ. ①H0

中国版本图书馆 CIP 数据核字（2022）第 082644 号

责任编辑：王　丹　贾雪玲 / 责任校对：贾伟娟
责任印制：赵　博 / 封面设计：蓝正设计

科 学 出 版 社 出版

北京东黄城根北街 16 号
邮政编码：100717
http://www.sciencep.com

北京中科印刷有限公司印刷

科学出版社发行　各地新华书店经销

*

2022年11月第　一　版　开本：720×1000 1/16
2024 年 3 月第二次印刷　印张：19 1/2
字数：330 000

定价：98.00 元
（如有印装质量问题，我社负责调换）

目　　录

第 1 章

绪　　论

对语言能力的兴趣和探索可以追溯到洪堡特（von Humboldt）、索绪尔（de Saussure）等语言学家，然而直至 1965 年乔姆斯基（Chomsky）才明确提出"语言能力"（language competence）。这一概念提出半个多世纪以来，对它的研究从未中断，有挑战和质疑，也有传承和深化。随着世界局势的风云变幻，国家安全日益引起各国的重视。语言能力与国家战略紧密联系在一起，由此产生了国家语言能力。在实现"中国梦"及建设"一带一路"的过程中，国家语言能力研究显得迫切而又必要。反观他国的国家语言能力建设经验，可以更好地了解和掌握我国的国家语言能力现状，从而有效提升国家语言能力。

1.1　研　究　缘　起

洪堡特（1999）最早把"语言"看作"能力"，即语言是天赋能力和创造能力（申小龙，1990）。索绪尔（de Saussure，1983）的"语言-言语"（langue-parole）二元论把"语言"看作社会集体的语言能力，把"言语"视为集体能力的个人发挥。到 20 世纪 60 年代，乔姆斯基（Chomsky，1965）的"语言能力-语言运用"（language competence-language performance）二元论标志着"语言能力"作为一个语言学概念的正式确立。在他看来，语言能力是被理想状态的本族语者所内化的语法规则，具有遗传性、进化性和生成性等特征（Chomsky，1977；张强和杨亦鸣，2016）。此后，这一范畴的内涵和外延不断扩大，语言能力研究就此拉开序幕。同时，乔姆斯基的语言能力观也受到诸多挑战。比如，海姆斯（Hymes，1972）的"交际能力"（communicative competence）就强调了说话人在使用语言时所展现出的语境适应能力；卡纳尔和斯温（Canale & Swain，1980）认为，语言能力就是人运用语言进行社会交往的能力；泰勒（Taylor，1988）提出的"语言能力"、"语言水平"（language proficiency）和"语言运用"概念，分别指人的语言知识、运用语言知识的能力、运用的效果和水平；巴赫曼（Bachman，1990）的语言交际能力理论模型初步描述了语言能力、策略能力、心理运动机制和语境的联动，从而使语言能力逐步从理论走向实践。

近年来，国内外学界对语言能力的认识和研究在不断提升和扩大。语言能力不仅关乎人类语言基本生成机制及个体在具体语境中的语言交际能力，而且随着全球化时代的到来和信息化的蓬勃发展，语言能力在个人生活、社会发展、国家治理、国家安全中的功能不断多元化；在国际竞争中语言作为文化软实力的作用日益凸显；语言能力也日趋与国家层面的宏观战略密切相关。

国家语言能力（national language capacity）被定义为国家对特定语言需求的应对能力，以及国内外常规和突发状况下满足语言需求的能力（Brecht & Walton，1994；Brecht & Rivers，1999）；其实质是国家外语能力或国家非通用语能力（文秋芳，2017）。美国政府在其发布的《国家安全语言计划》（The National Security Language Initiative）、《国家外语能力行动倡议书》（A Call to Action for National Foreign Language Capabilities）及《国防部语言技能、区域知识、文化能力的战略规划：2011—2016》（Department of Defense Strategic Plan for Language Skills，Regional Expertise，and Cultural Competencies：2011-2016）等文件中宣称美国的外语能力及其对世界文化的了解能力能使其成为更强大的全球领导者（Brecht & Walton，1994；Brecht & Rivers，1999；唐红丽，2014）。显然，国家语言能力已得到美国政府的高度重视。英国在21世纪初同样出台了"国家语言战略"；法国实施了"法语国家语言战略"；亚太经济合作组织也推出了"英语和其他语言战略行动计划"（文秋芳等，2011；文秋芳和苏静，2011）；在澳大利亚、日本、印度尼西亚、欧盟、非洲等国家和地区也出现了多个立足于语言战略的专门机构和行动计划。可以说，一些发达国家及发展中国家已经注意到国家语言能力对国家战略和国家安全的重要性，并开始付诸实施。

中国学者近年来已对国家语言能力、语言规划与国家安全等展开研究。李宇明（2011）、文秋芳（2016，2017）、赵世举（2015）、魏晖（2015）、戴曼纯（2011）、文秋芳和张天伟（2018）等对国家语言能力和国家外语能力做了定义和描述。国内学界对国家语言能力的概念提出了诸多见解,其中共性和差异并存,但有一点需要肯定:"'国家语言能力'虽然源于美国,但经过我国学者的探讨和研究,目前已经呈现出理论雏形,并具有中国特色。"(文秋芳,2017)我国学者对国家语言能力的研究充分结合中国国情和语情,具有中国情怀,符合我国新时代发展的需求。本书将在第3章梳理和总结我国学者对国家语言能力的界定和阐释,并提出适合本书的定义及理论框架。

在国家语言文字工作委员会(简称"国家语委")所制定的《国家语言文字事业"十三五"发展规划》中,国家语言能力被首次提及,并明确指出"到2020年,在全国范围内基本普及国家通用语言文字,全面提升语言文字信息化水平,全面提升语言文字事业服务国家需求的能力,实现国家语言能力与综合国力相适应"。随着我国综合国力的增强和世界影响力的不断提升,我国的国家语言能力的建设与提升也日趋紧迫。

全球化和信息化使语言的功能(如交际功能、信息功能、经济功能、科技功能等)空前拓展,在文化、政治、经济、科技、军事、国家安全、外交等领域都发挥着重要作用(李宇明,2011;赵世举,2015);语言的价值也在许多方面得以彰显,因为它不仅具有促进国际贸易的"经济价值"、处理国与国之间外交事务的"政治价值"、传播一国传统文化的"文化价值",还有保障国家安全的"安全价值"。世界上许多国家,如美国、法国、英国、俄罗斯等,都非常重视语言的安全价值。可以说,语言不仅是国家软实力的重要组成部分,而且是一种硬实力(李宇明,2011;赵世举,2015)。它不仅是经济工具,而且是重要的经济资源;不仅与科技发展紧密相关,而且成为国家安全领域亟须关注的重要内容。正如赵世举教授所指出,"正确处理各种语言关系,化解语言矛盾,尤其是防止语言政治化和被境外势力利用,已是国家不可回避的重大安全课题。其次,国家博弈的加剧致使语言渗透成为极大的安全威胁。一些国家利用语言进行政治、文化渗透,并且愈演愈烈,花样不断翻新,已经对我国构成严重威胁"(唐红丽,2014)。随着中国迅速崛起为世界第二大经济体,并从"本土型"国家逐步发展为"国际型"国家,中国的国家语言能力对国家经济发展、国家安全、国家战略及国家治理等方面的重要性已不言而喻。

中国与东盟国家(即泰国、越南、柬埔寨、老挝、缅甸、菲律宾、文莱、马来西亚、新加坡、印度尼西亚)间存在着独特的地缘、史缘、亲缘和文缘关系。

20 世纪 90 年代以来，特别是 2010 年 1 月建成中国—东盟自由贸易区后，中国与东盟国家各方面的交往日益密切，双方间的地方与区域合作逐渐加强。2013 年 10 月，国家主席习近平在访问印度尼西亚期间发表演讲，谈及东南亚地区自古以来就是"海上丝绸之路"的重要枢纽，并提出中国同东盟国家共建 21 世纪"海上丝绸之路"的设想。21 世纪"海上丝绸之路"是全球政治、贸易格局不断变化形势下中国连接世界的新型贸易之路，其核心价值是通道价值和战略安全（张勇，2014）。中国政府高度重视与东盟的关系，将东盟作为周边外交的优先方向①，并希望在未来十年里实现更大的共同进步，从而把过去双边的"黄金十年"变为"钻石十年"。在共建 21 世纪"海上丝绸之路"、对东盟国家加深了解、深化双边合作的背景下，中国和东盟国家的国家语言能力对比研究显得迫切而重要。国家语言能力作为国家核心竞争力的一部分，在中国与东盟国家交往中的作用已日益突显。充分了解东盟国家的国家语言能力，对我国制定符合国家长远发展的语言政策和语言教育政策有着重要作用，同时对我国的国家战略和国家安全有着重要意义。

目前学术界有不少关于东盟国家的语言政策、语言规划及汉语教学方面的论著，但是鲜有与东盟国家国家语言能力有关的研究，也没有对比中国和东盟国家国家语言能力的探究。"他山之石可以攻玉。"中国和东盟国家的国家语言能力对比，可以让我们更好地认识我国和东盟国家的国家语言能力之间存在的异同，也有利于我们借鉴一些东盟国家的语言管理、语言技术、语言资源配置等经验。这一工作一方面能更好地提升我国的国家语言能力，制定恰当的中华语言国际传播规划；另一方面，可以为公民语言能力标准提供参考，不断提升我国的国民语言能力。总之，它能更好地服务于"一带一路"建设及中国在世界之林的崛起，同时也可以为中国和东盟国家共建 21 世纪"海上丝绸之路"提供有力的智力支持。

1.2　研　究　对　象

国家语言能力是国家实力的重要组成部分，也是国家治理能力的重要体现②。

---

① 佩娟，韩硕. 2013. 中国坚持将发展同东盟友好合作作为周边外交的优先方向. http://world.people.com.cn/n/2013/0701/c1002-22031965.html [2016-07-10].

② 陆俭明. 2016. 语言能力事关国家综合实力提升. http://www.gov.cn/zhengce/2016-02/17/content_5042039.htm [2017-07-12].

本书对中国和东盟国家的国家语言能力分别进行研究并展开对比，总体研究框架如下：①确立国家语言能力的定义；②建立中国和东盟国家语言能力的对比理论及分析框架；③探讨国家语言能力与国家治理及国家安全的关系；④从宏观层面（如国家语言资源、国家语言管理能力等）和微观层面（即国民语言能力），分别探讨中国和东盟国家的国家语言能力；⑤详尽对比中国和东盟国家的国家语言能力，探究产生异同的原因；⑥为中国国民语言能力的提升、中华语言的推广以及中国的语言规划提出可行性建议，并从国家安全和国家治理的角度提出一些战略设想。

国家语言能力研究是当今语言学研究的前沿领域。首先，虽然国内学者对国家语言能力进行了研究和探讨且理论日趋完善，但是在实际研究中，可借鉴的理论、方法及成果并不多。因此，本书需要结合研究实际，进行探索性的尝试。这是本书所应对的最大困难。其次，由于涉及了中国和东盟国家的国家语言能力，研究参数较多，对比的内容繁杂，笔者消耗了大量时间和精力做调研、访谈，以获取第一手资料。此外，涉及某些东盟国家的相关资料极少，特别是老挝、柬埔寨、缅甸、文莱等国的语言服务、语言技术以及国民语言能力等相关资料非常贫乏，可参考的信息也极为有限。这些都给本书造成了极大的困难。为攻克这些难题，笔者进行了大量的实地调研，通过访谈、问卷调查及数据统计分析，充实和丰富了研究内容，基本完成了研究目标。

1.3 研 究 方 法

本书采用文献研究法进行了文献的收集和整理。由于一些资料是以东盟国家的语言（即非通用语）呈现的，所以除课题组成员外，笔者聘请了泰语、缅语、越南语、老挝语、柬埔寨语等相关语种人员进行了资料的翻译和整理。为了获取第一手资料，课题组采用了调研法。课题组成员通过临时出国、暑期汉语教学等机会分别去了邻近的东盟国家（即缅甸、柬埔寨、老挝、泰国和越南）进行了实地考察。在调研过程中，课题组成员得到了缅甸、柬埔寨、老挝、泰国和越南等国的中国留学生的大力帮助，这些中国留学生为我们获取资料提供了诸多便利。同时，课题负责人所指导的两个来自越南和泰国的留学生也给予了大力的支持和帮助。她们尽其所能地收集资料，同时提供了中文翻译。

本书还采用了对比分析法，这是本书的主要研究方法。我们首先对中国和东盟国家的国家语言能力进行探讨和分析，然后通过对比来审视国家语言能力各方面的异同，最后就其成因深入讨论。

1.4 理 论 框 架

国家语言能力首次由美国学者提出后就被打上了浓重的服务"国家利益"、关切"国家安全"和契合"国家战略"的印记。在中国经济快速发展、国际地位不断提升、国力不断增强的大语境下，特别是随着"一带一路"建设的推进，国家语言能力研究具有了鲜明的中国特色。中国学者已就此展开相关研究，虽然已形成理论雏形，但在很多方面并未达成一致。在实际操作中，确立适合研究的理论框架尤其重要。本书侧重中国和东盟国家的国家语言能力对比，而东盟国家有其自身的国情和语情。因此，我们有必要探讨适合本书的理论框架及对比模型。

1.4.1　国家语言能力的定义

自乔姆斯基在 1965 年出版的《句法理论的若干问题》(*Aspects of the Theory of Syntax*) 一书中提出"语言能力"和"语言运用"的概念以来，学界从未停止过对它们的探讨。乔姆斯基对这组概念做出了清晰的描述："我们对语言能力和语言运用做个基本的区分，前者指说话者及听话者对某种语言的知识，后者指在具体语境中语言的实际运用。"(Chomsky，1965)

学界通常把乔姆斯基的这一对概念与索绪尔的"语言"与"言语"这一对概念进行比较。索绪尔认为，"语言"是某言语社区全体成员所习得的语言规则系统(包括语音、词汇、语法等)，这些规则使个体具备生成言语行为的能力；"言语"是具体的语言使用，即个体使用语言的过程，包括个体用以表达个人观点的语码及其使用语言的创造性。乔姆斯基的"语言能力"则具有心灵主义的色彩。在心理语言学的基础上，它指在理想化条件下，人类大脑用于言语理解和言语产出的语言知识储备。不同的是，索绪尔的"语言"以社会学为基础，突出语言的社会性。"语言能力"与"语言"虽然是两个不同的术语，出发点也不尽相同，但是我们可以发现两者都是言语行为的基础、前提和必需。概言之，两者都涉及个人的内在能力。"语言运用"与"言语"都可以指语言知识或语言系统指导下的语言实践，或者说是外化的语言能力。

然而，乔姆斯基的"语言能力"受到学界的质疑和挑战，许多学者认为语言能力不应局限于语言知识，同时还应包含语言知识的具体应用，即交际语言能力，如海姆斯（Hymes，1972）的"交际能力"、卡纳尔和斯温（Canale & Swain，1980）的"社会语言能力"、泰勒（Taylor，1988）的"语言能力、语言水平和语言运用"三分概念、巴赫曼（Bachman，1990）的语言交际能力理论模型等。这在一定程度上说明，学界对语言能力的研究日趋朝着语言能力的实际应用这个方向发展。

20 世纪 90 年代随着苏联的解体，美苏两大阵营持续了 45 年的冷战宣告结束，美国成为赢家，也成为世界上唯一的超级大国。为了保持美国在全球的领导地位，美国学界和政界人士认识到：美国不仅要在政治、经济和军事方面强大，还需要有强大的语言实力。他们基于美国非通用语人才较少、素质不高的现实，提出了需要加强美国非通用语能力的建议。由此，《国家安全教育法》（National Security Education Act）于 1991 年出台[①]，随后美国国防部协同国务院、中情局、教育部等单位联手建立了国家安全教育项目办公室，负责落实国家安全教育项目（National Security and Education Program），其主要任务包括："（1）向政府关键部门输送精通关键语言、擅长跨文化交际、有专业技能的高质量人才；（2）支持美国高校开设关键语言课程；（3）满足国家对语言技能的应急需要；（4）为部队培养 21 世纪所需的、具有跨文化交际能力和领导才华的军事领导人。"（文秋芳，2016）美国学者布莱希特和沃顿（Brecht & Walton，1994）于 1994 年提出了国家语言能力的概念，将其定义为"国家应对特定语言需求的能力"，尤其强调了国家非通用语战略规划的重要意义。此后，布莱希特和里弗斯（Brecht & Rivers，1999，2005，2012）先后发文对这一概念进行补充和阐释，并提出一种狭义的国家语言能力观：在战术层面为市场供给人才，以满足当下需求；在战略层面不断储备语言人才，以满足未来需求。

冷战结束后，出于加强美国全球领导力的需求和战略考虑，美国学者提出了

---

① Boren, D. L. 1991. National Security Education Act of 1991 (P. L. 102-103). http://www.intelligence. snate.gov/david1 boren national securityact.pdf [2018-04-18].

国家语言能力的概念。我国近年来取得的经济成就为世界瞩目：2010 年中国成为世界第二大经济体；对外货物和服务贸易总额跃居世界前列，是目前世界上最大、综合实力最强的发展中国家。随着我国硬实力的提升，我国在国际上的地位不断提高，在国际事务中的影响力不断增大，已成为国际舞台上的一支重要力量。同时，我国承担的大国责任也不断扩大，而语言在其中发挥着越来越重要的作用。语言人才应该是国家利益的开路先锋，国家利益到哪里，语言人才就应当先行到哪里（李宇明，2010）。语言的经济价值、政治价值、文化价值、安全价值日趋得以彰显。在这一时代背景下，北京语言大学李宇明教授（2011）首度提出国家语言能力（state language competence）的概念。虽然我国学者对国家语言能力的提出比美国晚了近 17 年，但是我国学者的研究范围、深度与广度都较美国学者有很大的提升，也更具中国特色。

自 2011 年国家语言能力由我国学者提出后，学界经历了对术语的内涵和外延的探讨、对理论框架的研究等过程，已经对国家语言能力的定义、研究范围、理论框架等进行了深入探讨，具备一定的规模。虽然相关学者对国家语言能力的定义、内涵和外延、理论框架等还存在差异，但具有一定的共性（表 1-1）。相关研究已具雏形，研究探讨也日趋深入，为后续研究提供了良好的研究基础和有益的参考。

表 1-1 国内学界对国家语言能力的界定及其评价指标

提出者	定义	评价指标（一级）	评价指标（二级）/能力项解说
李宇明（2011）	国家处理海内外各种事务所需要的语言能力，其中包括国家发展所需要的语言能力	语种能力	解决通用语种、特需语种、应急语种、学术语种的缺口
		国家主要语言的国内外地位	通用语全国普及、中华语言国际传播
		公民语言能力	建立能力标准，统筹"语种标准""语言能力标准""汉族双言双语标准""少数民族多言多语标准"
		拥有现代化语言技术的能力	互联网与云计算带来的机遇与挑战
		国家语言生活管理能力	各行各业统筹协调，提倡"多言多语"生活，带入语言资源和语言生活和谐理念
赵世举（2015）	国家掌握利用语言资源、提供语言服务、处理语言问题、发展语言事业等方面能力的总和	拥有能力	拥有量、资源质量、管理水平
		服务能力	日常和特殊语言服务
		开发利用能力	语言技术开发、知识数据库建设、语言文字应用标准制定
		国民语言能力	多语能力、技术能力

续表

提出者	定义	评价指标（一级）	评价指标（二级）/能力项解说
赵世举（2015）	国家掌握利用语言资源、提供语言服务、处理语言问题、发展语言事业等方面能力的总和	人才储备能力	应用型人才、教学研究型人才、资源开发型人才
		语言管理能力	科学看待并管理好语言这把"双刃剑"
		语言影响力	汉语及中华文化的国际传播
魏晖（2015）	国家分配和管理语言资源(包括语言本体资源、语言应用资源、语言学习资源、人力资源)的效率，是一种突出内部要素禀赋的内生性能力——内部要素禀赋或资源分配管理的能力	语言普及力	国家通用语言文字的普及程度及水平
		语言生命力	国民掌握语种的数量及水平
			各语种人才的数量、水平和结构分布
		语言开发力	语言资源库的可开发性及开发效率
			语言学习资源的可利用性及利用效率
			语言信息处理能力
		语言管理力	管理社会语言生活的能力
文秋芳（2016）	政府（行为主体）处理在海内外（发生空间）发生的涉及国家战略利益的语言事务（处置对象）所需的语言能力	管理能力	组织力：管理机构的布局及其任何的合理性
			规划力：对未来需求的预测以及制订应对方案的计划性
			执行力：对落实规划的速度和效率
			应急力：处理海内外突发事件的处置力
		掌控能力	通晓力：对国家拥有语言资源的种类和质量的熟悉程度
			支配力：调用语言资源服务国家需求的速度和准确性
		创造能力	实践力：落实培养国家短缺语言人才计划的能力
			科学力：对培养短缺语言人才的有效性
		开发能力	信息挖掘能力：挖掘公开（开源）情报的自动化程度与准确性
			机器翻译力：运用机器翻译语言的速度和质量
		拓展能力	影响力：中文在国际交流中使用的广度和深度
			传播力：中文创造或推广新知识的能力
杨亦鸣（2015，2018）	国家语言能力有广义和狭义之分	广义国家语言能力	包含公民个人语言能力和社会语言能力
		狭义国家语言能力	国家在处理国内外事务中所需的语言能力
陆俭明（2016）	国家处理海内外各种事务所需的语言能力及国民语言能力的综合	公民语言能力	母语及外语能力
		语言资源能力 语言服务能力 信息处理能力	语言资源的拥有及利用能力

李宇明教授 2011 年在我国正式提出国家语言能力的概念,他认为国家语言能力是国家处理海内外各种事务所需要的语言能力。国家语言能力由哪些内容组成,尚无定说。就我国的情况来看,国家语言能力应主要包括五个方面:①语种能力,即国家总共能够了解和使用多少种语言;②国家主要语言的社会地位,特别是国家通用语言在国内外的地位;③公民的语言能力;④现代语言技术发展水平;⑤国家语言生活的管理水平(李宇明,2011)。这一新概念引起了学界的关注,但就国家语言能力所包含的具体内容,李宇明教授并未做详尽的阐述。

同年,文秋芳等(2011)首次撰文探讨了国家外语能力,认为"国家外语能力指的是一个国家运用外语应对各种外语事件的能力。这种能力不取决于一个国家掌握外语的绝对人数,也不取决于一个国家外语教育的普及程度。衡量它的根本标准是一个国家能够使用的外语资源的种类与质量"。同时,"国家外语能力存在形式有三种:潜在能力、现实能力和未来能力"。此后,她及她的团队撰写了多篇文章,介绍美国的国家外语能力,如文秋芳和苏静(2011)的文章、文秋芳和张天伟(2013)的文章、张天伟(2013)的文章等。

国家政府文件中逐渐使用国家语言能力这一术语,对其重视程度在不断加大。《国家中长期语言文字事业改革和发展规划纲要(2012—2020年)》使用了国民语言能力和国家语言实力等概念,但并未使用国家语言能力这一术语。直到国家语委制定的《国家语言文字事业"十三五"发展规划》出台,国家语言能力才以官方形式面世。《国家语言文字事业"十三五"发展规划》中明确提出,到 2020年,我国的国家语言能力要能够与综合国力相适应。这对语言工作者和研究人员来说是机遇、责任,也是挑战。

随后,戴曼纯(2011)、赵世举(2015)、魏晖(2015)、文秋芳(2016)等对国家语言的内涵和研究范围、理论框架等进行了阐述,在术语的英译、术语的内涵及外延方面都提出了各自的看法,各有千秋。

首先,学者们对国家语言能力有不同的英译,有沿用布莱希特和沃顿提出的 national language capacity 的术语(赵世举,2015;张天伟,2017;戴曼纯和李艳红,2018);沿用乔姆斯基的 language competence 的术语(Chomsky,1965);采用了英译 state language competence(李宇明,2011);或采用国家语言资源能力 national language competence(魏晖,2015,2016;文秋芳,2016,2017);还有学者采用了 national language capabilities(戴曼纯,2011)。

其次，在术语的概念、内涵及外延上，学者有同有异。

戴曼纯（2011）完全采用了李宇明（2011）的定义。赵世举（2015）认为，国家语言能力是指一个国家掌握利用语言资源、提供语言服务、处理语言问题、发展语言事业等方面能力的总和。它是国家实力的一个组成部分，对于国家建设、发展和安全具有十分重要的作用。魏晖（2015）认为，国家语言能力是"国家分配和管理国家语言资源的效率"，"是一种突出内部要素禀赋的内生性能力，是建设文化强国的基础"。他从企业战略管理资源学的视角，强调了国家对语言资源配置和管理的效率，是衡量国家语言能力高低的关键。他提出了四个一级指标即国家通用语言文字普及程度及水平（简称"语言普及力"）、语种数量及其活力（简称"语言生命力"）、语言资源开发状况和水平（简称"语言开发力"）、管理社会语言生活的能力（简称"语言管理力"）指标，以及七个二级指标：国家通用语言文字的普及程度及水平；国民掌握语种的数量及水平；各语种人才的数量、水平和结构分布；语言资源库的可开发性及开发效率；语言学习资源的可利用性及利用效率；语言信息处理能力；管理社会语言生活的能力。文秋芳（2016）把国家语言能力定义为"政府处理在海内外发生的涉及国家战略利益事务所需的语言能力"，其包括三部分：行为主体是政府；处置对象是涉及国家战略利益的语言事务；语言事务的发生空间为海内外。她进一步把国家语言能力分为五个分项能力：国家对涉及国家战略利益语言事务的管理能力（简称管理能力）；国家对语言人才资源的掌控能力（简称掌控能力）；国家对语言人才资源的创造能力（简称创造能力）；国家对语言处理技术的开发能力（简称开发能力）；国家对中文国际影响的拓展能力（简称拓展能力）。每个分项能力又有两个或四个评价指标，如"管理能力"包括"组织力"、"规划力"、"执行力"和"应急力"四个指标；"掌控能力"包含"通晓力"和"支配力"两个指标；"创造能力"包含"实践力"和"科学力"两个指标；"开发能力"包括"信息挖掘能力"和"机器翻译力"两个指标；"拓展能力"包括"影响力"和"传播力"两个指标。杨亦鸣（2015，2018）认为，语言能力可以包含三个维度：个人语言能力（包含母语能力、外语能力和多语能力）、社会语言能力（涉及职业和专业的语言能力）和国家语言能力。他提出了国家语言能力的广义和狭义之分，认为广义国家语言能力应该包含公民个人语言能力和社会语言能力，而狭义国家语言能力则是指国家在处理国内外事务中所需的语言能力，体现在政治、经济、外交、军事、科技、文化等各个领域。陆俭明（2016）指出，国家语言能力应包含国家处理海内外各种事务所需的语言能力及国民语言能力，公民语言能力包含母语及外语的能力，语言资源能力、语言服务能力、信息处理能力是语言资源的拥有及利用能力。

由于学者的研究旨趣和领域的差别，上述定义各有侧重，但就"国家语言能力"的内涵和外延来说，共同点也是显而易见的：①国家语言能力是一个国家的语言资源、所能提供的语言服务、处理语言问题和发展语言的能力总和；②国家语言能力包含国家所拥有的语言资源能力；③国家语言能力包含国家的语言资源管理能力，其中涉及语言服务、语言技术或信息处理水平、语言人才储备等；④国家语言能力涉及国民语言能力。

文秋芳（2017）撰文对国家语言能力进行了进一步思考。她基于索绪尔和乔姆斯基对"语言""言语"以及"语言能力""语言应用"的二分的分类，提出了"国家话语能力"的新概念，展现出她对"国家语言能力"的新认识。在她看来，国家语言能力由国家语言资源能力和国家话语能力（national language performance）两部分共同构成。前者是后者的基础，而后者是前者的应用。国家话语能力是"检验与国家战略相关的语言事务处理是否有效的终极能力"，是"政府为维护国家战略利益所需的语言表达能力"。它主要由五种能力构成："话语战略事务管理能力、国家领导人话语能力、国家机构话语能力、国家媒体话语能力以及国家话语外译能力。"（文秋芳，2017）

一些关于公民个人语言能力、国民语言能力、国家语言能力之间关系的阐述，认为国家语言能力应该包含国民语言能力（又称为公民语言能力）及个人语言能力。李宇明（2011）在讨论公民语言能力的发展问题时指出，公民语言能力之和是构成国家语言能力的基础，但公民不能仅停留在识字多少的层面上，还需要考虑多语种能力。在此，李宇明（2011）强调了公民外语能力对于国家语言能力的重要性。赵世举（2015）指出"国民语言能力不仅是个人立身之本，关乎其基本素质、生存能力和创造力、发展力、竞争力，而且它作为国家语言能力的基础、核心和支撑，直接决定国家语言实力的强弱，影响民族素质和国家人力资源质量，进而影响国家建设、发展和安全"。陆俭明（2016）在讨论语言能力的内涵时指出，个人语言能力应该包含母语和外语、口头和书面等不同层面；国家语言能力涵盖国民语言能力（包括国民个人的语言能力和全民的语言能力）。以上观点充分说明，国民语言能力和个人语言能力对于国家语言能力的重要性和必要性。

上述关于国家语言能力内涵、外延及理论框架的阐述，大多以我国的国情为参照（如对国家通用语言文字普及程度及水平的考虑、对汉语的国际地位及国际推广的思考等），具有深厚的中国情怀。本书从东盟国家与我国国情和语情的诸多不同出发，关注中国和东盟国家国家语言能力的对比。因此，基于当前学界对国家语言能力的阐述，本书承袭国家语言能力的基本内涵，但适当放宽其外延，使其定义适用于本书的需要。这里，国家语言能力是指国家处理海内外涉及国家一切战略利益所需要的语言能力，包括国家所拥有的语言资源能力、国家语言管理能力以及国民语言能力。

1.4.2　国家语言能力的研究框架

本书采用了文秋芳（2017）的二分模式，但区分了宏观国家语言能力与微观国家语言能力。

宏观国家语言能力指国家语言能力的整体或全局方面，涉及国家所拥有的语言资源能力和国家语言管理能力。语言是一种特殊的社会资源（魏晖，2016），国家所拥有的语言资源能力包含国家民族语言及外语的数量、全民掌握的总体水平。国家民族语言是一个与外语相对的概念，包括一个国家的主体民族语言文字（通用语言文字）及少数民族语言文字。外语资源则涉及一个国家所能开设的外语语种、掌握外语的人才数量、外语人才的水平等。国家语言管理能力包括国家语言规划能力、国家的语言服务能力、国家的语言技术水平及语言信息处理能力等。国家语言管理能力与语言规划、语言政策紧密相关。斯波斯基（Spolsky）指出"当有一个人或一群人在对这种语言进行指导时，我们就称之为语言管理"（斯波斯基，2001）。他认为，虽然"语言规划"与"语言管理"的所指相近，但相较而言，他更倾向"语言管理"一词。语言管理者可以是西方国家中的两院制议会，也可以是国家的立法机构，也可能是一个国家的州级（或省级）或其他地方政府机关。同时，语言管理者还可能是特别的利益集团、法院或行政官员、机构或企业，甚至是决定在家庭中使用何种语言的家庭成员。语言政策与语言规划密不可分，卡普兰和巴尔道夫（Kaplan & Baldauf，1997）认为，语言政策集法律、规章和实践于一体，旨在改变社会、群体或组织中的语言使用，而语言规划的实践受制于语言政策的颁布和施行。李宇明（2011）指出，政府、社会组织、学术机构等对语言生活（language situation）所做的干预、管理及计划等，其中包含语言政策的制定、实施。他特别指出，语言规划应该是对语言生活进行管理，即"语言功能规划"（language function planning），为各领域确定相应语言文字的社会功能（李宇明，2008）。语言规划有"语言地位规划"（language status planning）和"语言本体规划"（language corpus planning）之分。语言地位规划侧重于语言及其变体的社会地位，如确立官方语言、民族共同语等，因此它与语言政策紧密相关。语言本体规划是国家、政府、机构采取相应的手段、措施、方案对具有社会地位的语言进行规范和完善。可以说，语言文字的标准化、规范化和信息化都属于语言地位规划的范畴。从广义上讲，语言政策是国家、政府的决策，隶属于国家管理体系，它是语言的政治和社会目标，而语言规划是语言政策得以实现的具体方式。在本书中，国家语言管理主要涉及国家、政府及语言管理机构对国家的语言资源所进行的指导、管理和规范，即国家、各级政府、相关语言管理机构为实现语言政策的目标而采取的具体措施。由于语言政策与语言规划不可分，因此，在讨论国家语言管理能力时，我们既讨论各国的语言政策，同时也讨论语言规划。国家的语言信息处理水平及语言信息处理能力是指利用信息技术、互联网技术、数据挖掘等技术进行语言信息处理，并使文字识别、语音识别、语义识别、机器翻译等成为可能，并不断扩展和提升。

相较而言，有关国家语言能力的微观层面的研究更为具体，它与国民整体及个人紧密相关，包含国民语言能力和个人语言能力。在本书中，国民语言能力和个人语言能力主要涉及一个国家的主体民族语言（在一些国家是官方语言、通用语、共同语等）能力以及外语能力。国民语言能力主要包含国民所具有的国家主体语言整体水平以及全民外语的整体水平。国民外语能力一般指通过语言测试所获得的个人外语能力评价结果（文秋芳等，2011）。通常来说，各个国家和地区有各自的评估标准与测试方法。个人语言能力涉及对外语和主体语言或官方语言的具体应用能力，包括通常所说的听、说、读、写四种能力。国民语言能力构成了国家语言能力的基础；国民外语能力是国家外语能力的基础；国民的通用语言文字能力或官方语言能力又构成了国家通用语或官方语言不可或缺的一部分。本书主要考察国民本民族语言能力和通过语言测试显示出的国民外语能力。

本书以东盟国家独立建国到 21 世纪初为时间区间。在这段时间里，除泰国以外，其他的东盟国家都有被西方殖民的历史，这种深远影响在它们的宏观和微观国家语言能力上都有集中体现。在国家语言管理方面的反映较为突出，尤其是语言政策。

基于上述讨论，本书构拟国家语言能力的基本研究框架（图 1-1）。

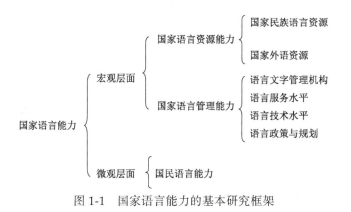

图 1-1 国家语言能力的基本研究框架

如图 1-1 所示，本书从宏观和微观两个层面来对比中国和东盟国家的国家语言能力。在宏观层面，我们主要围绕"资源"和"管理"两个方面来分析和讨论各国国家语言能力的实际情况。由于这部分是国家语言能力的核心部分，我们将在此花更多的笔墨和精力。在微观层面，主要探讨对象是各国的国民语言能力，即国民的通用语言能力和外语能力。该部分主要是基于我们所收集整理的数据资料，对一个国家的国民语言能力概况做出提炼。

1.4.3 对比研究框架

为更好地对比中国和东盟国家的国家语言能力，本书按以下几个步骤来展开（图 1-2）。

（1）分别对中国和东盟国家的宏观和微观语言能力进行阐述。

（2）分别从国家语言资源能力和国家语言管理能力两个方面，对中国和东盟国家的宏观语言能力展开对比。其中，对中国国家语言管理能力的论述涉及中华人民共和国成立以来 70 多年的历程；对东盟国家国家语言管理能力的阐述主要覆盖这些国家从摆脱殖民统治、独立建国到 21 世纪初的历史时期。中国和东盟国家的微观国家语言能力对比主要从国民语言能力展开，通过对所获得的数据进行分析和比较后做出研判和预测。

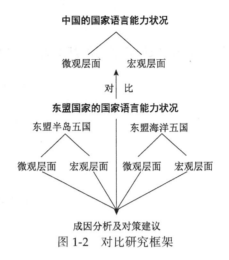

图 1-2　对比研究框架

（3）最后从宏观和微观两个层面对比中国和东盟国家的国家语言能力。依据地理位置，东盟国家囊括了"陆地东南亚国家"（或"半岛东南亚国家"）和"海洋国家"（或"海岛国家"）。前者包括越南、老挝、柬埔寨、泰国和缅甸五个国家；由于这五个国家地处亚洲东南部向南延伸的中南半岛，因此又称为"中南半岛国家"。后者涉及马来西亚、新加坡、印度尼西亚、文莱和菲律宾五个国家（祁广谋和钟智翔，2013）。两者在地理、历史、人文等方面的相似性，在一定程度上导致了语言生态的趋同。对此，我们对比东盟海洋国家和东盟半岛国家的国家语言能力，分别从宏观和微观两个层面，发现它们的异同，并阐明相关缘由。

（4）经由对比获取基本结果后，我们将据此对中国国家语言能力的现状、未来发展趋势等提出参考建议，使之服务于国家发展战略和中国的和平崛起。

1.5　研究意义

国外有关国家语言能力的相关研究成果，除了美国学者布莱希特和沃顿（Brecht & Walton，1994）、布莱希特和里弗斯（Brecht & Rivers，1999，2005，2012）的文献以外，其他文献十分有限。国内相关研究还处于起步阶段，到目前为止一些学者对国家语言能力的概念、理论及研究框架进行过讨论，产生了一些成果，形成了一些共识。一些学者探讨了少数发达国家的外语能力，如美国的国家外语能力（文秋芳和张天伟，2013；文秋芳，2014）、美国军队的外语能力（文秋芳和苏静，2011；张天伟，2013；梁晓波和谭桔玲，2015；梁晓波，2018）、英国军队的外语能力建设（王玉珏，2017）、法国军队的外语能力（戴冬梅和谈佳，2013）、俄罗斯军队的外语能力建设（李迎迎，2013）及中国军队的外语能力建设（傅岩松和彭天洋，2014；王萍和叶建军，2018）等。然而，对比中国与他国的国家外语能力及国家语言能力的文献却鲜有见到。目前还未见有关中国和东盟国家国家语言能力对比的文章或专著。

基于此，本书的学术价值和应用价值体现在以下几点。

（1）本书能丰富国家语言能力的研究，其研究成果对我国今后语言政策及语言教育政策的制定、汉语国际的推广以及公民语言能力标准的确立具有参考价值。

（2）本书能充实我国目前对东盟国家的研究，让学界更好地了解东盟各国的国家语言能力状况，做到知己知彼，从而为我国的国家战略和国家安全提供有益参考。

（3）本书能拓宽对比语言学、社会语言学、国际关系、管理学等领域的研究外延。

1.6 全书结构

本书共计 6 章。第 1 章为绪论，主要阐述了研究缘起、研究对象、研究方法、理论框架、研究意义等，为后续研究打下基础。第 2 章围绕着"国家语言能力"这个术语，对国内外的相关研究进行综述，确定本书的创新性和研究价值。第 3 章从国家语言资源、国家语言管理能力、国民语言能力等方面论述我国的国家语言能力。第 4 章也从国家语言资源、国家语言管理能力、国民语言能力等方面探讨东盟国家的国家语言能力。第 5 章基于第 3、4 章的研究发现，从多个层面详尽对比了中国和东盟国家的国家语言能力。第 6 章是结语，一方面总结本书的研究发现并对我国国家语言能力的提升提出相应对策，另一方面也指出研究的不足和未来的研究方向。

第 2 章

研 究 综 述

在中国特色社会主义事业"五位一体"总体布局、建设社会主义文化强国、建设优秀传统文化传承体系、弘扬中华优秀传统文化的当代语境下，"国家语言能力"凸显着语言文字工作在社会主义事业中的战略地位，集中反映了国家对新时期海内外语言服务、语言生活等若干问题的关切。中国学者对这一概念有过不同解读，但总体上可划分为宏观维度（即宏观国家语言能力）和微观维度（即领/地域的国民语言能力及个人语言能力）。宏观维度的研究涉及国家安全语言战略、国防语言能力建设；微观维度的成果包括了各地区国民语言能力的现状、培养和评测等。从以上两个维度出发，本章旨在对当前的国家语言能力研究现状进行回顾，并做出相应展望。

2.1 宏观维度的国家语言能力

2.1.1 国家安全语言战略

语言规划可调节国家或集体之间的关系（同盟或对立）、开发军事用途语言资源、调整语言间不平等权势地位，对国家安全有重要价值（戴曼纯，2011）。目前，国家安全语言规划相关研究（李宇明，2011；戴曼纯，2011；沈骑和夏天，2014；董晓波，2018）主要围绕人才规划（尤其是外语和多语人才）展开，相应辅以其他规划类型（表 2-1）。

表 2-1　国家安全语言战略的主要观点

规划类型	核心内容	具体观点	提出者
外语人才规划	人才培养模式	外语人才培养模式调整	李宇明（2011）
		培养高端外语人才	戴曼纯（2011）
		多语化、机器自动化教学	戴曼纯（2011）
		改善国内母语教育弱化、公共外语教育单一化现象	黄德宽（2014）
		考虑非传统安全威胁，锁定关键外语	沈骑和夏天（2014）
		"一带一路"大背景下确定关键语种，提升教学质量	董晓波（2018）
		推进军队外语能力建设	
		注重幼儿外语能力培养	
		培养"语言+区域国别"复合型人才	
	人才储备模式	短训班培养急需人才，招纳语言志愿者建立人才信息档案，建立语言国情资源库供研究使用	梁琳琳和杨亦鸣（2017）
其他相关规划	国民语言能力	制定能力评价标准	沈骑和夏天（2014）
	语言生态	正确对待母语与外语、普通话与方言、国家通用语与民族语言之间的关系	
	管理能力	识别敌友、预防解决冲突	戴曼纯（2011）

如表 2-1 所示，当前国家安全语言战略主要涉及四个方面：第一，通过调整高校外语人才培养模式（锁定关键语种、相应增设语种课程、注重高端人才和多语种人才培养），为国家安全保障储备语言人才；第二，确保汉语（即国家通用语）在国内外事务中的主导地位，科学地对待汉语与外语的关系；第三，加大开发和革新语言技术的力度；第四，提升有关决策机构的战略嗅觉，要善于识别敌友、预防解决冲突；等等。

2.1.2　国防语言能力建设

国防语言能力是国家管理和运用语言资源（包括外语、人口、语种、资料、培训机构等），对国防建设、军队建设及战争/非战争军事行动的综合服务能力。其目标是准确把握新形势下的时代特征、军事变革、军队使命和斗争形态，超前预判并解决未来多样化任务中可能遭遇的瓶颈和制约，从而维护国家安全（傅岩松和彭天洋，2014）。它主要由五个方面构成（梁晓波，2018）：①宏观上，军队拥有能力和地方拥有能力；②语种上，国家通用语、少数民族语言及外国语（世界通用语、大国语言、周边国家语言、潜在军事冲突地区语言、关键热点地区语言、战略区域语言、稀缺语言）[①]；③军事关系上，纯军事用语（包括军事外语）与通用语（包括通用外语）；④紧迫性上，关键语言与一般语言；⑤基本能力上，听、说、读、写、译五项。

鉴于我国国防语言能力建设现状（政策定位缺失、能力标准缺位、语言人口底数不清、语言能力资源不明）（傅岩松和彭天洋，2014），探讨改善措施已急如星火。当前存在两种探讨路径：一是推介美国国防语言能力建设的成功经验（庞超伟和杨波，2016；马晓雷等，2018）；二是结合国外启示，侧重中国国情提出相应的对策建议（鲁子问，2006；傅岩松和彭天洋，2014；杨鲁，2017；梁晓波，2018；等等）。美国政府在"9·11"事件后意识到军队语言能力和关键语言人才储备的短板，颁布系列政策，提倡军民融合式储备计划，这为我国国防语言能力建设带来启示（庞超伟和杨波，2016）：①法律保障是军民融合式人才储备的前提；②协调军队和地方教育资源的人才培养方案是基础；③语言志愿者人才智库建设从理论成果向实际效用的转换是关键。此外，美国国防语言政策是"三流合聚"（政策源流、政治源流和问题源流）的必然结果，以此为参照亦凸显我国建设存在的不足：①政策源流上，学者以宏观呼吁为主，落地可行性有待考证；②问题源流上，缺乏外语危机调查和对现行政策缺陷的讨论。结合美国经验和中国现实，中国须推进战略环境下关键语言能力建设，并结合军事专业特长（指挥、训练、通信、测绘、动员、军事医学等）建立相应的评价标准（听、说、读、写、笔译、口译六个方面；关键词级、入门级、熟练级、专业级和专家级五个等级）（傅岩松和彭天洋，2014）；军事院校与科研所联合培养语言人才，以教育训练（尤其是案例式、情景式、任务式教学）促进军事语言综合能力实践（梁晓波，2018）；建设语言技术资源（军事语料库、机器翻译等）（杨鲁，2017）；超前布局，多语种、多文化、多地区配置；在语种数量、沟通保障、队伍建设和语言培训上超过国家常规标准（梁晓波，2018）。

---

① 梁晓波，武啸剑. 2018. 国防语言能力：世界一流军队的"重要标配". http://www.taihainet.com/news/military/zgjq/2018-05-07/2130869.html [2018-10-17].

2.2　微观维度的国家语言能力

"国民语言能力"，作为《国家中长期语言文字事业改革和发展规划纲要（2012—2020 年）》中的重要概念和主要任务之一，是国家语言能力的主要内容，与国家语言能力有着正相关关系（张先亮和赵思思，2013）。目前，学界对"国民语言能力"的理解是多元的，可指听、说、读、写的语言运用能力（胡明扬，2007）；听、说、读、写四大能力外加语感（王培光，2006）；母语能力与外语能力的总和（李宇明，2012）；基本语言能力（听、说、读、写）和语言行为约束能力（语言的文明诚信）的有机结合，前者关乎语言交际的流通性，后者关乎语言对和谐社会的建构力/破坏力（张先亮和赵思思，2013）；每个正常人在生活、学习、工作及社会交往中使用各种语言和国家通用语言文字的能力（王生龙和王劲松，2013）；国民运用语言进行多语交际和沟通的能力，包括方言能力、通用语能力和外语能力（魏晖，2015）；国民学习和使用国家通用语、多语种、语言处理技术和行业语言的能力（姚喜双，2016）。国民语言能力是层级性概念，见图 2-1（李德鹏，2018）。

当前，国民语言能力研究还存有诸多不足，如研究碎片化、内涵解释不充分等（李德鹏，2018）。目前，国民语言能力的中观研究主要从两个方面进行讨论：地域中的国民语言能力和领域中的国民语言能力。前者指多语地区语言生活中的语言水平调查，多从"语言习得和学习方式"、"语言使用状况"、"语言能力评价"和"语言态度"的视角切入，以"普通话能力"（国家通用语能力→一般能力）、"外语能力"（国家非通用语能力→外语能力）、"少数民族语能力"（国家非通用语能力→国家方言能力→少数民族语能力）为调查对象。领域中的国民语言能力则是在某个特定社会领域内开展考察，一般聚焦在校学生的语言能力培养问题，以"外语能力"（国家非通用语能力→外语能力）为主要研究对象，在校园机构语境下探讨语言教学策略和语言能力增长的关系。

2.2.1　多语地区的语言能力评价

结合陈松岑（1999）关于语言态度、语言习得和学习、语言使用与语言能力关系的探讨，我们认为，以上四者处于相互影响和反映的紧密关系中，形成闭环（图 2-2）。

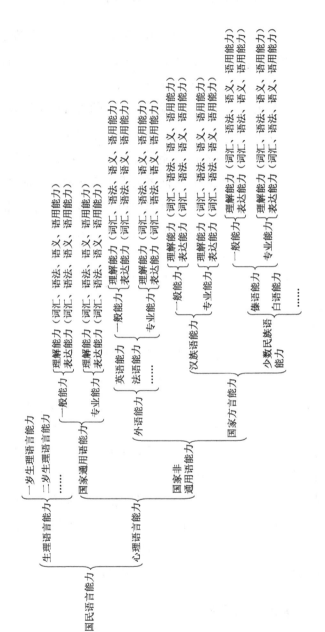

图2-1 国民语言能力层级框架

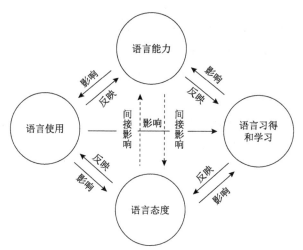

图 2-2　国民语言能力研究的四个视角及其关系

在多语地区中，语言态度的正负在一定程度上反映了语言使用的多寡，而在特定场合下的语言选择及其使用频率都影响着语言态度；语言使用的倾向又影响着习得语言的先后及学习积极性；语言使用和语言习得的取向又直接影响着语言能力，而语言态度对语言能力的影响是间接的、潜移默化的。反过来，语言能力的强弱可反映语言在各交际路径下的使用频率，它推动语言教学方法和模式的革新和演变。二者又能一起影响语言态度的变化。四者间的关系无地位高低或功能强弱之分，是互为因果的复杂网络，只有在特定的时间、条件下才能明确某个环节对另一个环节的决定性作用（陈松岑，1999）。

当前，多语地区的国民语言能力调查刚起步，其研究对象的地域分布比较分散，这造成了对语言能力挖掘不深、成果之间难以形成系统呼应、理论建树相对有限等问题。因此，本节集中选取学界关注较多的地域，结合国民语言能力层级框架，以"语言能力评价"为主要着眼点，整合国民语言能力相关的研究成果并做出评析。

多语地区语言能力评价研究的一般路径是：在设计问卷时对听、说、读、写四项语言能力设定等级，并加入一些核心社会变量（如年龄、性别、职业、受教育程度等），旨在对受访者的语言运用熟练程度及其在社会变量调配下呈现的变化状况进行客观描写，后对收回的问卷数据进行统计并检验其效度。当前研究的地域分布零散，本节综述的范围设定在关注相对集中的言语社区：国内以多语城市/省份，如上海市、广东省、湖南省等，或边疆少数民族地区，如云南省、新疆维吾尔自治区等为主；海外/跨境地区的综述对象为海外华人的多语能力和境外居民的汉语能力，地域范围主要设定在"一带一路"沿线国家。

关注通用语能力及其语言声望，推动双/多语和谐规划。粤语在广东地区作为中心语言的强势地位一直毋庸置疑（陈恩泉，1990）。改革开放和普通话的普及，让普通话与粤语进入了动态竞争。在广东地区，"普通话能力"、"汉语方言能力"（粤方言）及二者的关系是主要研究对象。实际上，公民普通话能力低下的旧貌早已显著改善（张振江，2001），甚至在"广二代"中已出现明显的粤语弱化、普通话强化的趋势（魏琳和刘雨虹，2018）。当然，广东地区居民普通话能力相较于其他一些省份仍有不小差距（张振江，2001）。由于广东深重的方言背景、普通话水平低的刻板印象、粤方言过去的强势扩张、说普通话不自信等因素，外地人对广东人的普通话能力素来抱以负面态度。本地人虽然尊重普通话的标准语地位，但认为在生活中普通话不如粤方言地道，也没有经济富裕的象征意义，外加很多本地人对说普通话的外来人口保有排斥心理，因此，普通话在本地人心中的语言声望不高（张振江，2001）。然而，在全国范围乃至少数民族多语地区，如湘南双方言地区（范俊军，2000）、湘西少数民族地区（瞿继勇，2014）、中缅边境的云南瑞丽市云井村（王远新，2017），普通话的认同程度却很高，在行为倾向、地位评价、实用功能、前景期望度等多个角度都获得正面积极的评价。反观广东地区，一些"非关键性"问题是值得注意的。"撑粤语"事件就是一个典型案例，要求我们必须系统思考正在由强势转化为弱势的语言（如粤语）与当地文化、城市、媒体、学校教育、城市新移民、毗邻地区、海外华侨等因素之间的关系，厘清各层面需要协调妥善处理的问题，注重语言政策调整、语言教育引导、语言普及和语言服务（屈哨兵，2011）。只有这样，真正意义上的语言和谐才能达成。

关注城市外来/外籍人口的语言能力，建构和谐语言生活。市民语言能力的高低影响着新型城镇化（城市化）的水平（张先亮，2015）。在城市化进程中，外来人口中最庞大、最特殊的一个群体便是农民工。文化水平普遍低下、交际范围狭小、工作环境闭塞、业余生活单调等因素导致农民工的普通话水平普遍不高（谢晓明，2006）。为了在城市中生存，他们遭遇"断裂型"语言生活（李宇明，2012）。此后，大部分农民工至少学会了两种语言（家乡话和普通话），能够随场合变化做出选择：非正式、随意场景（和朋友、家人交谈）使用家乡话，正式、庄重场景（陌生人、同事、顾客）使用普通话。他们对这两种语言变体持不同的语言态度，普通话在情感、功能和地位上的认同较好；家乡话只有情感评价尚可，但存在内部分化：50%认为家乡话是弱势语言变体；20%持中立态度（力量和夏历，2008）。新生代农民工与老一代农民工在语言能力上未见根本性差异：前者的普通话能力略高于后者，而家乡话能力却远低于后者（付义荣，2012）。此外，农民工在城市结婚生子后，以家庭为单位迁徙务工，他们的子女大多最先习得家乡话，之后至少能使用家乡话和普通话。一个显著的变化是普通话已经成为他们的第一语言，运用能力明显提高，且对普通话的认同程度较高（盛林和沈楠，2012；张斌华和张媛媛，2015）。类似的情况还出现于在粤湖南籍农民工。他们能听懂粤语，但口语能力不尽如人意；其子女以普通话见长，而粤语和家乡话却相较于父辈差了许多（邓永红，2018）。这样的语言能力背后隐藏着身份焦虑（唐斌，2002；董洁，2011），但也存在内部差异。民办农民工子弟学校的农民工子女由于教师流动性大、与当地（以北京为例）小孩交流受限，既不认同自己属于生活所在地，也不认同自己归属老家；本地公办小学的农民工子女由于和本地同学交流充分，更偏向于认同自己"本地人"的身份，能保有对潜在言语歧视的敏感性，且有能力通过言语回应把话语中城乡身份的差异模糊化（董洁，2011）。提升农民工群体的语言能力能有效减弱在现实生活中人们将普通话与城市、汉语方言与农村简单对应带给他们的偏见和困扰，也将为他们提供在城市化进程中更强大的心理适应力，但这一切仍是一个漫长而艰辛的过程。

外籍人员的英语能力普遍较好，粤语能力最低，呈现以下梯级："母语＞英语＞社区其他语言/普通话＞粤语"（张迎宝等，2018）。另外，外籍商务人士的汉语能力不强，多数人的口语表达仅限于单词短语配合肢体语言，阅读只能读懂某些单词、词组，写作只能写几个汉字或词语（徐朝晖，2018）。类似的结果也在江苏某跨国公司的外籍员工语言能力调查中得出：汉语的听说和读写能力整体处于中等偏下水平，其中听说略优于读写；日本、美国和韩国的公司更注重受聘员工的汉语能力（朱晋伟和王利峰，2012）。对于外籍人员，我国当前还没有出台语言方面的要求和规定（尤其针对长期在华居留的外国人），导致我国对外国人的语情把握不清。此外，为外籍人员提供的语言服务也存在语种少、服务面狭隘、建设管理不完善等问题。

关注职业人群的语言能力,映射我国行业语言服务能力面貌。在职业领域(以广东地区企业为例),普通话居于绝对的优势地位。人们具有良好的普通话水平,粤语使用频次低于普通话而高于其他,呈现"普通话 > 粤语 > 英语"的梯度。虽然绝大多数工作人员接受过高等教育并通过了四六级考试,但外语能力(以英语为例)依然滞后,其中听说能力又弱于读写能力,是"哑巴英语"的典型范例(王海兰,2018)。

调查汉语对少数民族语言的影响,洞察少数民族母语交际能力的弱化。少数民族地区母语交际能力的弱化现象不胜枚举。在新疆哈巴河、布尔津、富蕴三县的图瓦族家庭,青少年语言习得的一般次序为"图瓦语→哈萨克语→蒙古语",但社会语境对语言态度的影响决定了他们对口头语和书面语标准化的重要性有十分明确的认识,外加语言接触多寡与语言能力强弱的正相关关系,导致了图瓦语作为第一语言的地位发生动摇(宋正纯,1988)。在云南省玉溪市通海县里山乡,汉语对彝语本体结构的影响较为深刻:在语音层,出现新增的复合元音韵母、鼻化元音、鼻音尾韵等现象;在语法层,发现汉语虚词、汉语语序的借用和并存共用;在词汇层,存在核心词从汉语借用的情况;在认知层,汉语义项的融入丰富和发展了彝语;在语用层,汉语使用的便利性已在借用过程中得以凸显。多语竞争已是如今多语地区存在的客观事实,而双语和谐将成为未来主流(田静等,2009)。语言使用的多寡直接影响着语言能力的高低。在云南省怒江傈僳族自治州贡山独龙族怒族自治县独龙江乡,虽然当地中小学生的母语听说能力较好,但非常熟练的人已不太多,而他们的普通话听说能力已明显超过独龙语和云南方言(王晋军和黄兴亚,2017)。

对比多语地区居民的语言能力,展现多语地区通用语与少数民族语言的竞争。语言多样性在少数民族地区广泛存在,当地居民的母语保留完好,少数民族语言能力也较强,但听说能力普遍强于读写能力;汉语能力(包括方言和普通话)也表现良好。这里仅以云南和新疆两个典型地区为例,但不排除个别地区存在区别于以上特征的情况。云南省德宏傣族景颇族自治州瑞丽市云井一、二社村民的母语为傣语,兼用云南方言、缅语、普通话等,其中傣语和云南方言主要用于口头交际,中文、缅文用于书面文字。大多数人的傣语、普通话和云南方言的听说能力都不错,但听不懂、不会写缅语(王远新,2017)。云南省玉溪市通海县里山乡彝族聚居区的青少年普遍保持使用母语并兼用汉语,且熟练度较高;彝语口头交际能力保持在较高水准，但书面表达能力在逐渐下降。6～19 岁是他们彝语能力发展的"空档期"，此时汉语能力蹿升而彝语能力弱化，结束学业后返村者的彝语能力获得逐渐回升（田静，2009）。同样，在云南省德宏傣族景颇族自治州中缅边境线上的吕英村，母语也保留完好且多语兼用能力较强：兼用3～6 种语言，一般以"汉语+少数民族语言""不同少数民族语言兼用""同一民族不同语言支系兼用"为模式，普遍保持了较高的熟练度（戴庆厦等，2015）。新疆维吾尔自治区伊犁哈萨克自治州察布查尔锡伯自治县乌珠牛录村锡伯族聚居区居民和喀什市老城区维吾尔族聚居地的高台居民都是多语者（锡伯语、维吾尔语、哈萨克语等），其听说能力以锡伯语和维吾尔语见长，普通话能力尚可，且汉语的读写能力较突出，但少数民族语言能力薄弱（王远新，2013）。新疆维吾尔自治区克孜勒苏柯尔克孜自治州柯尔克孜族聚居区（乌恰、阿合奇两县）居民的柯尔克孜语听说能力最佳，其中绝大多数（97.8%）能完全听懂、熟练交谈；维吾尔语的听说能力次之；掌握汉语的人达到半数，但听强于说。就他们的读写能力而言，表现最佳的是柯尔克孜文，维吾尔文次之，掌握汉语的人不足一半，吉尔吉斯文的使用者则最少（赵婕，2018）。双言双语、多言多语是讨论国家语言能力和国民语言能力无法跨越的社会语言生活常态。谈我国的语言能力就必须谈语言多样性（刘丹青，2015），而且要尽一切可能记录和保护少数民族语言（孙宏开，2015）。国家教育体系应在保证语言多样性的大背景下进行设计和创新，为普及和提升国家通用语言能力、保持国家非通用语能力（尤其是少数民族语言能力）进行科学规划。

研究代际、性别、文化等社会变量对语言能力的支配。其中，年龄是造成语言能力代际差异的核心社会变量。代际差异广泛存在，它不仅存在于汉语方言能力中，如云南省沧源佤族自治县中西部翁丁大寨佤族的汉语听说能力（王育弘和王育珊，2018）、云南省德宏傣族景颇族自治州芒市五岔路乡弯丹村拱母组村民的兼用汉语能力（戴庆厦，2011）、云南省丽江市玉龙纳西族自治县九河白族乡白族和纳西族的兼用汉语能力（戴庆厦，2014）等，还存在于少数民族语言能力中，如湘西少数民族地区以土话为母语居民的土话和官话能力（瞿继勇，2014）、云南省玉溪市通海县里山乡彝汉杂居区村民的彝语能力（田静等，2009）、云南省怒江傈僳族自治州贡山独龙族怒族自治县独龙江乡村民的独龙语能力（黄兴亚和王晋军，2018）、云南省西双版纳傣族自治州景洪市基诺乡青少年的母语能力

（戴庆厦，2007）、云南省玉溪市通海县兴蒙蒙古族乡青少年的母语能力（戴庆厦，2008）等。性别是另一个造成语言能力差异的变量，同样涉及汉语方言能力，如云南省丽江市玉龙纳西族自治县九河白族乡纳西族兼用汉语能力（戴庆厦，2014）、湘南双方言区土话居民的兼用官话能力（范俊军，2000）；也涉及少数民族语言，如云南省丽江市玉龙纳西族自治县九河白族乡村民兼用纳西语的能力（戴庆厦，2014）、云南省怒江傈僳族自治州贡山独龙族怒族自治县独龙江乡独龙族的独龙语读写能力（黄兴亚和王晋军，2018）等。此外，"文化程度"（戴庆厦，2014；黄兴亚和王晋军，2018）、"聚落"（陈文祥，2007；黄兴亚和王晋军，2018）、"职业"（范俊军，2000）等也可造成多语能力差异。

推进少数民族语言文字调查研究，为政策制定提供语言生活素材。戴庆厦（2007，2008，2011，2014）、白碧波（2010）、周国炎（2009）、赵凤珠（2010）等全面描述了云南省少数民族语言使用及其演变状况、发展趋势，涵盖多民族（包括基诺族、阿昌族、蒙古族、彝族、布依族、傣族、景颇族、拉祜族、哈尼族、白族等）、多地区（云南省玉溪市通海县里山乡、云南省玉溪市元江哈尼族彝族傣族自治县羊街乡、云南省西双版纳傣族自治州景洪市嘎洒镇、云南省临沧市耿马傣族佤族自治县、云南省德宏傣族景颇族自治州、云南省西双版纳傣族自治州勐腊县、云南省红河哈尼族彝族自治州绿春县、云南省丽江市玉龙纳西族自治县九河乡等），为少数民族语言文字调查奠定了坚实基础，也提供了有价值的调查结果。少数民族语言生活调查与城市语言生活调查的最终合流将为我国制定提升国家语言能力的语言政策提供重要基础。我国语言文字种类繁多、人文因素复杂（陈章太，1999）、国家发展战略需求多样等，都值得我们在全面调查我国语言生活状况上投入更多精力。

2.2.2 教育领域的语言能力培养

教育领域主要关注的是学生群体的语言能力评价，侧重"普通话能力"、"少数民族语言能力"和"外语能力"。研究的落脚点往往放在提高教师教学成效、增强家长对孩子语言能力的培养意识、推进有关管理和规划部门的教材编写和教学改革等方面。

相关研究主要考察了城市就读学生的国家通用语能力。在口语交际能力方面，北京市小学生群体随着学龄增长，语言能力逐渐增强，其中倾听、表达、应对能力明显进步，但在倾听上急于表达自己，容易打断对方说话，对具体语义的辨别也不够精确。在口语表达能力方面，他们虽然积极度高，且拥有表达自己观点的基本能力，但话语欠缺连贯性（张艳玲和王玉伟，2018）。在书面表达能力（以应用文写作为例）方面，南京市不同城区三类小学（知名小学、一般省级实验小学、中心小学）的学生普遍存在格式多误、内容遗漏、语言差错多等问题，但知名小学的小学生优于其他二者，而一般省级实验小学又略优于中心小学（郭俊，2015）。在大学生群体中（以英语专业为例），性别变量（男生、女生）在外语（专指英语）的听、读、写能力方面，均未展现出显著差异，但在口语和语用能力上女生优于男生（王雪梅，2006）。

在少数民族多语地区的研究中，有的关注通用语能力，有的关注非通用语能力：邢小龙（2013）从新疆维吾尔自治区乌鲁木齐 5 所高校的多个专业中分层和整群抽样出 269 名少数民族学生，对他们进行汉语能力调查，从中发现学生的语法掌握程度有限普遍导致了汉语的高偏误率，有将近一半的被试在汉语交际能力评价时出现偏误情况；雷艳萍（2013）对浙江省丽水市景宁畲族自治县小学生和高中生的畲话、景宁话能力做调查，发现超过半数的学生基本掌握了畲话（85.7%）和景宁话（95.2%），且水平并非依附于第一习得语言，而是后天的语言环境。

2.3 小　　结

"国家语言能力"虽提出于美国，但在中国新时代的语境下，它具有了鲜明的中国特色和时代特征。本章从宏观和微观两个维度，详述了近年来中国学者关于国家语言能力的研究进展。从文献梳理可以看出，已出版的文献对宏观国家语言能力的研究主要处于理论探索阶段，而且主要集中于中国的语境下国家语言能力的理论构架，而对其他国家特别是东盟国家的宏观国家语言能力的探索几乎未见。与宏观国家语言能力相比，微观国家语言能力的研究就要丰富许多。中国学者较多关注多语地区的语言能力，如城镇化进程中外来人口、农民工的语言能力，都市职场人群的语言能力，少数民族地区民众的语言能力，等等。同时，一些学者虽探讨了境外多语地区如新加坡、印度尼西亚等国的语言能力，但主要集中于华人及少数族群的华语能力，其他东盟国家如文莱、菲律宾、老挝、柬埔寨等国的相关研究甚少。从宏观和微观的维度对比中国和东盟十国的国家语言能力的文章和论著都鲜有见到，由此也可以说明本书的必要性，也突出了本书的创新点。

第 3 章

中国的国家语言能力

中华人民共和国于 1949 年 10 月 1 日成立，是一个以汉族为主体民族、由 56 个民族构成的统一的多民族国家；全国总人口为 14.43 亿，汉族占总人口的 91.11%（2021 年 5 月第七次全国人口普查结果）[①]。随着中国的崛起和持续稳定发展，中国的国家语言能力作为软实力，需要进行深入探讨，以厘清我们的长处和不足，从而更好地找准短板，发挥优势，助力中国梦的实现和中华民族的和平崛起。根据第 1 章的理论框架，本章主要从宏观和微观两个维度来探讨中国的国家语言能力。

3.1 中国的国家语言资源

我们从国家语言资源能力和国家语言管理能力两个方面来阐述宏观层面的国家语言能力。对我国的国家语言资源能力的论述主要从我国的民族语言资源（其中包括国家通用语言文字及少数民族语言文字）和外语资源两个主要方面来展开。

3.1.1 中国的民族语言资源

我国是一个多民族、多语言、多文种的国家，除了占 91.11% 的汉族以外，共有 55 个少数民族。李宇明（2011）认为，我国境内约有 100 余种语言。我国有约 30 种文字[②]。汉语是我国使用人数最多的语言，也是我国各民族的共同语。2000

[①] 国家统计局. 2021. 第七次全国人口普查公报（第二号）——全国人口情况. http://www.stats.gov.cn/tjsj/tjgb/rkpcgb/qgrkpcgb/202106/t20210628_1818821.html [2021-08-10].

[②] 中华人民共和国教育部. 2021. 中国语言文字概况（2021 年版）. http://www.moe.gov.cn/jyb_sjzl/wenzi/202108/t20210827_554992.html [2021-12-06].

年 10 月 31 日在中华人民共和国第九届全国人民代表大会常务委员会第十八次会议通过并颁布的《中华人民共和国国家通用语言文字法》，以法律的形式将普通话确定为国家通用语言。随着我国普通话的普及率越来越高，少数民族地区和贫困地区的普通话使用率也逐步提升。根据 2004 年"中国语言文字使用情况调查"所公布的数据，全国使用普通话进行交流的人口占 53.06%，能用汉语方言的占 86.38%，能用少数民族语言的占 5.46%（中国语言文字使用情况调查领导小组办公室，2006）。2020 年，我国普通话的普及率已达总人口的 80.72%[①]，到 2025 年将达到 85%[②]。少数民族地区和贫困地区的汉语水平不断提升，很多少数民族拥有了转用或兼用汉语的能力。在 55 个少数民族中，回族和满族已全部转用汉语；其余 53 个民族有各自的语言，但其中很多都能够转用或兼用汉语或其他民族语言[③]。

汉语属于汉藏语系，是我国使用人数最多的语言，也是世界上作为第一语言使用人数最多的语言；约有 15 亿人在学习和使用汉语，同时汉语是联合国六种正式工作语言之一[④]。现代汉语分为标准语（普通话）和方言。普通话是以北京语音为标准音、北方话为基础方言、现代白话文著作为语法规范而确立下来的。我国国土面积广袤，地理阻隔造成的交通不便、政治区划、人口流动、历史原因等使得我国的汉语方言复杂，分歧严重。汉语方言为汉民族语言的地域性变体或地理方言，在语音、词汇、语法方面都有自己的特点，在语音方面尤为突出。语言学界对现代汉语方言的划分并未完全统一：有的认为中国有七大方言区，即官话方言、吴方言、湘方言、客家方言、闽方言、粤方言、赣方言（黄伯荣和廖序东，2011）；有的把中国七大方言概述为北方话（简称北语）、广东话（简称粤语）、江浙话（简称吴语）、福建话（简称闽语）、湖南话（简称湘语）、江西话（简

---

① 王鹏. 2021. 我国普通话普及率达 80.72%. http://www.gov.cn/xinwen/2021-06/02/content_5614991.htm [2022-01-07].

② 王鹏. 2021. 我国明确到 2025 年普通话全国普及率达 85%. http://www.gov.cn/xinwen/2021-12/01/content_5655296.htm [2022-02-16].

③ 佚名. 2006. 我国的少数民族语言文字概况. http://iel.cass.cn/mzwxbk/mzzs/200612/t20061209_2764046.shtml [2018-08-21].

④ 刘丹. 2014.《汉字》国际巡展首站在美国硅谷开幕. http://culture.people.com.cn/n/2014/1020/c172318-25868650.html [2018-08-21].

称赣语）以及客家话（简称客语）①。七大方言中北方话分布最广，内部一致性强，使用人口最多，占汉族人口的 70% 左右，其余六大方言的使用人口总和只占汉族人口的 30%②。北方方言以外的六大方言都是南方方言。相对而言，北方方言内部差异较小，主要差异来自语音（黄伯荣和廖序东，2011）。根据 2012 年出版的《中国语言地图集（第 2 版）：少数民族语言卷》的划分，汉语的方言分为十个区，即北方方言区、晋语区、吴语区、徽语区、赣语区、湘语区、闽语区、粤语区、平话区和客家话区。

中华人民共和国成立后，政府相关部门就着手汉字改革，从 1956 年 1 月国务院全体会议第二十三次会议通过《国务院关于公布汉字简化方案的决议》开始，历经 30 余年，1986 年 10 月国家语委经国务院批准颁布了《简化字总表》。在此基础上，2013 年 6 月 5 日，国务院公布了《通用规范汉字表》作为《中华人民共和国国家通用语言文字法》的配套规范。该表共收录汉字 8105 个，明确了规范汉字的标准。该表出台后原有的相关字表在中国境内停止使用。2000 年颁布的《中华人民共和国国家通用语言文字法》规定了国家通用语言文字为普通话和规范汉字。其中，规范汉字包括简化字与传承字，由国家相关部门经过整理简化后，正式公布了简化字与传承字，并以《简化字总表》与《通用规范汉字表》形式确定下来。根据《中华人民共和国国家通用语言文字法》，繁体字与异体字已明确为不规范字，只在一些特殊场合使用，如文物古迹、书法和篆刻等艺术作品、姓氏中的异体字等③。

我国 55 个少数民族约占全国人口总数的 8.9%④。回族及满族已全部转用汉语，其余的 53 个少数民族都有自己的语言，一些民族还有自己的文字⑤。除了普通话和规范汉字作为全国通用的语言和文字外，任何一种少数民族语言只适用于某个

---

① 佚名. 2013. 中国汉语方言图. http://www.cnlangs.com/news-338.html [2018-08-21].

② 佚名. 2013. 汉语方言八大语系. http://www.cnlangs.com/news-338.html [2018-08-21].

③ 中华人民共和国中央人民政府. 2000.《中华人民共和国国家通用语言文字法》. http://www.gov.cn/ziliao/flfg/2005-08/31/content_27920.htm [2018-08-22].

④ 国家统计局. 2020. 第七次全国人口普查中少数民族占总人口的比重. https://data.stats.gov.cn/search.htm?s=%E5%B0%91%E6%95%B0%E6%B0%91%E6%97%8F%E5%8D%A0%E6%AF%94 [2021-12-16].

⑤ 中国社会科学院民族文学研究所. 2006. 我国的少数民族语言文字概况. http://iel.cass.cn/mzwxbk/mzzs/200612/t20061209_2764046.shtml [2018-08-21].

地区，其使用范围都有限制。

根据语系来分，中国各民族使用的语言分别属于五个语系即汉藏语系（Sino-Tibetan family）、阿尔泰语系（Altaic family）、南岛语系（Austronesian family）、南亚语系（Austro-Asiatic family）和印欧语系（Indo-European family），见表 3-1（郭龙生，2013）。

表 3-1　中国境内的语系及语言

语系		语言
汉藏语系		汉语
	藏缅语族	藏语支：藏语、门巴语、白马语、仓洛语 彝语支：彝语、傈僳语、拉祜语、哈尼语、基诺语、纳西语、堂朗语、莫昂语、桑孔语、毕苏语、卜卓语、柔若语、怒苏语、土家语、白语 景颇语支：景颇语、独龙语、格曼语、达让语、阿侬语、义都语、崩尼-博嘎尔语、苏龙语、崩如语 缅语支：阿昌语、载瓦语、浪速语、仙岛语、波拉语、勒期语 羌语支：羌语、普米语、嘉戎语、木雅语、尔龚语、尔苏语、纳木依语、史兴语、扎坝语、贵琼语、拉坞语、却域语
	侗台语族	壮语、布依语、傣语、临高语、标话、侗语、水语、仫佬语、毛南语、莫语、佯僙语、拉珈语、茶洞语、黎语、村语、仡佬语、布央语、普标语、拉基语、布干语、木佬族、蔡家话
	苗瑶语族	苗语、布努语、巴哼语、炯奈语、勉语、畲语、巴那语
阿尔泰语系	突厥语族	维吾尔语、哈萨克语、柯尔克孜语、乌孜别克语、塔塔尔语、撒拉语、西部裕固语、图瓦语、土尔克语
	蒙古语族	蒙古语、土族语、达斡尔语、东乡语、保安语、东部裕固语、康家语
	满-通古斯语族	满语、锡伯语、鄂温克语、鄂伦春语、赫哲语、朝鲜语
南岛语系		阿美语、排湾语、布农语、泰耶尔语、赛夏语、巴则海语、邵语、鲁凯语、邹语、噶玛兰语、赛德克语、卑南语、雅美语、沙阿鲁阿语、卡那卡那富语、回辉语
南亚语系		佤语、德昂语、布朗语、克木语、克蔑语、京语、莽语、布兴语、俫语
印欧语系		塔吉克语、俄语

《中华人民共和国国家通用语言文字法》规定，"公民有学习和使用国家通用语言文字的权利"，同时"各民族都有使用和发展自己的语言文字的自由"。汉族所使用的汉字不仅为本民族的文字，同时也是全国各少数民族的通用文字。一些没有文字的少数民族大多选择了汉字作为自己的文字。目前，除了回族和满

族通用汉文外，其他少数民族大多使用 1 种民族语言，但也有一些少数民族使用 2 种或 2 种以上语言。中国有 20 多个民族有自己的民族文字。一些民族本身有传统文字，有些民族使用新创字或改进的文字（周庆生，2015）。在为数众多的少数民族语言中，一些语言的使用较为广泛（如蒙古语、藏语、维吾尔语、哈萨克语、朝鲜语等），使用人口都在 100 万人以上（李旭练，2013），而且这些民族语言在文化、教育、政治、经济等领域都有使用。一些民族语言及文字的使用范围不广，有些只用于日常交流，已从教育、文化、新闻出版等领域淡出。

3.1.2　中国的外语资源

外语教育和外语人才的培养一直是我国教育的主要一环。70 多年来，中国的外语教育卓有成效，培养了大量外语人才，为国家的经济发展和社会进步作出了应有贡献。很多专家和学者（李宇明，2010；戴炜栋，2008；胡文仲，2001）都探讨了中国的外语资源现状——我国是一个外语大国，学习外语的人数达 3 亿之多，但语种单一、外语语种比例失衡，使得我国在一定程度上成为一个外语资源缺乏的国家。在"一带一路"不断推进的过程中，只有语言相通才能实现经贸往来、文明互鉴和民心相通。为此，有必要对我国的外语资源做个梳理和分析。

根据戴炜栋（2018）所提供的数据，1966 年全国高校只开设了 41 种外语，而到了 2018 年，语种数量已大幅提升，仅北京外国语大学已开设了 98 个外语语种。为了更好地摸清我国外语类高校所开设的外语语种，我们在调研的基础上，列出了开设外语语种专业达 10 种及以上的高校名单，具体见表 3-2。

表 3-2　中国开设 10 种及以上外语语种的高校

排序	高校名称	语种/专业数量/种	语种/专业名称	备注
1	北京外国语大学	98	亚洲（36 种）：柬埔寨语、老挝语、马来语、缅甸语、印尼语、越南语、泰语、菲律宾语、印地语、泰米尔语、僧伽罗语、孟加拉语、尼泊尔语、普什图语、梵语、巴利语、土库曼语、蒙古语、日语、朝鲜语、阿拉伯语、塔吉克语、迪维希语、希伯来语、乌尔都语、波斯语、哈萨克语、乌兹别克语、亚美尼亚语、格鲁吉亚语、阿塞拜疆语、塔吉克语、库尔德语、达里语、德顿语、吉尔吉斯语	外国语言文学一级学科博士学位授权点

续表

排序	高校名称	语种/专业数量/种	语种/专业名称	备注
1	北京外国语大学	98	欧洲（34种）：俄语、英语、法语、德语、西班牙语、波兰语、捷克语、罗马尼亚语、瑞典语、葡萄牙语、匈牙利语、阿尔巴尼亚语、保加利亚语、白俄罗斯语、意大利语、塞尔维亚-克罗地亚语、斯洛伐克语、芬兰语、乌克兰语、荷兰语、挪威语、冰岛语、丹麦语、希腊语、斯洛文尼亚语、爱沙尼亚语、拉脱维亚语、立陶宛语、爱尔兰语、马耳他语、拉丁语、加泰罗尼亚语、马其顿语、卢森堡语 横跨亚欧大陆（1种）：土耳其语 非洲（20种）：斯瓦希里语、豪萨语、祖鲁语、阿姆哈拉语、索马里语、约鲁巴语、马达加斯加语、阿非利卡语、茨瓦纳语、恩德贝莱语、科摩罗语、绍纳语、提格雷尼亚语、斐济语、汤加语、隆迪语、卢旺达语、切瓦语、塞苏陀语、桑戈语 美洲（1种）：克里奥尔语 大洋洲（6种）：毛利语、库克群岛毛利语、萨摩亚语、比斯拉马语、纽埃语、皮金语	外国语言文学一级学科博士学位授权点
2	中国人民解放军战略支援部队信息工程大学	32	印尼语、马来语、菲律宾语、泰语、柬埔寨语、越南语、老挝语、缅甸语、尼泊尔语、普什图语、印地语、乌尔都语、蒙古语、俄语、乌克兰语、吉尔吉斯语、乌兹别克语、英语、日语、葡萄牙语、朝鲜语、阿拉伯语、波斯语、希伯来语、土耳其语、瑞典语、希腊语、意大利语、斯瓦希里语、德语、法语、西班牙语	外国语言文学一级学科博士学位授权点
2	天津外国语大学	32	英语、日语、印尼语、缅甸语、马来语、泰语、柬埔寨语、印地语、乌尔都语、希伯来语、土耳其语、波斯语、豪萨语、韩语、阿拉伯语、斯瓦希里语、俄语、法语、德语、西班牙语、意大利语、葡萄牙语、芬兰语、匈牙利语、波兰语、捷克语、乌克兰语、白俄罗斯语、保加利亚语、罗马尼亚语、希腊语、塞尔维亚语	招收英、日、俄、韩语种的翻译博士研究生
3	广东外语外贸大学	28	英语、法语、德语、西班牙语、俄语、意大利语、葡萄牙语、波兰语、希腊语、捷克语、塞尔维亚语、克罗地亚语、日语、阿拉伯语、印地语、乌尔都语、孟加拉语、土耳其语、波斯语、希伯来语、朝鲜语、越南语、泰语、印尼语、老挝语、缅甸语、柬埔寨语、马来语	外国语言文学一级学科博士学位授权点
4	上海外国语大学	27	英语、俄语、德语、法语、西班牙语、葡萄牙语、瑞典语、土耳其语、希腊语、意大利语、荷兰语、乌克兰语、匈牙利语、波兰语、捷克语、印地语、日语、波斯语、朝鲜语、印尼语、泰语、希伯来语、越南语、乌兹别克语、哈萨克语、阿拉伯语、斯瓦希里语	外国语言文学一级学科博士学位授权点

续表

排序	高校名称	语种/专业数量/种	语种/专业名称	备注
5	北京第二外国语学院	26	英语、日语、朝鲜语、印地语、俄语、德语、法语、西班牙语、葡萄牙语、意大利语、波兰语、捷克语、拉脱维亚语、匈牙利语、爱沙尼亚语、立陶宛语、塞尔维亚语、罗马尼亚语、阿尔巴尼亚语、保加利亚语、斯洛伐克语、斯洛文尼亚语、阿拉伯语、波斯语、土耳其语、希伯来语	英语、俄语、法语、德语、日语、西班牙语、阿拉伯语、韩语硕士学位点
6	中国传媒大学	21	英语、土耳其语、普什图语、孟加拉语、尼泊尔语、印地语、泰米尔语、马来语、日语、朝鲜语、俄语、法语、西班牙语、葡萄牙语、德语、意大利语、匈牙利语、瑞典语、荷兰语、世界语、斯瓦希里语	英语、日语、欧洲语言文学（法语、德语、俄语方向）硕士学位点
7	北京大学	20	英语、法语、俄语、德语、葡萄牙语、西班牙语、日语、阿拉伯语、蒙古语、朝鲜语、越南语、泰语、缅甸语、印尼语、菲律宾语、印地语、梵巴语、乌尔都语、波斯语、希伯来语	外国语言文学一级学科博士学位授权点
8	西安外国语大学	18	英语、日语、俄语、德语、朝鲜语、阿拉伯语、印地语、泰语、波斯语、土耳其语、乌尔都语、印尼语、马来语、法语、意大利语、西班牙语、葡萄牙语、波兰语	外国语言文学一级学科博士学位授权点
9	四川外国语大学	16	英语、捷克语、波兰语、匈牙利语、希伯来语、葡萄牙语、西班牙语、意大利语、德语、法语、俄语、阿拉伯语、日语、朝鲜语、越南语、泰语	外国语言文学一级学科博士学位授权点
9	云南民族大学	16	柬埔寨语、老挝语、马来语、缅甸语、泰语、菲律宾语、印尼语、越南语、孟加拉语、乌尔都语、泰米尔语、僧伽罗语、尼泊尔语、普什图语、英语、日语	亚非语言文学（泰、缅、越语方向）、英语语言文学硕士学位点
10	对外经济贸易大学	13	英语、日语、韩语、法语、意大利语、德语、波斯语、阿拉伯语、越南语、西班牙语、俄语、葡萄牙语、希腊语	外国语言文学一级学科博士学位授权点
10	浙江越秀外国语学院	13	英语、法语、俄语、德语、葡萄牙语、西班牙语、意大利语、捷克语、阿拉伯语、日语、韩语、印尼语、泰语	各语种本科专业教育
11	大连外国语大学	10	日语、英语、俄语、韩语、法语、德语、西班牙语、葡萄牙语、意大利语、阿拉伯语	招收日、俄、英三个语种的国际政治语言方向的博士研究生
11	北京语言大学	10	英语、日语、韩语、法语、德语、西班牙语、葡萄牙语、意大利语、俄语、阿拉伯语	外国语言文学一级学科博士学位授权点
11	浙江外国语学院	10	英语、日语、朝鲜语、阿拉伯语、法语、西班牙语、意大利语、葡萄牙语、俄语、德语	各语种本科专业教育

　　我们对外语类院校以及一些综合院校的外语专业进行了统计。由于空间所限，这里仅列出开设超 10 个语种的 16 所院校及其开设的具体专业。按照所开设语种的数量，从多到少分别排列如下：北京外国语大学位列第一，已开设 98 个外语语种专业；中国人民解放军战略支援部队信息工程大学（原洛阳解放军外国语学院）和天津外国语大学位列第二，有 32 个外语语种；广东外语外贸大学居第三位，拥有 28 个语种；上海外国语大学位列第四，开设了 27 个语种；北京第二外国语学院位列第五位，开设了 26 个语种专业；中国传媒大学有 21 个语种专业，排列第六；北京大学以 20 个语种专业排列第七；西安外国语大学开设 18 个语种专业，位列第八；四川外国语大学和云南民族大学都开设了 16 个语种专业，共同位列第九；对外经济贸易大学和浙江越秀外国语学院以 13 个语种专业位列第十；3 所院校开设了 10 个语种专业并列第十一名，即大连外国语大学、北京语言大学和浙江外国语学院。

　　在这 16 所院校中，北京外国语大学所开设的语种最多、最齐全，共开设了 98 门外语，为全国高校之最。其中，根据语种的大洲分布，亚洲语言占 36 种；欧洲语言占 34 种；非洲的语言为 20 种；横跨亚欧大陆的有土耳其语 1 种；美洲有克里奥尔语 1 种；大洋洲语言 6 种。北京外国语大学所开设的语言主要集中在亚洲、欧洲和非洲，共计 91 种，主要为"一带一路"沿线国家的语言。正如该校网站上所言，增设非通用语种是主动服务于国家战略和国家经济及社会发展的需要。北京外国语大学于 2018 年获得教育部批准，新增了包括迪维希语、德顿语、达里语、卢旺达语、塞苏陀语、隆迪语、切瓦语、桑戈语、斐济语、皮金语、纽埃语、比斯拉马语、库克群岛毛利语、卢森堡语等在内的 14 种语言，从而使该校开设的语种达到了 98 个。一些语言如迪维希语、德顿语、塞苏陀语、隆迪语、切瓦语、桑戈语等 10 余种语言全国之内只有该校开设。截至 2018 年 3 月，该校已经开齐了 175 个与中国建交国家的官方语言，并计划在 2020 年使开设语种数量突破 100 个①，从而涵盖世界主要地区的语言。该校开设的专业已经涵盖东盟十国的官方语言和欧盟国家的 24 种官方语言。从 2017 年起，一些外国少数民族使用的语言也被纳入北京外国语大学的选修课程，如埃塞俄比亚的提格里尼亚语、津巴

---

① 北京外国语大学教务处. 2018. 我校获批新增 18 个本科专业，开设外语语种数量达到 98 个. https://news.bfsu.edu.cn/archives/268574 [2019-11-22].

布韦的北恩德贝勒语和新西兰的毛利语等[①]。

外语类院校因开设的语种多、语种覆盖区域广，在开设非通用语方面处于领先地位。在开设外语语种排名前 5 的院校中，有 4 所都是外语类院校。此外，综合类院校中，中国传媒大学和北京大学所开设的非通用语语种已达 20 余种，远远超过了一些外语类院校。地方院校中，云南民族大学所开设的东南亚和南亚语种最多，该校在全国综合类院校中已经率先开全南亚、东南亚国家及地区 15 个语种类专业[②]；民办院校中浙江越秀外国语学院开设的语种最多，达到了 13 种。

上述大学中一半以上是国内外语类院校中久负盛名的顶尖院校，16 所院校中有 9 所具有外国语言文学一级学科博士学位授权点，分别是北京外国语大学、中国人民解放军战略支援部队信息工程大学、上海外国语大学、广东外语外贸大学、北京大学、西安外国语大学、四川外国语大学、北京语言大学和对外经济贸易大学。此外，天津外国语大学的外国语言文学专业在该校的中央文献翻译研究基地招收英语、日语、俄语和韩语的重要文献对外翻译方向的博士研究生；大连外国语大学招收日语、俄语和英语三个语种的国际政治语言方向的博士研究生。

中国绝大多数大学所开设的语种数量低于 10 种。广西民族大学开设了 9 个语种，主要集中了东南亚十个国家的主要语言（如越南语、泰语、老挝语、缅甸语、印尼语、马来语、柬埔寨语、英语和法语），且该校拥有外国语言文学一级学科博士学位授权点。南开大学拥有 8 个语种专业，包括英语、日语、俄语、法语、德语、西班牙语、葡萄牙语和意大利语，具有外国语言文学一级学科博士学位授权点；南京大学有英语、法语、日语、德语、俄语、西班牙语和朝鲜语 7 个语种专业，具有外国语言文学一级学科博士学位授权点。浙江大学开设了英语、日语、德语、俄语、法语和西班牙语 6 个语种专业，为外国语言文学一级学科博士学位授权点单位。云南师范大学开设了柬埔寨语、老挝语、缅甸语、越南语、泰语、英语、日语和西班牙语 8 个语种专业；云南大学开设了法语、日语、英语、印地语、越南语、泰语和缅甸语 7 个语种。这两所大学因与东南亚国家的地缘优势，开设了相对多的东南亚语种，具有外国语言文学一级学科硕士学位授权点。

---

① 席琳·隋. 2019. 港媒："一带一路"倡议推动中国外语院校改革. 丁雨晴，译. https://baijiahao.baidu.com/s?id=1634996147675552876&wfr=spider&for=pc [2020-06-01].

② 陈静. 2017. 云南民族大学开齐南亚东南亚 15 个语种类专业. https://www.chinanews.com.cn/gn/2017/04-07/8193939.shtml [2019-04-20].

通过统计发现，外语类院校有其突出特点即能开设数量较多的非通用语种。这些非通用语涉及的国家多、地域跨度广，一些开设的语种甚至是国内高校中独一无二的；一些地方性院校出于与邻近国家的地缘优势，开设了较多的邻近国家语言。

统计还发现，英语、日语、俄语、法语、德语是我国高校中开设最多的语种。根据戴炜栋（2009）的统计，在全国开设外语专业并具有学士学位授予权的高校中，按照语种来分，开设英语的高校为 899 所，日语为 380 所，俄语为 109 所，法语为 78 所，德语为 72 所，西班牙语有 25 所，阿拉伯语有 16 所。

英语是中国的第一外语，外语语种的单一现象较为严重（胡文仲，2001；李宇明，2010；戴炜栋，2008）。钟美苏和孙有中（2014）提到，全国 1145 所普通本科学校中，有 994 所开设了英语专业。这比戴炜栋（2009）5 年前所统计的数据增加了 95 所，比例占到了全国高校的 86.8%。高职高专院校的外语教育虽然始于 20 世纪 80 年代，起步较晚，但发展速度快，开设英语专业的学校占比也非常高。根据刘黛琳和张剑宇（2009）的统计，1168 所高职高专院校中，有 1144 所开设了英语类专业，比例高达 97.9%，形成了几乎每所高校都开设英语专业的局面。但与英语的快速发展相反，非通用语发展较为缓慢，导致外语语种单一、总体失衡的状况，其已引起诸多专家的关注。胡文仲（2001）认为，英语与非通用语种间的学习者的比例失衡严重，如英语与俄语的学习者比例高达 198：1。李宇明（2010）指出，我国的外语语种以英语为第一，高校所开设的语种仅限于英语、法语、日语、西班牙语、俄语等少数语种。我国高校的外语语种出现了全局性与地域性的失衡，英语与非通用语的比例差距较大（戴炜栋，2008）。

近年来，"一带一路"建设的推进，促使高校积极开设"一带一路"沿线国家语言。不少高校纷纷响应国家倡议，根据现有条件或创造条件开设非通用语种。从我们所做的统计得知，开设 10 种以上语种的高校已经达到了 16 所，仅北京外国语大学一所高校在 2018 年就开设了 98 种外语，高居全国高校之首。与 1966 年的 41 种外语相比，我国目前能开设的外语语种已经实现了量的飞越，一些地方院校借助地缘优势，响应国家倡议，开设了不少邻近国家的语言，如云南民族大学、广西民族大学等。

就外语专业而言，在 2014 年，1145 所大学中开设的外国语言文学本科专业已经达到 64 个语种（包含通用语和非通用语）（钟美苏和孙有中，2014），其中英语涉及三个专业方向，即英语专业、翻译专业和商务英语。到 2018 年，全国高校开设的外语专业已达 102 个，涉及"一带一路"沿线国家官方语言的专业达到 65 个[①]。全国 106 所高校设有翻译专业，146 所高校设有商务英语专业，994 所高校设有英语专业（钟美荪和孙有中，2014）。全国翻译专业本科学位（BTI）授权点 2006 年只有 3 所大学有，到 2018 年已经增加至 272 所；翻译专业硕士学位（MTI）授权点由 2007 年的 15 所大学增加至 2018 年的 249 所；翻译专业博士学位（DTI）的筹备工作也在积极推进[②]。

就人才培养层次而言，我国高校的外语专业在本科、硕士和博士三个层次的学位授权点都在不断提升。1981 年，国务院学位办批准了 5 个英语语言文学博士点和 23 个英语语言文学硕士学位点（戴炜栋，2018）。到 2007 年，英语专业的硕士点增至 208 个，博士点 29 个；日语专业有 60 多个硕士点，15 个博士点；俄语专业有 49 个硕士点，8 个博士点；法语专业有 20 多个硕士点，6 个博士点（戴炜栋，2008）。2017 年新增了 8 个外国语言文学一级学科博士授权点，同时 3 所大学的二级博士学位授权点升为外国语言文学一级学科博士授权点。目前，全国共有 55 个外国语言文学一级学科博士授权点。在国家建设一流学科和一流大学的指导思想推动下，8 所院校进入了外国语言文学学科一流学科的行列，它们分别是北京大学、北京外国语大学、上海外国语大学、南京大学、复旦大学、北京师范大学、湖南师范大学和延边大学。

从发展的眼光来看，我国外语教育在 70 年间有了长足的发展，取得了显著成绩，较为明显的是外语语种不断增加，从 20 世纪 60 年代的 41 种到 2018 年的 98 种；其次，外语专业不断扩大规模，人才培养体系日渐完备，外语专业本科、硕士、博士学位的授权点数目增幅扩大。

然而，正如许多外语教育专家所指出的，我国外语教育的语种失衡，特别是英语与非通用语种间的差距较大，具体表现为：英语专业发展过快过多，非通用语发展缓慢；能够开设非通用语的高校过于集中，一些非通用语种的师资缺乏，学科发展较为滞后。英语作为各种选拔考试、竞赛的唯一外语，它的压倒性优势

---

① 李世江. 2018. 国家语言能力亟待提升. https://opinion.huanqiu.com/article/9CaK6n4m [2018-01-17].

② 段冰. 2017. 王刚毅："一带一路"建设亟需语言服务和翻译人才. http://www.china.com.cn/fangtan/2017-12/08/content_41975912.htm [2019-04-21].

已经持续了50年，这种势头可能仍将延续。随着中国与世界各国联系愈发紧密，很多有识之士和外语教育工作者大声疾呼："一带一路"倡议的实现需要越来越多的外语人才，不仅需要精通英语的人才，而且需要更多懂"一带一路"沿线国家的官方语言、通用语和民族语言的人才。

3.2　中国的国家语言管理能力

3.2.1　中国的语言文字管理机构

为了更好地进行语言文字管理，国家成立了相关机构来负责国家语言文字工作。国家语委的一项重要工作就是汉语的规范、标准化及推广；少数民族语言文字工作由国家民族事务委员会（简称"国家民委"）来负责；外语教育和管理工作主要由教育部负责和管理。

1954年12月中国文字改革委员会成立，该机构的一个突出成果就是研制了《汉语拼音方案》。1985年12月，中国文字改革委员会更名为国家语委，仍直属国务院。1988年12月10日，国家机构编制委员会会议确定了国家语委是国务院管辖下的全国语言文字工作部门。1994年2月14日，国家语委被确定为国家教育委员会管理的副部级单位。1998年国家机构改革后，国家语委并入教育部，受教育部直接领导，负责全国的教育事业和语言文字工作，拟订国家语言文字工作的方针及政策；编制国家语言文字工作的中长期规划；促进语言文字的规范化和标准化；组织、协调、指导推广普通话工作；推动语言文字的改革等。

国家语委设立了24个科研机构，分布在21所高校或科研院所，为国家的语言生活、语言能力、语言资源的发展状况等开展及时的研究并提供相关报告，如2008年成立的"中国语言资源开发应用中心"、2012年在天津市语言文字培训测试中心设立的"中国语言能力测试研究发展中心"、2013年在上海成立的"国家语言文字政策研究中心"、2014年设在北京外国语大学的"国家语言能力发展研究中心"、2015年依托北京语言大学建设的"中国语言资源保护研究中心"、2016年依托首都师范大学语言智能研究中心设立的"中国语言智能研究中心"等。

除了汉字标准化、普通话推广外，国家语委外语中文译写规范部际联席会议专家委员会相继发布了十三批推荐使用的外语词中文译名，从而使外语词的中文翻译更为统一和规范。如《公共服务领域英文译写规范》《公共服务领域俄文译写规范》《公共服务领域日文译写规范》等，这些规范性文件使我国社会生活中正确使用外语词的中文译名有章可循。2018 年国家语委、教育部和中国残联联合发布了《国家通用手语常用词表》《国家通用盲文方案》，为我国在听力和视力上有残疾的三千多万人士提供了便利。手语和盲文是听力及视力有疾患人士所使用的特殊语言文字，因此它们也是国家语言文字的不可或缺的部分。国家通用盲文和国家通用手语规范标准可以有效地维护残疾人语言文字权利，并促进残疾人教育、文化、信息化等方面的发展。

2018 年教育部、国家语委正式发布了面向我国英语学习者的首个英语能力测评标准——《中国英语能力等级量表》，并于 2018 年 6 月 1 日正式实施。该项量表集中了国内外专家的力量，把英语学习者的英语能力分为了"基础、提高和熟练"三个阶段、九个等级，并对各级别的英语能力特征进行了详尽的描述，对接国际考试和相关量表，这在很大程度上标志着中国外语教育进入了新时代。

2015 年国家语委指导下的中国语言资源保护工程正式启动，其目的是推广和规范使用国家通用语言文字，科学保护各民族语言文字，对汉语方言、语言文化、少数民族语言和地方普通话进行调查。教育部为此专门发布《中国语言资源保护工程管理办法（试行）》，来确保工程的顺利有序开展和实施。这个国家工程毫无疑问将对我国的语言资源及其保护、国家通用语言文字的推广等有深入和全面的认识，并为新时代国家语言文字的发展提供科学依据。

党的十八大以来，国家对语言的管理已经深入到了社会生活的各个方面，同时与国家的发展和需求相对接，为国家的发展战略提供有力的支持。习近平总书记在中国共产党第十九次全国代表大会上的报告深刻指出了"坚持大扶贫格局，注重扶贫同扶志、扶智相结合"[①]。基于此，教育部、国务院扶贫办和国家语委发布了《推普脱贫攻坚行动计划（2018—2020）》，并提出"扶贫先扶智，扶智先通语"[②]。该行动计划通过在少数民族地区和深度贫困地区开展普通话培训及与其

---

① 习近平. 2017. 习近平在中国共产党第十九次全国代表大会上的报告. http://cpc.people.com.cn/n1/2017/1028/c64094-29613660-10.html [2018-01-06].

② 中华人民共和国教育部. 2018. 教育部 国务院扶贫办 国家语委关于印发《推普脱贫攻坚行动计划（2018—2020 年）》的通知. http://www.moe.gov.cn/srcsite/A18/s3129/201802/t20180226_327820.html [2019-01-19].

他技能培训相结合的方式，大幅提高了国家通用语言文字的普及率[①]。

少数民族语言文字工作受国家民委管辖。国家民委前身为 1949 年 10 月 22 日成立的中央人民政府民族事务委员会，在 1954 年改名称为中华人民共和国民族事务委员会。1970 年 6 月 22 日，该机构被撤销；在 1978 年举行的全国人大五届一次会议上，国家民委得以恢复，此后至今一直作为国务院的组成部门。国家民委的一个重要职责就是管理少数民族语言文字工作，对少数民族语言文字的翻译、出版以及民族古籍的收集、整理、出版进行指导；在国家教育主管部门的总体规划指导下，研究民族教育的改革发展并提出意见和建议，帮助解决民族教育中所遇到的特殊困难，并配合主管部门承办有关民族地区的教育援助和国家民族教育扶持的相关事宜。

中华人民共和国成立之初，党中央非常重视外语人才的培养。当时的历史背景决定了向苏联学习、保持与苏联的密切关系是中国外交的首要任务，而培养大量优秀的俄语人才就成为外语教育的首要任务。因此，1949 年 10 月，北京俄文专修学校成立，归中共中央编译局管理（李传松和许宝发，2007）。此后，中国的外语教育都归属教育部管理。

1950 年 8 月教育部颁发了《中学暂行教学计划（草案）》，规定了初中外语课的学时为 360 学时，为总学时的 10%；高中外语课的学时占总学时的 13.3%，为 480 学时（李传松和许宝发，2007）。由此可见，中华人民共和国成立之初，教育部明文规定了初中及高中均须修读外语，只不过当时的外语主要是指俄语，只有在不具备开设俄语的学校才开设英语。学好俄语、培养俄语人才成为当时中国外语教育的重中之重。

20 世纪 60 年代随着国际形势的巨大变化，中国的国际交往日益扩大。1964 年由国务院外事办公室、国务院文教办公室、国家计划委员会、高等教育部和教育部 5 个部门，联合提出了《关于外语教育七年规划问题的报告》和《外语教育七年规划纲要》，同时经由国务院批准在 1964 年 10 月成立了外语教育规划小组，统筹中国外语教育的重大事宜。与此同时，教育部组建了外语教育司；中央主管外语院校的部门及各省、自治区都成立了外语教育工作机构。

---

① 王鹏. 2021. 我国普通话普及率达 80.72%. http://www.gov.cn/xinwen/2021-06/02/content_5614991.htm [2022-01-07].

1978 年对中国的外语教育具有重要的意义。教育部在十一届三中全会前即 1978 年 8 月 28 日至 9 月 10 日在北京召开了全国外语教育座谈会，会议讨论了提高外语教育水平、加强外语教育以及培养外语人才的办法和措施；1979 年颁布了《加强外语教育的几点意见》，并形成了《高等师范院校英语专业四年制教学计划（试行草案）》；1980 年成立了高等学校外语专业教材编审委员会，下设英语、日语、德语、法语和俄语教材编审组，同时它也是教育部高等教育司领导下的一个业务性指导机构和高级专家咨询机构，后发展为教育部高等学校外语专业教学指导委员会（简称"高校外语教指委会"），在外语专业教学大纲的制订和修订、教材建设、专业测试、外语专业本科教学评估等方面起到了重要作用。

1992 年，国家教育委员会（后更名为"教育部"）高等教育司在高等学校外语专业教材编审委员会的基础上，组建了高等学校外语专业教学指导委员会，下设日语、英语、俄语、法语、德语、西班牙语、阿拉伯语、非通用语等八个指导组，该指导委员会是在教育部的领导下对高等学校教学工作进行指导、咨询、研究、服务和评估的最高专家组织。

2018 年 11 月 1 日，2018—2022 年教育部高等学校教学指导委员会成立会议在北京举行，会上公布了 2018—2022 年三大类教学指导委员会即综合类、专业类和课程类教学指导委员会。涉及外语教育、教学的指导委员会有两个，即隶属于专业类教学指导委员会的外国语言文学类专业教学指导委员会和隶属于课程类教学指导委员会的大学外语教学指导委员会。外国语言文学类专业教学指导委员会下设英语、德语、俄语、西班牙语、法语、阿拉伯语、日语和非通用语种类专业教学指导分委员会。

3.2.2　中国的语言服务

语言服务是国家语言能力的重要组成部分，中国的语言服务能力可以说是中国的"软实力"之一。中国的语言服务行业经过 40 年的历程，已经从小到大，不断发展，现已成为中国连接世界、走向世界和影响世界的重要手段和支撑。

语言服务最早出现于 2003 年于根元的专著《应用语言学概论》（于根元，2003），而学界对语言服务的定义并未完全统一。一些学者认为语言服务有狭义和广义之分。狭义的语言服务是指语言翻译服务及本地化服务；广义的语言服务包含提供语言产品的服务，如语言翻译、语言培训、语言技术等专业语言服务，以及各行业领域以语言作为工具的语言服务（李现乐，2018）。尽管学术界对语言服务的定义存有不同见解，我们可以说语言服务涉及跨语言、跨文化的信息转化服务，同时也包含相关的研究咨询、研发、工具应用、教育培训等专业化服务。在 2008 年的北京奥运会和 2010 年的上海世界博览会上，"语言服务"一词逐渐开始使用。2010 年，中国翻译协会首次正式提出"语言服务业"这个概念。语言服务行业常被看作是以促进跨语言、文化交流为目标的，能够提供语言服务的现代服务业。

一些业内人士把中国的语言服务大致分为三个阶段，虽然他们对三个阶段在时间上的划分稍有出入。中国外文局原常务副局长郭晓勇[①]认为中国的语言服务行业顺应着中国的改革开放在 20 世纪 80 年代开始出现，到 20 世纪 90 年代随着信息技术的不断发展而初步形成规模；迈入 21 世纪，全球化和全球服务外包行业的迅速发展，中国的国际化步伐加快，与国际社会的融合不断加深，这些促进了中国语言服务的快速发展。有学者认为中国语言服务产业经历了"三次浪潮"：第一次是 20 世纪 90 年代兴起的传统语言产业；第二次是进入 21 世纪的语言信息技术产业的兴盛；第三次是从 2010 年起基于全方位语言信息技术的语言产业。有些学者认为中国的语言服务经历了形成期、提出期和拓展期（申霄，2017）。《2018 中国语言服务行业发展报告》把中国改革开放 40 年来中国语言服务行业的发展过程细分为四个阶段：①1978～1991 年的萌芽期；②1992～2002 年的初具规模期；③2003～2011 年的稳定发展期；④2012～2018 年的繁荣发展期，其间呈现爆发式增长。

不管学者们对语言服务的阶段如何划分，我们都可以看到，中国的语言服务行业从小到大，伴随着中国的改革开放而生，又随着中国改革开放的深入和"一带一路"的建设逐步推进，中国的服务行业被打下了深深的时代印记，已成为中国改革开放以来的"先导"行业。中国持续向好的经济局面、"一带一路"建设的进一步推进、全球化和信息化都成为中国语言服务产业发展的重要推动力。中国翻译协会原常务副会长兼秘书长、中国翻译研究院执行院长王刚毅在发布《2018 中国语言服务行业发展报告》时指出，我国的语言服务行业已具备一定规模，行

---

① 郭晓勇. 2010. 中国经济文化走出去语言服务是支撑. http://www.china.com.cn/news/2010-09/26/content_21006122.htm [2018-10-18].

业的规范化和标准化建设显现一定成效，人才培养和评价体系取得了突破性进展，政产学研协同发展的机制初步建立，行业技术创新能力得到了较大提升。在一定程度上，这些都为中国的语言服务行业进一步发展打下了坚实的基础。

中国语言服务行业根植于中国的土壤，同时又受到全球化和国际语言服务行业的影响。世界翻译大会在中国的举办标志着中国语言服务行业开始走向世界。国家"走出去"战略，特别是 2013 年习近平总书记提出的"一带一路"倡议为语言服务产业的爆发式增长提供了原动力。2011～2018 年，语言服务企业数量出现井喷式增长，已增加到 320 874 家，以语言服务为主营业务的高达 9652 家。2018年的行业报告称，中国的语言服务企业已步入全球领先行列。

根据《2016 中国语言服务行业发展报告》，2015 年，中国约有 72 495 家语言服务及其相关服务的企业，其中专门从事语言服务的企业为 7369 家。2015 年中国语言服务行业创造的产值约为 2822 亿元，比 2011 年的 1576 亿元产值增加了79%，年均增长 19.7%。该报告显示，翻译业务类型呈现出多样化的新趋势，虽然口、笔译为主要形式，但语言咨询、技术研发、工艺应用、教育培训等多方面都已涉及。在"一带一路"倡议的不断推进下，化工能源、法律合同、建筑矿业和机械制造领域的业务占大多数。

总体而言，中国语言服务行业将继续平稳、快速增长，受互联网与翻译新技术的驱动，语言服务行业会不断进行变革，其多元化、国际化、区域集群化和专业化的发展趋势日趋明显。但是，语言服务行业暴露出来的问题也比较明显，存在的问题主要是：语言人才匮乏，特别是掌握"一带一路"沿线国家语言的人才稀缺，在很大程度上制约了语言服务行业的发展；行业定位不明确，缺乏明确的发展方向；高品质和专业化的服务还不够多；还要不断提高行业标准等。正如报告中所总结的，中国的语言服务行业虽然呈现快速的发展趋势，但是仍然面临着许多问题、机遇与挑战。政府相关部门应予以重视，确定该行业的隶属问题和相关政策倾斜等，这样才将有助于语言服务行业的可持续发展。

语言翻译作为语言服务的重要内容，近年来服务于中国承办的高规格国际盛会和活动，语言翻译的质量、内涵和水平都在不断提升。2016 年 9 月 4～5 日在杭州举办的二十国集团（G20）领导人第十一次峰会上，G20 杭州峰会新闻中心采用 8 台双语电话服务来自约 70 个国家和地区的近 5000 名中外媒体记者。峰会的一个突出亮点就是开通了多语应急服务平台"96020"，平台设置译员坐席 60

席，翻译人员 248 名，许多翻译人员具有丰富的翻译实践经验；同时提供 14 个语种的即时口译服务，即拨打"96020"，8 台双语电话可以提供英语、日语、韩语、德语、俄语、法语、印尼语、葡萄牙语、阿拉伯语、意大利语、西班牙语、土耳其语、泰语和老挝语等 14 个语种的 24 小时在线翻译。这个多语服务平台已实现与"110""114""119""120"等公共服务热线的对接，对服务沟通过程进行实时翻译，从订餐、订高铁票、查询航班，到遭遇紧急险情，外国客人都可拨打"96020"电话，寻求帮助。此外，该平台提供峰会会务专项服务，可以由"96020"转接到峰会相关职能部门，以三方通话形式进行沟通解答。该平台还"提供了双手柄翻译电话，作为三方通话翻译服务的媒介。峰会期间，各场馆、酒店、机场、火车站等地均放置了双手柄翻译电话，便于外籍参会人员寻求即时翻译"[①]。峰会结束后，"96020 热线"已常态化运行，继续服务来杭外籍人员，助推杭州市的国际化进程。

语言翻译架起了中国与国际社会的一座座桥梁，使中国政治话语在海外能够有效地传播，使海外媒体及读者能够更加清晰、准确、便捷地理解中国道路、中国方案、中国智慧和中国文化，极大地推进了"一带一路"倡议的顺利实施。其中最值得一提的是，《习近平谈治国理政》第一卷、第二卷多语版的出版和海内外的发行。《习近平谈治国理政》第一卷收录了习近平总书记在 2012 年 11 月 15 日至 2014 年 6 月 13 日的讲话、谈话、演讲、答问、批示、贺信等 79 篇，共计 18 个专题，还收集了习近平总书记各个时期的照片 45 幅。2014 年 10 月外文出版社以中文、英语、法语、俄语、阿拉伯语、西班牙语、葡萄牙语、德语、日语等多语种出版发行了《习近平谈治国理政》，共 10 个品种、20 个版本。2017 年 11 月《习近平谈治国理政》第二卷出版发行。同时，应广大读者的需要，对第一卷进行再版。到 2018 年 1 月，在 3 年多的时间里，《习近平谈治国理政》第一卷、第二卷以中文、英语、法语、俄语、阿拉伯语、西班牙语、葡萄牙语、德语、日语、缅甸语、老挝语、泰语、越南语、韩语、尼泊尔语、柬埔寨语、乌尔都语、土耳其语、匈牙利语、哈萨克斯坦语、印尼语、意大利语、荷兰语、蒙古语等 24 个语种、27 个版本面向海内外出版发行。

---

① 熊茂伶. 2016. G20 杭州峰会为外宾提供 14 种语言应急服务. http://www.xinhuanet.com/world/2016-08/26/c_1119462847.htm [2019-04-20].

　　中国的语言服务伴随着中国的改革开放而生，同时也随着中国改革开放的步伐加快而日益壮大，"一带一路"倡议更加助推了语言服务行业，使其成为生机勃勃、发展势头强劲的新兴产业。但是，语言服务行业也面临着机遇和挑战。"一带一路"沿线涉及 65 个国家和地区，通用语种达 50 多种，在"一带一路"倡议推进过程中，语言服务企业要使服务的语种多样化、本地化来更好地服务于国家重要倡议；依托不断升级的语言技术，提升语言服务的效率和品质；重视翻译人才培养和翻译学科建设，探索更加优化的产学研相结合的模式，培养高层次、高素质的语言服务从业者；完善翻译人才评价体系，扩大翻译专业资格水平考试的全国影响力；加强与国际语言服务业界的沟通与交流，不断扩大该行业的国际影响力。

3.2.3　中国的语言技术

　　学界认为语言技术（language technology）有狭义和广义之分（李宇明，2017；张延成和孙婉，2015）。狭义的语言技术往往指文本处理（text processing）和语音处理（speech processing）两个主要部分。广义的语言技术是指应用现代技术对语言及语言交际过程进行处理，包括编码、解码、贮存、输出、传递等，它涉及语言和言语研究所关联的一切技术领域。许多专家（李宇明，2011；赵世举，2015；文秋芳，2016）在论及国家语言能力时，都提到了语言技术是国家语言能力的重要组成部分，一个国家的语言技术水平可以反映一个国家的语言信息处理技术和水平。提升语言技术的研发能力可以有力地促进国家语言能力的提升，同时成为提升国家语言能力的重要手段。语言技术的发展带动了相关科技和产业的兴盛，推动了信息技术和语言产业的发展，催生了一些传统产业的现代化。

　　国家的语言技术研发能力可以从两个主要方面来体现，一为语言信息处理能力，二为语言信息挖掘能力。前者主要指借助于计算机来对语言进行加工、获取和转换等所具备的能力，主要体现在语音识别技术、信息检索水平及机器翻译水平等。后者主要是指从浩瀚如大海的信息中迅速、准确地提取所需信息的能力，主要体现在舆情监控、信息的抽取以及情感分析等。同时，语言技术能力在国与国之间的政治、经济、军事、反恐等事务中起着重要作用，能充分体现国家语言能力的高低，而具有强有力的语言技术开发能力往往在国家间竞争中胜出一筹。

　　语言信息处理融合了语言学、信息论、计算机科学与技术，是信息技术的核心之一，其主要技术涉及语音识别、机器翻译等。语音识别作为智能语言信息处理的重要内容，主要是指利用计算机来辨识人的声音，并能进行相应的反应，具体而言就是将人类语音中的词汇转换为计算机可读的输入。语音识别技术可以实现从自然语音信号到文字或命令的转换，从而实现更为自然的人机交流。语音识别技术使人机语音交互变为可能，人与机器之间的沟通变得像人与人之间的沟通一样简单，而语音技术的关键就是语音合成和语音识别。采用语音合成技术使机器说话，而语音识别技术就可以使机器听得懂人在说话。语音技术还包括口语评测、语音编码、音色转换、语音消噪等技术（王敏妲，2009）。它可以广泛用于医疗系统、信息查证、银行服务、语音通信等（秦颖，2016）。

　　中国的语音识别始于 20 世纪 50 年代，近年来发展势头很好，我国的语音识别技术已基本与国外同步，在汉语语音识别上具有自己的优势与特点，已达到国际先进水平。标志性的成果是中国科学院自动化研究所及其所属的北京中科模识科技有限公司（Pattek）2002 年推出的国内首套"天语"中文语音识别系统 Pattek ASR，从而结束了中文语音识别由国外公司垄断的历史。近些年，国内涌现了一些语音识别技术研发和生产的企业，其中不乏颇具实力的知名企业，如科大讯飞股份有限公司（iFLYTEK Co., Ltd.）、深圳市汇顶科技股份有限公司（Shenzhen Goodix Technology Co., Ltd.）、汉王科技股份有限公司（Hanwang Technology Co., Ltd.）、拓尔思信息技术股份有限公司（TRS）等。科大讯飞股份有限公司的核心技术主要包括语音识别技术、自然语言处理技术、语音合成技术、语音评测技术、手写识别技术、声纹语种技术等。目前该公司已将语音识别产品应用于语言考试的口语评测之中。深圳市汇顶科技股份有限公司长于人机交互及生物识别技术。汉王科技股份有限公司在文字识别技术及智能交互产品方面具有优势，在手写识别、光学字符识别（optical character recognition，OCR）、笔迹输入等领域具有自主知识产权，在国内外均处于领先地位，其代表产品包括汉王笔、e 典笔、名片通、绘图板、汉王电纸书、文本王等，它们也可以进行证照识别等。拓尔思信息技术股份有限公司的业务涉及信息安全、大数据管理、人工智能和互联网营销等，CKM 中文文本挖掘软件、TRS 中文全文检索系统、WCM 内容管理平台等代表了国内相关领域的最高水平。

　　中国的语音识别技术得到了长足发展，在一些领域已取得世界瞩目的成就。

中国的 12.6 亿手机用户现已习惯使用微信语音及语音识别等功能，而微信团队早在 2012 年前就已经具备了语音识别和语义理解的研发能力。2016 年，科大讯飞股份有限公司[①]、百度[②]、搜狗[③]都发布了它们的语音识别准确率，均达到 97%。2019 年 1 月，百度宣布它的中文在线语音识别技术获得重大突破，百度输入法 AI 探索版问世，成为全语音输入的产品，极大地提升了在线语音的识别精度。

机器翻译又称为自动翻译，是利用计算机将一种自然语言（源语言）转换为另一种自然语言（目标语言）的过程。机器翻译的最大优势就是便捷和廉价，它为国家、政府和个人都提供了极大的便利，具有重要的实用价值。机器翻译实现的主要方式是在两种语言间进行语言转换。

我国的机器翻译研究起步于 20 世纪 50 年代末期，是世界上第 4 个开始研究机器翻译的国家。改革开放后，机器翻译发展迅速。机器翻译的发展从最初运用规则系统，到统计机器学习方法，再到解决算法、算力等各方面的问题，不断登上新台阶。机器翻译系统已达 10 多个，翻译的语种和类型涉及英汉、俄汉、法汉、日汉、德汉等一对一的系统，也有汉译英、法、日、俄、德的一对多系统（FAJRA 系统）。我国的统计机器翻译系统正在不断地完善和提升，知名的互联网在线翻译系统有"百度翻译""有道翻译""腾讯云机器翻译"等。百度翻译还获得了 2015 年国家科技进步二等奖，能支持 200 多种热门语言互译，覆盖近 4 万个翻译方向。目前，超过 15 万家第三方应用接入百度翻译 API（即应用程序接口，Application Programming Interface），每日翻译字符数超过千亿。百度于 2018 年又发布了世界上首个集成了预测和可控延迟的语音实时翻译系统，实现了自然语言处理上的重大技术突破，此后又在 2020 年获得"全球 AI 翻译服务代表性提供商"殊荣。它们还拥有专攻东南亚国家语言与汉语之间翻译的文字翻译软件——"一铭翻译云"，能够进行 100 多种语言间的语音互译翻译软件"蜗牛翻译"，以及"我爱翻译""翻译全能王"等翻译软件。"有道词典笔 X5"能够支

---

① 科大讯飞. 2020. 喜报！科大讯飞 DCASE 挑战赛夺冠. http://www.iflytek.com/news/2068 [2021-08-15].

② 娜拉. 2015. 对人工智能多点耐心 百度汉语语音识别获重大突破. https://www.cnaiplus.com/a/voicerecog/302650.html [2019-05-19].

③ 搜狗 AI 开发平台. 2021. 先进的识别技术. https://ai.sogou.com/product/realtime_recognition/ [2021-03-08].

持超过 100 种语言的在线即时翻译；讯飞翻译机 4.0 支持 83 种语言的在线即时翻译，能够进行中文方言和外语口音识别、方言识别翻译和智能语音翻译等。随着"一带一路"倡议的不断推进，在与"一带一路"沿线 60 多个国家的经济、政治、文化交流中，机器翻译将发挥重要作用，助力中国与沿线各国的互融互通。

3.2.4 中国的语言政策与规划

语言政策与规划是国家语言管理能力的一个重要组成部分，涉及一个国家的民族语言政策和外语政策。在此，我们将梳理和阐述新中国成立以来的语言政策和规划，并从民族语言政策和外语政策两个方面展开。

3.2.4.1 新中国的民族语言政策

中国政府非常重视国家语文工作，不仅重视汉语的规范和推广工作，而且还关注少数民族语言的使用，制定了很多行之有效的语言政策。

1. 汉语的规范和推广

中华人民共和国成立初期，中央政府做了大量工作来进行民族语言的本体规划即对汉语和汉字的形式、结构等实施干预和调节，如简化汉字、规范和推广汉语和汉字、推广普通话、规范和创制少数民族语言文字及特殊语言文字等，使其进一步规范化和标准化。

第一，简化汉字。1951 年，中央人民政府出版总署制定并颁布了《标点符号用法》。1955 年 10 月 15～23 日第一次全国文字改革会议召开后，全国逐步推行汉字印刷书写横排。1956 年，国务院审议并通过《汉字简化方案》，决定分三批对汉字进行简化和推广使用，从而使汉字更容易被大众所接受。周恩来总理对汉字简化工作非常重视，把简化汉字放在了文字改革工作的首位。在他的关心下，文字改革工作归纳为简化汉字，推广普通话，制定和推行汉语改革方案（周庆生，2013）。

第二，确定《汉语拼音方案》。1956 年 1 月 20 日，中央确定了汉语拼音方案采用拉丁字母。1958 年 2 月 11 日，中华人民共和国第一届全国人民代表大会第五次会议通过了《关于汉语拼音方案的决议》，正式批准了《汉语拼音方案》。中国政府又以立法的形式即《中华人民共和国国家通用语言文字法》确定了《汉语拼音方案》的地位，其中第十八条规定："国家通用语言文字以《汉语拼音方案》作为拼写和注音工具。《汉语拼音方案》是中国人名、地名和中文文献罗马字母拼写法的统一规范，并用于汉字不便或不能使用的领域。初等教育应当进行汉语拼音教学。"《汉语拼音方案》不仅用于对外汉语教学、普通话教学、初等教育等，而且还是少数民族创制和改革文字的基础。因此，《汉语拼音方案》是新中国文字改革的突出成果，也是中国文字改革史上的一个里程碑（郭龙生，2008）。

第三，推广普通话。1955 年 10 月 15～23 日，第一次全国文字改革会议召开。会议确定了以北方话为基础方言、以北京语音为标准音的普通话为汉民族的共同语，这为现代汉语的规范化确定了对象与依据。1956 年 2 月 6 日，国务院发布了《关于推广普通话的指示》，从语音、词汇、语法三个方面确定了普通话的内涵即"以北京语音为标准音，以北方话为基础方言，以典范的现代白话文著作为语法规范"。之后《中华人民共和国宪法》第十九条第五款明确规定：国家推广全国通用的普通话。《中华人民共和国国家通用语言文字法》于 2001 年 1 月 1 日正式实施，其中第二条规定：本法所称的国家通用语言文字是普通话和规范汉字。第三条规定：国家推广普通话，推行规范汉字。该法规明确了国家机关、学校及其他教育机构、公共服务行业、广播电台和电视台等使用普通话的要求。

第四，现代汉语的规范化。规范汉字是中华人民共和国成立后，对汉字进行整理和简化而形成的。规范汉字的主要依据有《简化字总表》《第一批异体字整理表》《现代汉语通用字表》等。对现代汉语的规范是中国的民族语言本体规划中的一个重要内容，其中简化汉字、编撰现代汉语辞书和词典等工作有力地促进了现代汉语的规范和在全国范围的推广。在现代汉语词典中，最有影响力的就是《新华字典》和《现代汉语词典》。《新华字典》是新中国第一部现代汉语字典，先后荣获第四届国家图书奖荣誉奖、第三届国家辞书奖特别奖等多项大奖，是全球各地汉语学习者的必备工具书。2016 年 4 月，该字典获得两项吉尼斯世界纪录，成为世界上"最受欢迎的字典"和"最畅销的书（定期修订）"[①]。

2. 新中国的少数民族语言政策

我国的民族政策以及少数民族语言文字政策是我国政策体系的重要组成部分。《中华人民共和国宪法》、《中华人民共和国民族区域自治法》和《中华人民共和国国家通用语言文字法》都对民族语言文字做出了规定，各民族都有使用

---

① 夏晓. 2016. 《新华字典》获两项吉尼斯世界纪录. http://www.xinhuanet.com/world/2016-04/13/c_1118607648.htm [2017-05-16].

和发展自己语言文字的自由。2012 年 12 月，教育部、国家语委颁布的《国家中长期语言文字事业改革和发展规划纲要（2012—2020 年）》提出了少数民族语言文字政策的指导思想，体现在科学保护民族语言文字，尊重各民族使用和发展自己的语言文字的自由；确立了民族语言文字是国家宝贵文化资源的观念，必须采取有效措施进行保护。

70 多年来，中国政府一直重视少数民族语言的规划，中国的少数民族语言政策与规划体现出如下特点。

第一，通过法律、法规等来确保少数民族语言文字的地位。《中华人民共和国宪法》《中华人民共和国民族区域自治法》《中华人民共和国国家通用语言文字法》等法律、法规确立了少数民族语言文字的地位，以及少数民族使用和发展自己的语言文字的自由。

第二，保证少数民族语言文字的使用。为保证少数民族使用和发展自己的语言文字，《中华人民共和国宪法》明文规定：各民族公民都有用本民族语言文字进行诉讼的权利。除了制定在司法诉讼方面保证少数民族语言文字使用权利的法律法规外，我国少数民族语言文字使用的权利还体现在政治领域，例如：政府为少数民族在全国人民代表大会等国家重大政治生活中设有少数民族语言的同声传译服务；在少数民族自治地区的法院、检察院、教育部门、新闻传媒等部门也不同程度地规定了少数民族语言文字的合理使用权利。

第三，开展民族识别和民族语言文字的前期调研工作；为没有文字的少数民族创制文字，为文字不完备的少数民族改革或改进文字。为了科学制定民族语言文字政策，了解我国少数民族的民族数量，掌握少数民族的语言文字状况，20 世纪 50 年代初期开展了民族识别工作和民族语文前期调研工作。1956～1958 年，700 多位语言工作者开展了语言调查。他们在国家民委的指导下，本着自愿自择的原则，为壮族、苗族、彝族、布依族、侗族、傈僳族、哈尼族、黎族、纳西族等 11 个没有文字的少数民族制定了 15 种文字，在 1957 年完成了对傣语、拉祜语、景颇语等已有文字的改革。1979～1985 年，云南省哈尼族、彝族、壮族、白族、傈僳族、苗族、傣族、佤族、拉祜族、景颇族、纳西族、藏族等 14 个少数民族恢复或试行了 20 种少数民族文字或文字方案（孙宏开，2015）。

第四，成立语言机构制定语言政策。为了更好地促进我国少数民族语言文字的发展，中国科学院少数民族语言研究所于 1956 年 12 月在北京成立。该研究所主要指导和组织关于少数民族语言文字的研究工作，帮助尚无文字的民族创立文字，帮助文字不全的民族逐渐充实其文字。这就为我国少数民族的语言调查、语言规划、语言研究提供了有力保障。

第五，促进民族语文的翻译、出版、教育、新闻、广播、影视、古籍整理事业的发展。1991 年 12 月，国务院颁布了《关于进一步贯彻实施〈中华人民共和国民族区域自治法〉若干问题的通知》，强调要搞好民族自治地方的新闻出版工作，特别是少数民族文字的报刊图书工作。同时，为了使广大少数民族能够听到本族语言的电视广播节目，政府出台了相关政策，使广播电视电台推出了一些民族广播电视节目，如1981 年 6 月 1 日中央电视台播出了民族专题的汉语节目，1983 年 1 月 1 日正式推出《民族大家庭》节目。

3.2.4.2　新中国的外语政策

我国外语政策的发展大致可以分为五个阶段：1949～1956 年的俄语鼎盛时期；1957～1965 年的外语教育布局调整时期；1966～1977 年的外语教育停滞时期；1978～2000 年的外语教育恢复和发展时期以及 21 世纪的外语教育多元发展时期。

1. 俄语鼎盛时期（1949～1956 年）

中华人民共和国成立后，全国各地响应党中央全面学习苏联的指示，掀起了学习俄语的热潮。1951 年 9 月 25 日，在北京召开的第一次全国俄文教学工作会议上成立了俄语教学指导委员会；1952 年开始进行院系调整，撤销合并了大部分学校的英语系，也缩减了德语和法语系，大力推行俄语教育；1953 年 8 月，高等教育部又召开了第二次全国俄文教学工作会议，就俄语教学中若干重大问题做出了决定，以保证俄文教学的正规化、系统化和统一化；1955 年，高等教育部召开了关于制定俄语专业统一教学计划的座谈会，拟定了三年制和四年制两个教学计划。1956 年，教育部下达了《关于中学外国语科的通知》，否定了自 1954 年起初中停开外语课的决定，因此从 1957 年起，我国的中学外语教学得以逐步恢复。

2. 外语教育布局调整时期（1957～1965 年）

1961 年，全国文科教材编审委员会成立，主编了英、俄、德、法、西班牙语基础教材。1964 年，教育部出台了《关于外语教育七年规划问题的报告》和《外语教育七年规划纲要》两个文件。其中，《外语教育七年规划纲要》第一次对全国的外语教育提出了宏观指导方针，决定新建和扩建一批外国语学院，确定了英语作为第一外语，同时对其他语种的发展也提出了明确方针。《外语教育七年规划纲要》由于"文化大革命"的到来而中止执行，但它却是我国外语教育史上的一个里程碑。

3. 外语教育停滞时期（1966～1977年）

1966～1970年初，我国外语教育处于崩溃的边缘。1970年11月，周恩来总理的《关于外语教学的谈话》谈到了外语教学要造就三种人才即外语师资、懂外文的干部和技术人员、外事人员。

4. 外语教育恢复和发展时期（1978～2000年）

改革开放后，外语教育迎来了春天，特别是1978年召开的全国外语教育座谈会促进了我国外语教育的迅猛发展。会议提出了《加强外语教育的几点意见》，具体表现为：要抓好中、小学外语基础教育；办好高校外语专业和公共外语教育，开展形式多样的业余外语教育，使更多的人掌握好外语（李传松，2009）。1979年，教育部关于加强外语教育的通知指出：要用战略眼光进行语种长期规划，要"大力发展英语教育，但也要适当注意日、法、德等其他通用语种的教育"（转引自金志茹，2008）。1981年，国务院批转教育部《高等教育自学考试试行办法》。在全国高等教育自学考试指导委员会下成立了英语（专业）自学考试委员会，设有专科和本科两个阶段。由此，全国各地英语自学考试热开始兴起。2000年，教育部为落实《面向21世纪教育振兴行动计划》，推动现代远程教育工程的进程，积极发展高等教育，正式批准38所高校作为现代远程教育的试点学校。多层次、多形式的外语办学模式蓬勃发展起来。

5. 外语教育多元发展时期（21世纪以来）

进入21世纪，中国外语教育围绕"多出人才、出好人才"的要求，在培育模式、学科建设、培养层次等多方面进行改革，取得了长足的进步。1998年12月，经教育部高教司审核批准的《关于外语专业面向21世纪本科教育改革的若干意见》（以下简称《若干意见》）转发全国有外语专业的大专院校。《若干意见》指出，21世纪的外语人才应该具有扎实的基本功、宽广的知识面、一定的专业知识、较强的能力和较好的素质，并首次提出复合型外语人才的概念，为今后外语专业的人才培养提供了更多的可能性；各院校被赋予了更大的办学自主性，可以根据各自的发展状况、师资队伍、学生来源、所在地的社会和经济发展需求及就业市场的需求，自主确定培养方向。21 世纪初的外语教育进入了整体可持续发展阶段。随着"一带一路"倡议的推进，国家对非通用语人才的需求激增，能够开设的非通用语的高校数量、所开设的语种数量、招生人数、人才培养层次都有大幅度提升，服务国家发展和需求的外语教育导向愈发凸显。

3.3　中国的国民语言能力

国民语言能力又被称为公民语言能力，国民语言能力之和是构成国家语言能力的基础（李宇明，2011），决定了国家的语言实力（赵世举，2015）。国民语言能力主要包含了母语能力和外语能力。在我国，母语能力主要体现为国家通用语言文字能力。国民语言能力不仅涉及口语能力即听和说的能力，而且还包括书面表达能力，即读和写的能力。姚喜双（2016）指出国民语言能力的核心是履行《中华人民共和国国家通用语言文字法》所规定的学习和使用国家通用语言文字的能力，也就是学习和使用普通话和规范汉字的能力，这是中国国民应该具备的基本语言能力。

截止 2022 年全国普通话普及率为 80.72% 的事实已充分说明，大力推广和普及国家通用语言文字作为《国家中长期语言文字事业改革和发展规划纲要（2012—2020 年）》的主要任务，已经完成。教育部语言文字应用研究所的"全国普通话普及情况抽样调查"（国家语言文字工作委员会，2021）数据显示，全国普通话普及率比 2000 年的 53.06% 提高了 27.66 个百分点；达到"能熟练使用但口音较重"及以上水平者占 67.77%；普通话普及的质量比 2000 年已提高近 30%（国家语言文字工作委员会，2021）。可见，《国家语言文字事业"十三五"发展规划》中提出的 2020 年"全国范围内普通话基本普及"已圆满完成。在《推普脱贫攻坚行动计划（2018—2020 年）》提出"扶贫先扶智、扶智先通语"的背景下，语言在脱贫攻坚过程中的作用已十分显著。推广普通话被纳入脱贫攻坚，普通话普及率也被纳入了地方扶贫工作的绩效考核之中。越来越多的贫困群众掌握国家通用语言，从而获得更多的就业机会和收入，提高教育水平。该数据还表明（国家语言文字工作委员会，2021），"三区三州"①的普通话普及率现已达 61.56%。其中，达到"能熟练使用但口音较重"及以上水平者达到了 43.44%。这得益于国家语委对特殊人群即 3～6 岁学前儿童、18～45 岁青壮年农牧民加大推广国家通用语言文字的力度。随着"语言扶贫"APP、"普通话小镇"学习软件、"智富盒子"、《幼儿普通话 365 句》视频资源、"国家通用语言文字培训平台"等多媒体学习教辅资源的上线以及《普通话 1000 句》《普通话百词百句》的相继出版，农村、边远地区和民族地区学习者的普通话能力得到了前所未有的提升（国家语言文字工作委员会，2021）。这些学习和培训途径的效用可见一斑。

中华人民共和国成立 70 多年以来，国家颁布实施了国家通用语言文字规范标准 6 类 47 种（国家语言文字工作委员会，2017）。根据既有数据（国家语言文字工作委员会，2017），我国颁布了专门针对语言文字问题或包含语言文字的法律、法规、规章和规范性文件近 2200 项；语言文字信息化规范标准 59 种，68% 的国民掌握了汉语拼音。普通话普及率从 2000 年的 53% 提高到 2015 年的 73% 左右；识字人口使用规范汉字比例超过 95%。截止到 2020 年，普通话普及的数量和质量已有大幅提升：东部地区普及率高，而西部地区则以普及率增速快为特点（国家语言文字工作委员会，2021）。然而，普通话推广及发展不平衡的主要问题已从 2017 年的地域、城乡、东部之间发展不平衡②逐渐具体到：①还有十个省份的普通话普及率低于全国平均水平；②中部"洼地"现象愈发突出，即普及率低于东部地区，而普及率增长速度又低于西部地区；③普通话水平极低和不能使用普通话交流的人口主要集中在中西部地区，尤其是农村、边远地区和民族地区（国家语言文字工作委员会，2021）。

根据《中国语言文字使用情况调查资料》（中国语言文字使用情况调查领导小组办公室，2006）的数据，2005 年全国能说普通话的人数达到 53.06%；其中城镇的普通话普及率为 66.03%，乡村为 45.06%；按省份来分，普通话使用率较低的几个省、自治区分别为：西藏 16.10%、青海 31.43%、贵州 33.39%、甘肃 37.34%、

---

① "三区"指西藏自治区和青海、四川、甘肃、云南四省藏区及南疆的和田地区、阿克苏地区、喀什地区、克孜勒苏柯尔克孜自治州四地区；"三州"指四川凉山彝族自治州、云南怒江傈僳族自治州、甘肃临夏回族自治州，是国家层面的深度贫困地区，是国家全面建成小康社会最难啃的"硬骨头"。

② 中华人民共和国教育部. 2017. 教育部 国家语委关于开展普通话基本普及县域验收工作的通知. http://www.moe.gov.cn/srcsite/A18/s7066/201704/t20170401_301699.html [2018-09-25].

新疆 37.49%、四川 37.52% 和云南 37.94%。普通话普及率较低的省区主要集中在西南部，即藏、云、贵、川、渝等省区。通过 10 多年的努力，普通话的普及率在全国各省区都有了长足的进步和提高，曾经排名靠后的省区也有了大幅提高。例如，2018 年四川省全省普通话普及率从 2006 年的 51.71% 已提高到 80.31%，提前实现了 2020 年的全国普通话普及率目标[①]。多民族、多语言的边疆省份——云南，其城镇普通话普及率已由 2005 年的 57.12% 上升到 2017 年的 70%，农村、民族地区普及率由 2005 年的 27.77% 上升到 2014 年的 40% 左右，农村和少数民族地区的普通话普及率提升了 10%[②]。广西壮族自治区的普通话水平近 10 多年来取得了突出的成绩，据广西教育厅所提供的数据，广西的普通话普及率 2000 年为 56%；2010 年达到了 80.7%，2017 年则提升至 84.72%，高于全国平均水平，提前 3 年达了国家要求的区域普通话普及率[③]。

根据教育部于 2020 年公布的数据[④]，近年来国家不断加大对教育的投入，国家财政性教育经费支出占 GDP 比例连续 8 年保持在 4% 以上。中国成人识字率和青年识字率不断提升。根据世界数据图谱分析平台（Knoema）所提供的数据，2015 年中国成人识字率为 96.36%，而 2000 年只有 90.92%；青年识字率在 2000 年已达到 98.86%；2015 则为 99.73%，接近 100%。

国民或公民的外语能力主要是指个人运用外语的能力，一般是以考试来衡量的（文秋芳等，2011）。我国的外语考试根据不同的语种和不同的层次和考试目的，出现了各种类型。根据语种来划分，全国性的外语考试涉及英、日、德、法、西班牙、阿拉伯语等语种的考试。与英语相关的考试最多，其中包括全国大学英语四、六级考试（College English Test，CET），全国高校英语专业四、八级考试（Test for English Majors，TEM）；全国外语水平考试（WSK）中的全国英语

① 周洪双. 2019. 四川普通话普及率提高到 80.31%. http://difang.gmw.cn/sc/2019-04/17/content_32752193.htm [2020-04-19].

② 虎遵会. 2017. 云南城镇普通话普及率超 70%. http://m.people.cn/n4/2017/0913/ c1420-9857462.html [2018-10-17].

③ 周仕敏，黎万婷. 2018. 广西：普通话普及率高于全国平均水平 提前 3 年达到国家要求普及率. http://www.nwccw.gov.cn/2018-09/26/content_222774.htm [2019-10-17].

④ 中华人民共和国教育部. 2020. 连续 8 年超 4%！"十三五"教育经费"账单"来了. http://www.moe.gov.cn/fbh/live/2020/52692/mtbd/202012/t20201203_503264.html [2021-09-07].

等级考试（Public English Test System，PETS）；全国性的大学入学考试、研究生入学考试等考试。其他语种的专业考试包括：日语专业四、八级考试；德语专业四、八级考试；法语专业四、八级考试；西班牙语专业四、八级考试；阿拉伯语专业四级考试。

全国外语水平考试是教育部举办、教育部教育考试院（原教育部考试中心）组织实施每年举行两次的外语水平考试，涵盖了英语、法语、德语、日语和俄语五个语种，即全国英语水平考试（PETS-5）、全国日语水平考试（NNS）、全国俄语水平考试（тпря）、全国德语水平考试（NTD）和全国法语水平考试（TNF）。此外，一些省份也举行非通用语特别是东南亚小语种的专业考试。如云南省教育厅举办的云南省泰语应用能力四、八级考试，该考试针对的是云南省各高校泰语专业在校学生。考试合格者由云南省高等学校非通用语种类专业教学指导委员会颁发合格证书。

除了国内的外语考试之外，国际上不同语种都有一些相应的权威考试，用以测试赴国外学习者所具备的语言能力。在国际各类外语考试中，雅思考试（International English Language Testing System，IELTS）和托福考试（Test of English as a Foreign Language，TOEFL）最为中国人所熟悉，参加考试的人数众多。雅思官网所提供的《2018 中国大陆地区雅思考生学术表现白皮书》[①]（简称《2018 白皮书》）对中国雅思考生近 5 年来的成绩进行了分析。《2018 白皮书》指出，中国雅思考生总平均分集中在 5.5 分和 6.0 分梯队，达到 6.0 分及以上的考生接近半数。2012～2017 年，中国学术类和培训类雅思考生的英语成绩有所提升。雅思学术类考试总分平均分从 2012 年的 5.56 上升至 2017 年的 5.76，其中，听力提升最多，从 5.67 上升至 5.90，阅读和写作紧随其后，平均分均上升了 0.21，口语平均分从 5.25 上升至 5.39，有小幅提升。雅思培训类考试总体的平均分由 2012 年的 5.52 提升至 2017 年的 5.93；听力、阅读、写作、口语四项都有提升。此外，不论是在学术类还是在培训类考试中，女性考生的表现都优于男性考生，这也是全球范围的共性。《2018 白皮书》还对中国雅思考生与全球雅思考生的英语能力进行了比较：2017～2018 年，中国考生的英语能力（学术类和培训类）与全球平均水平仍然有差距。雅思学术类考生的阅读能力与全球平均水平相当，其余三项

---

① 原报告涉及大陆（内地）和台港澳之分，但本书中进行的是国家间的对比，故不含台港澳数据。

能力即听力、口语和写作与全球平均水平都还存在差距。雅思培训类考生的四项英语能力与全球平均水平都存在差距，差距较小的是阅读能力，而口语、听力和写作的差距较大。再看表 3-3 和表 3-4。

表 3-3　2012 年、2016 年及 2017 年雅思学术类考试中国考生的平均成绩（单位：分）

年份	总分	听力	阅读	写作	口语
2017	5.76	5.90	6.11	5.37	5.39
分数变化	0.12 ↑	0.11 ↑	0.1 ↑	0.13 ↑	0.11 ↑
2016	5.64	5.79	6.01	5.24	5.28
分数变化	0.08 ↑	0.12 ↑	0.11 ↑	0.08 ↑	0.03 ↑
2012	5.56	5.67	5.90	5.16	5.25

表 3-4　2012 年、2016 年及 2017 年雅思培训类考试中国考生的平均成绩（单位：分）

年份	总分	听力	阅读	写作	口语
2017	5.93	6.06	6.03	5.61	5.74
分数变化	0.37 ↑	0.39 ↑	0.34 ↑	0.30 ↑	0.43 ↑
2016	5.56	5.67	5.69	5.31	5.31
分数变化	0.04 ↑	0.03 ↑	0.08 ↑	0.07 ↑	−0.02 ↓
2012	5.52	5.64	5.61	5.24	5.33

如表 3-3 和 3-4 所示，中国考生在雅思学术类考试中的表现更为突出，其中雅思学术类听力考试中的提升最为明显。表 3-5 是 2017 年中国和其他国家雅思学术类考试的平均成绩对比。

表 3-5　2017 年中国及其他国家雅思学术类考试平均成绩对比（单位：分）

国家	听力	阅读	写作	口语	总分
中国	5.90	6.11	5.37	5.39	5.76
越南	5.97	6.17	5.59	5.71	5.92
泰国	6.25	6.03	5.46	5.91	5.98
印度尼西亚	6.55	6.67	5.78	6.27	6.38
菲律宾	7.27	6.80	6.20	6.85	6.84
马来西亚	7.27	7.07	6.25	6.71	6.89

续表

国家	听力	阅读	写作	口语	总分
印度	6.30	5.82	5.77	6.01	6.04
孟加拉国	6.37	6.02	5.83	6.25	6.18
加拿大	7.09	6.78	6.16	7.15	6.86
德国	7.76	7.52	6.60	7.36	7.37

从表 3-5 可以看出，2017 年中国考生雅思学术类考试的总成绩达到了 5.76，这一成绩低于其他国家，中国的雅思学术类考试的平均成绩位列末段。中国考生在雅思培训类考试中的表现如表 3-6 所示。

表 3-6　2017 年中国及其他国家雅思培训类考试平均成绩对比（单位：分）

国家	听力	阅读	写作	口语	总分
中国	6.06	6.03	5.61	5.74	5.93
越南	6.16	6.12	5.83	6.00	6.09
泰国	5.37	4.83	5.06	5.45	5.24
印度尼西亚	6.08	5.84	5.59	6.02	5.95
菲律宾	6.46	5.99	5.98	6.46	6.29
马来西亚	7.11	6.89	6.31	6.87	6.86
新加坡	7.71	7.49	6.78	7.48	7.43
孟加拉国	6.47	6.01	6.05	6.48	6.32
印度	6.86	6.34	6.22	6.68	6.59
加拿大	7.10	6.79	6.28	7.15	6.89
德国	7.22	6.91	6.40	7.38	7.04

与雅思学术类考试的情况类似，2017 年中国的雅思培训类考试的总成绩（5.93分）也居于末段（表 3-6）。成绩仅优于泰国（5.24 分），与印度尼西亚（5.95分）接近，但远低于东盟其他国家（如新加坡 7.43 分、马来西亚 6.86 分和菲律宾6.29 分），也低于南亚国家孟加拉国（6.32 分）和印度（6.59 分），更低于欧美国家的加拿大（6.89 分）和德国（7.04 分）。

综上，中国国民外语能力在雅思考试中的发挥并不出色，不过，因参加考试的人数不足，雅思官方公布的成绩中一些东盟国家（如缅甸、老挝、柬埔寨、文莱等国）都没有相关数据。这在一定程度上影响了中国考生的雅思成绩在各国对比中的排位。因此，我们继续参考了 2017 年和 2018 年中国和东盟各国的托福考试平均成绩，旨在对中国考生的英语总体水平有更深入的了解（表3-7、表3-8）。

表 3-7　2017 年中国和东盟国家托福考试平均成绩排名　　　（单位：分）

序号	国家	阅读	听力	口语	写作	总分
1	新加坡	24	25	24	25	97
2	马来西亚	22	23	22	24	91
3	菲律宾	21	22	23	23	89
4	印度尼西亚	21	22	21	22	85
5	越南	20	20	20	22	82
6	缅甸	19	20	20	21	80
7	中国	21	19	19	20	79
8	泰国	19	20	19	20	78
9	柬埔寨	16	17	19	19	72
10	老挝	11	14	18	16	59
11	文莱	无成绩记录	无成绩记录	无成绩记录	无成绩记录	无成绩记录

表 3-8　2018 年中国和东盟国家托福考试平均成绩排名　　　（单位：分）

序号	国家	阅读	听力	口语	写作	总分
1	新加坡	24	25	24	24	98
2	马来西亚	22	23	22	23	90
3	菲律宾	21	22	23	22	88
4	印度尼西亚	21	22	21	22	86
5	越南	20	21	20	22	83
6	缅甸	19	20	21	21	81
7	中国	21	19	19	20	80
8	泰国	19	20	19	20	78
9	柬埔寨	16	18	19	19	72
10	老挝	13	16	18	17	64
11	文莱	无成绩记录	无成绩记录	无成绩记录	无成绩记录	无成绩记录

表 3-7 和表 3-8 显示了中国以及东盟九国（文莱无成绩记录）在 2017 年和 2018 年的托福考试平均成绩。其中，中国的托福考试排名在 11 个国家中，始终居于第 7 位，成绩仅好于泰国、柬埔寨和老挝，与缅甸成绩较为接近，但仍然低于缅甸和越南的成绩，而与新加坡、马来西亚、菲律宾和印度尼西亚的差距就更大。但可喜的是：与其他国家相比，中国考生的阅读尚不处于绝对劣势，与菲律宾、印度尼西亚考生的阅读成绩一致，但在其他三项（即听力、口语和写作）上还有较大差距。

此外，英孚教育（Education First，EF）——全球英语培训机构推出了全球成人英语熟练度指标（English Proficiency Index，EPI），调查母语为非英语的国家和地区，涉及 100 多个国家和地区，从"极高"到"极低"划分为五个熟练度水平即"极高水平、高水平、中等水平、低水平和极低水平"。英孚标准英语熟练度年度报告从 2011 年开始发布，已经连续发布 11 年，它是基于对世界各地几十万测试者的测试结果而研制的。

根据 2021 年英孚标准英语熟练度年度报告，中国的英语熟练度被归到"中等水平"，得分为 513 分，在 112 个参评国家/地区中位居第 49 位[1]。相较 2020 年的评测结果（在 99 个参评国家/地区中排名第 38 位），有所下滑。这一成绩在亚洲地区中排名第 7 位，详见表 3-9。中国还有 6 座城市入围了英语中等熟练度城市：上海（543 分）、北京（523 分）、台北（521 分）、深圳（515 分）、成都（505 分）和澳门（504 分）。紧随其后的是两座低熟练度的城市：广州（498 分）和武汉（498 分）[2]。

表 3-9　2021 年中国和东盟国家英语熟练度分数及排名

序号	国家	英语熟练度分数/分	排名/名	熟练度等级
1	新加坡	635	4	极高熟练度
2	菲律宾	592	18	高熟练度
3	马来西亚	562	28	高熟练度

　　[1] 英孚教育. 2021. EF 英语熟练度指标：112 个国家和地区的英语水平排名. https://liuxue.ef.com.cn/assetscdn/WIBIwq6RdJvcD9bc8RMd/cefcom-epi-site/reports/2021/ef-epi-2021-chinese-simplified.pdf [2021-12-20].
　　[2] 英孚教育. 2021. EF 英语熟练度指标：112 个国家和地区的英语水平排名. https://liuxue.ef.com.cn/assetscdn/WIBIwq6RdJvcD9bc8RMd/cefcom-epi-site/reports/2021/ef-epi-2021-chinese-simplified.pdf [2021-12-20].

续表

序号	国家	英语熟练度分数/分	排名/名	熟练度等级
4	中国	513	49	中等熟练度
5	越南	486	66	低熟练度
6	印度尼西亚	466	80	低熟练度
7	缅甸	429	93	极低熟练度
8	柬埔寨	423	97	极低熟练度
9	泰国	419	100	极低熟练度
10	老挝	无相关数据	无相关数据	无相关数据
11	文莱	无相关数据	无相关数据	无相关数据

如表 3-9 所示，在东盟国家中，英语熟练度能够高于中国的只有新加坡、菲律宾和马来西亚。与其他东盟国家的比较中，中国仍然显示出较为明显的优势。英语是我国的第一外语，但中国国民的英语能力与东南亚一些国家还存在差距，与欧美国家的差距则更是显而易见。不过，令人高兴的是，2021 年英孚标准英语熟练度年度报告已说明，中国国民英语能力有不断提升的潜力和势头。这在另一个方面也说明，我国国民掌握的外语语种目前还较为单一，且总体外语能力有待提高。

3.4　小　结

本章主要从宏观语言能力和微观语言能力两个维度阐述了中国国家语言能力现状。关于前者，我们从国家语言资源能力和国家语言管理能力两个方面进行了阐述。就国家语言资源能力而言，我们集中探讨了中国的民族语言和外语资源，以数据统计的方式直观展现了中国的语言资源状况。由于中国的国家语言管理能力涉及内容较多，我们分别从中国的语言文字管理机构、语言服务、语言技术和语言政策与规划等方面较为详尽、历时地展现了国家语言管理能力的发展变化。在中国的微观语言能力调查方面，我们分别从国家通用语言能力和外语能力两个视角，透过数据和排名审视了中国的国民语言能力。

第 4 章

东盟国家的国家语言能力

1967 年 8 月，印度尼西亚、泰国、新加坡、菲律宾和马来西亚五国发表《曼谷宣言》，成立东南亚国家联盟（Association of Southeast Asian Nations，ASEAN，简称东盟）。此后，文莱（1984 年）、越南（1995 年）、缅甸（1997 年）、老挝（1997 年）和柬埔寨（1999 年）先后加入。作为区域性国家组织，东盟的影响力不断增强，并在地区和国际事务中发挥着越来越重要的作用。中国政府高度重视与东南亚国家特别是东盟的关系，将东盟作为周边外交的优先方向。

根据东盟国家的地理位置，十个国家分为五个"陆地东南亚国家"或"半岛东南亚国家"如越南、老挝、柬埔寨、泰国和缅甸，以及五个"海洋国家"或"海岛国家"如新加坡、马来西亚、印度尼西亚、菲律宾和文莱（祁广谋和钟智翔，2013）。五个海洋国家位于印度洋和太平洋间的岛屿上，而五个陆地东南亚国家地处亚洲东南部向南延伸的中南半岛（Indo-China Peninsula）上，因此又称为"中南半岛国家"。自古以来，中南半岛国家就是古丝绸之路的必经之地。海洋国家由散布在印度洋和太平洋之间的大大小小的岛屿组成。历史上，这些海洋国家就是海上丝绸之路的必经之地和重要枢纽，与中国联系密切。因此，加深对东盟国家的了解，深化中国与东盟的双边合作，开展东盟国家的国家语言能力研究显得尤为重要。

本章根据研究框架，从国家语言资源、国家语言管理能力和国民语言能力三个方面来逐个探讨东盟十国的国家语言能力。

4.1　泰国的国家语言能力

泰国全称为泰王国（The Kingdom of Thailand），原名为暹罗（Siam）。

1932 年 6 月,泰国改君主专制为君主立宪制,1939 年更名为泰国。1949 年 5 月
11 日,该国正式定名为"泰国",意即"自由之邦"和"泰族之邦"。泰国地处
东南亚的中心,是通往中南半岛的门户。泰国的北部和东北边界与老挝接壤,北
部和西部与缅甸接壤,东部紧邻柬埔寨和泰国湾,南部与马来西亚交界。泰国的
国土面积为 51.3 万平方公里,与法国的面积大致相同,在东南亚地区仅次于印度
尼西亚和缅甸,位列第三。首都曼谷位于昭披耶河东岸,是泰国的政治、经济和
文化中心,也是泰国最大的城市。全国人口为 6617 万,共有 30 多个民族。泰族
为主要民族,占人口总数的 40%,其余为老挝族、华族、马来族、高棉族,以及
苗、瑶、桂、汶、克伦、掸、塞芒、沙盖等山地民族。泰语为泰国官方语言和国
语,英语为通用语言。90% 以上的民众信仰佛教,马来族信奉伊斯兰教,还有少
数民众信仰基督教、天主教、印度教和锡克教[1]。

4.1.1 泰国的国家语言资源

4.1.1.1 泰国的民族语言资源

泰国是一个多民族、多语言的国家,除主要民族泰族外,人口较多的民族还
包括老挝族、华族、马来族和高棉族,以及少数民族如阿卡族、拉祜族、傈僳族、
苗族、优勉族(瑶族)、克伦族、孟族、京族、掸族、塞芒族、缅族、桂族、汶
族、沙盖族、克木族、布朗族、巴通族、嘎良族、拉瓦族(佤族)、拉篾人、听
人、帕朗人(德昂族)、三陶人、帕劳人、卡霍人、马里布人、西人、卡梭人、
塔翁人、布鲁人、梭人、闯人等(戴庆厦,2013)。

泰语是泰国的官方语言和国语,英语为通用语。泰国现有 80 多种语言,加上
方言,有 100 多种(戴庆厦,2013)。世界地图集网站上的统计数字显示泰国有
51 种原住民语言[2]。泰国的语言可分为三个语系即汉藏语系、南亚语系和南岛语
系。斯莫利(Smalley,1994)对当代泰国所使用的语言、使用区域及使用人口做
了分类和统计,如表 4-1 所示。

---

① 中华人民共和国外交部. 2022. 泰国国家概况. https://www.fmprc.gov.cn/web/gjhdq_676201/gj_
676203/ yz_676205/1206_676932/1206x0_676934/ [2022-08-15].

② Whittal, K. 2020. What languages are spoken in Thailand? https://www.worldatlas.com/articles/
what-languages-are-spoken-in-thailand.html/ [2021-12-18].

表 4-1　当代泰国所使用的语言（Keyes，2003）

语族及语言	地域	人口占比/%
泰语		87.0
标准泰语	主要在曼谷	19.5
中部泰语	泰国中部	27.0
老挝语（依森泰语及东北部泰语）	泰国东北部	22.9
甘蒙语（北部泰语）	泰国偏远北部	9.0
南部泰语	泰国南部	8.0
汉藏语系语言　其他泰方言（如普泰语、普安语、梭语、掸语、傣仍语等等）	主要在泰国北部和泰国东北部	0.6
汉语支	主要在曼谷	6.8
潮州话	主要在曼谷	4.1
客家话	主要在曼谷	1.1
海南话	主要在曼谷	0.7
广东话	主要在曼谷	0.5
其他汉语（如闽南话、台湾话、云南话）		0.4
南亚语系语言　北部高棉语	泰国东北部及南部	2.1
山区土著居民库伊族的语言	泰国东北部及南部	0.5
孟语	泰国西部	0.1
越南语	泰国东北部及曼谷	0.2
南岛语系语言　北大年马来语	泰国偏远南部地区	1.9
其他语族语言　克伦语	泰国北部和西部	0.7
瑶、苗语	泰国北部	0.2
藏缅语（拉祜语、傈僳语、阿卡语）	泰国北部	0.2
其他语言		0.3

　　戴庆厦（2013）对泰国三种语系语言分布的描述与斯莫利（Smalley，1994）的基本相同，但略有差异。戴庆厦（2013）认为泰国 95.5% 的语言属于汉藏语系，包含：①壮侗语族，泰语及其各种方言都属于壮侗语族。按照地理方位，泰语分为中部泰语、东部泰语、北部泰语和南部泰语。②苗瑶语族，苗语和瑶语都包含其中。③藏缅语族，包括拉祜语、傈僳语、阿卡语。④汉语，包括普通话、客家

话、潮汕话、海南话、福建话等。泰国境内所用语言的第二个语系就是南亚语系，包括孟语、拉瓦语等；第三个语系是南岛语系，主要包括马来语和海岛吉普赛语。

卢昂通库姆（Luangthongkum，2007）以语言发生的地域为依据，把泰国少数民族语言分为壮侗语族（Zhuang-Dong languages）、其他语言、乡镇语言（languages in towns and villages）、边际语言（marginal language）、飞地语言（enclave languages）。壮侗语族包括傣仂语（Lue）、掸语（Tai Yai）、傣雅语（Tai Ya）、老傣语（Lao Tai）、普安语（Phuan）、松语（Song）；乡镇语言包括几种汉语方言如潮州话、闽南话、海南话、粤语和客家话、来自印度旁遮普邦的旁遮普语（Punjabi）以及越南移民所使用的越南语（vietnamese）；边际语言则包括高地高棉语（high Khmer）、北大年马来语和克木语（Khmu）、克伦语（Karen）等部族语言；飞地语言是一些地处偏僻的族群语言，如洛语（Lua）、毕语（Mpi）、马布里语（Mla Bri）、宫语（Gong）、塔翁语（Thavueng）、冲语（Chong）以及萨姆雷语（Samre）等，不少语言已濒临灭绝。

进入 21 世纪，随着泰国政府大力推行标准泰语，90%以上的国民已具备民族语言的能力，掌握民族语言已成为共同民族身份的最重要的基础（Keyes，2003）。

4.1.1.2　泰国的外语资源

泰国在 1896 年成为英属缅甸和法属中南半岛之间的缓冲国，这使其成为东盟国家中唯一一个没有沦为殖民地的国家（王晋军，2015）。因此，泰国的外语教育没有像其他国家一样受到宗主国语言的影响，而更多的是出于本国自身发展的需要和全球化的影响。泰国的外语教育可以追溯到曼谷王朝五世王继位之前。那时巴利语、梵语和高棉语已经在寺庙和王宫讲授。普通百姓在寺庙而王宫贵族、公务人员等在王宫学习这些语言。曼谷王朝五世时期的外语政策鼓励国民学习外语，特别是英语（Yuttapongtada，2007）；近代以来，特别是 20 世纪 60 年代，泰国教育部开始推行国家教育发展规划，在小学阶段开设英语、汉语，在初中开设英语，在高中开设英语和第二外语，在大学本科开设英语、日语、法语、德语等外语语种（王晋军，2015）。1995 年，泰国教育部规定从小学起将英文设为学生的第一外语（Yuttapongtada，2007）。因此，外语在泰国教育史上一直占有一席之地。

基于 2017 年韦伯麦特里克斯网（Webometrics）世界大学排名[①]中泰国排名前 20 的公立大学及泰国主要大学，共计 78 所大学的调研，我们对这些大学开设外语的情况进行了统计，汇总为表 4-2。

表 4-2　泰国部分大学的外语开设情况

排名	所在城市	大学名称	院系名称	语种数量/种	语种	备注
1	曼谷	朱拉隆功大学（Chulalongkorn University）	文学院	14	英语、法语、德语、西班牙语、意大利语、汉语、日语、巴利-梵语、俄语、韩语、马来语、越南语、缅甸语、葡萄牙语	招收英语、法语、德语、汉语、日语、巴利-梵语研究生及翻译硕士；具有法语和德语博士学位授权点
2	曼谷	诗纳卡琳威洛大学（Srinakharinwir-ot University）	人文学院（下设东语系、西语系）	8	汉语、日语、韩语、柬埔寨语、越南语、英语、法语、德语	
3	曼谷	艺术大学（Silpakorn University）	文学院（下设英语系、德语系、法语系、东亚语系）	6	法语、德语、英语、汉语、日语、韩语；阿拉伯语	阿拉伯语为第二外语
3	孔敬府（泰东北）	孔敬大学（Khon Kaen University）	人文学与社会科学学院（下设西语系、东语系、英语系），另外，学校还设有东盟语言研究中心	6	德语、法语、西班牙语、英语、日语、汉语	招收英语研究生；具有应用语言学博士学位授权点
3	清迈	清迈大学（Chiang Mai University）	人文学院（下设西语系、东语系、英语系）	6	法语、德语、汉语、日语、缅甸语、英语	
3	彭世洛府（泰北）	那黎宣大学（Naresuan University）	文学院（下设西语系、东语系、英语系、语言学系）	6	日语、韩语、汉语、缅甸语、英语、法语	具有英语、语言学硕士学位点及语言学博士学位授权点
3	曼谷	泰国国立法政大学（Thammasat University）	文学院	6	英语、日语、汉语、法语、德语、俄语	招收英语、日语研究生
4	巴吞他尼府(泰中)	兰实大学（Rangsit University）	文学院（下设英语系、中文系、日语系、法语系、伊斯兰研究和阿拉伯语系）	5	英语、日语、汉语、法语、阿拉伯语	

---

① 截至 2017 年 1 月排名前 20 的泰国大学. https://www.admissionpremium.com/content/2024/ [2019-04-20].

续表

排名	所在城市	大学名称	院系名称	语种数量/种	语种	备注
4	呵叻府（泰东北）	素罗娜丽科技大学（Suranaree University of Technology）	外语系	5	英语、汉语、日语、越南语、韩语	
4	玛哈萨拉堪府（泰东北）	玛哈萨拉堪大学（Mahasarakham University）	人文学院（下设西语和语言学系、泰语和东语系）	5	汉语、日语、韩语、英语、法语	招收英语教学硕士研究生和英语博士研究生
4	春武里府（泰东）	泰国东方大学（Burapha University）	人文学院（下设西语系、东语系）	5	汉语、韩语、日语、法语、英语	
5	帕尧府	帕尧大学（University of Phayao）	外语系	4	汉语、法语、日语、英语	
5	宋卡府	萨卡辛大学（Thaksin University）	外语系	4	英语、汉语、日语、马来语	
6	曼谷	泰国农业大学（Kasetsart University）	文学院（下设外语系）	3	英语、法语、德语	
6	宋卡府	宋卡拉皇家大学（Songkhla Rajabhat University）	外语系	3	英语、汉语、马来语	
6	也拉府	法托尼大学（Fatoni University）	外语系	3	阿拉伯语、英语、马来语	
6	娜拉媂瓦府	娜拉媂瓦公主大学（Princess of Naradhiwas University）	外语系	3	汉语、英语、马来语	

朱拉隆功大学是泰国大学中开设语种最多的大学，共计 14 种，由文学院开设；法语和德语具有博士学位授权点。诗纳卡琳威洛大学位列第二，开设东方语言和西方语言等共计 8 种外语。位列第三、可开设 6 种外语的院校包括艺术大学、孔敬大学、清迈大学、那黎宣大学、泰国国立法政大学共计 5 所大学；孔敬大学和那黎宣大学分别具有应用语言学和语言学博士学位授权点。兰实大学、素罗娜丽

科技大学、玛哈萨拉堪大学和泰国东方大学能够开设 5 种外语，位列第四。位列第五且能够开设 4 种外语的大学如帕尧大学和萨卡辛大学。位列第六的是开设了 3 门外语的宋卡拉皇家大学、法托尼大学、娜拉媞瓦公主大学和泰国农业大学。统计显示，所有大学都开设了英语，绝大多数大学开设了英语和汉语。

除了教育领域外，外语在泰国军队建设中也占有着重要的地位。泰国军队很早就重视利用外语尤其是英语来学习他国的军事技术，培养懂外语的军事人才。泰国军队定期或不定期地与美国、中国等多国进行联合演习或军事训练，这为泰军外语水平的提升创造了条件。泰国每年会派遣约 300 名军官和士兵远赴美国接受培训；同时每年会根据泰国与中国、澳大利亚等的双边军事合作计划派遣约 100 人出国学习交流（潘远洋，2010）。泰国的军事院校是泰军外语人才最主要的培养基地，而地方院校是泰军复合人才培养的主要阵地。这些军事院校和地方院校为泰国军队培养了大批精通外语和熟谙军事的复合型国防外语人才。

4.1.2 泰国的国家语言管理能力

4.1.2.1 泰国的国家语言文字管理机构

泰国教育部是负责泰国教育事务的政府机构，但国家语言的管理和语言政策的制定则主要由泰国皇家学会（Royal Society of Thailand）来完成。

泰国皇家学会是泰国享有声望的学术机构，建立于 1933 年，取代了 1926 年成立的暹罗皇家学会（Royal Society of Siam），后命名为泰国皇家学术院（Royal Institute of Thailand），2015 年进行重组后更名为现在的泰国皇家学会。泰国皇家学会的一个突出贡献就是出版了《泰国皇家学会泰语大词典》，英语为 *Royal Institute Dictionary*，简称 *RID*。1950 年，泰国皇家学会在 1927 年版泰语大词典的基础上，出版了第一本《泰国皇家学会泰语大词典》。该词典作为泰语标准词典印刷了 20 次，发行 18.7 万册，直至 1982 年版词典的面世。1982 年，泰国皇家学会为了纪念曼谷作为泰国首都 200 周年，出版了 1982 年版《泰国皇家学会泰语大词典》。1999 版的皇家学会词典于 2003 年面世，之所以称为 1999 版是为了纪念普密蓬国王（King Bhumibol Adulyadej）72 岁生日。该版词典面世后销售突破 20 万册，2007 年网络在线版面世。2012 年，该词典的 2011 版发行以纪念普密蓬国王 84 岁生日。该词典在泰语的标准化、泰语的普及与推广方面起到了重要作用。

长久以来，泰国一直没有明确的语言政策，直至 2007 年泰国皇家学会才开始制定国家语言政策（Kanchanawa，2014）。由此，泰国皇家学会在保护和维持标准泰语以及在国家语言政策制定上起到了重要作用。

近年来，泰国皇家学会通过各种渠道规范泰语使用，如专设泰国皇家学会办公室官网（www.royin.go.th）为国民解决语言使用方面的问题，提供咨询服务，并出版书籍规范泰语的使用（赵燕，2012）。泰国皇家学会设立了两个委员会即国家语言政策制定委员会和国家语言政策委员会，前者主要职责是举办国内、国际各类相关会议；后者主要负责出台相关的国家语言政策。两大委员会由泰国皇家学会和泰语界的专家学者组成。

2007 年开始，泰国皇家学会开始致力于国家语言政策的制定。2009 年 6 月 25～26 日，泰国皇家学会在清迈府召开了名为"保护地方语言，促进社会稳定"的学术会议。会上各界人士对国家语言政策的制定，特别是少数民族语言和地方语言教学方面的问题发表了各自的看法，许多学者呼吁应将泰语和其他民族的语言纳入泰国的国家语言政策中。2010 年 2 月 7 日，泰国前总理阿披实（Abhisit）要求泰国皇家学会制定国家语言政策暨战略发展计划。泰国前总理英拉（Yingluck）上台后，2012 年 3 月 28 日成立了国家语言政策暨战略发展计划制定和执行委员会，并由当时的副总理担任委员会主席。2007 年，泰国皇家学会开始起草国家语言政策，2010 年向泰国政府提交了《泰国国家语言政策（草案）》，获得批准。该政策涉及六个部分：①针对泰国学生、泰国人及外国人的泰语语言政策；②泰国的区域方言和其他少数民族语言政策；③外语政策；④针对求职者的语言政策；⑤针对聋哑人的语言政策；⑥针对口译、笔译及手语翻译译员的语言政策。

区域方言包括泰族和其他民族的语言即泰语方言，也就是泰国各地使用的泰语，如中部泰语、东北部泰语和南部泰语。少数民族语言指泰国少数民族地区使用的语言，如高棉语、北大年马来语、苗语、阿卡语、普泰语、傣仂语等（Kanchanawa，2014）。

《泰国国家语言政策（草案）》明确了少数民族语言的重要性，确立并维护了标准泰语作为泰国国语以及官方语言的地位。这个政策有利于泰语和其他区域方言的发展、语言和文化多样性的保护、手语的推广以及基础教育的普及等，确保了本民族文化繁荣和社会稳定，还专门提出应针对母语为非泰语的少数民族学生推行双语教学，在少数民族学生熟练使用母语的基础上加强泰语教学。

泰国的少数民族语言中，使用人数最多的语言有四种：尖竹汶府的泰南马来语和冲语、素辇府的泰高棉语和清迈府的克伦语。这四个少数民族语言地区的民众都秉持一个共识即民族语言是本民族身份的象征，是本民族的宝贵财富，了解母语可以更好地了解本民族的文化（Kanchanawa，2014）。但是，少数民族语言的推广面临着诸多问题。第一，师资不足，教师流动频繁，语言教学难以维系；第二，对民族语言感兴趣的人并不多，管理层重视不够，资金缺乏；第三，年轻一代更倾向使用标准泰语，而不是区域方言。少数民族儿童从小使用本族语，在上学后被要求使用标准泰语，这就造成师生间沟通不畅，有的学生因此变得性格内向，对自己的民族身份感到自卑，从而导致该地区教育水平低下（Kanchanawa，2014）。

为此，泰国皇家学会针对不同民族制定了不同的语言政策，具体如下。

（1）南部马来语群。泰国4个府中的4所学校率先试行马来语-泰语双语教学；小学基础教育沿用泰国教育部的教学大纲，同时普及穆斯林文化。这种政策以学生为中心，学生不仅可以继续学习本族语——马来语，而且可以使用马来语和标准泰语进行交流，颇具地方特色。

（2）南部冲语群。当地政府邀请当地民众和中小学教师一起参与冲语书写规则的制定及冲语教材编写；选择优秀教师进行课堂教学；小学3年级起使用寓教于乐的教学方法，帮助学生树立正确的母语观。

（3）东北部泰高棉语群。邀请当地学者参与高棉语书写规则的制定、教材编写和课程确定。小学4年级下学期起开设高棉语课程，在教学中采用网络化教学。

（4）北部克伦语群。当地政府组织民众和社会机构在克伦语五大聚居地推行新的语言政策，由于师资短缺，该政策最终只在泰北清迈的一个村寨学校进行了试行。其具体实施办法是沿用泰国教育部印发的基础教育教材，学习泰语、克伦语和英语三种语言，同时学习克伦族的文化和风俗。

泰国皇家学会下设6个委员会，分别负责区域语言和地方文学作品的工作即泰东北文学作品词典编写委员会、泰北文学作品词典编写委员会、泰南文学作品词典编写委员会、泰南方言课程制定委员会、泰北方言课程制定委员会和泰东北方言课程制定委员会。

除了语言和文学作品，泰国皇家学会还成立了有关地方语言文字研究的委员会，如制定泰语字母和罗马字母转换规则的委员会、制定壮傣语支字母与罗马字母转换规则的委员会以及制定地方民族语言字母书写规则的委员会。

4.1.2.2　泰国的语言服务

从泰国皇家学会制定的相关语言政策中，不难发现泰国重视对主体民族语言——泰语的本体规划、地位规划以及习得规划；另外，侧重第一外语——英语的普及和整体水平的提升。这在一定程度上反映了泰国的语言服务水平。2010 年由泰国皇家学会起草并获批准的《泰国国家语言政策（草案）》就覆盖了语言服务的多个方面，如泰语的推广、少数民族语言的保护、外语的普及和提升、对特殊人群即聋哑人的语言服务以及为口译、笔译和手语制定相关的政策。

2015 年 9 月 21 日，由泰国皇家学会、泰国国家电子和计算机技术中心（National Electronics and Computer Technology Center，NECTEC）发布了两款泰语移动 APP：泰语词典（Thai Dictionary）和泰语读写（Read and Write），使泰国人动动指尖就能轻松使用泰语。泰语读写收录的内容源自泰国皇家学会发行的《如何阅读和写作》（*How to Read and Write*）这本书，该书收录了人们常念错、写错的词并进行纠错。泰语词典收录的内容源自泰国皇家学会发行的字典，也是泰国全国通用、最权威的泰语字典[①]。由于字典较为厚重，不便携带，一定程度上限制了字典的使用。泰国官方推出的这两款 APP 为人们提供了极大的便利，人们可以随时通过手机打开 APP 查阅词典，正确使用泰语。

泰国皇家学会不仅出版了泰国最权威的泰语字典——《泰国皇家学会泰语大字典》，而且也非常关注少数民族语言的规范化问题，出版了《北大年马来语书写规则手册》《泰冲语书写规则手册》《泰高棉语书写规则手册》等（Kanchanawa，2014）。

4.1.2.3　泰国的语言技术

泰国语言技术的发展与其人工智能的研究紧密相关。泰国的人工智能经历了三个主要时期：探索期（1988～1999 年）、研究路径开创期（2000～2005 年）以

---

① 沪江泰语. 2015. 泰语学习者的福音：泰国皇家学会官方泰语字典 APP. https://m.hujiang.com/th/p748700/ [2018-01-27].

及协同合作期（2006～2010 年）。至 2014 年，人工智能研究开始步入实际应用阶段（Kawtrakul & Praneetpolgrang，2014）。

1975 年，泰文版的人工智能讲义开始在大学课堂中使用。20 世纪 80 年代末，泰国很多大学开始讲授人工智能课程。1992 年，泰国农业大学计算机工程系建立了第一个人工智能实验室及第一个名为 NAiST 的自然语言处理实验室，致力于研究泰语语言处理和专家系统。泰国先皇理工大学也建立了自己的人工智能中心。泰语计算机语言处理的先驱元（Yuen）从 1990 年开始开发了广受欢迎的众多产品，包括泰语文本编辑、泰语词库、电子词典、形态分析工具以及第一本泰语自然语言处理书籍。

20 世纪 90 年代，泰国高校和研究机构的人工智能研究逐渐覆盖语音处理、自然语言处理、专家系统、图像处理、机器学习、机器人和其他机械设备、智能计算机辅助、智能信息修正、信息提取和概括、数据挖掘和知识工程、智能控制系统和预测系统。在人工智能开发初期，研究主要倾向自然语言处理和语音处理。人工智能研究聚焦于机器翻译、词切分、拼写和文体检查、语音识别、语音合成以及语者识别。专家系统的人工智能研究范例有农业专家系统、学生注册咨询处理系统和环境专家系统。在图像处理方面，视觉特征识别研究、文字识别和医学图像识别在一些大学开展起来，如兰实大学等。

2000～2005 年，泰国国家研究院（National Research Council of Thailand，NRCT）是泰国主要研究基金的提供单位，制定了研究路线图，其目的是让泰国在电子教育、电子社会、电子政务行业和电子商务等方面得以发展，使泰国成为知识型社会，让人工智能研究更好地融入国家发展计划。

2006～2010 年，泰国人工智能研究开始转向实际应用。泰国国家电子和计算机技术中心开发了知识工程技术平台，为知识型社会提供技术服务。该平台强调知识的习得、收集、获取、处理、共享、集成和服务。泰国国家电子和计算机技术中心还规划了智能健康、智能农场和数字化泰国三个主要项目。

2011 年起，泰国国家电子和计算机技术中心继续开展与人工智能相关的实际应用研究，如语音技术与医疗保健项目。其中，文本-语音合成技术趋于成熟。由于泰语的独特性，泰语的文本-语音合成技术比其他语言要复杂得多。VAJA 是由泰国国家电子和计算机技术中心语音和音频技术实验室开发的双语（泰语/英语）文本-语音合成技术，已广泛应用。2011 年以来，已有 70 多家国立医院使用 VAJA

来叫号并且登记注册病号。VAJA 也应用到语音信息服务领域，如朱拉隆功医院
的糖尿病自我看护服务和交通信息服务。通过 U-star.2 国际合作项目，VAJA 开
发了多语种语音翻译移动应用程序。VAJA 为视力缺陷者设计了接口程序，他们
可以通过在线报纸获取信息（Kawtrakul & Praneetpolgrang，2014）。

人工智能在泰国的发展促进了语言技术的进步，从而使语言技术更好地服务
于泰国社会生活的许多领域，为泰国人民提供更智能的服务。

4.1.2.4 泰国的语言政策与规划

泰国是个多民族、多语言的国家，然而在其历史进程中不难看出，从素可泰
王朝泰文字的出现一直到 20 世纪 90 年代，泰语的发展及国家的语言政策都是以
不断提升泰语的民族语言地位、推行泰语、推广泰文化为核心，同时促进少数民
族与主体民族的融合，增强各民族对国家的认同感，确保国家的统一、稳定和发
展。因此，泰国实行的单一的民族语言政策可被视为一种同化政策（谭晓健，2015），
这从泰国语言政策的历史演变中可以辨析。

1. 泰国民族语言政策的演变

1）素可泰王朝和阿瑜陀耶王朝时期

以泰族为主体的素可泰王国于 1238 年建立。兰甘亨王执政时期，他召集儒生
贤士对高棉文加以改造，创立了适合泰语书写的文字[①]。该文字虽与高棉文有相似
之处，但有其特点。兰甘亨王首创了统一的文字，使其成为团结人民、维护国家
独立的手段。素可泰王朝灭亡之后，阿瑜陀耶王朝作为泰国的第二个统一王朝历
经了 400 多年，而兰甘亨时期所创立的泰文已经为当时的社会所广泛接受，并逐
渐取代了巴利文和高棉文，成为泰人的主要书写工具。

2）曼谷王朝时期

泰国的语言政治始于 19 世纪末（1890 年），形成了国家统一下的语言多样
性。阿瑜陀耶王朝时期，泰文使用日益广泛；到了曼谷王朝时期，泰语的使用程
度较高，但由于聚居民族的复杂性，曼谷王朝时期的语言使用呈现出了多样性。
在当时曼谷王朝的核心区域即中部平原和北部的马来半岛，人们大多操持着泰语

---

① 也有学者对此持有不同的看法。田禾和周方冶（2005）认为兰甘亨王只是对文字进行了加工和改进，
而不是创造了泰文。泰国学者潘娜（2009）认为考古发现的泰国古代文字应该是在公元 5～18 世纪逐渐形成
和定型的，而不是完全由兰甘亨王所创造的那么简单。

的多种方言，这成为当今中部泰语和标准泰语的基础，也就是泰国的民族语言（Keyes，2003）。

19世纪末，曼谷王朝实施两种教育体制。一种是由僧人操办的佛教寺院学校。每个男孩都被要求去寺院学校进行学习，从而开启了寺院教育。寺院教育传授佛教礼仪，教授巴利文的读写，以方便孩子们更好地阅读经书。另一种教育系统是由皇室管理的、用于培养皇室及贵族孩子的学校。学校往往教授孩子治国理政的技巧以及诗词歌赋，从而使其具有文学素养。拉玛四世（Rama IV）即蒙固王时期实行了全面的社会改革，使暹罗摆脱旧暹罗传统，进行了一场自上而下、以外力推行的改革。他在宫廷中推行西方教育，这对后来暹罗的教育从寺院教育向世俗教育的发展起到了重要的推动作用（中山大学东南亚史研究所，1987）。

1905年，泰国教育部门出版了一部《泰语语法》（Thai Grammar Rules），这部语法书规定了正确的泰语使用规则，并在拉玛六世（Rama VI）国王执政期间（1910～1925年）进行了修订和扩展，最终形成了一部由堪察那契瓦（Phaya Upakit-silpasan，即 Kanchanachiwa）所著的巨作《泰语规则》（*Principles of the Thai Language*），这部书成为泰语教科书的典范。堪察那契瓦也负责监制了1927年由教育部教材部门出版的第一部专供学生使用的泰语词典。

3）銮披汶政府时期

1932年，由留学归来的青年知识分子、青年军官、中下层官员以及一些与王室有矛盾的高级官员组成的民党发动政变，推翻了君主专制统治，建立了君主立宪制。这次政变对泰国的历史产生了重大影响，也影响了泰国的语言政策。根据新宪法，只有识字的人才能参加政治选举。毫无疑问，这极大地促进了人们对母语的学习。

1938年12月，陆军将领銮披汶（Phibul）任总理，开始军人独裁统治，推行极端民族主义（ultranationalism），鼓吹大泰族主义，强调暹罗人的种族和文化自豪感（田禾和周方治，2005）。1939年6月至1942年1月，銮披汶政府颁布了12个政府通告，其中第九个通告涉及民族语言。该通告指出：泰国的发展取决于使用民族语言及其文字这个重要的因素。同时，它强调泰国人有掌握泰语读写能力的责任，出生地、居住地、方言不是区别泰国人的标志。每个人必须形成共识即生为泰国人就要有泰国人血统，讲同一语言。出生地不同或讲不同方言的人不应该有内在的冲突（Chaloetiarana，1978）。这些通告形成了影响广泛的"泰化运动"，即泰族利益高于一切。根据该通告，华语学校必须用泰语教学，采用泰国政府规定的教材；外语报纸被限制发行；其他文字系统也受到压制。

4）当代泰国（1959 年至今）

銮披汶政府之后，直至 20 世纪 80 年代，泰国仍推行单一的泰语，强化标准泰语的地位和作用，强调一种语言一种文化，促进国家认同和民族身份认同。到了第八个经济社会发展计划实施的 1997 年，泰国政府提出了"多元化"的概念，虽然以标准泰语为国语的泰语语言和文化仍占主导地位，但泰国政府开始重视少数民族语言和文化的多样性。

在这期间，泰国政府把泰语仍然视作最重要的民族语言，强化标准泰语的重要地位，把国内的语言分为泰语和外语。泰语包含标准泰语及其方言，而境内母语为非泰语的民族所使用的语言往往被视为外语（谭晓健，2015）。这样，外语不仅包括英语等西方国家语言，也包括在泰国生活的各族群所使用的语言，如华语、高棉语、马来语、越南语和北部山区少数民族的其他语言。直到 1978 年，泰国国会教育委员会才将传统的泰语和外语的语言分类二分法改变为四分法即民族语言（标准泰语）、外语、区域语言（即泰语方言）和少数民族语言。

泰国政府对少数民族的语言政策始终以推广标准泰语为第一要务。1932 年，泰国实行君主立宪制以后，泰国政府就开始在泰南——少数民族聚居地推行泰语，要求马来人讲泰语、学泰国历史、唱泰国国歌等。20 世纪五六十年代起，泰国政府就给泰北山地少数民族兴建学校，编写泰语教材，派遣教师到山区为儿童和成年人讲授泰语和文化课，培养其公民意识和忠于国王及泰国的思想（谭晓健，2015）。

2. 泰国外语政策的演变

1）曼谷王朝六世王之前泰国的外语政策（1257～1910 年）

从素可泰时期到曼谷王朝初期泰国的教育都属于传统教育，即没有学校教育，寺庙和王宫是主要教育机构。普通百姓在寺庙学习，而王宫贵族、公务人员等在王宫学习。那时的教育主要传授道德、宗教、识字、写字、算术、艺术等方面的知识。据历史记载，这一时期的外文教育包括巴利语、梵语、高棉文、汉语、马来语、英语、法语以及邻国语言，如老挝语、缅语等（Yuttapongtada，2007）。从这个时期开始，教育体系开始建立。由于受外部因素和政治因素的影响，外语教育开始起步。当时泰国虽没有像周边国家那样成为英国和法国的殖民地，但是也受到殖民主义的冲击，泰国意识到只有学习西方科学技术变得强大，才能摆脱沦为殖民地的命运。因此，学习外语，特别是英语成为泰国的迫切需要。

曼谷王朝五世王之前，泰国国王就出台政策鼓励国民学习外语，特别是英语。1872年，泰国设立了公立学校讲授英语；1893年，设英语为选修课，规定学生必修巴利语的同时要选修英语或马来语作为第二外语；1898年，颁布的教育计划包括了开设外语专业的计划，如开设英语、巴利语、梵语、马来语、法语、德语、拉丁语等专业。此外，准许私立学校开设巴利语、英语、汉语等课程（Yuttapongtada，2007）。

2）民主制度确立之前泰国的外语政策（1910～1932年）

1910～1932年，泰国加强职业技术教育，规定小学教育为义务教育。在此期间，民办学校大幅增加，外语教育方兴未艾，其原因与曼谷王朝五世王时期相似，强国的愿望、宗教因素以及政治文化因素等促进了外语教育的兴盛。

这一时期的外语教育政策明确规定学校要设置外语课，并将此写入教学大纲中。1913年的教育计划规定从初中起开设英语课、在中学的中段开设法语和德语课。1921年，教育计划规定高中的法语和德语课可以改为华语课。由此，华语教学得到很大发展，华语学校数量日益增加。

3）1932～1960年泰国的外语教育政策

泰国南部聚居着众多的泰国少数族裔如马来族，受其宗教影响，学校开设了阿拉伯语、马来语课程。同时，第二次世界大战中日本曾占领泰国，日本人在军事、政治、经济、文化等方面对泰国实施奴役和控制，日语成为学校的必修课。但学校教育更为重视英语教学，几乎所有学制都开设了英语课程，而且依然保留了法语、德语、巴利语、梵语、汉语各层次的课程。

1932年的国家教育计划规定大学毕业生必须掌握两门外语。学生从初中开始学习第1门外语，高中阶段学习第2门外语。外语可选英语、法语、德语或者梵巴语。但事实上，民办学校从小学阶段起就开始教授英语。在第二次世界大战中，泰国的华语学校发展受到很大的限制。

4）当代泰国的外语政策（1960年至今）

1960年，泰国教育部规定小学高年级阶段必须学习英语，但因当时条件不具备，政策的实施效果不理想。1977年的国家教育计划规定从1978年起，取消小学阶段的外语课程，但是这一政策遭受各方的反对。为此，泰国政府重新修订政策，允许根据实际需求增加外语课程；允许条件具备的学校把英文作为选修课程；

允许初中生选修一门外语，高中生选修两门外语；各外语地位均等。1978 年内阁做出决议，因考虑到国家安全、国际关系、人民需求及国内经济形势等各方面因素，同意教育部关于开设外语教学的提议，但规定在小学阶段的课程设置中，学生应以学习泰语及基础知识为主，以培养学生的民族认同感；同时允许各学校根据实际需要增设外语课程，教学计划中规定的每周 25 个课时中不包括外语课程。1988 年内阁会议对 1978 年内阁会议决议中有关扩建、新建外语学校的内容提出新的补充决议，允许已开设外语专业的民办学校增设英语、法语、德语、日语四种外语（韩那肯，1994）。1992 年，泰国国务院出台了国家教育计划，其中规定受教育者应具备使用外语与外国人交流的能力。该计划第 10 条还强调加强外语教学以全面促进国家在教育、技术、贸易、国家关系、文化交流方面的发展。1995 年，教育部出台的外语教育政策鼓励大规模开设外语课程，并要求已开设英语课程的学校将英语作为第一外语；鼓励学生选学其他外语语种，小学和初中阶段的学生可根据教育部有关规定增选一门外语，高中阶段的学生除了学习英语外，可以任意选学其他外语。教育部还规定高校学生必须至少学会使用一门外语，本科生要能熟练掌握英语，能够学习第二外语并进行交际。同时，泰国国家安全委员会意识到学习邻国语言的重要性，在 1994 年召开的会议上，商议设立翻译局以及培养外语人才的事宜。此次会议的决议提交给朱拉隆功大学文学院，由该学院制定计划培养邻国语言的翻译人才。

2001 年，教育部将基础教育阶段的教学计划分成八个模块，其中外语教学为第八个模块，属于非主修模块，并规定每个教育阶段都可以开设英语课。至于法语、德语、汉语、日语、老挝语、柬埔寨语、缅甸语、马来语等语言，可以由高校根据需求有选择地开设，作为学生的选修课。

早在 20 世纪 30 年代，泰国就有了华语学校，且多达 300 多所。后来，泰国政府为了同化外来移民，对华语学校进行了限制。1939 年，泰国政府下令封禁所有华语学校和华语报社；1952 年又下令禁止教师用华语授课。基于政治原因，中泰两国在 20 世纪 50～70 年代初关系紧张，华语学校被叫停，华语师资力量也大幅削减。直至 1992 年，华语学校的合法身份才得以恢复。此后，把汉语作为第一专业、第二专业和选修专业的泰国高校不断增加。泰国的"汉语热"一直热度不减。

随着泰国与外界的交往越来越密切，外资和外国游客的逐年增加，泰国政府对外语教育更为重视。

4.1.3 泰国的国民语言能力

泰国政府非常重视泰语的普及和推广，使民众的泰语能力不断提高。21 世纪初，90%以上的泰国国民已具备掌握其民族语言的能力（Keyes，2003）。根据世界数据图谱分析平台所提供的数据，泰国的公共教育支出在 2002 年占 GDP 的 3.86%，2013 年提升至 4.12%[①]，2019 年为 2.97%；相对而言其教育支出在 GDP 的占比已达到较高的水平。泰国对教育的投入促进了民众受教育水平的提升，这从识字率上可见一斑。泰国成人识字率 2000 年为 92.65%，2018 年上升至 93.77%；青年识字率 2000 年为 97.98%，2015 年提升至 98.15%[②]。雅思考试作为一个国际化的英语考试，在泰国具有较高的认可度。对泰国国民的外语能力考察，我们主要从泰国近年来的英语国际考试成绩如雅思、托福以及英语熟练度三个方面来考察，同时我们根据泰国孔子学院提供的汉语水平考试（HSK）成绩来分析泰国考生的汉语水平。

作为著名的国际性英语标准化水平测试之一，雅思考试在全球很多国家的机构都得到了认可，被当作全面衡量测试者英语能力的外语考试。对泰国雅思考试成绩的分析，可以在一定程度上了解泰国国民的英语水平。表 4-3 反映了泰国和中国在 2015 年和 2017 年雅思学术类考试的总体情况。

表 4-3　2015 年和 2017 年中国和泰国的雅思学术类考试平均成绩对比[③]（单位：分）

年份	国家	听力	阅读	写作	口语	总分
2015	中国	5.90	6.10	5.30	5.40	5.70
	泰国	6.20	6.00	5.50	5.90	6.00
2017	中国	5.90	6.11	5.37	5.39	5.76
	泰国	6.25	6.03	5.46	5.91	5.98

① 世界数据图谱分析平台. 泰国. https://cn.knoema.com/atlas/泰国 [2021-12-19].

② 世界数据图谱分析平台. 泰国. https://cn.knoema.com/atlas/泰国 [2021-12-19].

③ 根据雅思官方公布的数据，表中中国的雅思考试数据只涉及中国内地（大陆）的考生成绩，未涉及港澳台的数据，下文此类表余同。

从 2015 年和 2017 年泰国雅思学术类考试成绩来看，泰国受试者取得较好成绩的两个部分为听力和阅读，听力成绩两年分别为 6.20 分和 6.25 分，阅读成绩为 6.00 分和 6.03 分；口语成绩排列第三，分别为 5.90 分和 5.91 分；写作成绩位列最后，为 5.50 分和 5.46 分。两年的总分分别为 6.00 分和 5.98 分，成绩非常接近，达到了 6 分或约等于 6 分。与中国雅思学术类考试总分相比，泰国这两年的雅思学术类考试成绩要略好于中国。中国雅思学术类考试中阅读成绩最好，2015 和 2017 年分别为 6.10 分和 6.11 分；其次为听力（两年都为 5.90 分）；口语的均值为 5.34 分，写作的均值为 5.40 分，相比而言，口语分数略高一点；两年的总分较为接近，分别为 5.70 分和 5.76 分。

通过对比 2015 和 2017 年雅思培训类考试，中国考生的成绩都好于泰国考生，四个部分即听力、阅读、写作和口语成绩皆好于泰国考生，而且 2015 和 2017 年的雅思培训类考试成绩中，听力和阅读两项都超过了 6 分；口语和写作相对较弱；两年的总分达到 6 分或接近 6 分。泰国的雅思培训类考试成绩中，口语成绩相对较好，其次为听力，阅读为四项中最弱，还不及 5 分。具体见表 4-4。

表 4-4　2015 年和 2017 年中国和泰国的雅思培训类考试平均成绩对比（单位：分）

年份	国家	听力	阅读	写作	口语	总分
2015	中国	6.10	6.10	5.70	5.80	6.00
	泰国	5.30	4.80	5.10	5.50	5.20
2017	中国	6.06	6.03	5.61	5.74	5.93
	泰国	5.37	4.83	5.06	5.45	5.24

从表 3-7 和表 3-8 中中国和东盟国家的托福考试平均成绩排名得知，泰国的成绩位于中国之后，排在第八名。通过对中国和泰国在 2017 和 2018 年托福考试平均成绩的比较（表 4-5），我们可以清晰地看到，中国的托福考试平均成绩在 2017 和 2018 年均稍领先于泰国，在四个部分中，口语和写作成绩一致，泰国考生的听力成绩好于中国考生，而中国考生的阅读优势较为明显。在这两年考试中，泰国考试成绩没有发生变化，而中国的考试成绩呈现上升趋势。

表4-5　2017年和2018年中国和泰国托福考试平均成绩对比（单位：分）

年份	国别	阅读	听力	口语	写作	总分
2017	中国	21	19	19	20	79
	泰国	19	20	19	20	78
2018	中国	21	19	19	20	80
	泰国	19	20	19	20	78

　　泰国2018年的英语熟练度水平在100个国家和地区中居64位，低于中国排名，分数为48.54，与中国同处于低熟练度水平[①]；但到了2021年其英语熟练度水平整体水平下降，在112个国家和地区中排名100位（419分）[②]，已降为极低熟练度水平。

　　除了雅思、托福考试外，HSK考试在泰国也受热捧。据中国教育部中外语言交流合作中心官网提供的统计数据，2010年102个国家的考生参加了新HSK考试，考生主要集中在亚洲，考生数量为86 503人，占总考生人数的88.01%；在亚洲考生中，韩国考生为53 445人，占到了54.37%，其次为泰国，考生为6963人，占比为7.08%。泰国是亚洲国家中参加HSK考试人数居第二位的国家。亚洲考生参加的HSK考试的6个笔试中，HSK五级考生数量最多，其次为HSK六级、HSK四级（罗民等，2011）。数据显示，笔试和口试都随着等级的提高，合格率有所降低。HSK一级、HSK二级的合格率达到90%以上，HSK三级也达到85%以上。HSK四级、HSK五级、HSK六级的合格率都达到60%以上（罗民等，2011）。

　　泰国清迈大学孔子学院负责人为我们提供了考点在泰国清迈大学孔子学院的HSK考试2016年、2017年和2018年的成绩。通过数据分析（详见表4-6），我们可以对泰国人的汉语水平有更好的了解。

---

　　① 英孚教育. 2018. 英孚英语熟练度指标. https://liuxue.ef.com.cn/assetscdn/WIBIwq6RdJvcD9bc8RMd/cefcom-epi-site/reports/2018/ef-epi-2018-chinese-simplified.pdf [2021-12-22].

　　② 英孚教育. 2021. EF英语熟练度指标：112个国家和地区的英语水平排名. https://liuxue.ef.com.cn/epi/ [2021-12-22].

表 4-6　2016 年、2017 年和 2018 年泰国清迈大学孔子学院 HSK 考试成绩统计

年份	类别	考生人数/名	合格人数/名	合格率/%
2016	HSK 一级	508	389	76.57
	HSK 二级	685	547	79.85
	HSK 三级	756	437	57.80
	HSK 四级	608	270	44.41
	HSK 五级	261	113	43.30
	HSK 六级	30	16	53.33
小计		2848	1772	62.22
2017	HSK 一级	365	304	83.29
	HSK 二级	596	458	76.85
	HSK 三级	829	479	57.78
	HSK 四级	758	297	39.18
	HSK 五级	252	100	39.68
	HSK 六级	34	23	67.65
小计		2834	1661	58.61
2018	HSK 一级	834	649	77.82
	HSK 二级	746	636	85.25
	HSK 三级	1037	609	58.73
	HSK 四级	942	450	47.77
	HSK 五级	343	170	49.56
	HSK 六级	48	23	47.92
小计		3950	2537	64.23

表 4-6 显示，2016 年和 2017 年考生人数几乎持平，分别为 2848 名和 2834 名；到了 2018 年，考生人数则激增至 3950 名，与前两年相比，考生人数增加了约 4 成。其中，参加 HSK 一级、二级和五级的考生人数均呈先降后升的趋势，2017～2018 年，HSK 二级和五级考生人数均有小幅上涨，分别增加了 150 名和 91 名考生；一级考生人数涨幅最大，增加了 469 名考生。HSK 三级、四级和六级的考生人数均呈逐年上升趋势，参加四级考试的考生每年均增加 100 多名，而参加六级考生人数则增幅较小。三年考生的总体合格率分别为 62.22%、58.61% 和 64.23%，呈现"降—升"的微弱变化趋势，降幅和涨幅区间在 3%～6%；一级和六级考试

合格率均呈"升—降"趋势。具体见表4-7。

表4-7 2016年、2017年和2018年泰国清迈大学孔子学院 HSK 考试合格率

（单位：分）

考试类别	2016 年	2017 年	2018 年	平均合格率
HSK 一级	76.57	83.29	77.82	79.23
HSK 二级	79.85	76.85	85.25	80.65
HSK 三级	57.80	57.78	58.73	58.10
HSK 四级	44.41	39.18	47.77	43.79
HSK 五级	43.30	39.68	49.56	44.18
HSK 六级	53.33	67.65	47.92	56.30

　　如表4-7所示，HSK 一级和二级的三年平均合格率分别为 79.23% 和 80.65%，为六个级别中考试合格率最高的级段；HSK 四级和五级的三年平均合格率则在各个级别考试中最低，分别为 43.79% 和 44.18%；HSK 六级的平均合格率为 56.30%，合格率人数接近六成。

　　HSK 一级和二级为汉语初级，考试合格的考生具有用汉语就熟悉的日常话题进行简单而直接交流的能力。数据统计显示，泰国清迈大学孔子学院考点八成左右的考生具有初级汉语能力；三级考生的三年平均合格率为 58.10%，也就是说，近六成的考生可以用汉语应付在中国的生活、学习、工作等基本交际任务。从表4-7也可以看出，四级和五级为汉语中级及以上级段，要求考生能够使用汉语比较流利地谈论较为广泛的话题，阅读报刊和杂志，欣赏汉语电影和电视节目。该级段也是一个瓶颈阶段，考生合格率最低。参加六级考试的人数虽然最少，但合格率接近六成，也就是六成的考生能够用汉语流利、轻松地进行口头或书面的交流。

　　总体而言，泰国清迈大学孔子学院考点考生的 HSK 考试成绩随着级别的提高，合格率有所下降。四级和五级相对较低的合格率也在一定程度上说明，汉语中级及以上级段对考生来说难度较大，也是汉语学习的一个瓶颈。最高级别的六级考试，虽然考生人数不多，但进入该阶段的考生经过前期学习和考试的积累，接近六成已经能够用汉语轻松、流利地进行口头和书面交流了。

4.2　越南的国家语言能力

越南，全称越南社会主义共和国（The Socialist Republic of Vietnam），位于东南亚中南半岛东部，北与中国广西、云南接壤，西与老挝、柬埔寨交界，东面和南面临南海，国土面积约 32.96 万平方公里[①]。公元 968 年，越南成为独立的封建国家，1884 年沦为法国保护国，1945 年 3 月沦为日本殖民地，1945 年 9 月 2 日宣布独立，成立越南民主共和国，1976 年改名为越南社会主义共和国。1995 年越南加入东盟，成为第 7 个加入东盟的成员国。越南共产党是该国唯一合法的执政党。越南人口有 9826 万（2021 年），全国共有 54 个民族，京族为主体民族，占总人口的 86%，其他民族如岱依族、傣族、芒族、华族、侬族人口都超过了 50 万[②]。主要语言为越南语（官方语言、通用语言及主要民族语言）。

4.2.1　越南的国家语言资源

4.2.1.1　越南的民族语言资源

1979 年 3 月 2 日，越南政府在全面调查的基础上，根据语言特点、文化生活特点和民族意识三项原则，正式划分并公布了《越南各民族成分名称》，确定全国共有 54 个民族，并根据各民族人口数量来排列民族。京族又称为越族，占越南总人口的 86%，是主体民族。其他 53 个少数民族分别为岱依族、泰族、芒族、华族、高棉族、侬族、赫蒙族、瑶族、嘉莱族、埃地族、巴拿族、山泽族、占族、色当族、山由族、赫耶族、格贺族、拉格莱族、墨侬族、土族、斯丁族、克木族、布鲁-云乔族、热依族、戈都族、叶坚族、达渥族、麻族、戈族、遮罗族、哈尼族、欣门族、朱鲁族、佬族、拉基族、夫拉族、拉祜族、抗族、卢族、巴天族、拉哈族、俅俅族、哲族、莽族、仡佬族、布依族、艾族、贡族、西拉族、布标族、布娄族、勒曼族、俄都族。

① 中华人民共和国外交部. 2022. 越南国家概况. https://www.fmprc.gov.cn/web/gjhdq_676201/gj_676203/yz_676205/1206_677292/1206x0_677294/ [2022-08-11].

② 中华人民共和国外交部. 2022. 越南国家概况. https://www.fmprc.gov.cn/web/gjhdq_676201/gj_676203/yz_676205/1206_677292/1206x0_677294/ [2022-08-11].

越南是个多民族、多语言的国家，共有 111 种语言[①]，分属南亚语系、南岛语系和汉藏语系三大语系，各语系又包含不同的语族。越南的官方语言、通用语言和主要民族语言是越南语，属于南亚语系。越南语有三大方言区，即以河内为中心的北部方言区、以顺化为中心的中部方言区和以胡志明市为中心的南部方言区。三类方言在声调及词汇方面存在差异，但基本可以互通。约 90% 的少数民族人口均可不同程度地使用越南语。成立于 1954 年的"越南之声"广播电台对内节目采用越南语及多种少数民族语言播音[②]。越南 54 个少数民族中，26 个（48.15%）有本民族文字（范宏贵，1999）。根据范宏贵（1999）的描述，26 个少数民族的文字分别属于三种不同的文字系统，第一种是拉丁化拼音文字，即 1861～1930 年由法国殖民者创立的文字，如巴拿文、埃地文、嘉莱文、格贺文等；第二种是汉文字体系，如华文；第三种是巴利文字体系，如泰文、佬文、高棉文、占文等。1953～1970 年，越南政府为一些少数民族创制了文字，如岱依文、苗文、仡都文、拉格莱文、朱鲁文、斯丁文、墨依文、赫列文、遮罗文等。

在越南学者所做研究的基础上，瓦扎瓦库（Vasavakul，2003）对越南各民族、其语言所属语族及文字系统做了细致描述和分类，详见表 4-8。

表 4-8 越南的民族、语系及文字系统[③]

语系及语族		民族	文字系统
南亚语系	越芒语族	越族（Viet）	喃字；国语字
		芒族（Muong）	不同的拉丁文字
		哲族（Chut）	无文字
		土族（Tho）	无文字
	孟-高棉语族	高棉族（Khmer）	梵语
		巴拿族（Ba-na）	拉丁文字
		色当族（Xo-dang）	拉丁文字
		赫耶族（Hre）	拉丁文字

① Ethnologue: Languages of the World. Vietnam. https://www.ethnologue.com/country/VN [2022-10-20].

② 中华人民共和国外交部. 2022. 越南国家概况. https://www.fmprc.gov.cn/web/gjhdq_676201/gj_676203/yz_676205/1206_677292/1206x0_677294/ [2022-08-11].

③ 表 4-8 参照 Vasavakul（2003）的描述所制，省去了原图中的人口统计部分。

续表

语系及语族		民族	文字系统
南亚语系	孟-高棉语族	格贺族（Co-ho）	拉丁文字
		墨依族（Mnong）	拉丁文字
		斯丁族（Xtieng）	拉丁文字
		克木族（Khmu）	无文字
		布鲁-云乔族（Bru-Van Kieu）	拉丁文字
		戈都族（Co Tu）	拉丁文字
		叶坚族（Gie Trieng）	拉丁文字
		达渥族（Ta-oi）	拉丁文字
		麻族（Ma）	拉丁文字
		戈族（Co）	拉丁文字
		仡佬族（Cho-ro）	无文字
		欣门族（Xinh-mun）	无文字
		抗族（Khang）	无文字
		莽族（Mang）	无文字
		勒曼族（Ro-mam）	无文字
		布娄族（Brau）	无文字
		俄都族（O-du）	无文字
	泰-卡岱语族 泰语语支	岱依族（Tay）	喃字；拉丁文字
		泰族（Thai）	拉丁文字
		山泽族（San Chay）	喃字
		热依族（Giay）	无文字
		佬族（Lao）	基于梵文的文字
		侬族（Nung）	喃字；拉丁文字
		卢族（Lu）	无文字
		布依族（Bo Y）	无文字
	卡岱语族	拉基族（La Chi）	无文字
		仡佬族（Co Lao）	无文字
		拉哈族（La Ha）	无文字
		布标族（Pu Peo）	无文字

续表

语系及语族		民族	文字系统
南亚语系	苗瑶语族	赫蒙族（苗族）（Hmong）	拉丁文字
		瑶族（Yao）	喃字；不同的拉丁文字
		巴天族（Pa Then）	无文字
南岛语系	马来-波利尼西亚语族	嘉莱族（Gia-rai）	拉丁文字
		埃地族（E-de）	拉丁文字
		占族（Cham）	古老文字；不同的拉丁文字
		拉格莱族（Ra-glai）	拉丁文字
		朱鲁族（Chu-ru）	拉丁文字
汉藏语系	汉语语族	华族（Hoa）	汉字
		山由族（San Diu）	无文字
		艾族（Ngai）	无文字
	藏缅语族	哈尼族（Ha Nhi）	无文字
		夫拉族（Phu La）	无文字
		拉祜族（La Hu）	无文字
		倮倮族（Lo Lo）	古老文字
		贡族（Cong）	无文字
		西拉族（Si La）	无文字

4.2.1.2　越南的外语资源

在越南河内国家大学下属外国语大学汉语教师阮氏秋香和在越南的中国留学生的帮助下，本书对越南 116 所大学开设的外语情况进行了调研，其中涉及越南北部 49 所大学、中部 18 所大学和南部 49 所大学。经调研发现（详见表 4-9），河内大学所开设的外语语种最多，开设了英、法、汉、俄、日、韩、德、西、葡、意等 10 个语种专业，位列第一；该校招收英、俄、法、汉、日 5 个语种的硕士研究生，同时具有法语和俄语博士学位授权点。河内国家大学下属外国语大学位居第二，开设了包括英、法、汉、俄、日、韩、德、阿 8 个语种专业，具有除阿拉伯语外的其他 7 个语种的硕士学位授权点以及英、法、俄、汉 4 个语种项目博士学位授权点。胡志明市国家大学下属人文社会科学大学和岘港大学下属外国语大

学位居第三，均开设了 7 个语种专业；胡志明市师范大学和顺化大学下属外国语
大学共同位居第四，都开设了 6 个语种的外语专业；另外 8 所大学一起并列第五，
都开设了 4 个语种专业。在 116 所越南大学中，有 8 所大学（6.9%）开设了 4 个
外语语种；有 13 所大学（11.2%）开设了 3 个外语语种；有 22 所大学（19%）开
设了 2 个外语语种；42 所大学（36.2%）只开设了英语作为唯一的外语。调研的
116 所大学都开设了英语，其中 60 所大学开设了汉语，占 51.7%；有 23 所大学开
设了日语，占 19.8%；有 21 所大学开设了韩语，占 18.1%；还有 13 所大学开设
了法语，占 11.2%；有 6 所大学开设了俄语，占 5.2%。统计显示，越南大学排名
前四的外语分别是英语、汉语、日语和韩语。越南大学开设外语语种的情况一定
程度上反映了越南的政治、外交及经贸往来的倾向。

表 4-9　越南部分大学的外语开设情况

序号	所在地区	大学名称	语种数量/种	语种	备注
1	越南北部	河内大学（Hanoi University）	10	英语、法语、汉语、俄语、日语、韩语、德语、西班牙语、葡萄牙语、意大利语	具有英、俄、法、汉、日五个语种的硕士学位授权点以及法语和俄语的博士学位授权点
2	越南北部	河内国家大学下属外国语大学（University of Languages and International Studies–Vietnam National University, Hanoi）	8	英语、法语、汉语、俄语、日语、韩语、德语、阿拉伯语	具有英、俄、法、汉、日、德、韩语种的硕士学位授权点以及英、法、俄、汉四个语种的项目博士学位授权点
3	越南南部	胡志明市国家大学下属人文社会科学大学（University of Social Sciences and Humanities, Vietnam National University – Ho Chi Minh City）	7	英语、法语、汉语、俄语、德语、西班牙语、意大利语	具有英、俄、法三个语种的硕士学位授权点以及俄语博士学位授权点
3	越南中部	岘港大学下属外国语大学（University of Foreign Language Studies - the University of Danang）	7	英语、俄语、法语、汉语、日语、韩语、泰语	具有英、法等语种的硕士学位授权点及英语的博士学位授权点

续表

序号	所在地区	大学名称	语种数量/种	语种	备注
4	越南南部	胡志明市师范大学（Ho Chi Minh City Pedagogical University）	6	英语、法语、汉语、俄语、日语、韩语	具有英、法、汉等语种的硕士学位授权点
4	越南中部	顺化大学下属外国语大学（University of Foreign Languages, Hue University）	6	英语、法语、汉语、俄语、日语、韩语	具有英、法等语种的硕士学位授权点及英语的博士学位授权点
5	越南北部	太原大学下属外国语学院（School of Foreign Languages–Thai Nguyen University ）	4	英语、俄语、法语、汉语	具有英、汉语等语种的硕士学位授权点
5	越南北部	河内外贸大学（Foreign Trade University）	4	英语、法语、汉语、日语	
5	越南北部	河内百科大学（Hanoi University of Technology ）	4	英语、汉语、日语、法语	
5	越南北部	升龙大学（Thang Long University）	4	英语、汉语、日语、韩语	
5	越南南部	阮必成大学（Nguyen Tat Thanh University）	4	英语、汉语、日语、韩语	
5	越南南部	胡志明市工业大学（Industrial University of Ho Chi Minh City）	4	英语、汉语、日语、韩语	
5	越南南部	鸿庞国际大学（Hong Bang International University）	4	英语、汉语、日语、韩语	
5	越南南部	文献大学（Văn Chương University）	4	英语、汉语、日语、韩语	
6	越南北部	商业大学（Vietnam Business University）	3	英语、法语、汉语	
6	越南北部	河内工业大学（Hanoi university of Industry ）	3	英语、汉语、韩语	
6	越南北部	FPT大学(FTP University）	3	英语、韩语、日语	

续表

序号	所在地区	大学名称	语种数量/种	语种	备注
6	越南北部	高等军事学院（Military Academy）	3	英语、俄语、汉语	
6	越南北部	东都大学（Đông Kinh）	3	英语、日语、汉语	
6	越南北部	河内经营及工艺大学（Hanoi University of Business and Technology）	3	英语、汉语、俄语	
6	越南北部	东方大学（University of the East）	3	英语、汉语、日语	
6	越南北部	下龙大学（Ha Long University）	3	英语、汉语、日语	
6	越南南部	胡志明市开放大学（Ho Chi Minh City Open University）	3	英语、汉语、日语	
6	越南南部	胡志明市经济大学（University of Economics）	3	英语、日语、韩语	
6	越南南部	雄王大学（Hung Vuong University）	3	英语、汉语、日语	
6	越南南部	大叻大学（Dalat University）	3	英语、韩语、日语	
6	越南南部	太平洋大学（Pacific Ocean University）	3	英语、汉语、韩语	

此外，调研显示，越南实力强、口碑好的外语专业院校有 19 所，其中公立院校 13 所，包括河内大学、河内国家大学下属外国语大学等；民办院校 6 所，如 FPT 大学、升龙大学等，具体如表 4-10 所示。

表 4-10　越南外语专业排名前 19 的大学

大学性质	大学名称
公立院校	1. 河内大学
	2. 胡志明市国家大学下属人文社会科学大学
	3. 河内国家大学下属外国语大学
	4. 岘港大学下属外国语大学
	5. 河内外贸大学
	6. 胡志明市师范大学
	7. 顺化大学下属外国语大学
	8. 太原大学下属外国语学院
	9. 外交学院
	10. 河内开放大学
	11. 西贡大学
	12. 胡志明市银行大学
	13. 胡志明市外贸大学
民办院校	1. FPT 大学
	2. 升龙大学
	3. 墨尔本皇家理工大学（RMIT）越南分校
	4. 胡志明市经济财政大学
	5. 胡志明市工业大学
	6. 雄王大学

4.2.2　越南的国家语言管理能力

4.2.2.1　越南的国家语言文字管理机构

越南的国家语言文字管理机构是教育与培训部，不仅管理越南各层次的教育，也负责语言文字管理和语言政策与规划。越南教育与培训部负责幼儿教育、基础教育、中等教育、技术与职业教育培训、继续教育和高等教育的管理，同时也对全国的语言文字，包括外语教育等进行规划和管理。

越南教育与培训部近年来在少数民族地区加强越南国语的推广，同时也加强少数民族语言的培训。根据教育与培训部部长 2016 年 8 月 5 日所签署的第

2805/QĐ- BGDĐT 号文件，2016～2020 年，越南少数民族地区的幼儿园、小学要加强越南语教学，具体包括丰富越南语的教学、课外活动和创造性体验活动，为留学生、少数民族学生建立使用越南语进行交流的氛围，同时有效组织开展少数民族小学生"越南语交流计划"，这一计划将持续至 2025 年。该部签署的第 82/2010/NĐ-CP 号文件明确在中学继续开展少数民族语言教学工作，组织少数民族学生用少数民族语言参加创造性体验活动；各级教育培训部门还要积极研究并制定地方少数民族语言教学试点方案及计划，以满足少数民族同胞的学习需求，从而更好地保护越南的少数民族文化。2012 年 10 月，越南教育与培训部颁布的第 36/2012/TT-BGDĐT 号通知，要求继续对少数民族地区教师及管理干部开展少数民族语言教学，同时检查少数民族语言教学，给合格者颁布少数民族语言证书。

越南教育与培训部的国家外语项目明确了越南在 2008～2020 年国民教育中外语教育的任务，并通过政府总理批阅的第 1400/QĐ-TTg 号决定予以确定。该决定明确国民教育中的各教育机构都需要讲授英语及一些其他外语；制定和颁布包含六个等级的统一外语（主要指英语）能力水平框架细则，并在听、说、读、写能力上与欧洲共同语言参考标准（Common European Framework of Reference for Languages，CEFR）相兼容。同时，明确要在职业教育即中专和技校展开外语教育，加强大学外语教育，对各类毕业生外语水平进行了规定。

4.2.2.2　越南的语言服务与语言技术

谷歌翻译在越南非常受欢迎，尤其年轻人喜欢使用谷歌翻译软件进行在线翻译。谷歌在线翻译能够进行 103 种语言之间的互译，包括越南语与其他语种间的互译，在越南的使用程度比较高。

越南也开发了一些在线翻译平台，如 vdict.com/#translation，以及 http://tratu.coviet.vn/hoc-tieng-anh/dich-van-ban.html，目前只提供英越、越英、法越和越法间的翻译，所涉及的语种还很有限，但是根据我们对越南学生和教师的调研得知，他们认为这两款在线翻译平台在词语、短文翻译上比谷歌翻译更具有优势，使用起来更顺手。

此外，越南还从国外引进了三款机器翻译软件，如宣传所称，这三款软件能够覆盖 100 种以上的语言，实现这些语言间的转换，还能进行语音识别翻译。

越南的机器翻译研究团队于 1989 年成立，1990 年开始研制英-越机器翻译系统。该团队通过技术转让等方式，获得了具有 12 000 个词条和 500 个语法规则的技术转让，1997 年 EVTRAN 1.0（英-越机器翻译系统 1.0）诞生，该系统具有处理 2000 个语法规则和 60 000 个词条的运行能力。1999 年 EVTRAN 2.0（英-越机器翻译系统 2.0）面世，它具有 3000 个语法规则和 250 000 个词条的处理能力；2005 年 EVTRAN 3.0 面世，该版具有 10 000 个语法规则和 530 000 个词条的处理能力，能够进行自动源语言识别，该翻译系统的语言处理能力越来越强。越南的一些研发团队致力于越南语言和语音的处理，并把相关技术应用到其他语言的处理[①]。越南政府积极推进人工智能产业的发展，但目前越南还没有大型的人工智能产业公司，也没有形成一定规模，只有几家脸书（Facebook）下属小企业，且与当地企业的融合度较低[②]。

　　越南政府非常重视越南语的推广，出版了很多词典来提升国民的国语水平，包括纸质版、电子版的越南语词典，同时也开发了一些在线软件。图 4-1 为常用的越南语词典，其中左侧图为越南语词典，右图为学生常用越南语词典。

图 4-1　越南常见的越南语词典

　　越南还有不少电子词典，除了越南语词典（Vietnamese dictionary）外，还有英越双语电子词典，如图 4-2 所示。

---

① VLSP. Current status of machine translation research in Vietnam: Towards Asian wide multi language machine translation project. https://www.jaist.ac.jp/~bao/talks/MachineTranslationinVN.pdf/ [2019-08-20].

② Lam, K. 2017. The state of artificial intelligence in Vietnam. https://vietcetera.com/en/the-state-of-artificial-intelligence-in-vietnam [2019-08-18].

图 4-2　越南的英越双语电子词典

越南语在线翻译网站 http://tratu.coviet.vn/提供了越南语词典的线上查询，方便国民学习自己的母语。此外，越南人也常用越南语词典离线软件来查找越南语词汇，或通过线上越南语学习网站，如"越南语 123"来学习越南语。

越南出版的越南语与其他外语的双语词典有助于提升国民的越南语和外语的水平，如图 4-3 所示的《现代越·华词典》《中越词典》，还有越韩词典、越法词典、越日词典以及俄越和越俄词典等，图 4-3 为越汉/汉越双语词典。

图 4-3　越南的越汉/汉越双语词典

4.2.2.3 越南的语言政策与规划

根据许多学者如郭振铎和张笑梅（2001）对越南历史阶段的描述，越南的语言政策经历了六个历史阶段，即郡县时期（公元前 214～公元 968 年）、自主时期（968～1858 年）、法国殖民时期（1858～1945 年）、民主共和国时期（1945～1976 年）、越南统一至革新开放时期（1976～1986 年）以及革新开放至今（1986年至今）。本书更关注越南近现代的语言管理和治理，本部分的讨论主要集中于从民主共和国时期至今的语言政策。

1. 郡县时期的语言政策（公元前 214～公元 968 年）

早在公元前 214 年，秦始皇就设置了象郡，包括今越南北部和中部偏北地区（郭振铎和张笑梅，2001），来进行统一管辖。至隋唐时代，越南属安南都护府管辖。朝廷在越南设立学校，越南语的汉越音系统在这一时期成形。在郡县时期，越南的口语为越语和汉语并存，书面语使用汉字文言文（唐庆华，2009）。这一时期，汉语和汉字曾是越南的官方用语。

2. 越南自主时期的语言政策（968～1858 年）

公元 968 年，丁部领平定"十二使君之乱"，自称为"王"，建国号为"大瞿越"，越南正式脱离中国封建王朝，成为独立的封建君主制国家。越南历代封建王朝积极效法中国封建王朝的文物典章制度，汉语和汉字在越南盛行。由于汉字在越南属于借源文字，它不能完全担当记录和书写越南民族文化的重任（祁广谋，2006），13 世纪末，在越南大力推广汉语和汉字的同时，越南的民族文字——喃字（Chu Nom）开始在僧侣、文人和上层人士中盛行。喃字成为越南早期的书写文字。16 世纪末，东欧传教士基于罗马字发明了国语字（Quoc-Ngu），经过不断发展，国语字逐渐取代了喃字，发展为现在的越南语（Do，2006）。

3. 法国殖民时期的语言政策（1858～1945 年）

法国殖民期间，法语成为越南的官方语言，虽然越南语和汉语也用于教育，但多用于初等教育。为了限制汉字和汉文化的影响，法国殖民者鼓励越南人使用越南语与越南国语字，推广拉丁文字。1919 年，法国殖民者废除了科举和汉字，在学校开设拉丁文字课。1919 年后，汉语不再用于越南教育体制（Do，2006），同时越南开始使用法语和国语字混用的法-越教学方式，国语字正式取代汉字和喃字（阮越雄，2014）。1945 年 9 月 2 日，越南民主共和国诞生。胡志明在河内巴亭广场宣读了用越南语写成的《独立宣言》。

4. 民主共和国时期的语言政策（1945～1976 年）

越南民主共和国成立后，新政府非常重视民族语言和文字，通过各种立法形式确立了国语字的地位，推广国语字，号召人民学习国语字。1945 年 9 月，越南民主共和国临时政府颁布主席令，其中第 19 条规定全国人民必须学习国语字，要求 1 年时间内全国 8 岁以上的越南公民必须能读写国语字，违反者将处以罚款（罗文青，2007）。扫盲工作一直是越南新政府的重要任务。越南新政府开展"平民学务"运动来推动民众学习国语字。由于国语字易记、易学、易写、易懂，识字的越南人越来越多，民智也随之提高。除了推广国语字，越南新政府还致力于保障少数民族语言的权利，以宪法、法令等方式来明确少数民族的语言权利，同时关注少数民族接受教育的权利。1946 年的越南宪法中多处强调了少数民族的语言权利。对一些没有语言文字的民族，越南新政府鼓励符合条件的少数民族创建本民族的文字。对已有文字但此文字不利于本民族发展的少数民族，可通过改进旧文字或创建适合自己的新文字来解决。对不够条件创建单独文字，但有记录本族语言必要的，可通过用普通话（越南语）记音解决。新政府还积极提倡少数民族学习普通话（越南语）和国语字，从而在越南民族地区推广双语教学。1969 年 8 月，越南总理决议（153-CP 号）指出：少数民族要学习使用全国通用语言文字，即越南语。国家要全力帮助少数民族尽快学好普通话。

1954 年 7 月 21 日，有关结束越南、老挝、柬埔寨战争的《日内瓦协议》得以签署。根据《日内瓦协议》，越南以北纬 17 度为界，实行南北分治，越南北部由胡志明控制，越南南部由保大皇帝统治。1955 年 7 月 17 日，美国撕毁了《日内瓦协议》，废黜了保大皇帝，主导在越南南部成立所谓越南共和国，美国从而取代法国控制了南越。自此，越南南部沦为美国新殖民主义的殖民地。

在越南北方，越南语成为各教育阶段的唯一语言（Gayle，1994）。受政治局势的影响，越南北方高等院校中，汉语和俄语取代了法语的地位，英语教育不再受重视（Nguyen，2011）。在南越，直到 1968 年南越政府才把越南语推广到各教育阶段，英语和法语只用于自然科学领域。南越政府为了促进与其他资本主义国家在政治、经济上的合作，大力提倡民众学习英语和法语。1958～1968 年，英语已取代法语成为南越仅次于越南语的第二语言和第一外语（Wright，2002）。可以说，英语在南越的地位是美国对南越政治干预和实际控制的产物。

5. 越南统一至革新开放时期的语言政策（1976～1986 年）

1976 年，越南实现了南北统一，越南的政治、外交和经济由此发生了巨大变化。以往越南与苏联在政治、经济、教育等方面往来密切，俄语成为越南外语教育的主要语言，完全取代了汉、英、法三种语言（Wright，2002）。越南教育与培训部把俄语作为越南的第一外语，并推荐一些优等生学习俄语（Gayle，1994）。但这个时期，随着苏联与越南双边关系淡化，俄语在越南的使用范围也就越来越小。

这一时期，越南政府继续推广普通话（越南语）和国语字，帮助少数民族同胞学习普通话（越南语）和国语字，使他们更快地融入越南的政治、经济、社会之中。1980 年，越南政府决议（53-CP 号）规定普通话（越南语）是越南各民族的共同语言，是全国各民族进行交流必不可少的工具，是帮助各民族共同发展经济文化和科学技术、增进民族团结、实现民族平等的工具，越南所有公民都有学习使用普通话（越南语）的权利和义务。越南总理府发出的 CFL-53 号政府决议强调每个公民都有学习和使用普通话（越南语）和文字的权利和义务（范宏贵，1999）。这些决议突显了越南政府在少数民族中推广越南语所做的努力。

越南政府在推广普通话（越南语）的同时，还注重少数民族语言文字的保护、传承和创制。越南政府通过创制和改进文字提升少数民族的文字系统。对没有文字的少数民族，越南政府根据拉丁文系统来创制文字；对已有古文字的少数民族，可以根据该民族自己的意愿，依据拉丁文系统创制新文字。此外，越南政府还采取了一些法律手段来保护少数民族语言。1980 年 2 月，越南政府颁布的《关于对少数民族语言文字的若干主张》中指出，要解决少数民族使用语言文字的需求，对没有文字但有需求创建文字的民族以及目前使用的文字过于古老想改进文字以接近普通话（越南语）的民族要给予帮助并解决需求（唐庆华，2009）。同年，越南政府决议提出，在少数民族地区进行文化宣传教育工作时要尽量同时使用民族语言文字，以帮助少数民族同胞能尽快体会中央精神。少数民族可以使用本民族文字来书写呈送给国家机关的书信和公文，各级国家机关有接收并解决好这些公函的责任（罗文青，2007）。

6. 革新开放至今的语言政策（1986 年至今）

1986 年 12 月，越南共产党"六大"提出全面而深刻的改革方针，又称为"革新开放"。为了扩大与其他国家的交流与合作，英语在越南外语教育中的主导地位日渐凸显（Wilson，1993）。基于历史原因，英语在越南南部更为普及，且随着外商投资的增多，越南全国逐渐掀起了学习英语的热潮。

越南政府继续贯彻全民推行越南语的方针，并通过各种法律形式予以确定。1991 年 8 月颁布的《初等教育普及法》规定，小学阶段的教学语言为越南语；1994年 12 月，越南政府颁布的《关于在越南国土上进行广告活动的规定》（194-CP 号）特别指出：广告语言应具有规范性，即广告中的语言文字必须是越南语言文字（一些场合除外）；在同时使用外国语言文字时，必须是越南语在前、在上，且字体规格要大于外国文字；朗读时必须先读越南语后读外国语。2005 年颁布的《教育法》第 7 条规定：越南语是学校和其他教育机构的正式语言。政府对越南语的重视突出和强化了民族身份和民族意识。

越南政府在坚定推行越南语的同时，实行保护和尊重少数民族语言文字的政策。2005 年颁布的《教育法》第 7 条规定：越南语是学校和其他教育机构的正式语言，同时也明确为少数民族学习本民族的语言文字创造条件，帮助少数民族学生更好地学习和掌握知识（尚紫薇，2013）。新闻媒介在传播和推广少数民族语言方面起到了积极、有效的作用。越南文化通信部为少数民族出版了 17 类报纸和4 种杂志，以促进少数民族地区的经济、文化、教育等方面的发展。越南政府为少数民族编撰、整理民族古籍，印制具有民族文字的宣传品，扩大少数民族语言和文字的使用。越南的广播和电视在少数民族语言的传播中起到了不可替代的作用。越南久负盛名的"越南之声"广播电台已经使用一些少数民族语，如苗语、泰语、高棉语、赫蒙语、巴拿语等放送。一些省份有少数民族语言广播，如琼山、高平、北干、太原、河江、宣光省有岱-侬语广播；太原、高平、河江、宣光省有瑶语与赫蒙语广播；林同省有格贺语广播。在高校招生方面，越南对山区和民族地区的学生在高考招录时实行倾斜政策，即实行加分政策，未上分数线的学生通过加分可以到预科大学学习。一些山区和民族地区的少数民族优秀学生还可以免试到大学学习（欧以克，2005；周健和刘东燕，2004）；通过建立各种形式的民族学校来培养少数民族学生；同时通过一系列的制度和政策来增强少数民族师资的实力，积极培养少数民族师资力量（欧以克，2005）。

越南于 1995 年加入东盟，为了加强与东盟成员之间的合作与交流，越南领导人意识到学习东盟的工作语言——英语的重要性。因此，在语言政策的制定上突出了英语作为越南第一外语的地位。教育与培训部将英语定为各教育层次的必修课。英语也是越南国家大考的五门必修课之一。越南政府总理批阅的第1400/QĐ-TTg号文《关于批准"2008—2020年国民教育系统中的外语教学"项目》不仅确定了国民教育系统中各级教育机构要教授英语和其他外语，还详细规定了各教育阶段需要达到的外语（英语）水平，而且确定了与欧洲共同语言参考标准相兼容的外语水平等级，即听、说、读、写四项各有六个等级。小学毕业生要达到越南外语能力框架中的一级，初中毕业生要达到二级，高中毕业生达到三级；技校毕业生至少达到二级，中专毕业生至少达到三级；非外语专业学生在大学毕业后外语能力应达到三级；对于外语专业毕业生而言，大专毕业生外语专业必须达到四级，大学毕业生必须达到五级，并且规定学生须同时修读两门外语（必修外语和选修外语），其中选修外语课时不能超过必修外语课时的1/2。该文件还制定了中学外语10年（3～12年级）学习计划。学生除了必修的英语课程外，还可以选修第二外语；第二外语只在6～12年级中开设，其中6～9年级为四年制初中，10～12年级为三年制高中。越南政府还鼓励各教育局主动开展英语-越南语的双语教学。

越南的《中学英语教育计划》明确了小学3～5年级要优先发展听、说技能；在初中继续培养和提升听、说能力，并通过各项技能的练习达到听、说、读、写能力全面发展的目标。《中学英语教育计划》进一步强调，要遵循教育与培训部颁布的《中学教育总章程》中教学课时的规定，对每个教育阶段英语学习课时做出具体要求：小学3～5年级，每周4节课，每年共计140课时；初中6～9年级以及高中10～12年级，每周3节课，每年共计105课时。

除英语外，汉语已成为越南的第二外语，我们对越南高校所开设外语语种的调研结果也证实了这一点。越南是东南亚华人最多的国家之一，大约有80%的华人居住在南部的胡志明市。近年来，中国与越南的政治、经济、文化交往不断深入，越南学习汉语的热潮不断升温。学习中文已成为一种时尚，就像人们过去学习英语一样。汉语已成为越南对外经济活动的重要交际工具，社会对汉语人才的需求猛增。越南1986年推行了"革新开放"政策后，对华人华侨和汉语的重视程度逐渐提高；随着"一带一路"倡议的进一步推进，中国的世界影响力不断提升，汉语和中国文化也在快速传播。在越南，汉语已经成为一种语言资本（language capital），懂得汉语就意味着拥有更好的职业和就业机会。

4.2.3　越南的国民语言能力

自 1945 年确立国语字的地位后,越南政府一直致力于推广国语字和提高国民整体文化水平。1945 年后,越南政府开展了以扫盲为重点的"平民学务"运动。1975 年,越南实现南北统一后,采取了一系列语言政策来推广普通话(越南语)和国语字,并取得了较好的成效。根据世界数据图谱分析平台所提供的数据,越南成人识字率 2019 年为 95.75%,青年识字率在 2015 年已达到 98.06%。越南政府重视对教育的投入,2008 年公共教育支出占 GDP 的比重为 4.89%,2013 年公共教育支出占 GDP 的比重达 5.65%,2019 年为 4.06%;儿童的净入学率从 2000 年的 97.36% 提升到了 2013 年的 98.11%[①]。

越南政府重视国民尤其是学生的外语教育,并通过各种举措来扩大国民学习和使用外语的语种,提升外语能力,从而增强国际竞争力。胡志明市被认为是中学开设外语语种最多的城市。该市的中学能够开设英、法、德、日、韩和汉六门外语。每位高中生都要从上述六门外语中选一门作为第一外语,使其成为高中阶段的外语科目和考试科目;学好第一外语的学生可从其他五门外语中选一门作为第二外语来学习[②]。

越南政府规定,具备一定外语能力的学生,高考时可以免考外语。2018 年,越南教育与培训部规定了高中毕业考试(高考)中可免考外语的情况,包括国际奥林匹克竞赛国家队成员、持有以下证书(证书有效期到 2018 年 6 月 23 日)[③]的考生,具体见表 4-11。

表 4-11　越南高考免试外语的证书成绩要求

外语名称	证书最低要求
英语	托福 ITP(TOEFL ITP)450 分
	托福网考(TOEFL iBT)45 分
	雅思考试 4.0 分
俄语	俄语能力测验 1 级(Test of Russian as a Foreign Language,TORFL1)

① 世界数据图谱分析平台. 越南. https://cn.knoema.com/atlas/越南/ [2021-12-19].

② Ministry of Education and Training. 2018. https://moet.gov.vn/tintuc/Pages/gop-y-dt-ct-cac-mon-hoc.aspx?ItemID=5301 [2022-02-07].

③ 什么情况下,高考可免考外语. https://epaper.edu.tw/windows.aspx?windows_sn=21063/ [2022-02-07].

续表

外语名称	证书最低要求
法语	法语水平考试（TCF）300～400 分 法语学习文凭（DELF） B1
汉语	汉语水平考试三级（HSK3）
德语	歌德语言证书（Goethe-Zertifikat） B1 德语语言证书（Deutsches Sprachdiplom）（DSD） B1 德语考试（Zertifikat）B1
日语	日语能力考试（JLPT）N3

2017 年，越南教育与培训部还规定非免考外语的考生除了选择在校学习的外语作为考试科目外，还可选取英语、法语、德语、日语、俄语和汉语中的任意一门去参加考试。

国际化的外语考试，尤其是公认度较高的国际考试，如雅思、托福等，在很大程度上能对一个国家的国民外语能力进行衡量和判断，也易于国家间外语语言能力的对比。通过对越南相关报道的梳理，可以更好地反映越南人对自己外语（主要是英语）水平的评价。越南报纸曾在 2004 年 12 月评价越南大学生的英语水平较低，英语水平达不到大学预科生水平；50%以上的大学生需要补习英语。该结论是基于对胡志明市各大高校大学三年级学生所做的调查得出的，调查显示越南大学生的英语水平只能达到 360～370 分托福成绩或 4.0 分雅思成绩，只有 3%的大学生有国际英语证书[1]。2018 年的英孚标准英语熟练度年度报告中，越南得分为 53.12，名列 41 位，处于中等熟练度水平[2]，而在 2021 年的英孚标准英语熟练度年度报告中，越南的总体英语水平呈现下降趋势，位列 66，已处于低熟练度水平[3]。

2018 年，越南教育与培训部官网公布了跨国语言培训公司在母语为非英语的70 个国家和地区的 391 万人进行的英语水平指数考察结果。结果显示：越南人的

---

① Tuoitre. 2004. Tiếng Anh của sinh viên: Chưa đủ dự bị ĐH. https://tuoitre.vn/tieng-anh-cua-sinh-vien-chua-du-du-bi-dh-59172.htm/ [2022-10-20]

② 英孚教育. 2018. 英孚英语熟练度指标. https://liuxue.ef.com.cn/assetscdn/WIBIwq6RdJvcD9bc8RMd/cefcom-epi-site/reports/2018/ef-epi-2018-chinese-simplified.pdf [2021-12-22].

③ 英孚教育. 2021. EF 英语熟练度指标：112 个国家和地区的英语水平排名. https://liuxue.ef.com.cn/assetscdn/WIBIwq6RdJvcD9bc8RMd/cefcom-epi-site/reports/2021/ef-epi-2021-chinese-simplified.pdf [2021-12-20].

英语水平日趋提高,女性得分高于男性,18～20 岁群体的英语水平最高,随后呈递减趋势。越南为英语水平中等国家,得分为 53.81/100。越南在亚洲地区排名第五,紧随新加坡、马来西亚、印度和韩国之后。越南人的托福网考平均分达到 78/120,雅思平均分为 5.9 分,胡志明市和河内市是越南英语水平最高的两个城市①。

　　我们同时也对 2015 年及 2017 年中国和越南的雅思学术类和培训类考试平均成绩进行了比较,见表 4-12 和 4-13。

表 4-12　2015 年和 2017 年中国和越南的雅思学术类考试平均成绩对比　(单位:分)

年份	国家	听力	阅读	写作	口语	总分
2015	中国	5.90	6.10	5.30	5.40	5.70
	越南	6.00	6.20	5.60	5.80	6.00
2017	中国	5.90	6.11	5.37	5.39	5.76
	越南	5.97	6.17	5.59	5.71	5.92

表 4-13　2015 年和 2017 年中国和越南的雅思培训类考试平均成绩对比　(单位:分)

年份	国家	听力	阅读	写作	口语	总分
2015	中国	6.10	6.10	5.70	5.80	6.00
	越南	6.10	5.90	5.80	5.90	6.00
2017	中国	6.06	6.03	5.61	5.74	5.93
	越南	6.16	6.12	5.83	6.00	6.09

　　表 4-12 显示,在 2015 年和 2017 年的雅思学术类考试中越南的总分均略微高于中国,且听力、阅读、写作和口语四项都高于中国考生。其中,2015 年的四项成绩中,越南考生听力高出 0.1 分,阅读高出 0.1 分,写作高出 0.3 分,口语高出 0.4 分;2017 年的四项成绩中,越南考生听力高出 0.07 分,阅读高出 0.06 分,写作高出 0.22 分,口语高出 0.32 分。从数据上来看,口语是中国考生最弱的部分,也是与越南考生分数差距最大的一项。从 2017 年的四项成绩来看,中国与越南考生四项能力的差距都在缩小,其中听力非常接近,写作从 2015 年的 0.3 分差距缩

---

① 越南英语水平居于中位. https://vnexpress.net/viet-nam-xep-hang-trung-binh-ve-trinh-do-tieng-anh-3307030.html [2022-02-07].

小为 0.22 分，口语从 0.4 分的差距缩小为 0.32 分。四项能力差距的缩小，说明中国雅思考生整体英语能力的提升，也再次验证了我们在第 4 章对中国雅思考生英语能力整体提升的研判。

表 4-13 显示，2015 年中国和越南的雅思培训类考试总分一致，都达到了 6 分；其中听力平均分都为 6.10 分；中国考生的阅读成绩比越南考生高 0.2 分，达到了 6.10 分；越南考生的写作和口语成绩均比中国考生高 0.1 分。2017 年的雅思培训类考试中，中国考生的总分为 5.93 分，越南的为 6.09 分，与 2015 年的成绩相比，中国考生的考试成绩略微有所下降，降低了 0.07 分，而越南的考试成绩则上升了 0.09 分。虽然 2017 年中国雅思培训类考试平均成绩已接近 6 分的梯队，但是与越南的平均成绩相比还有些许的距离，还有不断提升的空间。

除了雅思考试成绩外，我们还对比了 2017 年、2018 年两年中国和越南的托福考试平均成绩，见表 4-14。

表 4-14 2017 和 2018 年中国和越南的托福考试平均成绩对比（单位：分）

年份	国别	阅读	听力	口语	写作	总分
2017	中国	21	19	19	20	79
	越南	20	20	20	22	82
2018	中国	21	19	19	20	80↑
	越南	20	21	20	22	83↑

表 4-14 显示，越南和中国 2017 年和 2018 年的托福考试平均成绩都呈现上升趋势，总分都增加了 1 分，而且越南连续两年托福总分比中国高 3 分。从托福考试的四项成绩来看，中国考生的阅读成绩高于越南考生，但是听力、口语和写作三项均低于越南考生，在写作部分，中国考生与越南考生的差距较大，相差 2 分。

通过对近年的数据分析可知，中国与越南考生的总体英语水平较为接近，越南考生的平均英语水平略微高于中国考生，双方的英语水平都有不断上升的趋势。

4.3 柬埔寨的国家语言能力

柬埔寨王国（the Kingdom of Cambodia）位于中南半岛东南部，东部和东南部同越南接壤，东北部与老挝接壤，西部和北部与泰国交界；柬埔寨国土面积约 18 万平方公里，全国人口约为 1600 万，主体民族高棉族占总人口的 80%，华人华侨约 110 万[①]。柬埔寨语（又名高棉语，Khmer）为官方语言。柬埔寨是个有着悠久历史的文明古国，历经了扶南、真腊时期，其中最强盛时期（9～15 世纪）的吴哥王朝，创造了举世闻名的吴哥文明。近代以来，柬埔寨遭受法国殖民统治近 90 年，1953 年 11 月，柬埔寨宣布完全独立，之后又经历了战争和动荡。1991 年《巴黎协定》签署后，柬埔寨才走上了和平、独立发展的道路。1999 年 4 月 30 日，柬埔寨加入东盟。

4.3.1　柬埔寨的国家语言资源

4.3.1.1　柬埔寨的民族语言资源

柬埔寨是个多民族、多语言的国家，多元文化共存。柬埔寨的主体民族是高棉族，其语言属南亚语系；华族（华人）、缅族、泰族的语言属于汉藏语系；马来族和占族的语言属于南岛语系。柬埔寨有 20 多个民族即高棉族（the Khmers）、山地高棉族（the Khmer-Loeu）、库伊族（the Kuy）、布劳族（the Brao）、斯丁族（the Stieng）、墨农族（the Mnong）、比尔族（the Pear）、嘉莱族（the Jarai）、拉德族（the Rade）、占族（the Chams）、华族（the Chinese）、京族（the Kinh）、老族（寮族，the Laos）、泰族（the Thai）、缅族（the Burmese）、马来族（the Malay）、印度族（the Indian）等（王士录，1994；李晨阳等，2010）。

与其他东南亚国家情况相近的是：民族众多且民族关系纷繁复杂，但各民族的人口数量相差很大。高棉族是主体民族，占总人口的 80%，主要居住在湄公河、洞里萨河以及洞里萨湖周边的平原地区和沿海地区。高棉族在国家的政治、经济、文化上占据着主导地位。高棉族所用语言属于南亚语系的孟-高棉语族。

华族是柬埔寨的第二大民族，主要分布在金边、马德望市及周边地区，主要操持五种方言（即潮州话、广肇话、海南话、客家话和福建话，其中讲潮州方言的华人最多）。华族对柬埔寨的经济和文化发展做出了重要的贡献。越族或京族是柬埔寨的第三大民族，主要集中在城镇和平原地区，尤其以首都金边的人数最

---

① 中华人民共和国外交部. 2022. 柬埔寨国家概况. https://www.fmprc.gov.cn/web/gjhdq_676201/gj_676203/yz_676205/1206_676572/1206x0_676574// [2022-08-13].

多（王士录，1994）。柬埔寨的第四大民族是占族，主要分布在柬埔寨和越南两国。占族所使用的语言属南岛语系；占族也有自己的文字，该文字与高棉族、老族和泰族的文字相似，是从南印度的婆罗米文字演变而来的，目前能懂该文字的人数较少（王士录，1994）。柬埔寨的民族及语言如表 4-15 所示。

表 4-15　柬埔寨的民族及语言

语系	民族	所属语族
南亚语系	高棉族	孟-高棉语族
	斯丁族	
	墨农族	
	库伊族	
	布劳族	
	比尔族	
	京族（越族）	越芒语族
南岛语系	占族	马来-波利尼西亚语族
	马来族	
	拉德族	
	嘉莱族	
汉藏语系	华族	汉语语族
		潮州话、广肇话、海南话、客家话和福建话
	缅族	藏缅语族缅语支
	泰族	壮侗语族壮傣语支
	老族	壮侗语族壮傣语支

柬埔寨境内各民族所使用的语言分别属于南亚语系、南岛语系和汉藏语系。柬埔寨语又名高棉语，是柬埔寨主体民族——高棉族所使用的语言、柬埔寨的通用语言和国语，也是三种官方语言之一。美国暑期语言学院（Summer Institute of Linguistics，SIL）的资料显示"柬埔寨共有 23 种不同的语言，所有的语言均为活语言"（陈兵，2013）。柬埔寨王国宪法规定国语是中部高棉语（Central Khmer）。1991～1998 年，高棉语、英语和法语为三种并列的官方语言。高棉语是柬埔寨人民进行交流的重要工具，因而人们习惯将高棉语称为柬埔寨语。柬埔寨大约 90%

的人使用高棉语。除在柬埔寨境内使用高棉语外，居住在越南南方的大约 60 万高棉族人也使用高棉语（刘上扶，2009）。

　　高棉语属于南亚语系孟-高棉语族。高棉语分为三个方言区即金边方言区、北部方言区和西部方言区。金边方言区的使用者主要集中在金边、暹粒等城市；北部方言区的使用者集中在柬埔寨北部和泰国东北部；西部方言区的使用者多集中在柬埔寨西南部（卢军等，2012）。现代高棉语是以金边语音为标准音，以中部高棉语为基础方言而形成的。高棉语在发展的过程中，不断吸收外来词汇，这是高棉语的一个显著特征。柬埔寨自古受到印度文化的影响，高棉语大量地借用了梵语和巴利语中有关社会、政治方面的词汇，梵语和巴利语词汇在民间广为使用。历史上柬埔寨受暹罗和越南的多次入侵，因而高棉语中也借用了不少泰语和越南语词汇。此外，由于大量华人移入柬埔寨，一些汉语词汇尤其是中国南方的潮州方言词汇也被大量吸收至高棉语中。

　　高棉语多为单音节词或双音节词，口语、生活用语极其丰富。一般来说，高棉语的基本词和常用词主要是本民族语的词汇，通常用于口语；书面语常使用巴利语和梵语的借词。高棉语在使用过程中有严格的等级划分，语言使用因人的地位、身份而异，如果错用就会因使用不得体而有失礼节（王士录，1994）。在长期的历史进程中，柬埔寨语形成了皇族用语、僧侣用语和普通用语三个语体。由于国王在柬埔寨拥有至高无上的权力，并长期统治着国家，皇族用语在柬埔寨语中占有一定的比例，其词汇主要表现在名词、动词和代词上，大多采用梵语和巴利语词汇。僧侣用语主要用于僧侣之间交流、佛教节日活动或佛寺礼拜活动。由于佛教是柬埔寨的国教，僧侣用语往往体现佛事活动的庄严和肃穆，不能与普通用语混淆。普通用语则广泛用于平民之中。由于高棉语的三种语体存在严格的等级和使用范围限制，在一些场合中，如听众中既有皇族成员，又有僧侣和普通人，讲到某些词时，就要把这三种用语各讲一遍，所以听起来非常繁琐（刘上扶，2009）。

　　高棉语历史悠久，其文字与泰文相似，但起源比泰文要早，可以说是东南亚历史最为悠久的文字（张敬然，2003）。古高棉文是在印度文明传播到中南半岛之后才产生的，当时执政的拔婆跋摩国王（公元 550 年登基）被誉为柬埔寨高棉文字的创造者（张敬然，2003）。据考证，最早的古高棉文碑铭始于公元 7 世纪。高棉文字深受印度婆罗米文字的影响，是在梵文和巴利文基础上结合高棉族的语言创造出来的一种古老文字。现代柬埔寨语或高棉语是在古高棉语的基础上演变、发展起来的。

迄今为止，高棉文字共进行了 10 次文字改革。在漫长的 1000 多年里，古高棉文除自身的发展变化外，还先后受到梵语、巴利语和法语等外来语的影响。受"印度化"和南传上座部佛教的影响，高棉语中融入了大量梵语和巴利语的词汇，这些词汇逐渐被柬埔寨人接受，并广泛用于人们的日常生活中，大大丰富了高棉语的词汇。19 世纪中后期，柬埔寨沦为法国的"保护国"，此后法国殖民统治期间，法语取代高棉语成为柬埔寨的官方语言，柬埔寨人被迫学习法语，任何学校都不能使用高棉语授课，只有寺院的僧侣使用和传承着高棉语。这一时期，大量的法语词汇开始出现在政治、外交和科技领域。1953 年柬埔寨独立后，王国政府非常重视民族语言的发展，以宪法形式规定了高棉语作为官方语言的地位。经过了多个政权更迭，1993 年柬埔寨王国政府成立，在各级教育中陆续恢复了高棉语的教学。

4.3.1.2　柬埔寨的外语资源

柬埔寨有 26 所大学，其中有 8 所公立大学和 18 所私立大学，分别由教育、青年和体育部，健康部，文化与艺术部，农业、森林与渔业部主管；还有 24 家研究所或独立学院，其中一半为公立，一半为私立。我们调研了柬埔寨 23 所大学的外语开设情况，统计结果如表 4-16 所示。

表 4-16　柬埔寨主要大学的外语开设情况

序号	所在城市	大学名称	院/系名称	语种数量/种	语种	备注
1	金边	柬埔寨大学（University of Cambodia）	外国语学院	7	汉语、英语、法语、日语、韩语、泰语、德语	具有英语硕士学位点
2	金边	金边皇家大学（Royal University of Phnom Penh）	外国语学院	6	汉语、英语、法语、日语、韩语、泰语	具有英语硕士学位点
3	马德望	国立马德望大学（National University of Battambang）	外国语学院	4	英语、法语、韩语、汉语	具有英语硕士学位点
4	金边	西哈努克拉贾佛教大学（Preah Sihanouk Raja Buddhist University）	梵语巴利学院和外语学院	3	巴利-梵语、英语、法语	
4	金边	IIC 理工大学（IIC University of Technology）	艺术、人文与语言学院	3	英语、汉语、日语	

续表

序号	所在城市	大学名称	院/系名称	语种数量/种	语种	备注
5	暹粒	吴哥大学（University of Angkor）	艺术、人文与语言学院	2	英语、韩语	
5	金边	亚欧大学（Asia Euro University）	艺术、人文与语言学院	2	汉语、英语	具有英语硕士学位点
5	金边	柬埔寨湄公河大学（Cambodian Mekong University）	艺术、人文与语言学院	2	英语、日语	
6	金边	国立管理大学（National University of Management）	旅游学院	1	英语	
6	金边	潘哈奇叶大学（Panha Chiet University）	艺术、人文与语言学院	1	英语	
6	金边	西方大学（Western University）	艺术、人文与语言学院	1	英语	具有英语硕士学位点
6	金边	贝尔泰国际大学（Beltei International University）	教育艺术与人文学院	1	英语	具有英语硕士学位点
6	金边	诺顿大学（Norton University）	艺术、人文与语言学院	1	英语	
6	金边	普西阿斯特拉大学（University of Puthisastra）	英语和就业能力学院	1	英语	
6	金边	柬埔寨智慧大学（Pannasastra University of Cambodia）	全英文教学	1	英语	
6	金边	金边国际大学（Phnom Penh International University）	艺术、人文与语言学院	1	英语	具有英语硕士学位点
6	金边	高棉大学（Khemarak University）	艺术、人文与语言学院	1	英语	
6	暹粒	东南亚大学（University of South-East Asia）	外国语学院	1	英语	具有英语硕士及博士学位点
6	柴桢	柴桢大学（Svay Rieng University）	艺术、人文与外语学院	1	英语	
6	马德望	杜威国际大学（Dewey International University）	艺术、人文与语言学院	1	英语	
6	近知名	卡西米尔大学（Chea Sim University of Kamchaymear）	艺术、人文与语言学院	1	英语	
6	暹粒	建立光明大学（Build Bright University）	艺术、人文与语言学院	1	英语	
6	磅湛	柬埔寨专门大学（Cambodian University for Specialties）	艺术、人文与语言学院	1	英语	

如表 4-16 所示，柬埔寨大学所开设的外语语种数量位列第一，共 7 种外语，其中德语和泰语没有学位。金边皇家大学排名第二，开设了 6 种外语，均提供学士学位。国立马德望大学排在第三位，开设了 4 种外语。西哈努克拉贾佛教大学和 IIC 理工大学位列第四，开设了 3 种外语。位列第五的有 3 所大学，均开设了 2 种外语；其余的 15 所大学只开设了英语。从所开设的语种来看，英语是全部 23 所大学都开设的语种，5 所大学开设了汉语，4 所大学开设了法语，4 所大学开设了日语，4 所大学开设了韩语。从学历层次来看，东南亚大学是唯一一所能够授予外语类博士学位的大学，具有国际英语教师（TESOL）硕士及博士授予权；另外有 7 所院校具有国际英语教师、英语文学或英语教育硕士学位授予权，分别是柬埔寨大学、金边皇家大学、国立马德望大学、亚欧大学、西方大学、贝尔泰国际大学和金边国际大学。

4.3.2　柬埔寨的国家语言管理能力

4.3.2.1　柬埔寨的国家语言文字管理机构

柬埔寨是个命运多舛的国家，历经了法国的殖民统治（1863～1940 年，1945～1953 年）、柬埔寨王国（1953～1970 年）、柬埔寨民族团结政府（1970～1975 年）、民族柬埔寨政府（红色高棉时期，1975～1993 年）、柬埔寨王国（1993 年至今）。柬埔寨遭受法国殖民统治近 90 年，其后战乱不断，政权几经更迭，这使得柬埔寨经济发展缓慢，是世界上最不发达的国家之一。教育领域的发展与国家的命运、前途紧密相关。柬埔寨国力薄弱，导致教育投入严重不足，教育发展较为缓慢和落后。

贫困导致了柬埔寨的低识字率。根据联合国开发计划署（United Nations Development Programme，UNDP）2007 年的统计，柬埔寨的识字率在 180 多个国家和地区中排名 132 位，在东盟国家中排倒数第二，排名仅高于老挝。[①]20世纪 90 年代后，特别是 1993 年柬埔寨王国成立后，近 50 个国际组织如联合国教育、科学及文化组织（United Nations Educational, Scientific and Cultural Organization，UNESCO，简称联合国教科文组织）、世界银行（The World Bank）

---

① 毛薇. 2014. 十年育树　百年育人——柬埔寨教育的反思. https://cari.gxu.edu.cn/info/1087/4142.htm [2022-02-07].

等发起"全民教育"（Education for All）计划，为柬埔寨教育发展提供资助，使得柬埔寨的教育得到了较大的发展（杨文明，2016）。21世纪初，柬埔寨实施了《2006~2010年教育政策和战略》，该计划作为国家发展政策和发展重点的一部分，对初级中等教育的入学率和毕业率都提出了要求（杨林，2009）。

柬埔寨没有专门的语言文字管理机构。调研所知，柬埔寨教育、青年和体育部（Ministry of Education, Youth and Sport，MOEYS）是一个全面负责柬埔寨各级教育的部门，对小学、中学和部分大学实施管理，制定相关政策，确保所有儿童接受教育；确保教学质量，使学生学有所得；确保各教育层次的有效教学管理[①]。柬埔寨的高等教育管理较为复杂，除了柬埔寨教育、青年和体育部外，还有健康部，农业、森林与渔业部，劳动力、职业技术教育与培训部，经济与金融部，文化与艺术部，国防部，宗教事务部和内阁办公室等八个部门对高校及科研机构进行管理（王喜娟，2013）。

4.3.2.2　柬埔寨的语言服务与语言技术

在柬埔寨，绝大多数人喜欢使用谷歌翻译，这与其他东盟国家如越南、老挝、缅甸等国情形相似。此外，柬埔寨人也使用本国开发的在线翻译 APP 即 Phum Dictionary。

为了进一步推广柬埔寨语，柬埔寨出版了不少纸质或电子词典，也开发了一些在线电子词典，包括在线柬埔寨语电子词典如《柬埔寨语词典》（Khmer Dictionary），该词典是学习柬埔寨语的常用工具，《图文词典》（Picture Dictionary），以及《英柬双语词典》（English-Khmer Dictionary）。

柬埔寨还出版了一些柬外或外柬词典，成为外语学习者不可或缺的工具书，如汉柬/柬汉词典、柬泰词典、韩英柬词典、柬日词典、柬韩词典等。笔者在首都金边的几个书店拍摄了词典的照片，如图4-4和图4-5所示。

---

① Ministry of Education, Youth and Sport. About Ministry of Education, Youth and Sport. http://www.moeys.gov.kh/index.php/en/about-us.html#.Y1FAcstBzIU [2022-10-20].

图 4-4　汉柬/柬汉词典

（a）柬泰词典　　（b）韩英柬词典　　（c）柬日词典　　（d）柬韩词典

图 4-5　柬外双语词典

　　柬埔寨国内自行开发的翻译软件比较有限，因此柬埔寨人更多地使用谷歌翻译来进行柬埔寨语同其他外语之间的转换。此外，一些中国开发的软件在中国留学生和柬埔寨学生中被使用，如仅支持安卓系统的汉语/高棉语翻译器、Pretati高棉语词典、进行汉柬翻译的"高棉语翻译网"、在线学习 APP 如"学习高棉语-EuroTalk""柬埔寨头条"、能够进行汉柬翻译和用于学习柬埔寨语的"柬语速成"等，这些成为汉柬翻译以及学习柬埔寨语的非常有用的学习资源。

　　中国开发的很多翻译软件都覆盖了柬埔寨语，这些翻译软件为柬埔寨的中国留学生、柬埔寨华人和学习汉语的柬埔寨人提供了极大的便利，如：专注东南亚国家语言与汉语转换的翻译软件"一铭翻译云"，该软件只支持文字翻译；"有道翻译官"能够支持 107 种语言互译，其中包括柬埔寨语，能够进行文字和语音翻译。

　　综上，柬埔寨的语言技术较为落后，所开发的语言服务软件并不多见。

4.3.2.3　柬埔寨的语言政策与规划

　　根据柬埔寨的历史，我们可以把柬埔寨的语言政策发展分为三个主要阶段，即古代柬埔寨的语言政策（公元 1 世纪~1862 年）、近现代柬埔寨的语言政策

（1863～1952 年）以及当代柬埔寨的语言政策（1953 年至今）[①]，我们将着重阐述柬埔寨当代的语言政策。

1. 古代柬埔寨的语言政策（公元 1 世纪～1862 年）

柬埔寨人吸收或选择印度文化元素的过程持续了 1000 多年（Mebbett，1977）。14 世纪后，随着暹罗的不断入侵，以梵语为官方语言的吴哥王朝开始衰落，高棉语开始大量吸收梵语词汇。13 世纪初，南传上座部佛教开始传入柬埔寨，逐渐取代了婆罗门教和大乘佛教的地位。南传上座部佛教所使用的语言是巴利语，佛经用巴利文书写。由此，巴利语伴随佛经和典籍传入柬埔寨，得以迅速发展起来，并逐渐取代梵语成为柬埔寨的官方语言。15 世纪，高棉语由于大量借用巴利语词汇，发展迅速，首次成为柬埔寨的官方辅助语言（卢军等，2012）。16 世纪初安赞王统治时期（1516～1566 年），柬埔寨国力有所增强，高棉语成为官方语言，梵语和巴利语则降为辅助语言。16 世纪末到 19 世纪上半叶，柬埔寨受到越南和暹罗的两面进攻，柬埔寨国势日衰，逐渐被吞并。1813 年柬埔寨成为越南的保护国，到 1835 年越南几乎兼并了整个柬埔寨。

2. 近现代柬埔寨的语言政策（1863～1952 年）

1863 年签订的《法柬条约》使柬埔寨成为法国的保护国，这在客观上避免了柬埔寨被越南和暹罗完全肢解的惨剧，此后柬埔寨沦为法国的殖民地长达近 90 年。法属殖民地期间，法殖民当局强制推行法语教育，把法语作为官方语言，高棉语的使用和发展受到了极大的限制。柬埔寨人被迫学习法语。当时柬埔寨没有用高棉语教学的学校，高棉语备受冷落，只有寺庙的僧侣在保护、传承与发展着高棉语（张敬然，2003）。自吴哥时期起，柬埔寨的识字教育就与宗教传播相关联。法属殖民地时期，佛教寺庙掌管着高棉语的识字教育（钱德勒，2013）。柬埔寨的现代教育出现之前，世俗教育是通过佛教来完成的。寺庙是提供教育的正式场所，入寺的儿童不仅要学习佛教的教义，还要学习高棉文和高棉传统文化。佛教寺院作为民族教育的基地，在国民教育中发挥着主导作用。

1945 年 8 月日本宣布无条件投降，随后西哈努克国王在国内实行了一系列去殖民化的举措，如把国名柬埔寨 Cambodge（法语）改为 Kampuchea（高棉语），

[①] 对柬埔寨民族语言政策的三个阶段的划分是依据卢军等（2012）、李晨阳等（2010）对柬埔寨的历史阶段所做的划分得出的。

使用佛教阴历代替阳历，用高棉语取代法语来识别政府部门等（钱德勒，2013）。1946年，柬埔寨正式成立了文化委员会，旨在发展高棉语，创造现代高棉语词汇。

3. 当代柬埔寨的语言政策（1953年至今）

1953年11月9日柬埔寨结束了法国长期殖民统治，宣布独立。柬埔寨获得独立后，王国政府用高棉语取代法语成为学校教学语言，从而重视民族语言的发展。由于长期殖民统治的影响，法语仍作为政府的工作语言一直延续到红色高棉时期。王国宪法规定了高棉语作为官方语言的地位，但由于词汇不足等，可以暂时使用法语。由此，高棉语恢复了国语的地位，并取代法语成为中小学教学媒介语。高棉文成为全国通用文字，高棉语被确立为柬埔寨的官方语言。1956年，修改后的新宪法再次宣布高棉语为柬埔寨的官方语言。

1953～1970年西哈努克执政时期，柬埔寨的教育事业得到很大发展。柬埔寨王国政府规定，中、小学均以学习高棉语为主。柬埔寨《教育法》规定，高棉语是国家的官方语言，也是普通公立学校的一门基础课。普通私立学校也应将高棉语课程设置为基础课程。具有少数民族背景的高棉语学习者采用的教学语言由教育部确定（王喜娟等，2014）。

波尔布特执政的红色高棉（1975～1979年）时期，柬埔寨的教育部门基本上被取消，正规学校被关闭，教师和知识分子被赶到农村进行劳动改造，高棉语的发展受到了极大限制；所有外语包括法语和英语都被禁用。1979～1989年越南占领柬埔寨的十年期间，越南语和俄语成为学校的外语教学语言，英语和法语教育受到限制（王晋军，2015）。1989年越南从柬埔寨撤军后，柬埔寨进入政治、经济发展的转型期。国际援助的不断增加、1999年加入东盟、全球化的影响等因素使英语在柬埔寨的使用范围不断扩大。

1993年柬埔寨王国政府成立，教育重回正轨，高棉语也重新进入学校并得到了快速发展。大、中、小学陆续恢复教学；分散在世界各地的知识分子先后回国，他们通过兴办电台、电视台和报刊，使高棉语得到迅速发展，逐步走上正轨（张敬然，2003）。推进全民教育是柬埔寨近年来的教育发展规划和战略。柬埔寨王国的《2006～2010年教育政策和战略》强调，要进一步推动王国政府致力于实现"全民教育"，确保所有儿童均可以接受九年制基础教育。除了开展包括少数民族和山区民众的全民教育外，柬埔寨王国政府还推行了非正式教育和扫盲运动，主要目标是偏远山区的民众，尤其是少数民族群体。在少数民族地区，少数民族儿童可以先学习母语，然后再学习高棉语。柬埔寨政府还建立了少数民族学生参加的民族扫盲班，鼓励少数民族学龄儿童到社区学校就读。此外，柬埔寨政府还与国际非政府组织合作，为少数民族语言创建正字法，在少数民族社区建立识字班等。

柬埔寨是世界上最不发达的国家之一，是传统农业国家，工业基础薄弱，因此推广高棉语、普及全民教育和扫盲仍然是柬埔寨的一项重要任务。

1991～1998 年，英语、法语与高棉语一同成为官方语言，但英语的实际需求更为强烈。1999 年柬埔寨加入东盟后，英语作为东盟的官方语言，其地位日益凸显，在柬埔寨英语已彻底取代法语成为第一外语。柬埔寨的语言景观多呈现出高棉语和英语的双语标志。柬埔寨的英语教育从幼儿园开始，而国民教育体系中外语教育始于中学（七年级）。柬埔寨还有针对不同年龄阶段的语言培训机构，其中以英语培训机构最多。

中国是柬埔寨最大的外资投资国和重要贸易伙伴国。在"一带一路"倡议的推进过程中，汉语已成为柬埔寨除英语外最具影响力的外语，"汉语热"在柬埔寨持续升温。柬埔寨规模最大、历史最悠久的柬埔寨金边皇家大学中文专业高考录取时会对考生的汉语能力进行测试。目前，汉语还未纳入柬埔寨的国民教育体系。世界上近 70 个国家和地区已通过颁布法令、政令等形式把汉语教学纳入国民教育体系，俄罗斯于 2019 年首次在国家统一考试中进行汉语科目的考试[①]。因此，有媒体和政界人士呼吁要尽早把汉语纳入柬埔寨的国民教育体系，以提升和促进柬埔寨的国际竞争力。

4.3.3　柬埔寨的国民语言能力

柬埔寨是个历史悠久但又饱受战争磨难的国家，同时也是世界上最不发达国家之一，1993 年柬埔寨王国政府成立后，教育事业得到了不断发展。根据世界银行世界发展指标（World Development Indicators，WDI）数据库[②]和世界数据图

---

① 黄彩玉. 2019. 汉语纳入多国国民教育体系之后. https://m.gmw.cn/baijia/2019-01/12/32339781.html [2021-12-14].

② The World Bank. World Development Indicators. http://datatopics.worldbank.org/world-development-indicators/ [2019-06-05].

谱分析平台数据库①所提供的数据，1998 年柬埔寨 15 岁以上人口的识字率为 67.33%；2008 年提升至 77.59%；1998 年男性 15 岁以上人口的识字率只有 79.48%，2008 年则上升至 85.08%；1998 年女性 15 岁以上人口的识字率仅为 56.99%，2008 年已达到 70.86%；1998 年 15～24 岁人口的识字率仅为 76.30%，2008 年则达到 87.47%。2015 年成人识字率为 80.53%，青年识字率已经达到了 91.54%。相比较而言，青年识字率上升较快，但成人识字率仍远低于大部分国家，原因有以下几点。

首先，柬埔寨国力薄弱，教育投入不足，2013 年柬埔寨在教育方面的投入占 GDP 的 2%，2014 年仅为 1.91%，2019 年为 2.2%，仍处于世界较低水平。其次，教育资源分配不公，教育腐败较为突出，这些都导致了柬埔寨教育落后、发展缓慢。柬埔寨没有普及基础教育，学生的毕业率很低，而且性别差距很大。基于这些问题，柬埔寨政府近年来加大教育改革力度，实施了较多改革措施，如加强师资队伍建设、完善教育法制法规体系、适当加大对教育领域的资金投入等②。

柬埔寨国内设立了多种外语考试，如包括皮尔森考试（Pearson Test of English，PTE）、托福考试、剑桥高级英语（Cambridge Advanced English，CAE）考试和雅思考试等在内的英语考试，以及 HSK 考试、法语考试等。

雅思考试官网每年都会公布排名前 40 的国家和地区的雅思考试平均成绩（包括单项成绩和总成绩），同时根据考生性别和母语的地域分布统计考试成绩。由于考试人数不多，或者其他原因，雅思官方并没有收录并公布柬埔寨考生的雅思考试成绩，所以这里缺乏相应的研判理据。不过，托福考试官方网站上提供的 2017 年和 2018 年柬埔寨考生的托福考试成绩，就为我们更好地了解柬埔寨的英语能力提供了一定的参考。

从表 3-7 和表 3-8 的分析得知，柬埔寨在中国和东盟国家的托福考试平均成绩排名中排第 9 位，除了文莱没有数据外，柬埔寨仅仅高于老挝。表 4-17 显示出柬埔寨考生的阅读和听力两项成绩较低，2017 年和 2018 年的成绩分别为 16 分、17 分以及 16 分、18 分。

---

① 世界数据图谱分析平台. 柬埔寨. https://cn.knoema.com/atlas/柬埔寨 [2021-12-19].

② 毛薇. 2014. 十年育树 百年育人——柬埔寨教育的反思. https://cari.gxu.edu.cn/info/1087/4142.htm/ [2021-12-14].

表 4-17　2017 年和 2018 年中国和柬埔寨的托福考试平均成绩对比（单位：分）

年份	国别	阅读	听力	口语	写作	总分
2017	中国	21	19	19	20	79
	柬埔寨	16	17	19	19	72
2018	中国	21	19	19	20	80↑
	柬埔寨	16	18	19	19	72

从表 4-17 可以看出，柬埔寨 2017 年和 2018 年考生的托福考试平均成绩维持不变，各单项成绩也没有明显变化。四项测试题型中，柬埔寨考生的口语和写作成绩高于阅读和听力，都达到了 19 分；阅读是柬埔寨考生的突出弱项，分值最低。相比较，中国这两年的托福考试平均成绩都明显高于柬埔寨，但是口语成绩与柬埔寨的相同，写作项仅高出柬埔寨 1 分。

根据英孚教育提供的标准英语熟练度年度报告，2018 年柬埔寨在 88 个国家和地区中排名 85 位，得分为 42.86[①]；2021 年柬埔寨在 112 个国家和地区中位列 97，得分为 423；柬埔寨一直属于极低英语熟练度水平[②]。

柬埔寨雅思官方考试中心成立于 1992 年。根据雅思考试柬埔寨官网所提供的资料，柬埔寨有 16 所大学接受雅思考试成绩，其国内大学录取的雅思平均成绩为 6.2 分[③]。柬埔寨有 3 个城市设立了雅思考试考点：金边市（Phnom Penh）、暹粒市（Siem Reap）、马德望市（Battambang）。雅思考试是柬埔寨非常受欢迎的英语国际化考试，参考人数远远高于托福考试人数。澳大利亚大学国际发展计划（International Development Program，IDP）教育集团是由澳大利亚政府建立的教育机构，是雅思考试的三大主办方之一。该教育集团每两周在金边进行一次测试，一年大约 28 次，通常是在星期六举行，可以为 15 人或更多人的受试小组设置额外的考试日期，每三个月在暹粒进行一次测试。柬埔寨人还会参加由澳大利亚教育中心（Australian Centre for Education，ACE）组织的通用英语课程

---

① 英孚教育. 2018. 英孚英语熟练度指标. https://liuxue.ef.com.cn/assetscdn/WIBIwq6RdJvcD9bc8 RMd/cefcom-epi-site/reports/2018/ef-epi-2018-chinese-simplified.pdf [2021-12-22].

② 英孚教育. 2021. EF 英语熟练度指标：112 个国家和地区的英语水平排名. https://liuxue.ef.com.cn/assetscdn/WIBIwq6RdJvcD9bc8 RMd/cefcom-epi-site/reports/2021/ef-epi-2021-chinese-simplified.pdf [2021-12-20].

③ 柬埔寨雅思官方测试中心. https://ieltscambodia.com/ [2019-05-20].

（General English Program，GEP）及其 1～12 级的毕业证书考试。通用英语课程的对象是希望达到中高级英语水平的学生，完成 1～12 级一共需要 4 年的时间。这个课程在柬埔寨很普遍，专为培养在英语环境中就业所需的最低英语能力，主要内容是听力、口语、阅读和写作等基本英语语言技能培训。每学期结束，学生将接受测试并获得四项技能方面的成绩单。1～10 级的学生还要进行语法评估，完成全部 12 级相关学习后即可获得 GEP 12 级证书。学生毕业前，必须参加课程包含的雅思学术类考试，要求雅思整体成绩达到 5.0 分，其中听力、口语、阅读和写作各项不能低于 4.0 分。通用英语课程的毕业生在柬埔寨较受欢迎，他们毕业后能满足英语环境下的最低语言要求。进入 21 世纪，英语在柬埔寨已彻底取代法语成为第一外语，法语国际化考试和参加考试的人数也在大幅缩减。

随着近年来"汉语热"在柬埔寨的持续升温，HSK 考试也成为非常热门的外语考试。柬埔寨的一些大学的中文专业录取学生时要求考生参加汉语入学考试。

4.4 老挝的国家语言能力

老挝人民民主共和国（The Lao people's Democratic Republic），简称老挝，是中南半岛上的唯一一个内陆国家。它地处中南半岛的北部，北与我国的云南省接壤，东与越南为邻，西北面和西南面分别与缅甸和泰国交界，南面与柬埔寨相接。国土面积为 23.68 万平方公里，人口为 733.8 万（2021 年）。老挝共有 50 个民族，老族是老挝的主体民族；老挝的民族分属老泰语族系、孟-高棉语族系、苗-瑶语族系、汉-藏语族系，统称为老挝民族[①]。

历史上老挝长期遭受外族入侵和殖民侵略，1893 年沦为法国保护国，进入近代时期。1940 年法国和日本签订协定，老挝被置于日本的控制之下。1945 年日本投降后，法国于 1946 年 3 月再次入侵老挝，老挝重新落入法国的统治。法国对老挝实行殖民统治前后长达 61 年。1954 年 5 月在日内瓦会议上法国不得不承认老挝为独立主权国家，老挝由此进入现代史时期。法国撤出老挝后，美国不断地干

---

① 中华人民共和国外交部. 2022. 老挝国家概况. https://www.fmprc.gov.cn/web/gjhdq_676201/gj_676203/yz_676205/1206_676644/1206x0_676646/ [2022-08-07].

涉老挝内政，导致老挝组成联合政府困难重重，内战不断。1975 年老挝人民民主共和国成立，老挝社会发展进入了一个新的历史时期。1997 年 7 月老挝加入东盟后，老挝的经济、对外交往、文化交流得到了较大的发展。

4.4.1　老挝的国家语言资源

4.4.1.1　老挝的民族语言资源

老挝语（Lao language）又称寮语，是老挝的官方语言，属汉藏语系壮侗语族壮傣语支。除老挝大部分人口使用老挝语外，泰国、越南和柬埔寨的泰族，缅甸的掸族和中国的傣族、壮族也通晓老挝语。老挝语是一种孤立型语言。老挝语文字起源于公元 1 世纪中叶古印度语言的婆罗米字母和梵文的天城体字母，后来又受到孟-高棉文字的影响，与泰语文字大同小异。老挝语文字的形成和发展与佛教传播有着密切的联系；经过不断的改革，老挝文逐步演变成现代老挝文（刘上扶，2009）。

老挝语有 28 个元音（其中 18 个单元音，6 个复合元音，4 个特殊韵母），32 个辅音（辅音分为高、中、低 3 组，其中高辅音 12 个，中辅音 8 个，低辅音 12 个）和 8 个声调（黄慕霞，2010）。老挝语词汇包括本族词语和外来借词两部分，外来借词主要来自梵语和巴利语。公元 7 世纪开始，婆罗门教通过梵语在老挝传播后，成为老挝的国教。14 世纪，随着南传上座部佛教的传播，巴利文在老挝寺院中使用，巴利文是老挝佛教徒诵经所使用的语言。当时的老挝同时使用两种文字，一种是来源于梵文的老挝文，在民间和官方使用；另一种是来源于巴利文的经书文字，在寺院中作为宗教语言使用。因此，当代老挝语有两种不同形体的拼音文字：一种称为"多坦"即"经文"，较为古老，其形体和拼写均似旧傣仂文，现在仅见于寺庙的贝叶经，或用于佛学院；另一种称为"多老"即"老文"，其形体和拼写更近似当代泰文（黄勇等，2013）。两者都来源于孟-高棉文的改革体，是当今老挝官方通用文字。

4.4.1.2　老挝的外语资源

我们在昆明某高校的老挝籍教师西维莱（Sivilay）的帮助下，收集了有关老挝外语教育资源以及国家语言能力方面的一些相关资料，并对他进行了访谈，从而获得了一手资料，在一定程度上解决了老挝相关资料匮乏的问题。老挝部分高校的外语语种开设情况如表 4-18 所示。

表 4-18　老挝部分高校的外语语种开设情况

序号	所在省或城市	高校名称	院/系名称	语种数量/种	语种	备注
1	万象	老挝国立大学（National University of Laos）	文学院、教育学院、经济管理学院	7	英语、汉语、俄语、越南语、韩语、法语、日语	
2	琅勃拉邦省	苏帕努冯大学（Souphanouvong University）	语言学学院、经济管理学院、教育学院	5	英语、汉语、韩语、日语、越南语	
3	占巴色省	占巴色大学（Champasak University）	语言学学院、经济管理学院、教育学院	3	英语、日语、越南语	
3	沙湾拿吉省	沙湾拿吉大学 Savannakhet University	语言学学院、经济管理学院、教育学院	3	英语、日语、越南语	
3	占巴色省	巴色师范学院（Pakse Teacher Training College）		3	英语、柬埔寨语、越南语	
4	沙湾拿吉省	沙湾拿吉师范学院（Savannakhet Teacher Training College）		2	越南语、英语	
4	沙拉湾省	沙拉湾师范学院（Salavan Teacher Training College）		2	越南语、英语	
4	万象	东康桑师范学院（Dongkhamxang Teacher Training College）		2	越南语、英语	
4	万象	班哥师范学院（Ban Keun Teacher Training College）		2	越南语、英语	
4	川圹省	康凯师范学院（Khangkhay Teacher Training College）		2	越南语、英语	
4	琅南塔省	琅南塔师范学院（Louang Namtha Teacher Training College）		2	汉语、英语	
5	琅勃拉邦省	琅勃拉邦师范学院（Luang Prabang Teacher Training College）		1	英语	

老挝共有 4 所大学即老挝国立大学、苏帕努冯大学、占巴色大学和沙湾拿吉大学。老挝国立大学为老挝最有名的大学，是 1995 年与其他 10 所学院合并后成立的，其前身为东都师范学院。除了这 4 所大学外，还有一些教师培训学院和私立高等学院。从表 4-18 中可以看出，老挝国立大学是老挝所有高校中开设外语语种最多的高校，共有 7 个语种专业，分别是英语、汉语、俄语、越南语、韩语、法语和日语，这些专业只有本科教育。位列第二的是开设 5 个外语专业的苏帕努冯大学，所开设的外语分别为英语、汉语、韩语、日语、越南语，由语言学学院、经济管理学院、教育学院开设。同样，该校的外语专业只有本科教育。并列第三位的是能开设 3 个外语专业的占巴色大学、沙湾拿吉大学和巴色师范学院。并列第四的有 6 所开设 2 种外语的师范学院即沙湾拿吉师范学院、沙拉湾师范学院、东康桑师范学院、班哥师范学院、康凯师范学院和琅南塔师范学院，这些师范学院都开设了英语、越南语或汉语。琅勃拉邦师范学院只开设了英语作为唯一的外语专业。

如表 4-18 所示，英语是所有高校都开设的外语语种。越南语是高居第二的外语语种，12 所院校中有 10 所开设，占比为 83.3%；有 4 所（33.3%）高校开设了日语专业；3 所（25%）院校开设了汉语专业。我们就老挝高校外语的开设情况采访了西维莱先生。他认为老挝高校开设外语的主要原因有三点：旅游服务业的发展需求；国际援助对英语的需求；与国外合作建设经济走廊的需求。有两种外语在老挝最受欢迎，首先是英语，其次是汉语。英语是世界通用语言，同时也是东盟国家间交流的语言。1986 年老挝实行革新开放以来，老挝人对汉语的热情越来越高。随着老挝的革新开放，中老关系越来越好，中老不仅是好邻居、好同志，也是全方位合作的发展战略伙伴。越来越多的中国公司和企业到老挝投资；中国的投资规模不断扩大，投资领域也越来越宽。老挝学生看到了汉语所带来的就业机会，学习汉语的人数不断增加，不少老挝学生选择到中国留学。

老挝的高等教育起步较迟。1975 年老挝人民民主共和国成立后，高等教育发展的步伐加快，但仍比较落后。到 2002 年，每 10 万老挝人中只有 330 名大学在校生（杨林，2009）。1958 年在万象创办的皇家法律和管理学院是老挝最早的高等学校，也是老挝高等教育的开端（杨林，2009；张建新，2010）。1975 年后，老挝的各个部委先后创办了各自的高等教育机构。1986 年革新开放政策实施以后，老挝进入了一个新的发展阶段，高等教育事业得到了较快发展。为了培养更多适应经济社会发展的高层次人才，老挝政府向国外派遣留学生，以此作为培养高级知识人才的主要途径（杨林，2009）。

随着老挝经济的不断发展以及全球化的推动，老挝政府除了向内加大外语人才培养，还向外派出留学人员进行深造，以适应老挝社会经济不断增长以及外商在老挝投资增大的需求。

4.4.2 老挝的国家语言管理能力

4.4.2.1 老挝的国家语言文字管理机构

根据我们所查找的资料和所做的访谈得知，老挝国内并未有专门的语言文字管理机构。老挝教育和体育部（Ministry of Education and Sports，MOES）负责对老挝的教育和体育事业进行总体管理，对国家的语言文字的管理是通过该部门对教育体制的管理和规范来实现的。

老挝教育和体育部下设学前及小学教育部、中学部、教师培训中心、技术与职业教育部、高等教育部、非正规教育部、教育科学研究院、教育管理发展研究院、教育标准及质量保证中心、私立教育咨询委员会等机构，对大学、学院、中小学、研究中心、老挝国家教材出版机构、老挝国家教育印刷企业进行管理和监控。

根据老挝教育和体育部网站所提供的信息，2006～2010年，教育成为老挝人力资源发展的重点，而教育体制改革急需提升教育的质量和标准。通过教育体制改革使老挝人成为有知识、有创造力、热心国家和自我发展的好公民，民众的健康意识和大局观将有助于他们获得更好的就业机会，满足国家社会发展和全球化的需要。

老挝国家教育改革分为两个阶段：2006～2010年的总体教育改革（公立和私立教育）为第一个阶段；2011～2015年的技术与职业教育和高等教育改革为第二个阶段；到2020年老挝的义务教育覆盖小学和初中教育，儿童能够顺利进入小学接受启蒙教育（李枭鹰和苏婷婷，2013）。老挝政府欲通过教育来提升民众的教育程度和语言能力，从而更好地服务于国家和社会的发展。

4.4.2.2 老挝的语言服务与语言技术

根据联合国开发计划署所提出的标准，老挝是世界上最贫困、最不发达的国家之一。经济上的落后伴随着教育、技术等方面的滞后，导致老挝在语言服务和语言技术上可书写的内容并不多。

据我们的调研，老挝人特别是学习汉语的老挝人，一般使用北京师范大学音像出版社出版的《老汉-汉老经贸词典》，以及军事谊文出版社出版的《老汉汉老军事词典》。由于老挝语和泰语的相似度较高，两种语言同属汉藏语系壮侗语族壮傣语支，老挝人也喜欢用泰语作为辅助语言进行语言翻译。老挝在华留学生也使用泰汉/汉泰词典，或老英/英老词典进行语言学习和翻译。

根据西维莱先生提供的信息，老挝本国开发的翻译软件仅有老英翻译软件。谷歌翻译在老挝非常受欢迎，中国开发的一些翻译软件如专攻东南亚小语种的在线翻译工具"一铭翻译云"也受热捧。

老挝文是采用 Unicode 和 Lao Script for Windows 系统来处理的。此外，网站和官方通用的字体为 Dockchampa ot 和 Phetsarath Ot 字体。

4.4.2.3　老挝的语言政策与规划

澜沧王国 1353 年由法昂王建立，之后不断分裂成三个王国即万象王国、琅勃拉邦王国和占巴塞王国，18 世纪 70 年代末沦为暹罗的附属国[①]。在大约三个半世纪（1353～1707 年）的时间里，老挝人因尊崇和信奉南传上座部佛教，大量的梵语和巴利语词汇融入老挝语中。在暹罗的多次入侵和统治下，老挝成为暹罗的附属国，老挝人被迫学习泰语，泰语词汇逐渐融入老挝语。1893 年，老挝沦为法国的殖民地，从此进入近代时期。近现代时期，老挝的语言政策分为三个主要时期：法属殖民地时期（1893～1954 年）、美国侵略干涉时期（1954～1975 年）以及老挝人民民主共和国成立以后（1975 年至今）。

1893 年后，法国殖民者强迫老挝人学习法语，并把法语作为官方语言，所有公文一律使用法语；在中小学开设法语课程，老挝语只作为选修课。法国人通过推行法语来加强殖民统治，强化法国的意识形态。为了培养老挝学生的亲法思想，法国殖民当局规定，所有学校各科课程必须使用法语授课，学生的课本也基本上照搬法国。另外，法国殖民当局还规定法语是唯一合法的文字，几乎看不到用老

---

① 中华人民共和国外交部. 2022. 老挝国家概况. https://www.fmprc.gov.cn/web/gjhdq_676201/gj_676203/yz_676205/1206_676644/1206x0_676646/ [2022-08-20].

挝文出版的书籍和报纸。传教士夸兹（Cuaz）1904 年在灰丝（Huisi）的《法暹词典》的基础上出版了《老-法词典》，并把该词典看作是对此前出版的《法暹词典》的补充（王晋军，2015）。

20 世纪 30 年代，人们开始讨论老挝语的标准化问题。1931 年，法国人在金边设立了佛学院，同时在万象开设了一个分院。该佛学院的目的是使老挝语和高棉语摆脱泰国佛教的影响。该佛学院在万象资助出版了第一部老挝语法书，其作者为出生在泰国的僧人马哈西拉（Mahathira）。多数老挝人不愿意接受这种有复杂拼字法和语法体系的老挝语。法国殖民者反对使用由马哈西拉创立的正字系统和语法，1938 年成立了一个委员会来负责官方老挝语的书写和文字系统。1939 年，该委员会决定采用一个简化正字系统，该系统根据词的读音而不是根据巴利文和梵文单词的拼写而创制。法国殖民当局最终确定采用以发音为基础的拼字法，规定老挝语为老挝国家语言，法语为当局官方语言（郑淑花，2004）。

马哈西拉的正字系统在老挝的中部和南部用于书写佛经，而琅勃拉邦省的佛教寺院仍然沿用泰北、云南南部和掸邦景栋等地讲泰语的佛教徒使用的正字系统（黄素芳，2003）。这两种不同的文字系统一直在老挝使用，并延续至今。

简化老挝语作为国语或民族语言一直与其他文字系统进行着竞争。直到 1954 年老挝独立，老挝语才成为官方语言。第二次世界大战结束后，法国人为了实施同化政策、培养服务殖民统治的人才，开始在老挝人中教授法语，培养翻译人才。法国殖民政府宣布法语为老挝的官方语言，老挝语为非官方语言；允许一至三年级的小学生学习老挝语，而四年级以上学生必须学习法语（温科秋，2010）。唯一的一所中学即万象的巴维学校使用法语编写的课程体系，但只招收很少的老挝学生。直到 1947 年，该校才提供了完整的中学教育，不过只有极少数的老挝精英能够完成中学教育并进入大学深造，他们要到越南的河内才能接受高等教育（Keyes，2003）。

1941 年后，法国殖民当局为了避免老挝人的泰国化，开始重视老挝语的规范。20 世纪 40 年代初，法国殖民当局发起老挝语标准化运动，要求学校讲授老挝历史，1939 年，标准化的老挝语成为教学语言。1947 年 5 月 11 日颁发的《老挝王国宪法》第 6 条规定：老挝语为国语，法语确立为官方语言。1948 年 8 月，根据王室第 67 号法令，"老挝语文字委员会"成立，该委员会补充了老挝语辅音字母，加进巴利文的一个卷舌音。1945 年 8 月老挝人民举行武装起义，10 月 12 日宣布独立。此后，老挝皇室颁布了一项法令，从而为老挝民族语言的书写奠定了基础。皇室法令第 10 条规定，标准老挝语的拼写应该根据词汇的读音而不是像泰语一样显示出它的词源，尤其是要摒弃来源于巴利文和梵文的词（郑淑花，2004）。1954年 7 月，法国在奠边府战役中失败，被迫签署《日内瓦协议》，并承认老挝独立，从此老挝摆脱法国的殖民统治获得独立，进入现代史时期。之后，老挝的工作语言和教学语言仍是法语。《日内瓦协议》签署后，美国乘机扶持亲美势力，入侵干涉老挝，开始取代法国，从军事、政治和经济等方面控制老挝。美国通过选送老挝人到美国和其他英语国家学习英语，使英语教育在老挝逐渐推广（王晋军，2015）。1954～1975 年，由泰国和美国支持的老挝皇室试图控制老挝全国；老挝皇室与由越南和苏联支持的老挝爱国战线巴特寮展开了权力之争，导致老挝两种语言政策同时存在的局面。老挝王国政府的万象政权所控制的地区延续了 1948年老挝语文字委员会的语言政策，而老挝爱国战线控制的地区施行了文字改革，即在原来文字的基础上删繁就简，重新规范，简化了文字，使拼写和语言趋向一致。1967 年，老挝爱国战线的冯维希（Vongvichit）编撰的《老挝语语法》问世，对老挝的语言和文字作了详尽的阐明和总结，为统一老挝语言文字做出了重大贡献。

1975 年 12 月，老挝人民民主共和国成立。随后老挝第一届全国人民代表大会做出决议，将老龙族语言和改革后的老龙族文字规定为老挝人民民主共和国的普通话（官方标准老挝语）和官方文字，老挝语作为民族语言和官方语言在全国推广。这是老挝首次独立制定语言政策，老挝从此进入了一个新的发展时期，为老挝语的发展创造了新的条件。从国家层面提升了老挝语的重要性，从而促使老挝人使用官方老挝语，提升了民族和国家意识（王晋军，2015）。

老挝人民民主共和国成立以来，老挝政府在语言政策上的总方向保持一致，即在全国推广官方语言——老挝语。1991 年，老挝宪法第一章第八条规定：老挝政府的各项政策是为了各民族的团结和平等。各民族有权保护自己的祖国，推广自己的传统文化，禁止各种分裂国家、民族之间相互轻视的活动，包括轻视各民族的传统文化和语言。第九章第七十五条规定：老挝语和老挝文为老挝人民民主共和国官方的语言和文字。2000 年，老挝政府规定在所有学校和教育机构使用官方语言老挝语及老挝文。在《老挝人民民主共和国教育改革战略规划（2006—2015年）》中，老挝政府针对普通教育的改革特别提出，提高各族人民的受教育条件和老挝语水平（李枭鹰和苏婷婷，2013）。2007 年 7 月通过的《老挝人民民主共和国教育法（修订本）》中的第三十三条"教育中使用的语言"指出，老挝语和老挝文是中小学、高校和教育机构使用的官方语言；鼓励全面实施外语教学（李枭鹰和苏婷婷，2013）。

在推行标准老挝语的过程中，外语的地位和功能也随着老挝内政、外交的变化而变化。法国殖民时期曾是老挝官方语言的法语随着老挝人民民主共和国的成立其功能在逐渐减弱；随着 1954 年美国的入侵，英语成为老挝对外的主要交际用语；20 世纪 70 年代，老挝与苏联和越南交好，俄语和越南语曾一度受到高重视，但随着与苏、越关系的冷淡，20 世纪 80 年代以后俄语和越南语逐渐受冷落。由于地缘、史缘、亲缘以及老挝语与泰语相近等方面的关系，泰语对老挝人的影响最大。

为了更好地应对全球化，老挝政府已开始在小学阶段推行英语教育，英语作为老挝第一外语的地位在各种文件中也一再得到确定。《老挝人民民主共和国第五次教育改革大会报告》中指出，小学阶段的外语教学以教授英语为主。2010～2011 学年 12 个省的 345 所小学开始在三年级进行英语教学。目前老挝各省的小学都已开设了英语课程（李枭鹰和苏婷婷，2013）。

老挝的华语学校和华文教育总体发展平稳，但存在不少困难和问题，如师资、教材、办学经费等问题。随着中国在国际社会的影响力不断加大，加之"一带一路"倡议的稳步推进，中国对老挝的投资不断增大。根据中国商务部提供的数据，2017 年 1～3 月，中国对老挝投资金额达到 33 495 万美元，同比增长 365.3%，老挝已成为中国在全球第八大投资目的国[①]。中资企业在老挝的外资企业中所占比重很大，老挝对中文人才需求增加，这无疑助推了老挝人对汉语学习的热情，汉语越来越受老挝人的欢迎。

4.4.3 老挝的国民语言能力

老挝的国民经济较为落后，是世界上最不发达的国家之一，公共教育支出占比较低，2010 年为 1.71%，2014 年上升至 2.94%。根据世界数据图谱分析平台所

---

① 中华人民共和国商务部. 2017. 中国对老挝投资大幅增长. http://fec.mofcom.gov.cn/article/ywzn/xgzx/guonei/201705/20170502574647.shtml [2018-03-07].

提供的数据①，1995～2015 年的 20 年间，老挝成人识字率在不断提升，从 1995 年的 60.25%提升至 2015 年的 84.7%；15～24 岁的青年识字率从 1995 年的 71.13% 提升为 2015 年的 90.23%。老挝的识字率已经达到了中等水平。老挝青年识字率 的大幅提升与佛寺教育密不可分。老挝是个信奉佛教的国家，佛教植根于老百姓 的生活之中，对民众的教育也产生了重大影响。在老挝的农村，小学教育一般是 在佛寺中由僧侣来传授完成的。因此，佛寺在很大程度上实现了学校的教育功能。 老挝的佛寺教育分为一般教育（小学）和巴利文教育。一般教育主要是教授老挝 语文，进行识字教育及算数、历史等知识的传授。巴利文教育主要传授巴利文经 书、戒律、教义等。免费的佛寺教育已经纳入老挝的教育体制。老挝的佛寺教育 在老挝人的生活中扮演着重要角色，它对民众识字水平的提升以及基础教育都起 到较为重要的作用。但是，老挝的教育事业还任重道远，老挝初中普及率才 50% 左右，高中还不到 30%（杨林，2009），2017 年，老挝小学入学率为 98.7%，但 入学儿童中只有 81.9%能完成小学教育②。

　　1975 年 12 月老挝人民民主共和国成立后，老挝第一届全国人民代表大会作 出决议，规定老龙族语言为官方标准语和教学语言，这一规定一直沿用至今。在 这一语言政策的倡导下，老挝其他民族除使用自己的母语外，还要学习和使用老 挝语。老挝语是老挝各民族通用的语言，广泛用于政府、学校、广播、电视等正 式语域，报纸、标志语等都用老挝文书写。老挝各民族在与其他民族交流和接触 过程中，学会了除母语、老挝语之外的其他语言。根据老挝各族人民的语言使用 情况，老挝语和其他民族语言之间形成了双语、多语和语言转用三种关系，不少 老挝人变成了双语、三语或多语人。

　　老挝中央电视台、广播电台除了用老挝语播出之外，还用苗语和克木语进行 新闻播送。在不同的省份，广播电台还根据民族分布状况来增加民族语的播出， 如老挝的琅南塔省广播电台使用老挝语、克木语、苗语、阿卡语等多种语言播送。 由于老挝语与泰语同属汉藏语系壮侗语族壮傣语支，老挝人的泰语能力较强，特 别是在听、说、读方面能力突出。

---

① 世界数据图谱分析平台. 老挝民主共和国. https://cn.knoema.com/atlas/老挝民主共和国 [2021-12-19].

② UNICEF in Lao PDR. Education: Every child has the right to go to school and learn. https://www. unicef.org/laos/education/ [2021-12-15].

老挝于 1997 年 7 月加入东盟后，国际援助以及外商投资增多，政府和民众对英语的需求都在不断增加。老挝政府在中学和大学阶段大力开展英语教学。但是，老挝学生总体的英语水平不高，特别是基础性词汇部分的掌握不尽如人意（Bouangeune et al.，2008）。2002 年，老挝初中生和高中生的净入学率仅为 51.9% 和 30.0%；学生的入学率总体偏低，而且许多老挝学生的英语基础词汇匮乏，词汇部分得分很低（Bouangeune et al.，2008）。

雅思官方所提供的主要国家雅思成绩分析报告中并没有老挝的相关记录，因此该部分的比较仅包括托福成绩的比较。老挝万象学院（Vientiane College）是雅思考试在老挝的唯一考点，此外，老挝并没有设立自己的外语水平等级考试。通过托福官方网站提供的 2017 年和 2018 年老挝考生的考试平均成绩，可以对老挝人的英语水平和能力进行一定的研判。表 4-19 是中国和老挝托福考试平均成绩的比较。

表 4-19　2017 和 2018 年中国和老挝托福考试平均成绩对比（单位：分）

年份	国别	阅读	听力	口语	写作	总分
2017	中国	21	19	19	20	79
	老挝	11	14	18	16	59
2018	中国	21	19	19	20	80
	老挝	13	16	18	17	64

根据表 3-7、表 3-8 所提供的数据，老挝在 2017 年和 2018 年的托福考试中，平均成绩排在中国和东盟国家排名榜的最末位（文莱无统计数据），两年的总分分别为 59 和 64。根据表 4-19，老挝两年的成绩呈现明显上升趋势，2018 年比 2017 分总分高出 5 分，而且老挝考生在阅读、听力、写作三项上都有显著提升。然而，该成绩与美国前 100 所大学的托福成绩要求即最低分 79 分还相距较远。相比较，中国考生的托福考试平均成绩已经达到美国前 100 所大学的成绩要求，但是与新加坡、马来西亚、菲律宾、印度尼西亚等排名靠前的国家的英语整体水平还存在较大差距。

老挝设有 HSK 考试的考点。HSK 考试的考点包括由苏州大学负责管理的老挝孔子学院考点以及老挝国立大学考点。这两个考点每月都举行 HSK 考试。此外，老挝琅南塔省教育厅也设有 HSK 考试的考点，每年 7 月苏州大学派人来琅南塔省主持 HSK 考试，由中方指导考试，琅南塔省则负责相关费用。

4.5　缅甸的国家语言能力

缅甸联邦共和国(The Republic of the Union of Myanmar)位于亚洲东南部、中南半岛西部，东北和北部与中国毗邻，西部与印度、孟加拉国相接，东南与老挝、泰国交界，西南濒临孟加拉湾；国土面积约为 67.6578 万平方公里，是中南半岛上面积最大、东南亚面积第二大的国家。缅甸人口有 5458 万（2020 年），全国共有 135 个民族，65%的人口为缅族。各少数民族都有自己的语言，其中克钦族、克伦族、掸族和孟族等民族有文字[①]。

缅甸是中南半岛上一个历史悠久的国家。1044 年，蒲甘封建王朝建立并在约 200 年后统一了缅甸。16 世纪到 19 世纪初期，缅甸先后建立了东吁和贡榜封建王朝。1885 年，英国入侵缅甸，开始其近 60 年的殖民统治。第二次世界大战期间，缅甸被日本占领。1948 年 1 月 4 日，缅甸脱离英联邦宣布独立，实行多党民主议会制。1962 年，缅甸国防军总参谋长奈温（Ne Win）将军发动政变，成立革命委员会；1974 年 1 月，新宪法颁布，奈温任"社会主义纲领党"主席，国名定为"缅甸联邦社会主义共和国"；1988 年 9 月军队接管政权，改国名为"缅甸联邦"。1997 年 7 月，缅甸加入东盟。2010 年 11 月 7 日，缅甸举行全国大选；2011 年 1 月 31 日，缅甸联邦议会召开首次会议，改国名为"缅甸联邦共和国"。

4.5.1　缅甸的国家语言资源

4.5.1.1　缅甸的民族语言资源

缅甸是个多民族国家。基于历史原因，缅甸从未进行过系统、全面的民族调查。英国殖民统治时期不具备全面普查的条件，民族独立后的半个多世纪缅甸内战不断；20 世纪 50 年代初到 20 世纪 70 年代末，大部分少数民族地区处于割据、

---

① 中华人民共和国外交部. 2020. 缅甸国家概况. https://www.fmprc.gov.cn/web/gjhdq_676201/gj_676203/yz_676205/1206_676788/1206x0_676790/ [2021-12-18].

半割据的状态，这些客观原因致使无法进行全面、系统、科学的民族调查（贺圣达和李晨阳，2007）。直到 1983 年，缅甸政府正式宣布，缅甸境内有 135 个民族，主要有 8 个族群，每个族群又有多个民族，即缅族族群（9 个民族）、克伦族族群（11 个民族）、掸族族群（33 个民族）、若开族族群（7 个民族）、孟族族群（1 个民族）、克钦族族群（12 个民族）、钦族族群（53 个民族）和克耶族族群（9 个民族）（贺圣达和李晨阳，2007）。

缅语是缅甸的国语和通用语，属汉藏语系藏缅语族缅语支，是一种表音文字，属于音素-音节文字类型，即字母独自成一个音节，又称为音素-音节文字（贺圣达和李晨阳，2005）。标准缅语为仰光话，缅语有正式体和口语体两种形式，正式体主要用于文学作品、官方出版物、广播电台和正式演讲中，而口语体主要用于日常生活中。

缅语有着 2000 多年的悠久历史，经历了上古、中古、近古、近代、现代等五个发展时期（钟智翔，2004）。1044 年，缅人建立了有文字可考的蒲甘王朝，缅人用缅语、孟语、巴利语交流，缅文也开始出现。1058 年的雷谢德碑是镌刻着缅文的最早碑铭。缅文字母发展自孟文字母，而后者则由印度南部地区流行的巴利文字直接演变而来（刘上扶，2009）。缅语在发展过程中吸收了外族词汇，其中巴利语、英语和孟语对缅语的影响较大。缅语中不少与宗教、政府、艺术有关的词汇来自巴利语，与宗教有关的部分词汇来自梵语，与经济、自然科学和现代教育有关的词汇来自英语，与动植物、食物、建筑、音乐等方面有关的许多词语则来自孟语。

缅甸 135 个民族都有自己的语言，掸族、克伦族、克耶族、若开族、钦族、孟族和克钦族都有自己的语言和文字，其他少数民族有语言，但没有文字（贺圣达和李晨阳，2005）。掸语是掸族的语言，属壮侗语族，与我国的傣语相似，其文字由古印度婆罗米文字演化而来。克伦语作为克伦族的语言，其文字是由西方传教士在缅文字母的基础上创制而成的。克耶族的语言——克耶语属藏缅语族，正式文字书写时采用缅文字母。若开语作为若开族的语言，是一种缅语方言，其语言和文字与缅语基本相同，但更多地保留了古缅语的一些特点。钦语作为钦族的语言，使用较为复杂，方言较多。孟语是孟族的语言，属孟-高棉语族，其文字也是由古印度婆罗米文字演化而来。克钦语属藏缅语族景颇语支，是克钦族的语言，其语法与缅语的语法相同，其文字也是由西方传教士在缅文字母的基础上创制而成的（贺圣达和李晨阳，2005）。

4.5.1.2　缅甸的外语资源

2005 年，缅甸大学已达 156 所，仰光和曼德勒省的大学都分别超过了 30 所（杨林，2009），同时两地也集中了缅甸知名的大学，如仰光大学、仰光外国语大学、曼德勒外国语大学等。在外语人才的培养上，仰光外国语大学和曼德勒外国语大学是缅甸首屈一指的大学。我们基于大学排名网（Ranking Web of Universities），对几所排名靠前的大学的外语开设情况进行了调研，具体信息见表 4-20。

表 4-20　缅甸部分大学的外语开设情况

序号	所在城市	大学名称	院（系）名称	语种数量/种	语种	备注
1	仰光	仰光外国语大学（University of Foreign Languages, Yangon）	英语系、中文系、俄语系、德语系、日语系、韩语系、泰语系、法语系、意大利语系	9	英语、汉语、俄语、德语、日语、韩语、泰语、法语、意大利语	具有汉、英、法、德、日、韩、泰、意等 8 个语种的硕士和博士学位授权点
2	曼德勒	曼德勒外国语大学（University of Foreign Languages, Mandalay）	英语系、中文系、俄语系、德语系、日语系、韩语系、泰语系、法语系	8	英语、汉语、俄语、德语、日语、韩语、泰语、法语	具有英、汉、俄、德、日、韩、泰、法等 8 个语种的硕士学位授权点
3	曼德勒	曼德勒计算机研究大学（University of Computer Studies, Mandalay）	公共课	2	英语、日语	英语为必修课；日语为选修课
4	仰光	耶津农业大学（Yezin Agricultural University）	英语系	1	英语	
4	丹老	丹老大学（Myeik University）	英语系	1	英语	
4	仰光	仰光理工大学（Yangon Technological University）	英语系	1	英语	
4	仰光	仰光经济大学（Yangon University of Economics）	英语系	1	英语	
4	曼德勒	曼德勒医学院（University of Medicine, Mandalay）	英语系	1	英语	

续表

序号	所在城市	大学名称	院（系）名称	语种数量/种	语种	备注
4	仰光	达贡大学（Dagon University）	英语系	1	英语	
4	仰光	仰光牙科大学（University of Dental Medicine, Yangon）	英语系	1	英语	
4	仰光	丹林技术大学（Thanlyin Technological University）	英语系	1	英语	
4	仰光	仰光经济大学（University of Economics, Yangon）	公共课	1	英语	商务英语（必修）
4	马圭	马圭医科大学（University of Medicine, Magway）	公共课	1	英语	必修课
4	仰光	仰光第一医科大学（University of Medicine 1, Yangon）	公共课	1	英语	必修课

如表 4-20 所示，缅甸的外语教育资源非常集中，语种单一性非常凸显。只有两所大学开设了多门外语。仰光外国语大学开设了 9 门外语，师资力量雄厚，具有汉、英、法、德、日、韩、泰、意 8 个语种的硕士和博士学位授予权，为开设外语语种最多的大学。曼德勒外国语大学位居第二，开设了 8 种外语，具有 8 个语种的硕士学位授予权。可以说，仰光外国语大学和曼德勒外国语大学是缅甸外语人才培养的中流砥柱，两所大学开设的外语语种几乎相同，都开设了汉、英、俄、德、日、韩、泰、法 8 种外语，唯一不同的是仰光外国语大学还开设了一门意大利语。其余大学中 11 所只开设了英语专业或课程，曼德勒计算机研究大学则提供英语必修课程和日语选修课程。

4.5.2 缅甸的国家语言管理能力

4.5.2.1 缅甸的国家语言文字管理机构

缅甸政府重视缅甸语的推广、普及、传播和翻译等问题。1963 年 8 月，缅甸联邦革命委员会建立文学及翻译委员会（The Literary and Translation Commission），也就是缅甸早期的语言文字管理机构，其任务是出版标准缅甸语词典、缅甸语拼字课本、缅甸语构成手册，编撰缅甸语词典，编写缅甸语术语，进行翻译、编写并出版教科书、参考书和与教育相关的期刊等。1971 年 9 月 15日，文学及翻译委员会更名为缅甸语言委员会（Burmese Language Commission，BLC），之后更名为缅甸语言委员会（Myanmar Language Commission，MLC）。缅甸语言委员会是隶属于缅甸教育部的一个政府机构，主要职责是对缅甸语言进行规划，完善和发展缅甸语，其主要任务是编撰一本基于传统价值观和语法篇章的现代综合缅甸语词典。教材的翻译任务主要由一些大学的翻译系来完成，因而这些大学的翻译系成为缅甸文学及翻译委员会的一部分，同时也受教育部的管辖。现在缅甸语言委员会作为缅甸教育部下属的一个部门，由缅甸教育部部长担任该委员会的主席，主要成员包括教育部、文化部、信息部等部门的领导，以及政府任命的学术和文学界的知名人士。缅甸语言委员会负责多个项目，其中包括编撰缅甸语-英语词典（1993 年）、开发缅甸语拼音化的转写系统等。1983 年，缅甸语言委员会进行机构变动，所有成员都由国务院任命。教育部部长仍然担任缅甸语言委员会主席一职。

缅甸语言委员会的主要目标是保持缅甸语在拼写、发音、词汇、语法、词源和语义等方面的标准化和准确性，提升和推进缅甸语的发展。为此缅甸语言委员会采取了一系列措施：成立委员会促进项目的实施；协调并确保各邦、各机构甚至个体之间的有效合作；在实施项目时，可以获取个人手稿、出版物和版权；对用缅甸语发表学术论文或出版专著的个人进行奖励；完成部长下达的各项任务。

缅甸语言委员会实施的项目包括编撰最新的综合、准确和权威的缅甸语词典，编写并出版缅甸语手册以便民众进行准确、清晰和有效的书写，编写并出版与缅甸语相关的其他书籍，如缅甸语同义词和反义词词典、引文大全、分类词典、谚语格言书籍等。具体成果包括 1978～1980 年出版的 5 本《简明缅甸语词典》（Concise Myanmar Dictionary）。

1991 年，缅甸语言委员会出版了 3 本《缅甸语词典》（Myanmar Dictionary）以及 3 卷共 7 个部分的《缅甸语语法》（Myanmar Grammatical Rules）；1983～1987 年出版了《缅甸语拼写系统》；1986 年出版了《谚语隐喻》；1990 年出版了《道德故事》《缅甸语-英语词典》；1993 年出版了《常见错拼和错用的缅甸词语》《缅甸语格言警句》；1996 年出版了《缅甸语词典》；1999 年出版了《英语-缅甸语双语词典》等。

1948 年缅甸独立后，缅甸官方机构——缅甸翻译协会（又称为缅甸文学宫）在缅甸语言文学的推广和普及方面做了大量工作，包括整理和出版了大量古典文学名著以及每年举办文学作品的评奖活动。1962 年评奖更名为"艺术文学奖"，1964 年又改名为"缅甸民族文学奖"[1]。这些评奖对缅甸语言和文学的发展无疑起到了极大的推动作用。

4.5.2.2 缅甸的语言服务与语言技术

根据联合国贸发会议发布的《2021 年最不发达国家报告》，全世界最不发达国家中，亚洲有 8 个国家即阿富汗、孟加拉国、不丹、柬埔寨、老挝、缅甸、尼泊尔、也门[2]；东盟有 3 个即老挝、柬埔寨和缅甸。缅甸受英国殖民统治长达 60 年，独立后改革开放较晚，国家经济实力不足，教育发展滞后，这从缅甸的语言服务和语言技术上也可见一斑。缅甸人常用的翻译软件主要是谷歌翻译，如同其他东南亚国家一样，该软件在缅甸很受欢迎。中国开发的专注于东南亚小语种的在线翻译软件"一铭翻译云"也比较受欢迎。

缅甸政府出版了不少词典方便民众学习缅甸语及外语。缅甸政府非常重视缅甸语的推广和普及，注重保持缅甸语的纯洁性。在缅语普及的过程中，词典是必不可少的工具。在缅甸有一本家喻户晓、使用率非常高的词典《缅甸语词典》（*Myanmar Dictionary*），该词典与《现代汉语词典》在中国的地位相当。缅甸也有不少缅外词典，如缅汉/汉缅词典、韩缅/缅韩词典、日缅/缅日词典、英缅/缅英词典等，其中，《汉缅大词典》（缅甸版）是云南人民出版社与缅甸金凤凰中文报社联袂出版的，该词典的初版由归国华侨、全国缅甸语资深翻译家王子崇教授耗费 30 余年潜心编修而成。我们在调研时，拍摄了仰光书店售卖的一些主要词典，如图 4-6 所示。

---

① Aung, W. Y. 2019. The day the Burma Translation Society was born. https://www.irrawaddy.com/specials/on-this-day/the-day-the-burma-translation-society-was-born.html [2022-10-18].

② 未来智库. 联合国 2021 年最不发达国家报告. https://www.vzkoo.com/document/b984c2171812afe92c35ec712e998287.html/ [2021-12-14].

缅甸语词典	汉缅/缅汉词典

韩缅词典	日缅词典

缅英/英缅词典

图 4-6　缅甸的主要词典

4.5.2.3　缅甸的语言政策与规划

1044 年蒲甘王朝的建立开启了有缅文可考的历史。缅甸作为一个多民族、多语言的国家，历经封建王朝时期、英属殖民地时期、吴努政府时期、奈温政府时期及军政府时期，历代缅甸的统治和管理者都通过各种方式对缅甸境内的语言进行管理。

1044 年，缅甸第一个封建王朝——蒲甘王朝建立。为了规范缅文，蒲甘时期先后开展了两次正字运动（刘书琳和邹长虹，2015）。12 世纪后，缅文成为缅甸最重要的文字。随着南传上座部佛教的传播，巴利文成为僧侣研习经典必须学习

的语言。蒲甘王朝瓦解后,缅甸又历经东吁王朝(1531~1752 年)和贡榜王朝
(1752~1885 年)两个封建王朝。13 世纪时,缅甸语的发展相对稳定,中部语音
的强势地位得到巩固,为日后中部语音发展成为标准语音打下了基础(钟智翔,
2004)。东吁王朝时期和贡榜王朝时期,随着正字运动的开展,出版了不少正
字法书籍,如《文字要津》《温纳拨达纳正字法》《智者特征正字法》等(李
佳,2009)。

1824~1885 年,英国先后对缅甸发动三次战争,此后缅甸完全沦为英国的殖
民地。英国殖民统治时期,英语确立为缅甸官方语言和教学用语,幼儿园到大学
都要使用英语教学。20 世纪 20 年代,缅甸爆发了"反对英语的浪潮"。缅甸学
生和爱国人士抗议英国殖民政府对即将成立的仰光大学的入学者提出很高要求的
英语准入条件。缅甸爱国人士要求殖民当局在各级学校使用缅语,并呼吁建立缅
甸人自己的学校。1920 年 12 月 5 日,仰光大学师生首次罢课,抗议殖民政府颁
布的大学条例,抵制殖民主义教育,全缅甸学生和各界人士纷纷响应,并迅速发
展成全国学生总罢课运动和国民教育运动。此后,缅甸各地出现了缅甸语教学的
国民学校(钟智翔和尹湘玲,2014)。20 世纪 30 年代,仰光大学和曼德勒大学
开始设置缅甸语课程,把缅甸语作为教学语言的呼声日益高涨。

第二次世界大战期间的 1942 年 5 月~1945 年 3 月,日本占领缅甸,实行殖
民统治,日语代替英语成为教学语言。

1948 年 1 月缅甸独立,成立缅甸联邦,吴努(U Nu)出任总理。缅甸联邦
成立以后,国内矛盾主要集中在各种政治力量争权夺利、种族冲突不断、武装叛
乱加剧、民族矛盾突出。为了巩固新生政权,吴努政权开展了提升缅甸语的一系
列活动。第一,以宪法形式确立缅甸语为官方语言,把缅甸语作为各级公立学校
的教学语言。第二,在全国推广缅甸语,提高其普及率和使用率。缅甸语的推广
方便了民众交流和沟通,降低了全国的文盲率。第三,缅甸翻译协会出版了大量
缅甸语书籍,弘扬了缅甸的历史和文化,培养了国民使用缅甸文阅读的习惯。

1962 年 3 月,奈温将军领导的缅甸国防军发动政变,推翻吴努政府,成立了
缅甸联邦革命委员会,接管了国家政权。1962~1988 年,奈温政府奉行"缅甸式
社会主义"路线,极力消除殖民时代对缅甸的影响,采取了很多措施来提升和巩
固缅甸语的地位,如降低英语的使用频率,对缅甸语进行适度改造,减少缅甸语
中的英语借词。1964 年,缅甸语成为各教育层次的唯一教学语言。学生从五年级

（初中）开始学习英语，但大学各门课程都必须用缅甸语讲授。英语的地位和水准都在下降，缅甸语在很多领域已经可以取代英语（Allott，1985）。1964 年，缅甸政府在缅族居住地区开展缅甸语扫盲活动，20 世纪 70 年代末，扫盲活动扩展到少数民族地区。扫盲活动加快了缅甸语的普及进程，提升了国民的识字率。1988 年，上台的军政府继续开展对缅甸语的净化、标准化和审查工作，以根除殖民统治的影响，确保缅甸语的纯洁性，其中一项重要活动就是名称标准化运动，同时通过了《更名法》，对英国殖民统治期间确立的地名进行更正，以彻底消除英国殖民统治的影响，巩固缅甸语作为全国通用语的地位，提高缅甸语在国际上的影响力，如国名"缅甸"由 Burma 改为 Myanmar，"缅甸人"由 Burmese 改为 Myanmar。更改名称彰显了军政府对语言使用的重视，同时也具有政治意义，即向全世界树立了军政府的形象，同时显示出军政府重视民族语言和缅甸的民族身份（王晋军，2015）。1997 年，缅甸加入东盟，英语再次受到重视，缅甸政府强调英语应该从小抓起。公立学校的基础教育阶段把英语和缅甸语都作为必修课，英语成为大学的教学语言。

缅甸文是拼音文字，学会少数的字母和拼音方法后就能进行初步阅读和书写。缅甸独立至今，为了提升缅甸语的地位，各任期政府都在全国推行缅甸语教育，重视缅甸语的普及和推广工作，包括少数民族居住的山区和边区。1948～1952 年，缅甸实施了"人民教育计划"，1952～1964 年推行了"创造新生活教育计划"，1964～1980 年开展了"识字运动"。缅甸在识字运动方面所做出的成绩得到了联合国教科文组织的表彰，1971 年联合国授予缅甸"穆罕默德·礼萨·巴列维奖"，1983 年又授予缅甸"野间扫盲奖"[1]。1993 年缅甸全国的文盲率下降至 11.1%，处于世界上较少文盲国家行列，但政局的不稳定对教育影响巨大。世界数据图谱分析平台网站显示[2]，2015 年缅甸成人识字率达到 93.09%；青年识字率为 96.33%，2016 年时青年识字率跌至 84.75%，2019 年成人识字率跌至 89.1%。

华语教育在缅甸有着悠久的历史，缅甸的华校可以追溯到 1904 年缅甸华侨在仰光创办的第一所华校"中华义学"。此后，缅甸的华语教育历经英属殖民地时

---

[1] 张云飞. 2004. 缅甸人口识字率达到 93.3%创新高. http://news.sohu.com/20040908/n221940965.shtml [2018-09-28].

[2] 世界数据图谱分析平台. 缅甸. https://cn.knoema.com/atlas/缅甸 [2021-12-19].

期、吴努政府时期、奈温军政府初期和现政府时期。缅甸的华语教育随着历史起伏跌宕。英属殖民地时期，大批华侨华人移居缅甸，缅甸的华语教育开始兴起。19 世纪末，华侨华人开始在缅甸兴办华语教育。吴努政府时期，特别是 1950 年 6 月 8 日缅甸与中国建立外交关系后，华语教育面临新的发展机遇，华校得以迅速发展。奈温军政府时期，缅甸为了消除外国在缅甸的影响，实行了封闭排外的"缅甸式社会主义"路线，对华语教育实行了严格的控制。一些民间华校被收归国有，但是出现了官办的汉语教育，如仰光语言研究所于 1965 年创建了汉语系，这标志着官办汉语教学的开端。1988 年以来，缅甸从盲目排外、自我封闭转向开放引资、实行经济改革，缅甸的华语教育随着华人经济的活跃而得到了一定的发展。2001 年起，中缅两国教育部联合在缅甸多地举办 HSK 考试，中国向缅甸派遣汉语教师。随着中国综合国力的不断增强，在国际事务中发挥着越来越大的作用，特别是"一带一路"倡议的推进，缅甸的"汉语热"一直持续不减。

4.5.3　缅甸的国民语言能力

　　缅甸实施改革开放的时间不长，国家经济实力薄弱，这成为缅甸教育发展的桎梏。根据世界数据图谱分析平台所提供的数据[①]，一直以来缅甸的教育支出占全国 GDP 的比重较低，1995 年缅甸政府的教育支出占全国 GDP 总量的 1.2%，2011 年下降较为严重，教育支出仅占全国 GDP 总量的 0.79%，排名世界第 122 位，远远低于 4.6% 的世界平均水平。2017 年，缅甸教育的占比有所提升，增至 2.16%；2019 年又减少到 2.0%，低于世界平均水平。虽然缅甸的教育投入不高，财政支持力度不大，各层次教育起步晚、起点低，但缅甸政府采取了一系列办法来提升缅甸的教育水平，如强制实行小学义务教育、大众教育和开展扫盲运动（杨林，2009）。

　　英语在缅甸的命运起伏跌宕，从殖民地时期的官方语言，到缅甸独立后降为学校的一个科目，再到缅甸政府开展一系列"去殖民化"运动导致英语的地位不断下降；但随着缅甸 1997 年加入东盟以及全球化的影响，缅甸人学习英语的热情开始不断高涨。

　　雅思考试，作为知名的国际性考试，在缅甸的发展历史也见证了英语在缅甸的命运变迁。1946 年，雅思的主办方首次在仰光设立办事处。此后很长时间，仰

---

① 世界数据图谱分析平台. 缅甸. https://cn.knoema.com/atlas/缅甸 [2021-12-19].

光成为缅甸的唯一雅思考点。1997 年，雅思主办方在曼德勒开设分支机构；2010
年，缅甸的第二个雅思考点在曼德勒设立。缅甸每年举行 24 次雅思考试。

雅思官方提供的 2015 年及 2017 年主要国家雅思成绩分析报告中，没有缅甸
的相关记录。据 2010 年 4 月新华网的报道，缅甸参加雅思考试的人数逐年增加，
2005 年有 1097 人，2006 年为 1380 人，2007 年为 1400 人，2008 年增加到 2600
人，比 2007 年增加了将近一倍。2009 年参加的考生已达 3000 多人，其中 1200
多人雅思成绩合格即达到 6 分或以上，近四成的考生能够有效运用英语，英语水
平能应付日常的交流和工作，尽管还存在用词不准确和不恰当的情况。在这 3000
多人中，有 2580 人被国外大学录取，其中 1200 人被新加坡大学录取，960 人到
澳大利亚学习，360 人和 60 人分别到英国和美国大学学习。这些缅甸留学生中，
50% 以上来自仰光，30% 来自曼德勒，还有 15% 的人来自缅甸其他地方[①]。

基于托福官方网站提供的数据，我们对 2017 年和 2018 年缅甸的托福考试平
均成绩进行了分析，并与中国的平均成绩进行了对比，如表 4-21 所示。

表 4-21　2017 年和 2018 年中国和缅甸的托福考试平均成绩对比（单位：分）

年份	国别	阅读	听力	口语	写作	总分
2017	中国	21	19	19	20	79
	缅甸	19	20	20	21	80
2018	中国	21	19	19	20	80 ↑
	缅甸	19	20	21	21	81 ↑

缅甸的托福考试平均成绩位列中国和东盟国家托福考试平均成绩榜的第六名
（表 3-7 和表 3-8），而且连续两年保持同一名次，在中国前一位，缅甸与菲律宾、
印度尼西亚、越南一起进入 80 分段。缅甸两年的托福考试平均成绩均比中国的高
出 1 分。通过表 4-21 对比分析可以发现，缅甸考生优于写作、口语和听力，而中
国考生以英语阅读能力见长。缅甸和中国考生的总体成绩都呈现上升趋势。

根据英孚教育提供的标准英语熟练度年度报告，2018 年缅甸在 88 个国家和

---

① Xinhuanet. 2010. Over 3,000 students sit for IELTS exam in Myanmar this year. http://www.bbrtv.
com/2010/0325/1578.html [2019-01-10].

地区中排名第 82 位[①]，2021 年在 112 个国家和地区中排名第 93 位，得分为 429，一直属于极低英语熟练度水平国家[②]。

　　除了英语外，缅甸人学习汉语的热情近年来有增无减。《新汉语水平考试（HSK）海外实施报告》的统计数据显示，2010 年参加新 HSK 的考生来自 102 个国家，主要集中在亚洲，占近九成。在亚洲考生中，韩国考生为 53445 人，占到 54.37%，位列第一；泰国、新加坡和日本尾随其后；印度尼西亚考生位列第五，占到 4.57%；缅甸考生已达 2151 人，占到了 2.19%（罗民等，2011）。具体见表 4-22。

表 4-22　2010 年新 HSK 的亚洲考生国别信息

序号	国家	数量/人	比例/%
1	韩国	53 445	54.37
2	泰国	6963	7.08
3	新加坡	6690	6.81
4	日本	6247	6.36
5	印度尼西亚	4488	4.57
6	缅甸	2151	2.19

　　缅北地区与中国接壤。中国经济持续稳定地发展，特别是"一带一路"倡议的推进，带动了缅北地区民众学习汉语的热情。连续几年，缅北地区参加 HSK 考试的人数都在不断攀升。2013 年上半年，缅甸地区有 1281 名考生在 7 个考点踊跃报名参加了各级别 HSK 考试。从 2013 年起原有的 5 个考点即曼德勒、东枝、腊戌、抹谷、密支那增加至 7 个，即新增了八莫、曼沓两个考点[③]。由此，HSK 考试的考点已扩展至缅北偏远地区，这说明，缅北地区学习汉语的需求在不断增长。2018 年，缅北地区的考点已增加至 12 个，2018 年上半年缅北地区报名参加

　　① 英孚教育. 2018. 英孚英语熟练度指标. https://liuxue.ef.com.cn/assetscdn/WIBIwq6RdJvcD9bc8RMd/cefcom-epi-site/reports/2018/ef-epi-2018-chinese-simplified.pdf [2021-12-22].
　　② 英孚教育. 2021. EF 英语熟练度指标：112 个国家和地区的英语水平排名. https://liuxue.ef.com.cn/assetscdn/WIBIwq6RdJvcD9bc8 RMd/cefcom-epi-site/reports/2021/ef-epi-2021-chinese-simplified.pdf [2021-12-20].
　　③ 新华网. 2013. 缅甸北部逾千名考生参加汉语水平考试. https://www.chinanews.com.cn/hwjy/2013/05-13/4809977.shtml [2019-01-23].

HSK 考试的考生人数已达 2373 人次，比 2013 年上半年的报名人数增加了近一倍；其中 HSK 四级、五级和六级的考生人数最多，分别达到 449 人、500 人和 574 人。仅缅北地区的考生人数就有 3000 余人[①]。HSK 考试已成为华校毕业生毕业的必要条件，也是中资企业增薪提干的重要考核指标，获得 HSK 考试及汉语水平口语考试（HSKK）的合格证书也是去中国留学的必备资质。

在缅甸孔子学院负责人的帮助下，我们获得了缅甸东方语言与商业中心孔子课堂考点在 2017 年 5 月、2018 年 5 月和 2019 年 5 月连续三年同时期的三次 HSK 考试的成绩以及新中小学生汉语考试（Youth Chinese Test，YCT）的成绩。通过对数据的分析，可以比较直观地了解缅甸考生的 HSK 考试成绩，具体数据如表 4-23 所示。

表 4-23 2017 年 5 月、2018 年 5 月及 2019 年 5 月缅甸一个 HSK 考试考点成绩

年份	类别	考生人数/人	合格人数/人	合格率/%
2017 年 5 月	HSK 一级	27	27	100.00
	HSK 二级	28	28	100.00
	HSK 三级	26	25	96.15
	HSK 四级	52	47	90.38
	HSK 五级	24	21	87.50
小计		157	148	94.27
2018 年 5 月	HSK 一级	77	77	100.00
	HSK 二级	105	104	99.05
	HSK 三级	53	46	86.79
	HSK 四级	40	38	95.00
	HSK 五级	30	25	83.33
	HSK 六级	26	24	92.31
小计		331	314	94.86

---

① 萧珊珊. 2018. 缅甸 2018 上半年 HSK 汉语水平考试在 12 考点举行. http://www.paukphaw.cn/index.php?m=article&f=view&id=5171 [2019-02-09].

续表

年份	类别	考生人数/人	合格人数/人	合格率/%
	HSK 一级	118	117	99.15
	HSK 二级	107	107	100.00
	HSK 三级	122	119	97.54
2019 年 5 月	HSK 四级	64	45	70.31
	HSK 五级	23	20	86.96
	HSK 六级	32	29	90.63
小计		466	437	93.78

表 4-23 显示了缅甸 HSK 考试的几个特点。

第一，参加 HSK 考试的人数呈倍数增长。2017 年 5 月总共有 157 人参加了 HSK 考试，到 2018 年 5 月，考生人数增加了一倍还多，达到了 331 人；2019 年 5 月，考生人数比 2017 年的增加到近 3 倍。可见 HSK 考试的受欢迎程度很高。

第二，考试的内容或级别有所增加。2017 年 5 月 HSK 考试只有 5 个级别的考试即 HSK 一级、二级、三级、四级和五级，而到 2018 年 5 月，增加了最高级别考试即 HSK 六级；2019 年同样保持了全部六个级别的考试。

第三，在三年的 HSK 考试中，各级考生的合格率都非常高，平均合格率达到了 93%，由此说明，缅甸考生的汉语学习兴趣和水平都在不断提升，也达到了相应的水平。

第四，考生人数随着考级的增加而逐渐有所减少。这一现象在 2017 年 5 月呈现并不明显，因为当年的考生人数相比较少。到了 2018 年 5 月和 2019 年 5 月，一级、二级和三级的考生人数明显高于四、五和六级的考生人数。由此也说明，HSK 考试吸引了很多新生力量。

第五，考试合格率在初级考试即一级和二级能够达到和接近 100%；此后随着级别的提升，合格率有所下降。相比较而言，四级和五级考试的合格率较低，而六级考试的合格率较之稍高一点。

三年的 HSK 考试中，都有考生参加口语考试。虽然参加口语考试的考生并不多，但是成绩非常出色，全部考生都获得了合格证书，考生的数量分别为：2017

年 5 月初级 17 人；2018 年 5 月，初级 2 人，中级 5 人，高级 4 人，共计 11 人；2019 年 5 月，初级 6 人，中级 5 人，高级 5 人，共计 16 人。此外，2017 年 5 月还有 36 人参加 YCT 一级考试，35 人合格，合格率为 97.22%；2018 年 5 月，YCT 一级有 6 位考生，二级有 2 位考生，四级有 2 位考生，所有 10 位考生的口语考试均为合格。

上述数据说明，缅甸人学习汉语的兴趣和热情不断提升，汉语学习者呈现低龄化趋势，缅甸人的汉语水平也在不断提高。

4.6　菲律宾的国家语言能力

菲律宾共和国（Republic of the Philippines），简称菲律宾，位于亚洲东南部，北隔巴士海峡与中国台湾地区遥遥相对，南和西南隔苏拉威西海、巴拉巴克海峡与印度尼西亚、马来西亚相望，西濒南中国海，东临太平洋，共有大小岛屿 7000 多个。

1521 年西班牙远征船队到达菲律宾以前，菲律宾还不是一个统一的国家，16 世纪后半期，西班牙入侵菲律宾并开始了其殖民统治；1898 年，美国与西班牙发生战争后，菲律宾宣布独立；随后美国入侵菲律宾，将其变为殖民地；1935 年，菲律宾成立自治政府，1942 年被日本占领；1946 年，菲律宾独立，成立了菲律宾共和国。

菲律宾全国总面积 29.97 万平方公里，人口约 1.1 亿（2022 年）[①]。马来族占全国人口的 85%以上，包括他加禄人（Tagalog）、伊洛戈人（Ilocano）、邦板牙人（Kapampangan）、维萨亚人（Visaya）和比科尔人（Bicolano）等；少数民族及外来后裔有华人、阿拉伯人、印度人、西班牙人和美国人；还有为数不多的原住民[②]。

---

① 中华人民共和国外交部. 2022. 菲律宾国家概况. https://www.fmprc.gov.cn/web/gjhdq_676201/gj_676203/yz_676205/1206_676452/1206x0_676454/ [2022-10-17].

② 中华人民共和国外交部. 2022. 菲律宾国家概况. https://www.fmprc.gov.cn/web/gjhdq_676201/gj_676203/yz_676205/1206_676452/1206x0_676454/ [2022-10-17].

4.6.1 菲律宾的国家语言资源

4.6.1.1 菲律宾的民族语言资源

菲律宾民族众多，语言纷繁复杂。由于岛屿众多，交通不便，独特的地理环境造就了菲律宾显著的语言多样性。关于菲律宾境内语言的具体数据，目前还没有完全统一的表述。根据菲律宾的官方统计，20 世纪 80 年代末，菲律宾全境共有 11 种语言和 87 种方言，而很多学者认为菲律宾的语言有 100 多种（马燕冰和黄莺，2007）。依据不同的分类方法，菲律宾有 120～175 种语言。2014 年出版的菲律宾地图上呈现了该国使用的 135 种语言。根据世界民族语言网站的数据，菲律宾有 186 种语言，其中 182 种是仍在使用的语言，4 种语言已经灭绝[①]。菲律宾绝大多数的本土语言属于南岛语系。唯一不属于南岛语系的是查瓦卡诺语（Chavacano 或 Chabacano），一种基于西班牙语的克里奥尔语言。

菲律宾不少区域方言既有语言，又有文字；一些少数民族只有语言，没有文字，或有文字但很少使用，如库立坦（Kulitan）、巴伊巴因（Baybayin）、塔班瓦（Tagbanwa）等。巴伊巴因是古代菲律宾所使用的拼写字母。目前，只有民都洛的芒格扬人以及巴拉望的塔格巴纽人使用巴伊巴因，古菲律宾文的写法基本上都失传了（赛义德，1979）。

菲律宾语（Filipino）和英语是菲律宾的官方语言，另有宪法规定的 19 种官方辅助语言。菲律宾语既是官方语言又是民族语言和国语。菲律宾的语言可分为本地语言和外来语。本地语言包括菲律宾语以及众多的区域方言；外来语中最有影响力的是英语，其次为西班牙语、华语、阿拉伯语、日语、马来语等。

菲律宾的民族语言包括菲律宾语以及众多区域方言和少数民族语言。

1. 菲律宾语

他加禄语是菲律宾的第二大民族——他加禄人的母语。他加禄语属于南岛语系印度尼西亚语族，由拉丁字母组成。他加禄语被确定为菲律宾的国语即菲律宾语，可以说菲律宾语是基于他加禄语的一个标准化版本（李涛和陈丙先，2012）。1962 年，菲律宾语被确定为菲律宾的官方语言。1973 年，菲律宾宪法宣布菲律宾

---

① Ethnologue: Language of the World. Philippines. https://www.ethnologue.com/country/18-165 [2021-12-15].

语和英语作为共同的官方语言。1987 年，菲律宾宪法规定，菲律宾语是国语和民族语言。

菲律宾语和英语作为官方语言共同用于政府部门、教育、新闻媒体、商务等重要领域。菲律宾语是菲律宾境内外菲律宾社区的通用语，也是官方教学语言以及主流广播、媒体及电影所使用的语言，据统计，70%的菲律宾人能讲国语，并在日常生活中广泛使用。在出版领域以及学术、科技领域，菲律宾语的影响力却不及英语。

菲律宾沦为西班牙殖民地长达 300 多年。为了殖民统治的需要，西班牙殖民者使用拉丁字母来改写菲律宾语古代字母，并采用拉丁字母的拼写方式记录菲律宾语，现代菲律宾语在此基础上逐渐形成（吴杰伟，2003）。同时，现代菲律宾语中大量借用了西班牙语。

2. 区域方言

1987 年，菲律宾宪法规定菲律宾语是民族语言和国语，并规定在特定地区使用 19 种区域方言作为官方辅助语言，即阿克拉农语（Aklanon）、比科尔语（Bikol）、宿务语（Cebuano）、查瓦卡诺语（Chavacano）、希利盖侬语（Hiligaynon）、伊巴纳格语（Ibanag）、伊洛戈语（Ilocano）、伊巴坦语（Ivatan）、邦板牙语（Kapampangan）、吉那瑞语 A（Kinaray-a）、马京达瑙语（Maguindanao）、马拉瑙语（Maranao）、冯嘉施兰语（Pangasinan）、桑巴尔语（Sambal）、苏里高侬语（Surigaonon）、他加禄语（Tagalog）、陶苏格语（Tausug）、瓦瑞语（Waray）以及亚坎语（Yakan）。这 19 种区域方言不仅是辅助官方语言，也是教育媒介语[①]。

菲律宾国家统计局于 2000 年对 18 种母语及其使用人数进行了统计，其中 14 种民族语言的使用人口超过了 100 万人，使用这些语言的人占到菲律宾总人口的 90%以上，具体见表 4-24。

[①] 19 种区域方言的确定参考：Pelagio, E. C. T. Philippine languages and dialects. https://unstats.un.org/unsd/geoinfo/UNGEGN/docs/Training/Manila/day%202/03_PELAGIO_Philippine%20Languages%20and%20Dialects_KWF.pdf [2022-02-07].

表 4-24 菲律宾 18 种母语及其使用人数

序号	语言	使用人数/人	序号	语言	使用人数/人
1	他加禄语	26 387 855	10	陶苏格语	1 822 000
2	宿务语	21 340 000	11	马京达瑙语	1 800 000
3	伊洛戈语	7 779 000	12	查瓦卡诺语	1 200 000
4	希利盖依语	7 000 979	13	吉那瑞语 A	1 051 000
5	瓦瑞语	3 100 000	14	苏里高依语	1 000 000
6	邦板牙语	2 900 000	15	马斯巴特诺语	530 000
7	比科尔语	2 500 000	16	阿克拉农语	520 000
8	冯嘉施兰语	2 434 086	17	伊巴纳格语	320 000
9	马拉瑙语	2 150 000	18	亚坎语	110 000

菲律宾政府 2010 年的人口普查显示，使用人数最多的前 5 种语言与 2000 年人口普查时一致，分别为他加禄语、宿务语、伊洛戈语、希利盖依语和瓦瑞语，除了使用他加禄语的人数略有下降外，其他 4 种语言的使用人数增长很快。

依据 2010 年菲律宾的人口普查结果，菲律宾主要民族语言及其使用人口的信息如表 4-25 所示。

表 4-25 菲律宾主要民族语言及其使用人口[①]

序号	语言	使用人数及百分比
1	他加禄语	22 512 089（24.44%）
2	宿务语	19 665 453（21.35%）
3	伊洛戈语	8 074 536（8.77%）
4	希利盖依语	7 773 655（8.44%）
5	瓦瑞语	3 660 645（3.97%）
6	其他区域方言	24 027 005（26.09%）
7	外语及其方言	78 862（0.09%）
8	未查明的语言	64 500（0.01%）
	总计	85 856 745（93.16%）

① National Statistics Office. 2013. 2010 Census of Population and Housing, Report No. 2B—Demographic and Housing Characteristics (Sample Variables). https://psa.gov.ph/sites/default/files/2010%20CPH% 20Report%20No.%202B%20-%20PHILIPPINES%20.pdf [2022-10-19].

3. 濒危语言

菲律宾境内民族语言众多，根据前面数据可知，有 182 种正在使用的民族语言，但其语言活力参差不齐。2000 年，14 种民族语言的使用人口在 100 万以上，占菲律宾总人口的 90%。随着社会的发展和菲律宾政府的语言政策导向，很多少数民族语言的使用场合及使用人数都极其有限，一些语言已处于濒危境地，4 种语言已经灭绝。

联合国教科文组织曾对濒危语言的等级标准进行了描述和定义：①"安全"（safe）是指语言可以世代传承下去。②"不安全"（unsafe）指大多数儿童使用该语言，但其使用范围极其有限。③"明显濒危"（definitively endangered）指儿童在家中不再使用该语言。④"严重濒危"（severely endangered）意为只有祖辈会讲该语言；父辈只能听，但不能与孙辈或他人用该语言进行交流。⑤"极度濒危"（critically endangered）指只有祖辈及年长的人会说该种语言，但不能流利使用该语言，而且也不常使用。⑥"灭绝"（extinct）指无人使用该语言[①]。

2010 年，联合国教科文组织对菲律宾的濒危语言和已灭绝的语言进行了统计调查，发现菲律宾"不安全"级的语言有 2 种，即卡加延中部阿吉塔语（Central Cagayan Agta）和杜帕尼安阿吉塔语（Dupaninan Agta），使用人数分别为 779 人和 1400 人；"明显濒危"的语言有 3 种，即巴塔安阿吉塔语（Bataan Agta，使用人数为 500 人）、伊拉亚山阿吉塔语（Mt. Iraya Agta，使用人数为 150 人）、巴塔克语（Batak，使用人数为 200 人）；"严重濒危"的语言有 3 种，即费尔阿塔语（Faire Atta，使用人数为 300 人）、北部阿尔塔语（Northern Alta，使用人数为 200 人）、北卡梅林斯阿吉塔语（Camarines Norte Agta，使用人数为 150 人）；"极度濒危"的语言有 3 种，即阿拉巴特岛阿吉塔语（Alabat Island Agta，使用人数仅为 30 人）、伊沙洛格阿吉塔语（Isarog Agta，使用人数仅为 5 人）、南部阿伊塔语（Southern Ayta）或索索贡阿伊塔语（Sorsogon Ayta，使用人数为 150 人）；"灭绝"的语言分别是迪加梅塔语（Dicamay Agta）、卡塔巴加阿伊塔语（Katabaga Ayta）、塔亚巴斯阿伊塔语（Tayabas Ayta）以及维拉维希萨

---

① UNESCO Ad Hoc Expert Group on Endangered Languages. 2003. Language vitality and endangerment. https://ich.unesco.org/doc/src/00120-EN.pdf [2022-02-06].

阿伊塔语（Villaviciosa Agta）。

4.6.1.2　菲律宾的外语资源

菲律宾除本土的民族语言外，还有多种外来语，如西班牙语、英语、华语、日语、阿拉伯语、马来语等。一些外来语言如华语、法语、德语、日语等被一些学校作为教学语言。华语在华人社区学校广泛用于教学语言；棉兰老岛的伊斯兰学校教授阿拉伯语课程；一些外语培训机构还教授法语、德语、日语、朝鲜语及西班牙语等。一些大学的教育系也教授印度尼西亚和马来西亚的马来语。

最早进入菲律宾的外来语是西班牙语。1565 年随着西班牙殖民者、冒险家黎牙实比（Legazpi）从墨西哥启航前往菲律宾，西班牙语就开始引入菲律宾群岛，在西班牙殖民者统治的 3 个多世纪中一直作为官方语言。1863 年，西班牙法律引入了普及教育，开启了西班牙语的免费公立教育。1899 年，马洛洛斯（Malolos）宪法规定西班牙语作为菲律宾第一共和国的官方语言。菲律宾民族英雄黎刹（Rizal）用西班牙语完成了他的大部分作品。20 世纪早期，60%的菲律宾人使用西班牙语作为第一、第二或第三语言。随着美国对菲律宾的殖民统治，西班牙语的使用逐渐衰退，20 世纪 40 年代后，使用西班牙语的人越来越少。由于西班牙殖民者的长期统治，很多区域方言中还可以找到西班牙语借词。

菲律宾是东南亚国家中最广泛使用英语的国家之一。20 世纪 60 年代起，小学三年级就开设英语课；20 世纪 80 年代起，菲律宾的政府机构、国会、电视台、商业、金融业等都使用英语。首都马尼拉的主要报纸为英文报，地方报纸、电台、广播等则使用菲律宾语（刘上扶，2009）。英语用于菲律宾的政府机构以及司法、商业、医药、科学等领域的官方文件，同时也是算术、物理、化学、生物等学科的教学媒介。菲律宾人往往在较为正式的场合使用英语，而在私密或非正式场合使用他加禄语或其他区域方言。英语也用于各大电视台，如 ABS-CBN 广播公司（ABS-CBN Corporation）和 GMA 网络公司（GMA Network），以及各大主流报纸，而调频广播则主要使用菲律宾语。

考古证实中国人移入菲律宾的历史可追溯到唐朝，随着历史的沧桑巨变，华人现已成为菲律宾社会的一个重要组成部分。2010 年菲律宾国家统计局公布的人口普查数据显示，华人占菲律宾总人口的 1.2%。菲律宾的华人华侨使用的华语方言，主要为闽南语、客家话以及粤语。华语的很多词汇融入菲律宾语中，尤其是烹饪、姻亲、家务等方面的词汇。

阿拉伯语是马来群岛的伊斯兰商人和马来贵族所使用的通用语，作为教学语言主要用于棉兰老岛的伊斯兰学校，同时作为宗教仪式用语使用。1987 年菲律宾宪法规定在自愿的基础上学习和推广阿拉伯语。2015 年，菲律宾政府实行免费阿拉伯语教学，在菲律宾南部的伊斯兰社区推广阿拉伯语。总体而言，阿拉伯语的使用领域较为有限，主要用于宗教仪式和教学，很少用于日常交流和官方活动。

马来语是菲律宾南部许多少数民族如陶苏格人、亚坎人等的通用语，也是定居在菲律宾的马来人和印度尼西亚人的日常使用语言。巴拉望省南部也使用马来语。

菲律宾学校、学院与大学认证会执行主席皮亚诺（Pijano）认为，菲律宾独立后，教育事业突飞猛进，高等教育普及率在 1983 年已居世界第九位；截至 2007 年底，菲律宾共有 1710 所高校，其中公立高校有 196 所，私立高校 1514 所，高校学生总规模达到 240.8 万人。目前，菲律宾的大学和学院已经超过 2000 所。

菲律宾的高等教育普及率高，高校众多。根据菲律宾 2017 年和 2018 年大学排名情况，我们对排名靠前的 21 所大学的外语开设情况进行了调研，情况如表 4-26 所示。

表 4-26　菲律宾部分大学的外语开设情况

序号	所在城市	大学名称	外语数量/种	外语语种	备注
1	奎松市	马尼拉雅典耀大学（Ateneo de Manila University）	7	英语、法语、德语、意大利语、葡萄牙语、俄语、西班牙语	英语学士、硕士、博士；其他语言属于语言课程
2	奎松市	菲律宾大学（University of the Philippines）	6	英语、西班牙语、德语、意大利语、葡萄牙语、法语	英语学士、硕士、博士；法语、德语、西班牙语硕士
3	马尼拉市	菲律宾莱西姆大学（Lyceum of the Philippines University Manila）	4	法语、西班牙语、日语、汉语	开设法语、西班牙语、日语、汉语语言课程，非学历课程
4	奎松市	菲律宾大学迪利曼分校（University of the Philippines Diliman）	3	英语、日语、印尼语	英语学士、硕士、博士；日语和印尼语学士

续表

序号	所在城市	大学名称	外语数量/种	外语语种	备注
4	马尼拉市	亚当森大学（Adamson University）	3	英语、西班牙语、日语	英语学士；开设西班牙语、日语语言课程
4	达沃市	雅典耀大学达沃分校（Ateneo de Davao University）	3	英语、日语、西班牙语	英语学士、硕士；开设日语、西班牙语课程
5	马尼拉市	德拉萨大学（De La Salle University）	2	英语、西班牙语	英语学士、硕士、博士；开设西班牙语课程
5	达沃市	菲律宾东南大学（University of Southeastern Philippines）	2	英语、德语	英语学士；开设德语课程
5	马尼拉市	圣托马斯大学（University of Santo Tomas）	2	英语、西班牙语	英语、西班牙语学士
6	卡加延-德奥罗市	泽维尔大学（Xavier University-Ateneo de Cagayan）	1	英语	英语学士、硕士
6	碧瑶市	碧瑶大学（University of Baguio）	1	英语	英语学士、硕士
6	马尼拉市	菲律宾亚洲太平洋大学（University of Asia and the Pacific）	1	英语	英语学士、硕士
6	宿雾市	圣卡洛斯大学（University of San Carlos）	1	英语	英语学士、硕士
6	伊利甘市	棉兰老州立大学伊利甘理工学院（Mindanao State University-Iligan Institute of Technology）	1	英语	英语学士、硕士
6	碧瑶市	圣路易斯大学（Saint Louis University, Baguio City）	1	英语	英语学士、硕士
6	杜马格特市	西利曼大学（Silliman University）	1	英语	英语学士、硕士
6	塔克洛班市	东维萨亚斯州立大学（Eastern Visayas State University）	1	英语	英语学士
6	武端市	萨图尼诺·乌里奥斯神父大学（Father Saturnino Urios University）	1	英语	英语学士、硕士
6	马尼拉市	东方大学（University of the East）	1	英语	英语学士
6	曼达卢永市	国父大学（José Rizal University）	1	英语	英语学士
7	洛斯巴诺斯市	菲律宾大学洛斯巴诺斯分校（University of the Philippines Los Banos）	0	无	

表 4-26 显示，英语是菲律宾大学开设的主要外语专业。调研的 21 所大学中，19 所大学开设了英语专业，并授予不同层次的学位。菲律宾大学迪利曼分校、菲律宾大学和德拉萨大学等培养英语专业学士、硕士、博士三个层次的人才。仅有菲律宾大学洛斯巴诺斯分校未开设外语专业。圣托马斯大学和菲律宾大学等七所大学开设了西班牙语专业；菲律宾大学迪利曼分校开设了日语和印尼语专业。

就语言专业和语言课程涉及的语种来看，马尼拉雅典耀大学是语种最多的大学，共计 7 种，菲律宾大学 6 种，位列第二。菲律宾莱西姆大学位列第三，为 4 种。菲律宾大学迪利曼分校、亚当森大学和雅典耀大学达沃分校共同位列第四，都为 3 种。就开设的外语专业来看，菲律宾大学是开设外语专业最多的大学，包括英语、法语、德语和西班牙语；其次为菲律宾大学迪利曼分校，开设了英语、日语和印尼语三个外语专业；圣托马斯大学开设了英语和西班牙语专业。

概言之，菲律宾的大学所开设的外语语种较为单一，外语语种数量较为有限，英语是最主要的语种。

4.6.2　菲律宾的国家语言管理能力

4.6.2.1　菲律宾的国家语言文字管理机构

菲律宾是个多语言的国家，语言纷繁复杂，境内有至少 182 种语言，任意两个人说不同语言的几率高达 80%，除了菲律宾语和英语两种官方语言外，还有大量少数民族语言，其中有十种语言的使用总人数占了菲律宾人口的 90%以上[①]。

菲律宾前总统奎松（Quezón）根据菲律宾第一次联邦国民大会通过的联邦 184 号法案，于 1937 年 1 月 12 日组建了菲律宾国家语言研究所（Institute of National Language，INL），其任务是研究现存本土语言，选择并确定一种语言作为标准化语言的基础。这是第一个扶持和发展菲律宾国语的政府机构，1987 年改名为菲律宾语言研究所（Institute of Philippine Languages，IPL）。根据菲律宾共和国 7104 号法案，1991 年，菲律宾语言委员会（Commission on the Filipino Language，菲律宾语为 Komisyon sa Wikang Filipino）取代了菲律宾语言研究所，成为菲律宾语的官方管理机构，其任务是发展、保护菲律宾境内的语言。

---

① Koyfman, S. 2019. What language is spoken in the Philippines? https://www.babbel.com/en/magazine/what-language-is-spoken-in-the-philippines [2022-06-05].

前总统奎松 1937 年 12 月 30 日发布 134 号总统令,批准通过把他加禄语作为菲律宾国语的基础,该总统令从颁布之日起的 2 年后开始生效。前总统奎松宣布把他加禄语作为菲律宾国语出于以下因素:①他加禄语是菲律宾使用规范、最容易理解的语言;②不像维萨亚语(Visayan)和比科尔语,他加禄语没有更小的支系语言;③他加禄语在菲律宾所有语言中具有丰富的文学传统,发展完备,很多书籍是用他加禄语写成的;④他加禄语在西班牙人和美国人统治时期一直是政治和经济中心——马尼拉所使用的语言。菲律宾国家语言研究所的目标是编制词典和语法书,提供标准的拼写系统,以备在全国普及国语。1940 年,菲律宾通过法律确定在学校教授国语、使用标准化的拼写系统,要求在全国的公立及私立高中的第四学年予以执行。

菲律宾语言委员会受到了一些非议。首先,它背离了发展菲律宾语言的初衷。菲律宾语言委员会认为菲律宾语就是他加禄语。由于菲律宾语中科技词汇贫乏,菲律宾语就大量借用外来词汇,甚至是语法结构,各高等教育机构在各自的领域内创造术语,导致术语使用不统一,给公众造成了误导。其次,有人认为,共和国 7104 号法案要求不断丰富和发展国语,并从菲律宾国内的其他语言中不断获取词汇。然而,92-1 号决议把国语确定为大马尼拉地区和其他商业中心使用的语言,这就与共和国 7104 号法案相背离。

4.6.2.2 菲律宾的语言服务与语言技术

20 世纪 50～70 年代,菲律宾经济快速发展,成为新兴工业国家,也是世界新兴市场之一。联合国开发计划署公布的 2010 年度世界各国的人类发展指数(Human Development Index,HDI)显示,菲律宾属于中等收入国家。根据菲律宾国家统计局公布的统计数据,菲律宾 2017 年国内生产总值(GDP)增长 6.7%[1];2018 年菲律宾经济增长 6.2%[2],2020 年受新冠肺炎疫情影响,经济萎缩

---

[1] 新浪财经. 2018. 菲律宾 2017 年经济增长 6.7%. http://finance.sina.com.cn/roll/2018-01-24/doc-ifyqyesy 0553039.shtml [2019-02-15].

[2] 中华人民共和国商务部. 2019. 2018 年菲律宾经济增长 6.2%,近三年最低. http://www.mofcom. gov.cn/article/i/jyjl/j/201901/20190102831230.shtml [2019-02-15].

了 9.5%[①]，但 2021 年经济恢复良好发展势头，虽然第一季度有所萎缩，但第二季度增长高达 12%，第三季度增长 7.1%[②]。菲律宾经济发展向好，经济充满活力。经济的发展带动了教育事业以及语言服务等领域的发展。

为了大力推广菲律宾语，菲律宾国内出版了很多菲律宾语词典、菲律宾语与外语的双语词典，形式上不仅有纸质版词典，还有电子词典、在线学习软件等，方便民众学习查阅。有几款在菲律宾使用频率较高的词典：纸质版、可随身携带的袖珍他加禄语/英语及英语/他加禄语双语词典，该词典基本能满足非专业类需求［图 4-7（a）］；《菲律宾语图文词典》（*Tagalog Picture Dictionary*），具有纸质和电子版两种，收录了 1500 个菲律宾语词汇［图 4-7（b）］。另外，还有可用于安卓系统、适合学习菲律宾语的图文词典 APP "Tagalog Visual Dictionary"。

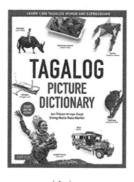

（a）　　　　　　　　　（b）

图 4-7　菲律宾的各类词典

此外，还有他加禄语与其他语言的双语在线词典及学习工具 "Tagalog Dictionary"（https://www.tagalog-dictionary.com/），该词典为他加禄语–英语双语词典，具有文本翻译功能。"ECTACO English-Tagalog Talking Dictionary" 为英语–他加禄语双语翻译 APP 在线词典，该词典可复制粘贴文本，可以输入语音，附有自动检查拼写功能。学习英语的网站如 "http://filipino.english-

① 第 1 财经. 2021. 菲律宾经济 2020 年萎缩 9.5%. https://www.yicai.com/brief/100932638.html [2022-10-19].

② 关向东. 2021. 菲律宾经济持续复苏第三季度 GDP 增长 7.1%. https://m.gmw.cn/baijia/2021-11/10/1302672152.html [2022-10-19].

dictionary.help/index.php"，包含从日常交流到 GRE 考试（Graduate Record Examination）等不同领域和等级的英语词汇，并且有 Words Everyday（"每日练习"）这类学习栏目。学习菲律宾语在线词典有 "Diksiyonaryong Filipino"，该在线词典收录了 6000 多个菲律宾语词汇，使用菲律宾语进行单语释义。

在语言翻译服务方面，菲律宾同许多东南亚国家的情况相似，普遍使用谷歌翻译以及谷歌公司的 "ImTranslator" 在线翻译软件，该软件能够进行 100 种语言之间的翻译，每次翻译 10 000 个字符，具有 10 种语言文本-语音转换的功能。此外，美国的在线免费翻译平台 "We do translation" 在菲律宾也比较常见，该平台能够进行英语和他加禄语之间的双语翻译，对涉及专业性较强的文本翻译收取一定的费用。菲律宾也开发了一些在线翻译软件，如 "TagalogTranslate.com"，一款在线机器翻译软件，主要进行英语和他加禄语的双语翻译，还包含他加禄语-英语双语词典。

4.6.2.3　菲律宾的语言政策与规划

许多学者（胡才，1994；马燕冰和黄莺，2007；李涛和陈丙先，2012）把菲律宾近现代史划分为殖民地时期（1521~1945 年）和菲律宾独立后两个主要阶段。我们在梳理菲律宾语言政策的历史演变时，仍沿用菲律宾近现代史的阶段划分即殖民地时期的语言政策和菲律宾独立后的语言政策，同时增加了 21 世纪菲律宾的语言政策。

1. 殖民地时期（1521~1945 年）的语言政策

菲律宾沦为殖民地的时期长达 4 个多世纪，期间经历了西班牙殖民者统治时期（1521~1898 年）、美国殖民时期（1898~1935 年），再到菲律宾自治政府时期（1935~1941 年）以及日本统治时期（1942~1945 年）。

16 世纪中叶西班牙占领菲律宾，开始了长达 300 多年的殖民统治。西班牙殖民统治期间，西班牙语是官方语言和贵族用语。西班牙殖民者既没有积极发展菲律宾的本土语言，也没有对西班牙语进行普及。殖民者开办的学校开启了菲律宾近代教育，并通过传播天主教在一定程度上传播了西班牙语，改造了菲律宾的本土语言。西班牙传教士使用拉丁字母重构菲律宾古文字、记录民族语言的同时，将宗教经典翻译为当地语言，推动了方言的学习和研究，对西班牙语的传播和菲律宾民族语言的发展起到了不可忽视的作用（马永辉，2016）。

　　1898 年美西战争爆发，美国与战败国西班牙签署了《巴黎和约》，菲律宾由此沦为美国的殖民地。美国占领菲律宾后，打着"开化"菲律宾的旗号，兴办学校，普及英语，大力推行美式教育。美国殖民当局免费为学生提供英文课本，从美国本土聘请教师，在各级学校教授英语。英语的地位及其影响力逐渐扩大。1901 年，美国殖民当局颁布 74 号教育法令：设立公共教育局，要求教会与学校分开；建立免费的初级英语教育系统，规定英语为教学语言，使用美国课本，引进美国教师；制定了发展公立中小学教育的规划（叶萍，2010；李娅玲，2011）。美国殖民统治期间采取"英语至上""唯英语"的语言政策，通过大力推广英语，使菲律宾人接受美式文化和价值观。英语的推广和普及使原本因语言不通而无法沟通的菲律宾人有了一种共同语言，便于沟通和交流，也促进了菲律宾人与现代科技文明的接触。但是，这种语言政策忽视了菲律宾的民族语言及其发展。

　　1902 年，美国国会通过《菲律宾法案》，宣布结束军事统治，建立以美国人为主的文官政府。1934 年，殖民政府通过《泰丁斯-麦克杜菲法案》，宣布在菲实行 10 年自治过渡体制，1935 年，菲律宾自治政府成立。1935～1941 年的自治政府时期，菲律宾全国掀起了发展菲律宾国语取代英语的爱国运动。1935 年，菲律宾宪法的第 14 条第 3 项中加上了"国语条款"，呼吁国会采取措施发展并采纳基于现有本族语的共同国语；1937 年 1 月，国家语言研究所成立，政府开始考虑菲律宾国语的政策。1937 年 12 月 30 日，前总统奎松颁布 134 号总统行政命令宣布他加禄语为菲律宾国语的基础。1938 年，菲律宾《国语法》颁布，菲律宾民族中影响较广的北部方言——他加禄语被确定为国语。1940 年，自治政府通过教育法令和第 58 号法令，对公立小学教育制度进行了修订，要求小学必须由学习英语转为学习国语，由此，他加禄语成为菲律宾所有学校的教学语言（叶萍，2010）。同时，菲律宾开始把方言用作教学辅助语言，逐渐取代作为唯一教学语言英语，并在所有的中等和师范学校教授国语，这标志着菲律宾双语教育的开端（马永辉，2016）。

　　1942～1945 年日本占领菲律宾期间，日本殖民者要求普及日语，停止使用英语。受日本控制的菲律宾政府认可他加禄语为菲律宾国语的地位并鼓励对其使用和发展，将他加禄语和日语并列为官方语言，在一定程度上对国语的发展起到了积极作用。

2. 菲律宾独立后的语言政策

1946 年 7 月 4 日，菲律宾摆脱美国的殖民统治，正式宣布独立。菲律宾独立后，积极推广他加禄语。联邦令第 570 条宣布以他加禄语为基础的国语作为官方语言，宪法正式将国语他加禄语更名为菲律宾语。由于缺乏合格的菲律宾语教师，加之长期殖民统治的影响，菲律宾语的推广后继乏力，英语在教学和政府管理中占据很大优势，多数地区的学校仍使用英语作为主要教学用语。

1957 年公立学校局颁布《菲律宾教育修订计划》，规定英语为一门课程而不是教学用语，但英语作为主要课堂教学语言的地位一直持续到 1974 年双语教育政策的出台才终止。双语教育政策规定，英语和菲律宾语同为基础教育和中等教育的教学用语。英语用于数学和自然科学的教学，而菲律宾语则用于社会研究、劳动教育、品德教育、体育、音乐和艺术等其他课程的教学；各地方言仍然是辅助性的教学语言。

菲律宾独立后，国内民族主义情绪高涨，菲律宾要求发展民族语言的呼声不断。1957～1974 年，菲律宾教育部出台了方言教学政策，该政策规定菲律宾的 8 种主要语言（使用人口在 100 万以上的语言）作为小学一年级和二年级过渡性双语教育中使用的语言，三年级开始才使用英语作为教学媒介。然而，因师资不足以及教材匮乏，该政策并未得到实施（马永辉，2016）。

菲律宾宪法明确规定菲律宾语和英语同为官方语言，但英语在教学和政府管理中的优势明显，一些区域方言只是辅助性语言，地位微不足道。

3. 21 世纪菲律宾的语言政策

进入 21 世纪，菲律宾双语教育政策的弱点逐渐显现：双语教育并没有显著提高学生的英语和国语的水平，以非他加禄语和非英语为母语的学生因双语政策的推广逐渐被边缘化。菲律宾人的英语水平在恶化：2003～2007 年的国家学业成就测试成绩显示全菲学生的平均英语通过率低至 50%～52%，而菲律宾语的通过率则更低[①]。2003 年 5 月 17 日，前总统阿罗约公布第 210 号行政命令，确立加强英

---

① Nolasco, R. M. 2008. The Prospects of Multilingual Education and Literacy in the Philippines. http://www.seameo.org/_ld2008/doucments/Presentation_document/NolascoTHE_PROSPECTS_OF_MULTILI NGUAL_EDUCATION.pdf [2016-10-23].

语作为教育领域主要语言的政策[1]。该政策实质上只是巩固英语作为教学媒介的地位，没有解决菲律宾基础教育恶化的根本问题。

2009 年 7 月，菲律宾教育部颁布了第 74 号令，要求全国正式和非正式的教育中采用基于母语的多语教育。按照该政策，从学前教育到小学三年级，包括国语课和英语课在内的所有课程，教学语言应使用学生的第一语言。学生具备菲律宾语和英语的一定基础后进入中学，英语就成了主要的课堂教学用语，第一语言则作为辅助学习的语言。该政策意在培养学生用母语进行认知和思维的能力，然后将这些能力迁移到第二语言。因此，该语言政策并不是要取代学生的第一语言，而是在学生掌握母语的基础上增加第二语言。

4.6.3　菲律宾的国民语言能力

菲律宾为中等收入国家，多年来经济持续稳定发展，保持了较好势头，是东盟国家中经济较为繁荣的国家。世界数据图谱分析平台提供的数据显示[2]，1998 年，菲律宾政府在公共教育事业上的投入占 GDP 总量的 3.81%，达到了较高的水平；2007 年和 2009 年分别为 2.60% 和 2.65%，2019 年上升到 3.23%。对教育的重视使菲律宾人的识字率不断提升。世界数据图谱分析平台的数据显示，菲律宾成人识字率 2008 年为 95.42%，2013 年为 96.40%，2019 年增加至 96.28%；青年识字率 2008 年为 97.75%，2013 年为 98.11%，2015 年上升至 98.22%。2007 年联合国开发计划署所做的 181 个国家识字率排名中，菲律宾以 92.6% 位列 77，处于中游水平，现在都提升到了上游水平。

菲律宾宪法明确规定菲律宾语和英语同为官方语言。该宪法促进了英语在菲律宾的推广和使用。据维基百科统计，菲律宾说英语的人口比例高达 92.58%。菲律宾的英语能力可通过对比 2015 年和 2017 年中国与菲律宾的雅思学术类和培训类的考试平均成绩反映出来，见表 4-27 和表 4-28。

① Nolasco, R. M. 2008. The Prospects of Multilingual Education and Literacy in the Philippines. http://www.seameo.org/_ld2008/doucments/Presentation_document/NolascoTHE_PROSPECTS_OF_MULTILINGUAL_EDUCATION.pdf [2016-10-23].

② 世界数据图谱分析平台. 菲律宾. https://cn.knoema.com/atlas/菲律宾 [2021-12-15].

表 4-27　2015 年和 2017 年中国和菲律宾的雅思学术类考试平均成绩对比（单位：分）

年份	国家	听力	阅读	写作	口语	总分
2015	中国	5.90	6.10	5.30	5.40	5.70
	菲律宾	7.20	6.80	6.30	6.80	6.80
2017	中国	5.90	6.11	5.37	5.39	5.76
	菲律宾	7.27	6.80	6.20	6.85	6.84

表 4-28　2015 年和 2017 年中国和菲律宾的雅思培训类考试平均成绩对比（单位：分）

年份	国家	听力	阅读	写作	口语	总分
2015	中国	6.10	6.10	5.70	5.80	6.00
	菲律宾	6.40	5.90	6.00	6.40	6.20
2017	中国	6.06	6.03	5.61	5.74	5.93
	菲律宾	6.46	5.99	5.98	6.46	6.29

　　表 4-27 和表 4-28 显示，菲律宾的总体英语能力达到了较高水准。雅思学术类考试两年的总分分别为 6.80 分和 6.84 分，远远高于中国的 5.70 分和 5.76 分；雅思培训类考试两年的总分分别为 6.20 分和 6.29 分，也高于中国考生的平均成绩。两类考试的四项技能中，菲律宾考生的听力和口语都领先于中国考生。相比较，写作为菲律宾考生的弱项，但分数也不低。培训类考试中，中国考生只有阅读成绩高于菲律宾考生，由此可见，中国考生擅长阅读；中国考生的听力成绩与菲律宾考生差距并不大，已达到了 6 分及以上。

　　根据美国教育考试服务中心（Educational Testing Service，ETS）公布的 2016 年全球托福考试成绩，菲律宾位列亚洲第五，领先中国、日本、韩国。通过对比中国和菲律宾的托福考试成绩，我们可以更加清晰地了解菲律宾考生和中国考生的英语能力。

　　2017 年和 2018 年的托福考试中菲律宾考生成绩非常突出，排名第三（表 3-7 和表 3-8）。2017 年和 2018 年菲律宾的托福考试平均成绩几乎持平，2018 年略微下降，降幅为 1 分，其中阅读、听力和口语的分数相同，写作下降了 1 分，为 22 分。在中国和东盟国家托福考试平均成绩排行榜中，菲律宾位列 80 分段的第一名。中国在 2017 年和 2018 年的托福考试中，与菲律宾的考试平均成绩分别相差 10 分和 8 分，差距非常大。可以说，中国考生在英语阅读上表现不俗，但口语、写作和听力等方面还需要提升和加强。表 4-29 是 2017 年和 2018 年中国和菲律宾的托福考试平均成绩的对比。

表 4-29　2017 年和 2018 年中国和菲律宾的托福考试平均成绩对比（单位：分）

年份	国别	阅读	听力	口语	写作	总分
2017	中国	21	19	19	20	79
	菲律宾	21	22	23	23	89
2018	中国	21	19	19	20	80
	菲律宾	21	22	23	22	88

英孚教育提供的标准英语熟练度年度报告显示，2021 年 112 个国家和地区中菲律宾排名 18 位，得分 592 属于英语高熟练度水平，在亚洲位列第二[①]。

菲律宾的华文教育始于 19 世纪末，历经曲折。随着中国经济实力和国力的日益增强，特别是"一带一路"倡议的不断推进，汉语的实用价值日益提升，菲律宾对精通汉语人才的需求不断增强，菲律宾高校已开设汉语专业，汉语不仅是大学入学考试的外语考试科目之一，也是大学外语选修课之一（杨静林和黄飞，2017）。菲律宾华裔学习汉语的热情高涨，甚至菲律宾人以及菲律宾的印度人都把孩子送入华校学习。

2000 年，菲律宾举行了第 6 届 HSK 考试，对考试结果的分析可以帮助了解菲律宾考生的汉语能力[②]。菲律宾 HSK 考试分为高等级、中等级和初等级。参加高等级考试的考生 12 人；参加中等级和初等级考试 111 人。参加高等级 HSK 考试的 12 名考生中，最高分为 434 分，最低分为 293 分；其中听力理解部分最高分为 97 分，最低分为 36 分；阅读理解部分最高分为 91 分，最低分为 47 分；综合表达部分最高分为 97 分，最低分为 58 分；作文部分最高分为 95 分，最低分为 58 分；口试部分最高分为 88 分，最低分为 56 分。12 名考生中，十一级者 1 人，十级者 3 人，九级者 4 人，66.7%的考生都获得了高级别证书。初等级、中等级 HSK

① 英孚教育. 2021. EF 英语熟练度指标：112 个国家和地区的英语水平排名. https://liuxue.ef.com.cn/assetscdn/WIBIwq6RdJvcD9bc8RMd/cefcom-epi-site/reports/2021/ef-epi-2021-chinese-simplified.pdf [2021-12-20].

② 考试数据源自《菲律宾第 6 届汉语水平考试结果揭晓》，《海外华文教育》，2000 年第 8 期，第 30 页；该文原载自菲律宾的《华文教育》第 9 卷第 5 期，2000 年 1 月 15 日。笔者统计了各级证书获得者的比率。

考试中，最高分 381 分，最低分为 81 分。其中，听力理解部分最高分为 92 分，最低为 0 分；语法结构部分最高分为 98 分，最低为 11 分；阅读理解部分最高分 99 分，最低分为 12 分；综合填空部分最高分为 100 分，最低分为 20 分。111 名考生中，获得中级证书者 23 人（20.7%），其中 12 人（10.8%）获得八级证书，23 人（20.7%）获得初级证书。从这次考试成绩可以看出，第一，考生的汉语水平参差不齐；第二，高等级考生人数虽少，但过级率较高，接近七成的考生都获得了高级别证书；第三，参加初等级、中等级考试的人数虽多，但过级率总共只有 41.4%。

2010 年，菲律宾有 1417 人参加新 HSK 考试，考生人数占总考生人数的 1.44%，与意大利并列第 8 位（罗民等，2011）。2018 年 9 月 29 日，仅首都马尼拉就有 1304 名学生以及 25 名社会考生参加了二至六级 HSK 考试[①]。菲律宾的"汉语热"由此可见一斑。

4.7　文莱的国家语言能力

文莱全称文莱达鲁萨兰国（Negara Brunei Darussalam），意为"和平之邦"，是东盟国家中人口最少的国家，国土面积为 5765 平方公里[②]。文莱是个海岛国家，位于加里曼丹岛西北部，北濒南中国海，东南西三面与马来西亚的沙捞越州接壤，并被沙捞越州的林梦分隔为不相连的东西两部分。

文莱在元代史籍中被称为"渤泥"，明代史籍中称为"文莱"。自 16 世纪中期起，葡萄牙、西班牙、荷兰、英国等相继入侵。1888 年，文莱沦为英国保护国，1941 年被日本占领，1946 年英国恢复对文莱控制（梁立俊和莫洁玲，2012）。1959 年，文莱苏丹政府与英国签订协定，规定国防、治安和外交事务由英国管理，其他事务由苏丹政府管理；1971 年与英国签约，获得除外交和国防事务外的内部自治。1979 年 1 月 4 日，文莱与英国签订新的友好合作条约。1984 年 1 月 1 日，文

---

① 新华网. 2018. 菲律宾马尼拉 1300 多人参加汉语水平 HSK 考试. http://big5.xinhuanet.com/gate/big5/www.xinhuanet.com/world/2018-09/30/c_129963861.htm [2019-01-14].

② 中华人民共和国外交部. 2022. 文莱国家概况. https://www.fmprc.gov.cn/web/gjhdq_676201/gj_676203/yz_676205/1206_677004/1206x0_677006/ [2022-09-18].

莱获得了完全独立，实行君主立宪。1984 年 1 月 7 日，文莱成为东盟第六个成员国（梁立俊和莫洁玲，2012）。

文莱人口不多，却是一个多民族国家。全国人口 43 万（2021 年），其中马来人占 69.3%，华人占 10.8%，其他种族占 19.9%[①]。马来族是第一大民族，为主体民族，在文莱的政治、宗教和社会生活中起着主导作用，享有很高的政治、经济和社会地位；在政府机构以及金融、石油等领域，马来人都担任着重要职位；包括皇室成员在内的绝大多数公民皆为马来人。文莱的民族可以简单地分为原住民和外来民族：原住民包括马来族和被统称为"达雅克人"的土著民族，外来民族主要包括华人及来自英国、印度和印度尼西亚等国的移民和劳工（邵建平和杨祥章，2012）。

文莱实行"马来化、伊斯兰化和君主制"三位一体的政治制度来巩固王室统治，重点扶持马来族等原住民的经济，在进行现代化建设的同时严格维护伊斯兰教义。文莱是东南亚主要产油国和世界主要液化天然气生产国；石油和天然气使其富甲一方，是典型的石油经济国家，也是世界上最富裕的国家之一（邵建平和杨祥章，2012；梁立俊和莫洁玲，2012）。

4.7.1 文莱的国家语言资源

4.7.1.1 文莱的民族语言资源

马来族所操持的语言——马来语是文莱的官方语言和国语。马来语属于南岛语系印度尼西亚语族。文莱的马来语与马来半岛及印度尼西亚人讲的马来语相同。文莱的马来语有两种书写体即"爪威文"（Bahasa Jawi）[②]和"罗米文"（Rumi）。20 世纪 30 年代起，文莱政府中拉丁化的写法已完全取代阿拉伯化的写法（古小松，2013）。

文莱最主要的语言是马来语。文莱人非常重视马来语，在重要的庆典活动

---

① 中华人民共和国外交部. 2022. 文莱国家概况. https://www.fmprc.gov.cn/web/gjhdq_676201/gj_676203/yz_676205/1206_677004/1206x0_677006/ [2022-09-18].

② Bahasa Jawi 汉译为爪威文，是源自阿拉伯语的字母，直到 19 世纪末都用于马来语的书写，之后随着罗米文——拉丁文字的引入，爪威文很快被罗米文所取代，尤其是 20 世纪 30 年代以后被完全取代。目前，爪威文主要用于马来西亚和印度尼西亚的宗教场合。

和一些宗教活动中都使用马来语（刘新生和潘正秀，2005）。马来语包括了官方语言马来语（Bhasha Malayu）或标准马来语（standard Malay）、文莱马来语（Brunei Malay）以及克达岩语（Kedayan）。现代马来语的文字是使用两种稍微不同的拉丁字母形式进行书写的，分别在印度尼西亚和马来西亚使用（刘上扶，2009）。

文莱的马来语存在多种方言，包括阿耶水乡方言（Kampung Ayer 或 the Water Village）、大陆马来方言和较为广泛使用的当地方言——文莱马来语。文莱马来语通常用于文莱人之间的非正式交际，主要用于首都斯里巴加湾市，特别是用于不同民族之间的交际（王晋军，2015）。除一些偏远地方使用的伊班语（Iban）和杜松语（Dusun）方言外，文莱马来语是非常有效的通用语，在正式和非正式场合都有使用。除了在国外工作的人，文莱的每个人都可以操持至少一种马来语方言，通常为文莱马来语（Jones et al.，1993）。文莱马来语在文化、政治、使用人数等方面都占有主导地位，具有重要的社会功能，也是文莱身份的标志。

英语是文莱的两种官方语言之一。19世纪英国人进入文莱之后，英语就落地生根并对文莱产生了重大影响。英语在文莱属于通用语言，与马来语一起作为文莱的教学语言使用。英语的使用范围在不断扩大，在政府机关中有逐渐代替马来语的趋势。

华人是文莱的第二大族群，华语的使用较为广泛。华语又分为普通话和方言，方言包括粤语、闽南语、客家话、福州话和泉州话等，当地人统称为华语。文莱的华语学校都以汉语普通话为教学语言；汉语普通话已经发展成为商业用语以及不同华语方言人群的交流媒介。

土著民族"达雅克人"为原始马来人的后裔，语言为南岛语系印度尼西亚语族的达雅克语。达雅克语有多种方言，但没有文字。其他土著民族使用的几种南岛语言包括克达岩语、都东语（Tudong）、白拉奕语（Belait）、杜松语（Dusun）、比赛亚语（Bisaya）、摩禄语（Murut）、伊班语（Iban）和普南语（Penan）（Mclellan et al.，2016）。在文莱宪法中，都东语、白拉奕语、杜松语、比赛亚语、摩禄语和文莱马来语以及克达岩语总称为马来语，属于马来方言。其他两种土著语言包括伊班语和普南语。

Martin（2008）把文莱的语言生态描述为三种语言类型：①超区域型语言（supraregional languages），如英语和标准马来语，这两种语言具有很高的社会地位和威望；②土著语言（indigenous languages），如文莱马来语、克达岩语、都东语、白拉奕语、杜松语、比赛亚语、摩禄语；③非土著语言（non-indigenous languages），如汉语、伊班语、普南语和木胶语（Mukah）。文莱都东区约 12 000 名穆斯林操持都东语，西部白拉奕区约 700 名穆斯林操持白拉奕语；都东区和白拉奕区约 12 000 人说杜松语，而这些人中的大部分人已成为穆斯林（Martin，2008）。在文莱，能够掌握阿拉伯语的人并不多，但由于宗教场合经常使用阿拉伯语，因此文莱的马来族至少能够理解并讲一点阿拉伯语。文莱的主要语言及作用详见表 4-30（Coluzzi，2011）。

表 4-30　文莱的主要语言及作用

语言	作用	声望趋势
英语	国际通用语、现代性、语言资本	
（使用阿拉伯文字的）标准马来语	宗教场合、君主制	
（使用拉丁文字的）标准马来语	民族的象征，用于马来语世界的交流	
文莱马来语	民族身份的象征；主要沟通语言	
阿拉伯语	宗教场合	
汉语普通话	华人社区沟通的语言；华人的身份象征；语言资本	
包括汉语方言在内的少数民族语言	少数族群内部的交流工具；少数民族的身份象征	

表 4-30 显示出，文莱的高阶语言为马来语（标准马来语和文莱马来语）和英语；中阶语言为汉语普通话和阿拉伯语；低阶语言为汉语方言及文莱的少数民族语言。英语是文莱发展迅速且使用最为广泛的语言，地位高于马来语。标准马来语得到文莱官方的大力支持，主要用于国家事务或书籍、报纸、电影等。虽然通晓阿拉伯语的人数非常有限，基于它曾在马来语发展中所起的作用及其特定的使用场合，它位列华人所使用的汉语普通话之前。少数民族语言使用的场合较为有限，仅限于族群内部的交际。

除了标准马来语和英语之外，文莱有 10 种少数民族语言，具体见表 4-31（Coluzzi，2011）。

表 4-31 文莱少数民族语言活力表

语言	活力
文莱马来语	6
伊班语	5
摩禄语	3.5
克达岩语	3
比赛亚语	3
都东语	2.5
杜松语	2
普南语	2
白拉奕语	0.5
木胶语	缺乏数据

从表 4-31 可以看出,文莱马来语最具有活力,在文莱人的生活中占据重要位置,语言活力指数为 6,而一些其他少数民族语言,如杜松语和普南语的语言活力指数都远远低于文莱马来语。白拉奕语的语言活力指数非常低,仅为 0.5;最低的为木胶语,因其使用者较少,无法统计出相关数据。因此,白拉奕语与木胶语是最为濒危的少数民族语言。

根据 Martin(1992)的调查,63%母语为都东语的 40 岁以下人群以及 72%母语为杜松语的成年人在家中使用文莱马来语。90%以上母语为白拉奕语的家长用文莱马来语与子女交流,而不使用母语,这在一定程度上危及了白拉奕语的传承。

4.7.1.2 文莱的外语资源

文莱的高等教育起步较晚,1985 年,文莱才创立了第一所大学——文莱大学(University of Brunei Darussalam)(郭元兵,2009)。依托雄厚的经济实力,加之政府对教育的高度重视,文莱各层次的教育得到了较大的发展。根据文莱教育部网站显示,文莱目前有 3 所大学和一所工艺学院[①]:唯一一所综合性大学文莱

---

① Ministry of Education Brunei Darussalam. Higher education. https://www.moe.gov.bn/SitePages/Higher%20Education.aspx [2022-02-04].

大学、文莱苏丹沙里夫阿里伊斯兰大学（Ultan Sharif Ali Islamic University）以及第一所工程和技术大学——文莱理工大学（Brunei University of Technology）；文莱理工学院（Brunei Polytechnic）提供两年制的学习项目，颁发相关项目毕业证书。2020 年，文莱所有大学的在校学生为 11 201 人[①]。2001 年，文莱大学成立了语言中心，除了教授英语外还开设了多门语言课程[②]。

文莱还有几所学院，如文莱技术教育学院（Institute of Brunei Technical Education）、苏丹哈吉·哈桑纳尔·博尔基亚塔菲兹古兰经研究院（Institute Tahfiz Al-Quran Sultan Haji Hassanal Bolkiah）、文莱拉克萨马纳商学院（Laksamana College of Business）、文莱地理信息学院（Brunei Institute of Geomatics）。文莱 3 所大学外语开设情况的调研结果显示如表 4-32 所示。

表 4-32　文莱大学的外语开设情况

序号	所在城市	大学名称	外语数量/种	外语语种	备注
1	斯里巴加湾	文莱大学	9	英语、阿拉伯语、日语、韩语、法语、德语、汉语、意大利语、越南语	
2	斯里巴加湾	文莱苏丹沙里夫阿里伊斯兰大学	2	阿拉伯语、英语	
3	斯里巴加湾	文莱理工大学	1	英语	

位于首都斯里巴加湾的文莱大学开设了 9 门外语，即英语、阿拉伯语、日语、韩语、法语、德语、汉语、意大利语和越南语；文莱苏丹沙里夫阿里伊斯兰大学开设了阿拉伯语和英语；文莱理工大学实行全英文授课。

文莱是一个实行"马来化、伊斯兰化和君主制"三位一体政治制度的国家。除了官方语言英语和马来语外，阿拉伯语享有较高声望，其功用和声望都在汉语之上。阿拉伯语是文莱的宗教语言，也是文莱公立学校的选修课程，同时是文莱苏丹沙里夫阿里伊斯兰大学的主要教学语言之一，文莱大学和文莱苏丹沙里夫阿里伊斯兰大学都开设了阿拉伯语。

---

① 司尔亚司数据信息有限公司. 文莱学生数：大学. https://www.ceicdata.com/zh-hans/brunei/education-statistics/no-of-students-university [2022-02-04].

② University of Brunei Darussala. Language Centre. https://ubd.edu.bn/academic-faculties/language-centre.html [2019-05-21].

4.7.2　文莱的国家语言管理能力

4.7.2.1　文莱的国家语言文字管理机构

文莱政府重视对英语和马来语的语言规划并通过文莱教育部和文莱语言文学研究院（ Brunei Language and Literature Bureau ）来进行语言文字管理（ Coluzzi，2011 ）。文莱政府于 1965 年建立了语言文学研究院，主要负责推动文莱的马来语语言、文学和文化的发展，进行标准马来语的书写及发音的标准化工作，同时编撰词典，确定和推广专业术语（Smith，1994 ）；举办马来语、马来文学和诗歌的研讨会；出版本地作家用马来语撰写的作品（Coluzzi，2011 ）。该研究院还管理着国内最大的公共图书馆——语言文学研究院图书馆。图书馆建于 1963 年，位于教育部大楼。作为一个参阅室，图书馆于 1968 年 9 月 29 日正式对民众开放。另外，图书馆还开展活动向文莱民众推广阅读文化，如制定早期识字计划和学前教育计划、开展阅读文化嘉年华活动等，为文莱公众学习马来语、提升公众的识字率起到了积极的作用。

马来西亚和印度尼西亚两国在 1972 年成立协会，统一了标准马来语的拼写标准，当时文莱并未采用该拼写标准[①]；1985 年，文莱与马来西亚、印度尼西亚共同成立了"文印马马来语委员会"来推动马来语的标准化（张治国和郭彩霞，2016 ）。

但是，文莱对少数民族语言缺乏足够的重视，对少数民族语言的态度是听之任之，任其发展。少数民族语言规划往往是由私立机构或对少数民族语言保护和传承有兴趣的人士来完成的。文莱政府没有出台任何官方政策和规定，没有做任何努力来发展少数民族语言，也没有采取明显的手段来阻止少数民族语言的使用（ Coluzzi，2011 ）。

4.7.2.2　文莱的语言服务与语言技术

文莱政府为了传播、普及和推广马来语和英语，通过报纸、广播和电视台等媒体手段服务于民众语言能力的提升。文莱新闻社，同时也是文莱唯一官方新闻

---

① PCGN. 2018. Typonymic Fact File: Brunei. https://assets.publishing.service.gov.uk/government/uploads/system/uploads/attachment_data/file/931489/Brunei_Toponymic_Factfile_2018.pdf [2022-01-28].

机构，发行英文和标准马来文版的《婆罗洲州公报》以及标准马来文版的《文莱灯塔报》《数字宝石报》和免费的政府周报。

文莱广播电视台采用马来语、英语和华语进行播送。文莱电视台从 1975 年起开设彩色电视频道，播放马来语和英语节目。在白拉奕区还设有一个专门为英国廓尔喀部队广播的英国军队广播服务台（Coluzzi，2011）。2001 年，文莱的广播电台推出了在线广播（杨绪明和宁家静，2019）。文莱马来语会偶尔出现在电视剧和脱口秀中。

文莱每天有 5 个小时的汉语普通话广播，汉语是唯一见诸媒体的少数民族语言。广播和电视台还转播中国、马来西亚等制作的华语节目。华语 CD、DVD，其他国家出版的华文书籍、报纸也较为常见。文莱本国并没有独立创办的中文报刊，中文报纸主要从国外进口。文莱国内的中文报纸主要是来自马来西亚的华文报纸，如《星洲日报》、《诗华日报》和《联合日报》（杨绪明和宁家静，2019）。这些报纸拓宽了华人获得信息的渠道，也是学习汉语的有益资源。

互联网的普及带动了少数民族语言的传播，如脸书上有杜松语的聊天群、都东语的博客等。文莱也出版了一些民族语言的词典，包括文莱马来语、克达岩语、都东语和白拉奕语等（Coluzzi，2011）。

文莱人常使用一些马来语-英语/英语-马来语的双语词典，如《牛津英-英-马来语词典》（*Oxford English-English-Malay Dictionary*）、袖珍马来语-英语/英语-马来语词典，见图 4-8。

图 4-8　文莱的词典

一些电子词典和在线词典也服务于民众英语和马来语的学习，如剑桥词典（https://dictionary.cambridge.org/），该词典具有英汉、英语马来语、英德双语词典的功能，还可以帮助学习者学习英语语法。

"谷歌翻译"和"ImTranslator"在文莱比较受欢迎。"ImTranslator"可以实现词、句、段的文字翻译和支持语音播放翻译内容，其最新版本能支持 100 多种语言之间的翻译，每次翻译 10 000 个字符，能够进行 10 种语言文本-语音转换等功能。文莱也有一些翻译公司，承担着翻译服务的工作，如译力亚洲（Elite Asia）在文莱的分公司是提供英语、马来语等多种语言翻译服务的公司。

4.7.2.3 文莱的语言政策与规划

1888 年 9 月 17 日，文莱与英国签订了保护协定，文莱由此成为英国的保护国直至沦为英国的殖民地。第二次世界大战期间的 1941 年 12 月至 1945 年 6 月，日本占领了文莱。1946 年 7 月，英国恢复了对文莱的殖民统治，英国对文莱的统治一直持续到 1984 年。

英语伴随着英国的殖民统治来到文莱，成为文莱社会生活中一门极其重要的语言。在文莱近现代语言史中，民族语言马来语的历史与英语不可分割。

文莱的正规教育始于英国殖民统治的前期即 1906～1959 年（其中 1941 年至 1945 年为日占时期）。随着文莱石油的大量开采，学校数量开始增多。马来语学校由 1913 年的 1 所增加到 1938 年的 21 所，华语学校增加到 4 所，英语学校也增加到了 3 所（俞亚克和黄敏，1994）。20 世纪中叶，出于石油开发和政府管理的需要，殖民政府对英语人才需求旺盛。第一所政府创办的英语学校成立于 1951 年，招收小学四年级以上的学生，所有课程都用英语讲授，第一所英语中学于 1953 年建立（王晋军，2015）。但是，文莱当时没有完全统一的教育政策。

英国殖民统治的后期即 1959～1984 年，文莱的教育有了很大发展。这一时期，文莱出现了两种不同的语言教学方式：一种使用马来语教学，一种使用英语教学。1959 年，文莱教育委员会报告书首次提出要把马来语作为所有中小学的教学媒介语，但这一建议遭到英国的干预而未能实施。第二个教育委员会报告书再次强调：根据宪法精神，尽快把马来语作为公立中小学的主要教学语言，同时要提高本国中小学的英语使用水平（刘上扶，2009）。在两个教育委员会报告书发表之后，文莱政府采取了一些措施来确立国家教育政策。最终，1959 年 9 月 29 日，文莱出台了历史上的第一部宪法，先后进行了三次修改。宪法确定马来语为文莱的官方语言，并在宪法第 82 条第一款规定英语与马来语在之后 5 年的时间内共同作为官方语言（Martin，2008）。文莱政府虽然确定了马来语作为官方语言的地位，但是直到 20 世纪 70 年代，文莱始终没有确定马来语作为国家教学语言的地位。此后，马来语和英语作为两种不同的教学语言一直延续下来。

1984 年 1 月 1 日，文莱苏丹宣布文莱完全独立；1985 年 1 月，文莱政府实行了马来语-英语的双语教育体制。文莱政府宣称这个双语教育体制是确保马来语作为主导教学媒介语的地位并认可英语重要性的一种途径。文莱实施双语制的主要目的是确保马来语的地位，同时培养学生具备英语和马来语的双语能力。

文莱双语制教育中采用英语作为媒介的过程是循序渐进的，体现出马来语课时逐渐减少而英语课时逐渐增多的过程，但马来语教育始终贯穿小学、初中、高中以及大学。在小学低年级段，英语以外的所有课程都使用马来语讲授（刘上扶，2009）；小学高年阶段（即四年级起），除英语以外，数学、历史、科学和地理都使用英语授课；年级越高，使用英语教学的科目就越多，但马来语、伊斯兰教知识、手工、美术和公民课都采用马来语讲授。从 2008 年起，小学低年级的数学课和计算机课也开始用英语讲授（Coluzzi，2011）。进入初中阶段，学生已经具备一定的英语水平，只有马来语、伊斯兰教知识和历史课使用马来语教学，其余课程都使用英语教学。中学使用英语教学的课程远比用马来语教学的课程要多（Jones，1997），由于计算机和互联网的普及，中小学生接触英语的机会更多。高中阶段，只有马来语课使用马来语来讲授，其余课程完全采用英语讲授。进入大学后，如文莱大学，除马来语、马来文学和文莱国家哲学即“马来伊斯兰君主制”课使用马来语和阿拉伯语讲授外，其他课程都使用英语讲授（王晋军，2015）。在文莱大学，除了马来语语言及语言学系、马来文学及历史系、文莱研究院、苏丹哈桑纳尔·博尔基亚教育学院的少量课程用马来语讲授之外，其他课程都使用英语讲授。

英语使用的另一个官方领域是司法领域，它不仅是书面法令和法规所使用的语言，也是法庭上所使用的语言。英语在政府主导的媒体中也举足轻重，官方报纸《婆罗洲公报》和《文莱时报》使用英语发行，40%的电视台播出时间都使用英语。

语言规划作为政府行为，其目的就是要解决一个国家语言生活中出现的问题、困难、冲突等。文莱的语言规划主要关注两种语言即马来语和英语，往往是多个部门同抓共管，如文莱教育部、文莱语言文学研究院以及文莱广播电视台。这些部门关注的对象只有标准马来语和英语两种语言。马来语得到了广泛推广和普及，2012 年，文莱 10 岁以上居民的识字率位居世界前列，其中男性为 97.7%，女性为 95.4%[1]；英语在文莱也已经发展到与马来语旗鼓相当的程度。少数民族语言或地方语言的规划不在文莱政府管辖的范围之内，只能由私立机构或有兴趣的个人或团体来发起对少数民族语言的保护与传播等活动。

由于标准马来语已在文莱普遍推行，其标准化的程度较高，文莱政府没有做太多的本体规划，只是对一些马来语词汇进行了补充和修订（Coluzzi，2011）。文莱政府在马来语的地位规划上做了大量的工作，其中文莱语言文学研究院对马来语的普及、文莱文学和文化的发展都起到了重要的作用。

文莱政府规定，在文莱众多的语言中，只有三种语言作为各个层次的教学语言即标准马来语、英语和汉语普通话。汉语主要由华语学校来教授。文莱大学从 2010～2011 学年开始，开设 3 个少数民族语言课程作为选修课，即伊班语、杜松语和都东语。老师和学生在非正式场合也可使用文莱马来语（Coluzzi，2011）。

4.7.3　文莱的国民语言能力

文莱以原油和天然气作为主要经济支柱成为东南亚的富庶之国，是世界上的高收入国家。经济上的富足极大地带动了教育的繁荣。根据联合国教科文组织公布的数据，文莱教育发展程度位居全球 127 个国家中的第 34 位。世界经济论坛发布的《2012—2013 年全球竞争力报告》指出，文莱健康和初等教育质量位居全球 144 个国家的第 31 位，高等教育和培训质量为第 57 位，初等教育入学率达 92.9%。

根据世界数据图谱分析平台的数据[2]，文莱的公共教育支出 2016 年为 4.43%，文莱政府在教育上的投入已进入东盟国家的前列。成人识字率 2011 年为 96.09%，2018 年上升至 97.21%；青年识字率 2011 年为 99.37%，2018 年上升至 99.71%。文莱识字率已位居世界前列。

文莱双语教育政策实行以来，文莱人的英语水平得到了很大提升。由于文莱

① 中华人民共和国驻文莱达鲁萨兰国大使馆. 2012. 文莱识字率位居世界前列. https://www.mfa.gov.cn/ce/cebn/chn/jmwl/t939495.htm [2022-01-25].

② 世界数据图谱分析平台. 文莱达鲁萨兰国. https://cn.knoema.com/atlas/文莱达鲁萨兰国 [2021-12-19].

的人口为东盟各国中最少，一些英语国际考试如雅思、托福等考试报告中，均未出现对文莱考生的成绩分析。

琼斯等（Jones et al., 1993）通过调研发现，英语在文莱的地位远远高于标准马来语；在其有关语言使用的问卷调查中，570 位文莱人参与了调研，通过对问卷的分析，他们发现，30.5%的受访者都认为英语是文莱最重要的语言，这个比例高于标准马来语而低于文莱马来语。英语在年轻人中的普及程度较高，家庭之外的英语使用十分普遍，而它在家庭语言使用中也占据一定地位。61%的调查对象选择了英语作为与朋友之间的交流语言。393 人（68.9%）在日常生活中使用英语；479 人（84.0%）在超市中使用英语；158 人（27.7%）在购物过程中部分或全部使用英语。马来语作为政府的官方语言，从理论上说，应该是在涉及政府事务时的第一选择。然而，33%的调查对象认为，在处理政府事务时他们也使用英语。琼斯等的研究发现，在文莱英语不仅是重要的语言资本，而且是社会地位和社会精英的标志，其研究充分说明了英语在文莱人语言生活中举足轻重的地位和作用。

文莱的华人占总人口的 10.2%，有 4 万多人。1991 年，中国政府与文莱正式建交，华语学习人数不断增加。随着中国的经济发展、世界影响力的不断提升以及"一带一路"倡议的推进，文莱社会非常关注中国的发展，文莱人学习华语的热情也越来越高涨。文莱中华中学（Chung Hwa Middle School）是文莱华语学校中规模最大、历史最长、师生人数最多的学校。2007 年，该校开始承办中国HSK 考试，该考点是文莱和东马地区唯一官方指定的中国 HSK 考试考点。2010年，该校把 HSK 考试作为小学、初中、高中毕业班的必考科目（杨绪明和宁家静，2019）。2011 年，文莱有 802 人参加 HSK 考试，考生人数创历史新高，其中有124 人获得优异成绩[①]。2012 年，考生人数被再次刷新，共有 879 人参加考试[②]，比上一年增加了 77 人，考生大多为学生，也有社会各界人士。

唐伟萌（2018）探讨了文莱白拉奕中华中学的华裔学生对汉语的态度及其汉语能力，一定程度上反映出文莱华裔青少年的汉语水平。文莱白拉奕中华中学是

---

① 中华人民共和国驻文莱达鲁萨兰国大使馆. 2012. 郑祥林大使出席中国汉语水平考试颁奖仪式. https://www.fmprc.gov.cn/ce/cebn/chn/sgxw/t913159.htm [2022-01-25].

② 刘卫国. 2012. 文莱汉语水平报考人数创新高. https://news.12371.cn/2012/10/21/ARTI13508036017 14108.shtml [2022-06-05].

继文莱中华中学之后的文莱第二大华校，坐落于石油产区白拉奕县；该校覆盖幼儿园、小学、初中和高中的教育，有在校学生 1000 余人，教师约 80 人，学生以华人和华侨为主。唐伟萌（2018）对其任教的四个班学生即四年级、五年级、七年级和十年级共计 79 名学生进行了问卷调研。该问卷调研不仅涉及了学生对汉语的态度，还涉及了汉语听力、口语、阅读和写作能力四个部分。对回收的 74 份有效问卷的分析发现：学生的英语能力较为突出，英语的听力、口语、阅读和写作能力都居汉语之上。就听力而言，能完全听得懂英语的学生有 61 人（82%），所占比例最高；其次，能完全听得懂汉语的学生有 54 人（73%）；能完全听懂马来语的学生为 29 人（39%）。就口语能力而言，能流利使用英语进行沟通的学生为 58 人，占比最高，达到 78%；使用汉语进行流畅沟通的学生居第二位，有 47 人（64%）；能使用马来语进行流畅沟通的学生有 13 人（18%）。就学生的阅读能力而言，对英语文章有较好理解能力的学生有 37 人（50%）；具有良好汉语阅读能力的学生有 23 人（31%），而具备较好马来语阅读能力的有 16 人（22%）。就写作能力而言，能用英语正确书写表达的有 41 人（55%），其次有 23 人（31%）选择马来语；能用汉语进行正确书写表达的只有 22 人（30%）。

　　研究显示，无论华人学生还是华侨学生，其英语能力都远在汉语之上。华人华侨学生的四项汉语能力从高到低依次为听力、口语、阅读理解和写作。汉语写作能力是四项能力中最低的，近 30% 的学生完全不能书写汉字，学生的写作能力甚至低于马来语的写作能力。从客观上看，汉字书写有一定难度；主观上来说，家长只注重孩子汉语的听、说能力，而对汉字书写和汉语写作重视不够（唐伟萌，2018）。

4.8 马来西亚的国家语言能力

　　马来西亚（Malaysia）国土面积约为 33 万平方公里，首都为吉隆坡，分为东马来西亚和西马来西亚两个部分，西马位于马来半岛南部，北与泰国相邻，西濒马六甲海峡，南与新加坡隔柔佛海峡相望，东马位于加里曼丹岛北部，包括沙捞越和沙巴两个州。16 世纪欧洲列强入侵，荷兰开始了对马六甲的殖民统治。19 世纪初，英国统治了槟城、马六甲和新加坡三地，建立海峡殖民地。1948 年，马来亚联合邦成立。1955 年，马来亚举行大选，1957 年宣布独立；1963 年，马来西亚联邦正式成立；1965 年，新加坡脱离马来西亚联邦[①]。

马来西亚民族众多，包括原住民和移民两类，主要分为四大族：马来族、华族、印度族以及其他族。马来族和其他数十个少数民族属于原住民，而印度族、华族和其他族中的西方移民等属于移民民族。马来西亚推行国民教育政策，实施小学免费教育。小学分为国民学校和国民型学校两种类型：国民学校以马来语（Malaysian Malay）为教学媒介语，而国民型学校以华语和泰米尔语（Tamil）为主要教学媒介语。中学包括 5 年制的国民中学和 6 年制的华文独立中学（简称华文独中）。

4.8.1　马来西亚的国家语言资源

4.8.1.1　马来西亚的民族语言资源

马来西亚人口为 3270 万（2022 年），其中马来族人口占 69.4%，华族人口占 23.2%，印度族人口占 6.7%，其他种族也占 0.7%[②]。根据马来西亚宪法中有关马来族的定义，马来族涵盖了所有信奉伊斯兰教、遵循马来族习俗文化的马来西亚人。华族是第二大民族，也是马来西亚国家建设发展的重要力量，拥有自己的语言、风俗和文化。印度族包括来自印度各地不同族群的人，如泰米尔人（Tamil）、旁遮普人（Punjabis）[③]。其他分布在东马和西马的原住民中，东马的少数民族和部族人口占多数，沙巴州以卡达山-杜顺族（Kadazan-Dusun）、巴瑶族（Bajau）和毛律族（Murut）为主[④]，沙捞越州以伊班族（Iban）和陆达雅族（Bidayuh）人口为多数[⑤]；西马的少数民族主要有塞芒族（Semang）、赛诺伊族（Senoi）和

---

① 中华人民共和国外交部. 2022. 马来西亚概况. https://www.fmprc.gov.cn/web/gjhdq_676201/gj_676203/yz_676205/1206_676716/1206x0_676718/ [2022-09-27].

② 中华人民共和国外交部. 2022. 马来西亚概况. https://www.fmprc.gov.cn/web/gjhdq_676201/gj_676203/yz_676205/1206_676716/1206x0_676718/ [2022-08-23].

③ Minority Rights Group International. 2018. Malaysia: Indians. https://minorityrights.org/minorities/indians-2/ [2022-01-28].

④ Minority Rights Group International. 2018. Malaysia: Indigenous peoples and ethnic minorities in Sabah. https://minorityrights.org/minorities/indigenous-peoples-and-ethnic-minorities-in-sabah/ [2022-01-28].

⑤ Minority Rights Group International. 2018. Malaysia: Indigenous peoples and ethnic minorities in Sarawak. https://minorityrights.org/minorities/indigenous-peoples-and-ethnic-minorities-in-sarawak/ [2022-01-28].

原始马来人（Orang Aslli）（古小松，2013）。

马来西亚语言资源丰富，根据世界民族语言网站（Ethnologue: Languages of the World）的数据，语言和方言数量为 132 种，其中勒拉克语（Lelak）已于 20 世纪 70 年代灭绝，现存 131 种语言和方言中，濒危语言 13 种，原住民语言 110 种，外来语言 21 种[①]。马来西亚原住民语言分属南岛语系和南亚语系，马来语、沙巴州和沙捞越州的原住民语言基本都属于前者，只有马来半岛上的原住民语言为南亚语系，这些语言大部分都缺少文字系统（Omar，2014）。

1. 马来语

马来语，又称为马来西亚语，是马来族的语言，也是马来西亚的国语、官方语言和通用语。由于历史渊源和实际地位，马来语成为马来西亚自治后培养国家意识、增强民族凝聚力的重要工具。从马来西亚自治之初的《拉萨报告书》到 1957 年宪法制定、1963 年宪法修订，再到 1967 年《国家语言法》的出台，马来语作为马来西亚的国语、唯一官方语言的地位被确立下来，随后成为马来西亚的通用语。

历史记载中，14~15 世纪时人们根据古爪哇文创造了马来文，经伊斯兰教广泛传播后，阿拉伯文字成为马来语的书写系统，当地人将这种文字本土化后，形成了爪威文，英殖民统治时期形成了罗马字母拼写系统——罗米文。独立后，马来西亚政府继续沿用罗马字母拼写系统，基于马六甲柔佛方言建立了标准马来语（古小松，2013），并多次对马来语语音、词汇、句法等方面制定统一标准，进行语言本体规划。马来语是学校的必修课程和考试科目，覆盖了马来西亚整个教育领域。

2. 华语和泰米尔语

华语是华族的语言，包括标准华语（Mandarin）和华语方言（Chinese dialects）。华语是华族家庭的主要用语，也是法定的国家工作语言之一（《1996 年教育法》规定），并且是国民型华语小学、华文独中的教学媒介语，国民学校也开设了华语选修课程。

泰米尔语属达罗毗荼语系，由于印度族内操持泰米尔语的人数最多，泰米尔

---

① Ethnologue: Languages of the World. Malaysia: Languages. https://www.ethnologue.com/country/MY/languages/ [2022-08-23].

语被认作印度族的语言。泰米尔语是国民型泰米尔小学的教学媒介语，在国民学校开设有泰米尔语选修课程。除泰米尔语外，印度族内使用的语言还包括达罗毗荼语系的马拉雅拉姆语（Malayalam）以及印欧语系印度-雅利安分支（Indo-Aryan）的旁遮普语（Punjabi）、古吉拉特语（Gujarati）等[①]。印度族内部阶级和财富分化严重，主要依靠泰米尔小学教育、家庭用语和族内各群体的宗教文化活动来保证语言文化的传承。

3. 其他原住民语言

马来西亚的原住民语言中，使用人数超过 10 万的只有 8 种，其余大部分语言的使用人数在 2 万以内。这 8 种语言为马来语、伊班语（Iban）、爪哇语（Javanese）、卡达山-杜顺语（Kadazandusun）、西岸巴瑶语（West Coast Bajau）、陶苏格语（Tausug）、陆达雅语（Bidayuh languages）和米拉努语（Melanau），具体情况如表 4-33 所示。

表 4-33　马来西亚原住民的语言使用情况表[②]

序号	语言	使用人数/人	主要分布地区
1	伊班语	1 452 000	主要分布于沙捞越州各地，少数聚居于沙巴州斗湖区
2	爪哇语	300 000	分布于吉打州、霹雳州、沙巴州和吉隆坡
3	卡达山-杜顺语	26 4000	主要分布于沙巴州西海岸地区
4	西岸巴瑶语	210 000	主要分布于沙巴州古达区、皮塔斯区以及西海岸各地
5	陶苏格语	150 000	沙巴州多个地区
6	陆达雅语	143 050	沙捞越州古晋省、三马拉汉省
7	米拉努语	121 200	沙捞越州木胶省、诗巫省

表 4-33 中，使用人数超过 10 万的原住民语言均为东马的语言。伊班语是伊班族的语言，是使用人数最多的原住民语言，属于马来西亚国家规划课程范畴，马来西亚的 367 所小学和 55 所中学开设伊班语课程（Ting & Ling，2012）。伊

---

① Minority Rights Group International. 2018. Malaysia: Indians. https://minorityrights.org/minorities/indians-2/ [2022-01-28].

② Ethnologue: Languages of the World. Malaysia: Languages. https://www.ethnologue.com/country/MY/languages/ [2019-07-31].

班语于 2008 年被列为可选考试科目。1997 年，卡达山-杜顺语也作为母语被允许在国民小学开设选修课程。

马来半岛的民族语言中，塞芒语（Semai）是塞芒族的民族语言，使用人数只有 1 万多人，为塞芒族人口的四分之一。塞芒语是马来西亚阿斯里安武装部队的通用语，少量学校开设了该语言课程。世界民族语言网站的数据显示，马来半岛语言中语言活力较强的还有特穆亚语（Temuan）和特米亚尔语（Temiar），其中特米亚尔语是马来半岛北部很多原始马来人的通用语[1]。

虽然马来西亚的民族语言资源丰富，且政府承认并支持民族语言教育，但是民族语言的发展状况不容乐观。在国语和英语的强势传播下，民族语言使用人数锐减，语言教育困难，很多民族中以马来语为第一语言的人数不断增加，而以民族语言为母语的人数在减少。根据世界民族语言网站的数据，多数民族语言使用人数在 1 万人以内，人数少于 2000 人的民族语言就有 30 种左右，根据联合国教科文组织语言濒危程度分级框架，民族语言中处于危险级别的语言超过了一半[2]。

4.8.1.2　马来西亚的外语资源

除了民族语言外，马来西亚还有一些外语，其中英语和阿拉伯语的地位较为突出，不仅在教育领域作为教学媒介语占有一席之地，也是马来西亚大部分人生活中经常使用的语言。

1. 英语

英语是马来西亚独立以前英国殖民政府的语言，是马来西亚商业贸易通用语。20 世纪 70 年代，马来西亚国语全面取代英语后，英语成为学校的一门科目。从20 世纪 90 年代开始，马来西亚在学校部分课程和部分机构增加英语为教学媒介语，目的在于通过语言政策平衡国家需求和国际挑战（Gill & Kirkpatrick，2013）。马来西亚政府"提升马来语、加强英语"的政策使英语逐渐成为马来西亚的第二语言，是各级教育机构中的必修课，也是部分小学数理化课程及高等教育机构部分课程的教学媒介语，在经济、科研、媒体、司法和行政领域占有重要地位。马

---

① Ethnologue: Languages of the World. Malaysia: Languages. https://www.ethnologue.com/country/MY/languages/ [2019-07-31].

② Ethnologue: Languages of the World. Malaysia: Languages. https://www.ethnologue.com/country/MY/languages/ [2019-07-31].

来西亚大部分私立学校以英语为教学媒介语，即便在以马来语为媒介语的大学，英语也是必修课。2015 年，沙捞越州将英语确立为该州的官方语言，与马来语一起用于州行政事务管理。

由于家庭语言、教师英语水平和媒体的影响，学生虽然学习的是标准英语，但更倾向于使用地方变体——马来西亚英语（Malaysian English），功能性和普遍性使这种带有多语特征的英语变体已经为马来西亚人普遍接受，在多个领域与标准英语并行使用。马来西亚英语可以起到"建立社会纽带"的作用，学生对不同英语变体、不同社会语言的掌握可以既能与当地英语使用者交流，也能与国际英语使用者交流（Muniandy et al.，2010）。

2. 阿拉伯语

马来西亚规定伊斯兰教为国教，并努力构建一个文明的伊斯兰国家。20 世纪20 年代，第一批从开罗爱资哈尔大学（Al-Azhar University）学成归国的马来西亚学生将伊斯兰基础知识教育和西式教学法结合在一起，构建了伊斯兰教育体系，该体系被引入一些马来西亚地方学校（Abdul-Hamid，2017）。马来西亚独立后，政府统一了公立学校课程，小学核心课程中专门提供了伊斯兰教文化课程，多种伊斯兰学校也逐渐发展起来。1973 年，教育部成立宗教教育司，后更名为伊斯兰教育司，全权负责马来西亚的伊斯兰教育和阿拉伯语语言教育。

作为伊斯兰教文化载体的阿拉伯语，成为小学、中学和高等学校中的必修课程以及部分课程的教学媒介语。对于信奉伊斯兰教的马来族而言，掌握基础的阿拉伯语和伊斯兰宗教文化是生活的重要组成部分。因此，马来人基本都能够阅读阿拉伯语书写的教义和经书，使用阿拉伯语进行宗教活动。专门从事伊斯兰教相关研究的学者和阿拉伯语学者也不在少数。

马来西亚的高等教育机构包括公立大学、学院及技术职业学院和私立大学、学院以及外国大学分校。私立高等教育机构的数量超过了 600 所，是公立教育机构的 10 倍左右。根据马来西亚教育部提供的数据，马来西亚有公立大学 20 所，私立大学 55 所。公立大学以马来语为主要教学媒介语，只有玛拉工艺大学（University of Technology MARA）以英语为教学媒介语。私立高校中，以英语为教学媒介语的学校数量较多。对 75 所大学中部分大学外语开设的具体调研情况如表 4-34 所示。

表 4-34　马来西亚部分大学的外语开设情况

序号	所在城市	大学名称	院/系名称	语种数量/种	语种	备注
1	吉隆坡	马来亚大学（University of Malaya）	语言和语言学学院	10	英语、阿拉伯语、法语、德语、日语、西班牙语、意大利语、韩语、葡萄牙语、泰语	具有英语硕士点；韩语、葡萄牙语和泰语仅为语言课程，并非专业
2	雪兰莪	马来西亚博特拉大学（University of Putra Malaysia）	现代语言和交流学院	3	英语、阿拉伯语、波斯语	具有这三种语言的硕士点和博士点
3	雪兰莪	马来西亚国际伊斯兰大学（International Islamic University Malaysia）	语言和管理学院	2	英语、阿拉伯语	具有这两种语言的硕士点和博士点
3	森美兰	马来西亚伊斯兰科学大学（Islamic Science University of Malaysia）	主要语言研究学院	2	英语、阿拉伯语	具有这两种语言的硕士点和博士点
3	登嘉楼	马来西亚达鲁依曼大学（Darul Iman University, Malaysia）	语言和交流学院	2	英语、阿拉伯语	具有这两种语言的硕士点
4	吉隆坡	马来西亚开放大学（Open University Malaysia）	教育和社科学院	1	英语	
4	吉隆坡	敦阿都拉萨大学（University of Tun Abdul Razak）	教育和人文学院	1	英语	
4	吉隆坡	UCSI 大学（UCSI University）	社会科学和人文学院	1	英语	
4	霹雳州	拉曼大学（Tunku Abdul Rahman University）	艺术、社科和教育学院	1	英语	
4	雪兰莪	马来西亚国立大学（The National University of Malaysia）	社科人文学院	1	英语	具有英语硕士点和博士点
4	雪兰莪	麦地那国际大学（Al-Madinah International University）	外语学院	1	阿拉伯语	具有阿拉伯语的硕士点和博士点
4	雪兰莪	城市大学（City University）	教育和人文学院	1	英语	
4	雪兰莪	优里国际大学（UNITAR International University）	教育和人文学院	1	英语	具有英语硕士点

续表

序号	所在城市	大学名称	院/系名称	语种数量/种	语种	备注
4	吉隆坡	吉隆坡建设大学（Infrastructure University Kuala Lumpur）	商业、信息及人类科学学院	1	英语	
4	雪兰莪	玛拉工艺大学（University of Technology MARA）	教育学院	1	英语	具有英语硕士点
4	槟城	马来西亚理科大学（University of Science, Malaysia）	文学院	1	英语	
4	沙捞越	马来西亚砂拉越大学（University of Malaysia Sarawak）	语言和交流学院	1	英语	

从表 4-34 可以看出，75 所大学中，17 所开设了外语专业，占到总数的 22.7%。英语是开设专业最多的语种，16 所大学都开设了英语专业，其次是阿拉伯语，有 6 所大学开设了相关专业。

公立大学有 9 所开设了外语专业，外语专业种类最多的是马来亚大学，语种总数为 10 种，包括 7 个专业和 3 种语言课程；其次是马来西亚博特拉大学，提供 3 种外语专业学位。除了麦地那国际大学开设了阿拉伯语专业外，私立大学都只开设了英语专业。

总体而言，依据调研情况可以看出，马来西亚受到调研的高校开设的外语课程或专业有限，仅涉及 8 个语种，而且只有 17 所大学开设了外语专业，其中开设了英语之外的外语专业的学校仅有 6 所。马来西亚国际化、企业化、私营化的高等教育中，对外语人才的培养集中在提高大学生的英语能力、培养具备马来西亚国语和英语能力的双语或多语人才。

4.8.2 马来西亚的国家语言管理能力

4.8.2.1 马来西亚的国家语言文字管理机构

马来西亚的语言文字管理和语言教育主要由教育部统一负责，在针对特定问题时由政府和教育部共同组建调查委员会，形成报告书并最终形成法案，由教育部颁布实施。教育部设立了语言管理和发展的机构，即负责马来西亚国语语言和文学发展的马来西亚语言文学研究院（Institute of Language and Literature）、负责华语语言文字规范的马来西亚华语规范理事会（Chinese Language Standardisation Council of Malaysia）、服务于泰米尔语语言文字发展的泰米尔语规范理事会（Tamil Language Standardization Council）。政府对其他语言文字的管理主要通过学校教育和地方政府部门进行，如阿拉伯语的语言教育管理由马来西亚教育部伊斯兰教育司负责。

1956年6月，为了推广马来语，提高国民的马来文识字率和国民的马来语阅读能力，马来西亚政府成立了隶属于教育部的图书局，同年9月更名为马来西亚语言文学研究院，负责制定马来语相关的语言政策，出版马来语图书和词典。自成立以来，马来西亚语言文学研究院一直致力于将马来语提升为马来西亚的国语和现代语言，在马来语的发展过程中扮演了多种角色：印刷教材，建立马来语现代术语词汇数据库，开展马来西亚传统文学研究以及发展马来西亚现代文学（Rustam，2006）。1983年，马来西亚语言文学研究院组织专业团队建立了"国家语言文学研究院语料数据库"（Pangkalan Korpus），下属10个语料库，覆盖10种文体的文本资料，收录了超过1.3亿个词汇。这个语料库也是最为全面和权威的马来语语料库，基于该语料库，马来西亚语言文学研究院出版了最权威的马来语词典——《马来语大辞典》（Kamus Dewan）（Rahim，2014）。另外，马来西亚语言文学研究院还协助教育部开展马来语活动，培养马来西亚人的阅读习惯，培养杰出作家来提升和发展马来语文学作品[1]。

1997年，马来西亚华校董事联合会总会成立了民间组织——马来西亚华语规范工委会，2004年转交新闻部后改为"马来西亚华语规范理事会"，2006年由教育部接管[2]。该理事会设有语音组、语法组、文字与词语组、译名组和出版组，其目标为开展华语语言文字规范化相关工作，鼓励规范华语（标准华语即普通话）的使用，通过规范语音、语法、文字、词汇和译名等，使马来西亚华语与世界汉语接轨。该理事会出版了《华文译名手册》，完成了内阁、国家元首、各州首府、货币单位、吉隆坡建筑物等华文译名，并进行定期修订更新，于2021年9月推出

---

① Dewan Bahasa dan Pustaka. http://lamanweb.dbp.gov.my/index.php/pages/view/8?mid=25 [2022-01-26].

② 本刊资料室辑. 2010. 马来西亚华语规范理事会简介. 八桂侨刊，（4）：52.

了《华文译名手册 3》①。理事会还主办了各种活动，如开展国际国内的华语规范讲座，引进"普通话水平测试"，与中国有关部门合作开展访问活动等。2019 年，马来西亚教育部成立泰米尔语规范理事会，教育部副部长担任会长，理事会由教育部泰米尔语专家、考试研究小组和各类非政府组织构成，以提高泰米尔文学和语言教育水平为目的，致力于马来西亚泰米尔语的管理和使用，工作内容包括词汇创造、书籍文献翻译、资料印刷和语法技能提高等方面，还会提供免费的泰米尔语课程。

4.8.2.2 马来西亚的语言服务与语言技术

马来西亚的上百种语言中，只有少数几种语言，如马来语、华语、伊班语和卡达山-杜顺语等在马来西亚语言研究、语言资源开发领域有显著发展，在语料分析、字典编撰、语料库建设等方面产出了较多的成果。

马来西亚语言文学研究院编撰出版了很多马来语词典，既有单语词典，也有双语词典。单语词典中最权威的是《马来语大词典》（*Dictionary of Malay*），现已更新到第五版。其他的词典还包括了专业技术词典以及专供学生使用的马来语词典，如《术语词典》（*Glossary*）、《马来西亚语学生字典》（*Students' Dictionary of Malay*）。这些权威词典中大部分已经开发了电子版本或相关软件供下载使用。马来西亚发行的华语词典较多，而泰米尔语词典主要为印度出版的词典。马来西亚华校董事联合会总会和华校教师会总会（简称董教总）为中小学华语教育编订了很多华语教材和辅导资料。联营出版（马）有限公司[United Publishing House (M) Sdn. Bhd.]出版了 30 多本汉语词典、8 本成语词典、20 多本英汉和汉英词典、13 本华马词典、2 本日汉词典，也出版了一些马英、英马、马华英词典。伊班语词典主要为伊班语-英语词典，截至 2011 年，只有一本伊班语-马来语词典和一本伊班语单语词典（Tun Jugah Foundation，2011）。

马来西亚语料库的建立和研究兴起于 20 世纪 80 年代，以马来语和英语语料库发展为主，主要包括"马来西亚英语语言使用语料库""马来西亚英语学习者语言语料库""马来西亚教材内容相关语料库""马来语语言和词汇语料库"

---

① 佚名. 2021. 马来西亚《华文译名手册 3》出版. http://m.news.cctv.com/2021/09/24/ARTIdlBhKIn2Bp63TzNhjQuH210924.shtml [2022-01-31].

（Joharry & Rahim，2014）。最早建立的"国家语言文学研究院语料数据库"成为词典编撰、马来语研究的重要资源，在这个数据库的基础上语言研究者们又创造出了一些小型的、专门用途的语料库，如"马来语实用语法语料库"（Ho-Abdullah et al.，2004），与马来语语言特征和语言教学相关的语料库。英语语料库的建设晚于马来语语料库的建设但发展迅速，其中学习者语料库和教学类语料库数量增长最快，如"马来西亚在校生英语语料库"（Samad，2004）、"商业管理英语语言学习者语料库"、"马来西亚英语新闻语料库"。其他语言的语料库很少，规模也小，如为新加坡和马来西亚汉语研究服务的"东南亚汉语-英语语码转换自然口语语料库"（Lyu et al.，2010）以及"伊班语语料库"[①]。濒临灭绝、被边缘化语言的研究主要关注语言变化、语言保护和语言学描述，没有这些语言的语料库建设研究（Joharry & Rahim，2014）。

马来西亚有不少专业翻译公司提供多种语言翻译的服务，如2005年成立的翻译生活公司（Translife），能够提供100多种语言的各类翻译服务，包括同声传译、会议翻译以及技术、网站、法律翻译等，被评为马来西亚最好的翻译公司之一。除了翻译公司，马来西亚翻译者协会（Malaysia Translators Association）提供翻译培训、著作出版、品质翻译服务。该协会是马来西亚唯一一个处理翻译领域以及翻译相关学术研究、国际关系和社会功能等方面内容的非政府组织。马来西亚美卡福控股集团研发了灵格达文法技术（Linggotax），北京外国语大学正是利用此项技术创造了"语神"和"译神"翻译软件[②]。

马来西亚近几年对人工智能技术非常重视。2017年，政府宣布了国家人工智能框架（National Artificial Intelligence Framework），并将在现有的国家大数据分析框架上进一步扩展，建立数据转换促进项目（Digital Transformation Acceleration Programme）。该框架计划的发布也使马来西亚涌现了更多的人工智能技术新创企业，使语音识别技术和对话式人工智能（Conversational AI）发

[①] He, D., Lim, B. P., Yang, X., et al. 2018. Improved ASR for under-resourced languages through multi-task learning with acoustic landmarks. https://arxiv.org/pdf/1805.05574.pdf [2018-07-24].

[②] 译网. 2006. 翻译软件让语言不同的人能彼此聆听. https://www.translators.com.cn/archives/2006/12/927/ [2022-01-28].

展迅速。2019 年，马来西亚只有 26% 的公司开始研究和使用人工智能技术[①]，2020 年受新冠肺炎疫情影响，有 34% 的公司制定了数字化转型计划，2021 年开启数字化转型之旅的公司升至 46%[②]。

多语环境使马来西亚报纸和广播电视台呈现出多语种媒介百花齐放的特征。马来西亚约有 50 份报纸，使用 8 种文字出版。其中，最有影响力的是马来文报纸《每日新闻》（*Berita Harian*）和《马来前锋报》（*Utusan Malaysia*），英文报纸《星报》（*The Star*）、《新海峡时报》（*New Straits Times*）和《马来邮报》（*Malay Mail*），华文报纸《星洲日报》（*SinChew Daily*）、《中国报》（*China Press*）、《东方日报》（*Oriental Daily News*）和《南洋商报》（*Nanyang Siang Pau*），泰米尔文报纸《马来西亚南班》（*Malaysia Nanban*）、《泰米尔尼申报》（*Tamil Nesan*）和《麦卡奥塞》（*Makkal Osai*）。马来西亚的广播电视台包括国营的马来西亚广播电视台和 20 多个私营电视台[③]。马来西亚广播电台有 34 个广播频率，广播包括 6 个全国性广播、14 个州级广播和 14 个地方广播，全国性的广播使用马来语、英语、汉语普通话、泰米尔语播放，而其他广播中包括一些民族母语广播，如居住在东马的马来西亚人可以收听毛律语（Murut）和巴瑶语（Bajau language）广播[④]。

4.8.2.3　马来西亚的语言政策与规划

马来西亚具有多元民族、多元文化和多元语言的特征。马来西亚独立后一直致力于培养各民族的国家意识、提高马来人的政治经济地位、缓解民族矛盾和增强国家综合实力。无论是英殖民统治时期还是独立以后，对语言进行规划是政府达成其政治目的的重要手段，也造成了如今马来语第一、英语第二、多种民族语言共同发展的语言状况。根据马来西亚历史发展轨迹，其国家语言管理可分为三

---

① Digital News Asia. 2019. AI to nearly double the rate of innovation in Malaysia by 2021. https://www.digitalnewsasia.com/digital-economy/ai-nearly-double-rate-innovation-malaysia-2021/ [2019-06-08].

② Research, F. 2021. The state of digital transformation in Malaysia. https://www.zdnet.com/article/the-state-of-digital-transformation-in-malaysia/ [2021-12-21].

③ Commercial Radio Malaysia. History of Radio & CRM. https://www.commercialradio.my/about-radio/history-of-radio-crm/ [2022-01-30].

④ Radio Televisyen Malaysia. 2021. Background. https://www.rtm.gov.my/index.php/en/about-us/background[2022-01-30].

个阶段：殖民统治时期、自治至 1990 年时期、1990 年至今。

1. 殖民统治时期的语言政策与规划

英国对马来西亚的殖民统治较为漫长，但对马来西亚的语言管理直到 19 世纪后半叶才开始。英国殖民政府对多种语言的态度集中体现为：明确英语第一地位，扶持马来语和马来语教育，压制华语教育，对其他民族语言放任自流。

英国殖民早期，马来西亚只有少数小型宗教学校和民间学校。19 世纪后半叶，英国殖民政府逐渐加强了对语言和教育的管理以便将英国文化输入马来西亚以及拉拢马来贵族、培养政府职员和地方管理人员，开始建立英校和官办马来语学校。但是，由于英国殖民政府担心英语教育会让当地民众学习到先进的知识而导致反殖民统治运动的兴起，加之英语学校师资和教材方面的成本也较高，英语学校发展速度缓慢，1874 年，海峡殖民地英语学校数量仅为 19 所，学生有 1761 人（Powell，2002）。官办马来语学校不收学费，学生还可以使用免费书籍、接受一定的技能培训。虽然官办马来语学校 1882 年后几乎全部倒闭（王晋军和施黎辉，2020），但在其带动下，民间的马来语学校快速发展，到 1892 年时已有 189 所民办马来语学校，学生达 7218 人（Powell，2002）。

殖民政府建立了泰米尔语学校，1905 年时数量为 13 所，1920 年学生人数为 4000 人左右（Loh，1975）。大部分印度族平民子女就读于种植园主和传教士开办的学校，教育质量整体较低，学制较短，为生计辍学逃学情况十分普遍，这使得印度族可以保留传承自身文化，但总体教育发展滞后。

华语教育依托华族各宗乡社团开办的华语学校开展，学校以华语方言为教学用语，主要讲授华族传统文化知识。少数使用人数较多的民族语言如伊班语，在其民族聚集区建立了一些小规模的民办学校，教授基础的民族语言和文化知识。

20 世纪伊始，世界格局的变化和反殖民主义浪潮的兴起，使殖民政府加强英语文化的输入、推动马来语的发展、压制蓬勃兴起的华语教育。整个社会政治经济的发展使马来西亚对英语的需求增加。在英国殖民政府的主导下，英语教育迅速发展起来，并蔓延至民族语言学校中。殖民政府通过提供津贴将英语引入马来语学校和华校，还兴办了高等英语院校。为凸显马来语高于其他民族语言的地位、推广马来语语言文化，殖民政府开展了马来语文字建设。1904 年，殖民政府的教育主任创造出马来文拼写体系——威尔金森拼写体系（Omar，2014），并将罗米文印刷的马来文学作品引入学校教育，对马来语教科书进行修改并在一些学校建立了小型图书馆（安达娅和安达娅，2010）。

同时，英国殖民政府担心华校的政治性倾向威胁统治，采取了种种打压控制的手段。《1920 年教育法令》关于学校注册资格的规定导致 300 多所华校被取消注册资格，1923 年制定的政府津贴对待英校、马来语学校和华校的差别巨大（郑良树，2007）。1931 年设置华校视学官，对华校使用的教材书籍和校园活动进行严格控制。

第二次世界大战以后，英国殖民者重返马来西亚，对马来西亚的控制逐渐减弱，仍延续其语言政策，多次组织教育委员会，提出语言教育相关的建议。1951 年发布的《巴恩报告书》提出建立英语和马来语国民学校，废除其他语言源流学校，该报告书遭到华族强烈反对后，英国殖民政府重新组织教育委员会，发布了《芬-吴报告书》，建议多语言文化共同发展，将华语教育纳入教育体系，保留华校，规范华校建设等。1951 年，政府发表《教育政策遴选委员会报告书》，即《霍根报告书》，报告书附带提出《1952 年教育法令》草案，其中各项法令以《巴恩报告书》为主，提出了建立国民学校、引导协助其他学校转为国民学校，国民学校包括以英语为教学媒介语、三年级学习马来语和以马来语为教学媒介语、一年级开始学英语两类学校，至于其他民族语言，若满足 15 个学生申请的条件，则可以开办民族语言班（郑文龙，2008）。虽然英国殖民政府并未能真正推行这些法令法规，但这些报告成为马来西亚自治及独立后进行语言规划的重要基础。

2. 自治至 1990 年时期的语言政策和规划

1955 年，马来西亚自治，1957 年宣布独立。为了消除殖民统治的影响、建立一个统一的马来西亚，政府致力于培养各个民族对国家的效忠意识和归属感，因此在宪法中将马来语确立为马来西亚的国语和官方语言，全面推行马来语教育，并为提高马来族的政治和经济地位出台了一系列倾向马来族的政策。马来西亚宪法明确了每个公民拥有学习任何语言的权利，但对于少数民族语言的地位没有任何说明，国家对于少数民族语言的管理主要就是通过教育进行的（Wang & Xu，2018）。这段时期，马来西亚语言政策的目标是将马来西亚各族人民统一到马来语下，提升马来语地位，推广马来语和马来文化，逐步减少英语的使用，保留其他民族语言教育的同时加大马来语教育的渗透。

1957 年，马来西亚政府规定独立后 10 年内保留英语为官方语言，在行政体制内与马来语并用。1967 年，马来西亚政府制定了《国家语言法》，确立了马来语作为马来西亚国语和唯一官方语言的地位，取消了英语的官方语言地位，将英语学校改为以马来语为教学媒介语的国民学校。1969年的马华两族冲突事件使马来西亚进入"新经济政策时期"，政府通过高压手段以及扶持马来族的政策来保证国家稳定，进一步加强马来语教育、改革其他民族语言教育。

从自治时期起，马来西亚政府以建立统一源流的教育体制为目标，实行了一系列的教育教学变革。1956年，《拉萨报告书》发布，根据该报告书形成了《1957年教育法令》（郑良树，2007）。《拉萨报告书》提出，马来西亚应建立一个为各族接受、有利于发展各族文化的教育体系，多种语言源流学校共存，各种语言源流学校纳入国家教育体制，分为以马来语为教学媒介的标准小学和以其他民族语言为教学媒介语的标准型小学。《拉萨报告书》中还提到教育的最终目标为建立统一源流的马来语教育，这反映了政府将致力于使马来西亚人马来化。《1957年教育法令》规定马来语为所有学校的必修课和国家教育类证书考试科目，是否开设马来语课程是津贴评定标准之一。

1960年的《拉曼达利报告书》将《拉萨报告书》的内容细化，政府依据该报告书发布了《1961年教育法令》。《拉曼达利报告书》中重新强调教育的最终目标，将标准小学和标准型小学改称为国民小学和国民型小学。据此发布规定华文中学若要接受津贴必须进行改制，而且特别申明必要时教育部部长有权将国民型小学改为国民小学。改制后的华文中学以英语为主要教学媒介语，学生必须参加政府考试，而未改制的华文独中为私立中学，自负盈亏（郑良树，2007）。原有的164所华文中学经过改制，1966年时只余90所华文独中，2004年减少为60所。截至2021年，华文独中有"60+2+1"所，包括60所独立中学、2所宽柔中学分校和1所关丹中华中学[①]。1966年，全国课程中央委员会成立，开始进行统一全国课程、统一考试的相关工作。

1967年《国家语言法》出台，政府开始逐步在行政、教育和其他公共领域全面以马来语取代英语，同年，全国教科书管理局成立并要求将马来文化纳入教材内容。1968～1985年，所有公办中小学和高等院校改制完成。《1979年内阁检讨教育政策实施委员会报告书》（简称《1979年报告书》）发布，再次强调马来语

① 中国侨网. 2021. 马来西亚董联会:2021年南北马独中新生人数略减. http://www.chinaqw.com/hwjy/2021/01-04/281572.shtml [2021-12-21].

的重要性，规定各类考试须包含马来语科目、以马来语出题，各级部门都要学习马来语。另外，政府与印度尼西亚举办"印-马语言大会"，服务于马来语的本体规划和功能发展，1972 年共同制定了马来语拼写规则。

其他民族语言教育也在种种为马来语教育发展保驾护航的政策中遭受严重打击，被迫分流、压缩。《1979 年报告书》统一了私立中学和国民中学的纲要，提出了"三 M 制"，因此国民型小学从 1983 年开始课程改革，教学媒介语可以为民族母语，但一年级同时开展民族母语和马来语学习，三年级开始英语学习，除母语教材和算术教材，其他教材全部为马来语编写（郑良树，2007）。教育改革以后，国民型小学实行的是双语教育，学生同时学习民族母语文化和马来语及马来文化。

1967 年，马来西亚教育部规定，接受高等教育的资格条件是申请人必须掌握马来文化和伊斯兰教知识，并通过政府考试获得相关文凭。1980 年，马来西亚政府拒绝了华语大学的创办申请。这两者直接导致大量华族小学毕业生选择就读国民中学，华文独中被迫修改课程、运行艰难。20 世纪 80 年代政府在华校建设和语言使用方面的一些政策也对华语教育产生了一些不利的影响。其他民族语言的处境就更糟糕了，大约 60% 的泰米尔语学校生源不足，工业发展迫使种植园里的泰米尔语学校面临停办，同时，考虑到经济前途，越来越多的印度人选择接受英语和马来语教育（罗圣荣，2015）。国民型泰米尔语小学不能保证母语的学习，小学生毕业后只能就读国民中学，这使很多印度人更愿意选择国民小学，再加上不平等的固打制，泰米尔语教育很难维持，印度人的高等教育也受到严重影响。

3. 1990 年至今的语言政策和规划

20 世纪 90 年代，由于国际形势的变化和国内经济的转型，马来西亚政府在坚持教育最终目标、继续强化马来语和马来文化传播的同时，提升英语地位，保持多种源流语言教育共存，一定程度上进行少数民族语言保护。

1991 年，前总理马哈蒂尔（Mahathir）提出了"2020 年愿景"，努力打造具备先进科技工业和世界水平国际教育体系的马来西亚，马来西亚政府对待英语的态度发生变化，从语言民族主义转向发展主义（Gill，2006）。另外，经过多年的政策倾斜，马来族的社会和经济地位大幅提高，教育水平也直线上升，马来族和华族的矛盾有所缓解，加上多元文化主义盛行，虽危机四伏，但华语教育的发展环境稍显宽松。

马来西亚《1991 年教育法》规定英语课程为国民小学的必修课,《1996 年教育法》规定国语为国家教育体系的主要教学媒介语,若不是则必须是必修课程;私立学校中核心课程必须与国民学校一致,包含国语和英语课程。《1996 年私立高等教育法》规定,私立高校应以国语、英语或阿拉伯语为教学媒介语,若以非国语为教学媒介语必须获得部长批准且必须以国语为核心课程(钟海青和王喜娟,2012)。

进入 21 世纪后,旅游业、商业、私立高等教育和科技教育的快速发展使马来西亚政府致力于提高国民英语能力。2002 年,马来西亚教育部宣布小学、中学和大学预科一年级的数学和科学课程使用英语为教学媒介语;2003 年开始,这两门课程考试语言为马来语和英语并用,到 2008 年则只以英语出试题。2008 年第一阶段完成后,政府经过全面检讨发现,该政策的实施增加了数学和科学课程学习的难度,导致学生数理科成绩下降,对学生的英语学习没有任何帮助。因此,马来西亚政府于 2009 年宣布各级教育单位自 2012 年起逐步恢复以母语教数学和科学。2016 年,马来西亚政府又提出在 300 所试点小学开展"双语言课程计划",采用浸入式教学方法,学校可针对一至四年级学生选择使用英语或马来语进行数学、科学、信息通信技术和设计与工艺课程的讲授[①]。

2009 年,在制定 2011~2015 第十个马来西亚计划时,马来西亚政府提出了"加强马来语、提升英语"的政策,继续在国家主义和国际主义间寻求平衡,致力于增强马来语的功能性以及提高国民英语能力。为了将马来语发展为科技语言,1993 年成立的马来西亚国家翻译研究院(Malaysian National Translation Institute)将把论文术语翻译成马来文作为工作重点。为培养马来语和英语双语人才,马来西亚教育部实施对以其他语言为母语学生的马来语课程改革;开展"读写与数学筛查项目",考察小学一至三年级学生的马来语和英语的读写能力以及数学基础知识掌握能力(Yong et al., 2016)。2012 年初,教育部与剑桥教育发展基金会(Cambridge Education and Development Trust)合作改进英语教学课

---

① 马来西亚华校教师会总会. 2016. 教总坚决反对教育部在华小推行"双语言课程计划". https://jiaozong.org.my/v3/index.php/%E6%96%87%E5%91%8A-%E5%A3%B0%E6%98%8E/s2016/2410--sp-13429 40381 [2022-01-30].

程纲要以及评估框架,共同研究英语教学策略和提高学生英语能力①。教育部还关注教师英语培训,仅 2015 年时就有 2 万英语老师接受培训;2015 年,沙捞越州采用英语为官方语言之一(Devaraj,2016)。

20 世纪 90 年代,马来西亚华族终于得以兴办华语高校,使华语教育形成一个包括小学、中学和高等院校的完整体系。1990 年,第一所民办非营利华语高等学府——南方学院(Southern College)成立,1997 年获准开设中文系,2012 年升格为南方大学学院(Southern University College),学校以华语、马来语、英语并重,突出华族文化,是马来西亚华语教育的最高堡垒。1997 年,马来西亚董教总申办的新纪元学院(New Era College)获准建立并于 2016 年升格为新纪元大学学院(New Era University College);1999 年,韩江学院(Han Chiang College)获准建立并于 2000 年开办中文系,2004 年升格为韩江传媒大学学院(Han Chiang University College of Communication)。这三所学校是华语高等教育的支柱,教师和学生以华人为主,学校环境为华语环境,华语是学校行政工作和师生交流的主要语言(钱伟,2017)。

虽然马来西亚政府表示华小的地位、性质不会改变,但政府从第七个五年计划(1996~2000 年)开始建立宏愿学校,将马来语、华语、泰米尔语三类教育合并在同一所学校里,管理与授课分开进行,食堂、图书馆和礼堂等公共设施公用,课外活动一起进行,使用国语。这种做法无疑将剥夺华语小学和泰米尔小学课外使用民族语言的权利,压缩了民族语言使用空间,体现了逐步蚕食华语教育和泰米尔语言教育从而最终统一语言源流教育的目的。2000 年,政府不顾华族和印度族的反对强行修建了 5 所宏愿小学,虽然该计划随后被阻止,但 2018 年敦马哈迪又重提建立宏愿学校,遭到华族的强烈抗议。2019 年 7 月,马来西亚教育部宣布从 2020 年开始在国民型小学四至六年级的马来文课程中增设学习爪夷文书法(Seni Khat)的单元,这说明政府试图将马来族的宗教文化渗透到各种源流教育,为单一马来文化发展服务,这违背了马来西亚多元文化、宗教自由的原则,遭到非主流穆斯林团体,包括华族董教总的激烈反对②。

---

① 星洲日报. 2012. 慕尤丁:教局与剑桥教育基金会商讨强化英语教学. http://www.malaysiaeconomy.net/OneMalaysia/satu_malaysia1/edu_facility/Improve_Eng/2012-01-20/16371.html [2019-12-21].

② 马来西亚教总. 2008. 教总简介. https://www.jiaozong.org.my/v3/index.php/introduction/ introduction2/ [2019-08-15].

其他民族语言在国家语言政策下出现不同程度的语言迁移，使用人数减少、范围缩小。马来西亚政府将少数几种土著民族语言纳入学校课程，并采取了一些措施来保护濒危语言，如设置学校课程、开展课外儿童培训、开展成人语言培训、进行文献资料整理等。继 1987 年伊班语成为沙捞越国民小学母语课程后，塞芒语、卡达山-杜顺语和米拉努语也分别被纳入部分学校课程体系中。政府开展了语言文字保护工作，如编撰塞芒语词典；采用正字法，帮助伊拉努族（Iranun）激发其语言的语言活力，记录伊朗怒族传统故事并出版带图字典（David et al.，2009）。2005 年，政府宣布所有国民小学开设华语和泰米尔语选修课程，不再受限于 15 人才开班的规定，掌握华语、泰米尔语、伊班语、卡达山-杜顺语和阿拉伯语也是大学先修班录取要求中的积分项。

4.8.3　马来西亚的国民语言能力

马来西亚绝大部分人在日常生活中都能使用马来语。马来西亚实行小学义务教育，国家教育体系包括 7892 所小学，2594 所中学、20 所公立大学（截至 2018 年底数据）[①]。马来西亚政府对教育的财政投入以及教育领域内马来语作为教学媒介语的政策使马来语在马来西亚得以成功推广（Hashim，2009）。根据世界数据图谱分析平台的统计，2020 年，马来西亚公共教育支出占 GDP 总量的 3.92%。1980 年马来西亚成人识字率为 69.52%，青年识字率为 87.97%，2019 年成人识字率上升为 94.97%，2018 年青年识字率上升为 96.85%[②]。

英语在马来西亚商业、高等教育、科技和公共领域的地位，使不少马来西亚人在进行族际交流时更倾向于使用英语，而不是作为马来西亚国语的马来语，在吉隆坡使用英语进行交流往往是更常见的做法。一份对吉隆坡唐人街、小印度两个区主街道的各类商业广告牌的调查显示：广告牌以双语最多，唐人街双语广告牌中近一半为中英双语，远远多于中马双语，小印度双语广告牌中泰英双语广告牌占 42.59%，英马双语的占 29.63%；唐人街使用的语言由多到少排序为华语、英语、马来语，小印度则为英语、马来语和泰米尔语（Wang & Xu，2018）。马

---

① 中华人民共和国外交部. 2022. 马来西亚概况. https://www.fmprc.gov.cn/web/gjhdq_676201/gj_676203/yz_676205/1206_676716/1206x0_676718/ [2022-09-21].

② 世界数据图谱分析平台. 马来西亚. https://cn.knoema.com/atlas/马来西亚 [2021-12-19].

来西亚中产阶级通常都具备较高英语熟练度，常使用英语交流，各个民族中都有相当一部分人英语流利[①]。

英语的普遍使用既体现了英语在马来西亚第二语言和第二通用语的地位，也反映出马来西亚国民英语能力的普遍提高，在亚洲地区位居前列。2015 年和 2017 年马来西亚和中国的雅思考试平均成绩对比如表 4-35 和表 4-36 所示。

表 4-35　2015 年与 2017 年马来西亚和中国的雅思学术类考试平均成绩对比

（单位：分）

年份	国家	听力	阅读	写作	口语	总分
2015	中国	5.90	6.10	5.30	5.40	5.70
	马来西亚	7.10	7.00	6.10	6.60	6.80
2017	中国	5.90	6.11	5.37	5.39	5.76
	马来西亚	7.27	7.07	6.25	6.71	6.89

表 4-36　2015 年与 2017 年马来西亚和中国的雅思培训类考试平均成绩对比

（单位：分）

年份	国家	听力	阅读	写作	口语	总分
2015	中国	6.10	6.10	5.70	5.80	6.00
	马来西亚	7.30	6.90	6.40	6.90	7.00
2017	中国	6.06	6.03	5.61	5.74	5.93
	马来西亚	7.11	6.89	6.31	6.87	6.86

从上面两个表格可以看出，2015 年和 2017 年两年中，马来西亚雅思考试总成绩为 6.80～7.00 分，听力和阅读分数较高，写作能力最低，但仍维持在 6.10～6.40 分的较高分段。中国的总分为 5.90～6.00 分，听力和阅读分数较高，写作和口语分数较低。马来西亚的总成绩和四个单项成绩都高出中国较多。这与 2017 年、2018 年托福考试平均成绩反映出来的情况基本一致，两年托福考试中马来西

---

① David, M. K., Dumanig, F. P. & Manan, S. A. 2017. National languages-medium of instruction-empowerment or disempowerment? https://www.linguapax.org/wp-content/uploads/2016/02/MayaDavid_NATIONAL-LANGUAGE-AS-AMEDIUM-OF-INSTRUCTION.pdf [2019-06-05].

亚的平均成绩在东盟国家中均排在第二位，高出中国成绩 10 分左右；听力、口语和写作三项成绩基本都高出中国 3～4 分，具体如表 4-37 所示。

表 4-37　2017 年和 2018 年中国和马来西亚的托福考试平均成绩对比（单位：分）

年份	国别	阅读	听力	口语	写作	总分
2017	中国	21	19	19	20	79
	马来西亚	22	23	22	24	91
2018	中国	21	19	19	20	80↑
	马来西亚	22	23	22	23	90↓

　　总体而言，马来西亚英语能力在亚洲地区名列前茅，令人瞩目。根据英孚标准英语熟练度年度报告，2021 年马来西亚在 112 个国家和地区中排名 28 位，得分 562；马来西亚属于英语高熟练度国家[①]。

　　虽然英语在马来西亚的使用范围很广，马来西亚英语熟练度在亚洲国家中属于较领先位置，但市场对具备较强英语能力从业者的需求与高校毕业生的整体英语能力不能完全匹配，英语学习者（尤其是大学生）的英语能力仍达不到政府要求，令人担忧（Darmi & Albion，2012）。马来西亚高中毕业生进入高校必须通过对英语要求较高的国家统一考试（相当于剑桥 O 水准和剑桥 A 水准的考试），以保证高校学生入学时的英语水平，使学生能适应学校的英语授课。但是，2008 年一份调查中，6 所大学四年级的学生中 58%以上的学生英语写作能力有限，77%的学生口语能力有限，只有 20%的学生能够在就业后熟练使用英语（Noor et al.，2017）。2012 年，政府发布的一份毕业生就业率调查显示，毕业生就业过程中最常出现的问题就是英语能力不高，而英语能力不足的学生比例高达 55.8%（Kadir & Noo，2015）。2015 年，约 40 万拥有高等教育学历的求职者中，15.3%的人无法就业；约 27 万高校毕业生中只有 53%在毕业后 6 个月内找到工作；学生缺乏沟通能力是造成这种情况的重要原因[②]。高校学生普遍认为英语对今后就业很

---

① 英孚教育. 2021. EF 英语熟练度指标：112 个国家和地区的英语水平排名. https://liuxue.ef.com.cn/assetscdn/WIBIwq6RdJvcD9bc8RMd/cefcom-epi-site/reports/2021/ef-epi-2021-chinese-simplified.pdf [2021-12-20].

② Verity Intelligence. 2017. Unemployment among graduates needs to be sorted out fast. https://www.verityintel.com/2017/04/12/unemployment-among-graduates-needs-to-be-sorted-out-fast/ [2022-02-01].

重要，也愿意学习英语，但国语和英语混用的情况是造成学生英语表达能力不尽如人意的主要原因（Kadir & Noo，2015）。在理工学院和职业技术学院等职业型院校中，教师还需要提高英语口语和写作能力以胜任讲授理工类课程，这样才能提高学生的专业技能和英语水平（Ismail et al.，2016）。

马来西亚华语教育覆盖国民型华语小学、华文独中和私立华语高校。华族子弟中超过 90% 进入国民型小学学习，接受六年以华语为教学媒介语的教育。华文独中学生人数自 2003 年以来一直呈上升趋势：2003 年在校生约为 5.3 万人，2010年达到 6.4 万人，2013 年约 7.6 万人，2016 年上升至约 8.4 万人[①]。根据马来西亚华校董事联合会总会的《华文独中招收 2021 年度新生抽样调查报告》，半数华文独中因受到疫情影响，2021 年度的新生人数略有减少；抽样的 31 所华文独中里，16 所学校（51.6%）2021 年新生人数比 2020 年同期减少，另有 15 所学校（48.4%）的新生人数没有下降[②]。华文独中实行严格的留级制度以保证毕业生质量，毕业获统考文凭的学生可以就读华文高校、国内一些著名私立高校以及国外大学。华语作为教学媒介语，保证了马来西亚华族的华语语言活力和语言传承，无论从华语使用范围还是华语教育的深度及广度来看，马来西亚华人的华语能力在东盟国家中是比较强的。华人认为华语与民族身份紧密相关，学习华语能够保护华族文化（Ho et al.，2017）。除了吉隆坡明确规定马来语必须是任何广告的主要语言外，在其他地区的华人聚居地，非官方的公共场合常常是多种语言共同使用，而华语占主要地位。

近年来，华语经济价值的上升吸引了非华裔学生学习华语。在一些地区，大量非华裔学生进入国民型华语小学学习，例如，沙巴州一些华语小学的非华裔学生数量甚至超过了华裔学生（张佩嘉，2016）。1995 年，在董教总的组织下，马来西亚开展了第一届 HSK 考试，最初 5 年每次考试人数不足百人，2009 年参加考试的学生人数上升至 292 人，既有华人也有非华人（叶婷婷，2011）。

随着标准华语能力的提升，华语方言的使用人数和华人方言能力都在下降，标准华语取代方言成为大部分华族家庭的第一语言。2006 年，柔佛州华族家庭中

---

① 中新闻. 2016. 马来西亚华文独中学生总数创新高 连续 14 年增长. https://www.chinanews.com.cn/hr/2016/01-30/7740812.shtml [2022-01-30].

② 中国侨网. 2021. 马来西亚董联会：2021 年南北马独中新生人数略减. http://www.chinaqw.com/hwjy/2021/01-04/281572.shtml [2021-12-21].

超过 80%的家庭用语为标准华语（Wang，2017）。2008 年，一份涉及吉隆坡 16 所学校 717 个华族学生的研究表明，学生方言能力有限，无论是家庭环境还是公共领域，除了广东话还留有一席之地外，其他华语方言已经让位给标准华语（Wang & Chong，2011）。

另外，与中国相比，马来西亚华族的华语阅读环境缺失，阅读能力不足，阅读材料以华文报纸和通俗杂志为主。调研显示，马来西亚沙捞越州培民中学的学生对华语名著缺乏兴趣，没有阅读习惯，日阅读量、阅读速度和阅读能力都低于中国首都师范大学附属中学的学生（郭伟等，2019）。

各种印度族语言都呈现出使用范围缩小、代际传承困难、第一语言向英语迁移的趋势。每年就读于国民型泰米尔小学的印度族学生人数为 1.3 万～1.6 万，仅为当年入学学生的一半。进入中学后继续学习泰米尔语的人数更少，其中仅有一半在剑桥 O 水准考试中选择泰米尔语。马来西亚高校中仅有两所开设了泰米尔语专业。泰米尔语专业学生日常交流中往往混合使用马来语、英语和泰米尔语，在社交软件上使用最多的是泰米尔语，其次使用较多的是英语（Sinayah et al.，2017）。一项对比研究发现，吉隆坡的泰米尔语老师非常认可自身的多语环境，其泰米尔语熟练度较低，口语能力和写作能力都低于丹戎马林市的老师，在和家里孩子沟通时更常使用英语或马来语（Pal & Isak，2017）。这说明越发达的地区，多语情况越普遍，母语迁移越严重。信德人的家庭语言也逐渐过渡为以英语为主的混合语，而且职业领域的变化让信德人学会马来西亚国语和英语的同时放弃了母语的学习和传承（David，2005）。

4.9 新加坡的国家语言能力

新加坡共和国（Republic of Singapore），简称新加坡，国土面积为 733.1 平方公里，地处马来半岛南端，北面与马来西亚相望，中间隔着柔佛海峡，南面是印度尼西亚，中间隔着新加坡海峡[①]。新加坡古称淡马锡，1819 年，英国人史

---

① 中华人民共和国外交部. 2022. 新加坡概况. https://www.fmprc.gov.cn/web/gjhdq_676201/gj_676203/yz_676205/1206_677076/1206x0_677078/ [2022-09-12].

丹福·莱佛士（Stanford Raffle）在新加坡建立了贸易港，5 年后新加坡沦为英国殖民地；第二次世界大战期间被日本占领，第二次世界大战后重新沦为英国殖民地。新加坡 1955 年组成劳工阵线政府，1959 年实现自治，1963 年与马来亚、沙捞越和沙巴合并成为马来西亚联邦，1965 年脱离马来西亚，成立新加坡共和国。1967 年，新加坡与马来西亚、印度尼西亚、泰国、菲律宾共同正式成立了东盟。

2022 年，新加坡总人口 545 万，其中公民和永久居民 399 万[①]。新加坡是一个多元民族国家，主要民族包括华族、马来族、印度族和其他族，其中华族为第一大族，占总人口的 74%左右。

4.9.1　新加坡的国家语言资源

新加坡成立时，出于政治考量，为团结不同民族、增强国民的国家意识，新加坡政府确立了 4 种官方语言即英语、华语、马来语和泰米尔语。另外，新加坡还拥有多种民族语言和方言。

4.9.1.1　新加坡的民族语言资源

新加坡是一个移民国家，绝大部分居民都是在 19 世纪后从中国、马来西亚、印度等国家移民而来的，因此在独立前形成了多个各自为营、相互摩擦的族群。建国以后，针对国家建设的迫切需求，新加坡政府将"多元种族主义"作为国家治理的原则，并根据各个族群的特点，用不同的标准将新加坡人定义为 4 个种族即华族、马来族、印度族和其他族群。华人按语言定义为华族；定义马来族的标准为是否信奉伊斯兰教以及是否遵循马来族习俗；印度族按地理位置来确定，剩下的统称为其他族（梁永佳和阿嘎佐诗，2013）。根据新加坡统计部的数据，2021 年，新加坡公民 398.7 万，其中华族人口 296.01 万，占总人口的 74.24%；马来族人口 54.45 万人，占 13.66%；印度族人口 35.49 万人，占 8.9%；其他族人口 12.74 万，占 3.2%[②]。

新加坡使用的语言中，民族语言和方言主要包括标准华语、华语方言、标准

---

① 中华人民共和国外交部. 2022. 新加坡概况. https://www.fmprc.gov.cn/web/gjhdq_676201/gj_676203/yz_676205/1206_677076/1206x0_677078/ [2022-09-12].

② 新加坡政府代理网站. 新加坡数据. https://www.tablebuilder.singstat.gov.sg/table/TS/M810011 [2021-12-17].

马来语、峇峇马来语（Baba Malay）、市井马来语（Colloquial Malay）、马来语方言（Malay dialects）、泰米尔语以及其他一些印度语言。

根据世界民族语言网站的数据统计，结果如下。使用人数最多的为标准华语和华语方言；其次是市井马来语，使用标准马来语的人大多以标准马来语为第二语言；泰米尔语的使用人数约为 18.6 万，印地语的使用人数约 5 万；爪哇语的使用人数约为 3.5 万；马拉雅姆语的使用人数约为 2.6 万；其他使用人数在 3000～5000 的语言包括旁遮普语、古吉拉特语、僧伽罗语（Sinhala）、信德语（Sindhi）；孟加拉语（Bengali）的使用人数接近 2000[①]。

1. 华语

华语是华族的母语，属于汉藏语系，包括标准华语和华语方言。由于华族移民的多样性，华语方言高达 23 种，其中作为家庭用语的有 12 种（古小松，2013），以闽南话、广东话为家庭用语的人数最多。20 世纪 70 年代开始，政府推行一年一度的"讲华语运动"，标准华语逐渐取代华语方言成为华族家庭用语。

随着英语逐渐成为新加坡的通用语以及标准华语的推广，使用标准华语和华语方言的家庭数量发生了明显变化。1990 年，新加坡家庭中使用标准华语的人数占总人口的 23.7%，使用华语方言的占 39.6%，合计为 63.3%；2015 年，使用标准华语为家庭用语的占 34.9%，使用华语方言为家庭用语的占 12.2%，合计 47.1%（Bokhorst-Heng & Silver，2017）；使用华语的家庭数量占比下降了 16.2%。

2. 马来语

马来语是马来族的母语，属南岛语系，是新加坡的国语和官方语言之一，也是部队口令语言。标准马来语是国语，但使用者中 90% 以上为马来族，而且近年来在英语的冲击下马来语使用人数逐年下降。1990～2015 年，使用马来语的人数占比从 14.3% 下降为 10.7%（Bokhorst-Heng & Silver，2017）。越来越多的马来族年轻人拥有了马来语和英语双语能力且实际上英语的使用超过了马来语，马来语的使用呈下降趋势（Cavallaro & Serwe，2010）。

3. 泰米尔语和其他印度族语言

印度族语言包括了泰米尔语和其他印度族语言。泰米尔语属达罗毗荼语系，

---

① Ethnologue: Languages of the World. Singapore: Languages. https://www.ethnologue.com/country/SG/languages [2019-04-30].

拥有 2000 多年的历史，是印度泰米尔纳德邦的官方语言，也是印度族中人口占多数的泰米尔人的母语。由于泰米尔语的经济价值低于英语，不少泰米尔家庭选择了英语作为第一语言。

其他印度族语言主要包括孟加拉语、古吉拉特语、印地语、马拉雅拉姆语、泰卢固语、坎纳达语（Kannada）、旁遮普语、信德语、乌尔都语（Urdu）、僧伽罗语。新加坡政府允许印度族选择泰米尔语或印地语，或由印度族社区自己选择的印度族语作为当地学校的必修课程。20 世纪 90 年代在新加坡政府对印度族语言的政策支持下，通过相关社群的努力，印地语、孟加拉语、古吉拉特语、旁遮普语、乌尔都语被确立为印度族的母语，并建立了这些语言的语言学习中心（Jain & Wee，2018）。这 5 种语言与马来语、华语、泰米尔语是小学离校考和剑桥 N 水准考试中的可选科目[①]。印地语是除泰米尔语之外使用人数最多的印度族的语言，有 162 所公立学校开设了印地语课程，另有 3 所公立学校开设了旁遮普语课程。

4.9.1.2　新加坡的外语资源

新加坡使用的外语以英语为主，还包括来自欧洲和亚洲等地移民所使用的语言，如法语、德语、西班牙语和日语。英语作为殖民时期地位最高、通行范围最广的语言，拥有远超其他本土民族语言的优势以及作为国际通用语和科技用语的社会价值，因此在新加坡独立时被选为官方语言之一和通用语，使用范围涉及社会生活的方方面面，甚至成为越来越多家庭的主要语言。1990 年，5 岁以上新加坡居民的家庭使用英语的比例为 18.8%，2015 年上升至 36.9%（Bokhorst-Heng & Silver，2017）。

多元民族的特性和多种民族语言的使用使不同语言得以接触和碰撞，形成了有别于其他英语变体的新加坡英语。新加坡英语分为新加坡标准英语（Singapore Standard English）和新加坡口语英语（Singapore Colloquial English，通常称为 Singlish）。新加坡标准英语仍以国际标准英语为基准，是英语与其他语言长期交流的过程中形成的地方英语变体（Hornberger & Vaish，2009），在部分语音和词汇方面与国际标准英语有所不同。新加坡口语英语则是在语音、词汇和句法上

---

① Singapore Examinations and Assessment Board. PSLE. https://www.seab.gov.sg/home/examinations/psle/ [2019-05-08].

都呈现与华语和马来语相融合的显著特征，主要用于口头交流，是一种洋泾浜语。

新加坡实行双语教育体制，除了培养双语人才外，在中学阶段还为学生提供第三语言选修课程。教育部专设的语言中心（Ministry of Education Language Centre）建立于1978年，至今提供法语、日语、德语、阿拉伯语、印尼语、西班牙语、华语7种语言作为第三语言课程。只有新加坡公民或永久居民或子女可以在校选择第三语言，其中特选课程或快捷课程的学生可以选择马来语、阿拉伯语或印尼语作为选修课，小学毕业考试成绩在前10%的学生还可以选择法语、德语、日语或西班牙语课程。

新加坡教育部官网公布的所属高等教育机构包括6所大学、5所理工院校和2所艺术院校。其他高等教育机构还包括隶属大学的6个独立学院和7个合作项目。6所大学分别为新加坡国立大学（National University of Singapore）、南洋理工大学（Nanyang Technological University）、新加坡管理大学（Singapore Management University）、新加坡科技设计大学（Singapore University of Technology and Design）、新跃社科大学（Singapore University of Social Sciences）和新加坡理工大学（Singapore Institute of Technology）。理工学院和艺术学院中，义安理工学院（Ngee Ann Polytechnic）提供泰米尔语和华语语言文学本科项目，新加坡拉萨尔艺术学院（LASALLE College of the Arts）提供创意艺术英语课程，其他学院没有开设任何语言学科或语言培训项目。新加坡还有不少私立大学、学院和国外大学的分校，约有50所。根据大学和学院的排名，我们调查了前40所大学和学院开设外语专业的情况。调研发现，新加坡提供外语专业的高校凤毛麟角，具体见表4-38。

表4-38　新加坡部分大学的外语开设情况

序号	大学名称	院/系名称	外语语种数量/种	外语语种	备注
1	新加坡国立大学（National University of Singapore）	艺术和社会科学学院	10	英语、法语、德语、日语、韩语、西班牙语、泰语、越南语、阿拉伯语、印尼语	具有英语硕士点和博士点；多语种语言课程
2	耶鲁-新加坡国立大学学院（Yale-NUS College）	语言研究中心	6	意大利语、俄语、西班牙语、拉丁语、梵语、古希腊语	并非专业，而是服务于全校学生的语言课程

续表

序号	大学名称	院/系名称	外语语种数量/种	外语语种	备注
3	南洋理工大学（Nanyang Technological University）	人文学院	1	英语	具有英语硕士点和博士点
3	新加坡管理发展学院（Management Development Institute of Singapore）	语言与教育学院	1	英语	具有英语硕士点

如表 4-38 所示，新加坡高等教育机构中开设的外语专业数量很少，只有 3 所大学开设了外语专业：新加坡国立大学、南洋理工大学和新加坡管理发展学院开设了英语语言专业，新加坡国立大学还设立了英语硕士和博士点。一些大学设立了语言研究中心，为全校学生提供语言学习课程，语种最多的是新加坡国立大学，其艺术和社会科学学院下设专门的语言研究中心，为进行区域研究的学生和对语言感兴趣的学生提供 13 种语言的课程，其中外语为 10 种。耶鲁-新加坡国立大学学院的语言研究中心为全校学生提供 6 种外语课程。不少私立学校也开设了语言课程，除了民族母语课程外，外语课程以英语课程为主，少数提供法语、日语课程。

可以看出，新加坡的外语专业教育的特点是，只有英语专业，其他外语则以语言课程项目的形式服务于各专业学生。这种情况主要是由新加坡的国情决定的：首先，新加坡高校开设的语言专业不仅有英语，还包括马来语、华语、泰米尔语，只是这 3 种语言是民族语言，所以未包含在统计中；其次，新加坡以英语为第一语言，同时新加坡教育自中学阶段就提供第三语言课程，培养学生的多语能力；最后，新加坡与多个国家联合办学，不少学生可以在新加坡完成基础课程的学习，其中包括目标国家的语言，然后到目标国家继续学习。这样培养学生外语语言能力的方式也充分体现了语言的工具性特征。

4.9.2　新加坡的国家语言管理能力

4.9.2.1　新加坡的国家语言文字管理机构

新加坡宪法确立了新加坡的国语和官方语言之后，语言文字的管理和教育主要由新加坡文化部和教育部负责。在需要对国家语言教育问题进行研究并形成相关方案和政策时，总理或副总理会委派文化部或教育部组织调查委员进行调查、形成报告，然后根据报告制定语言和教育政策。

1993 年，新加坡国家文物局（National Heritage Board）成立，隶属文化、社区及青年部，负责公民教育、国家建设和促进文化理解，其目的是保存和分享新加坡的文化遗产。该局是新加坡文物的守护者，管理着国家博物馆、文物机构、勿拉士峇沙-武吉士艺术文化遗产保护区，并制定有关国家纪念碑、文物中心等政策。国家文物局设立了语言委员会秘书处，负责给予下属 3 个语言理事会秘书处行政支援，对理事会开展的全国性语言活动给予支持。另外，语言委员会秘书处 2000 年还组织开展了由时任新加坡总理吴作栋发起的"讲标准英语"活动，并与《海峡时报》和教育部共同设立了"励志英语教师奖"。

国家文物局的三个理事会由政府与民间机构成员共同构成，分别为推广华语理事会（Promote Mandarin Council）、马来语理事会（Malay Language Council）和泰米尔语理事会（Tamil Language Council）。1979 年，应新加坡总理李光耀要求，推广华语委员会成立；1994 年委员会改组，增加了学者和私人机构成员；后来更名为新加坡推广华语理事会。该理事会负责一年一度的"讲华语运动"，通过推广标准华语达到简化华族语言环境、促进华族各社群沟通理解和配合实施双语教育政策的目标，鼓励新加坡人在日常生活中使用标准华语和了解华语文化。马来语理事会成立于 1981 年，以规范新加坡马来语文字拼写为目的，后来其工作内容扩展为马来语语言推广和发展，当前目标为促进马来族社群内马来语的使用以及建立一个掌握马来语言和马来文化的马来族社群。1988 年以来，马来语理事会组织了多次马来语语言月活动，并在 2011 年使该活动成为一年一度的马来语语言庆典[1]。另外，该理事会于 1993 年设立了"马来语文学奖"，并与其他组织合作设立了"马来语语言教师奖"。泰米尔语理事会成立于 2000 年，与其他政府机构、教育部门和社群组织紧密合作，共同推动泰米尔语言的发展，鼓励新加坡印度族人尤其是年轻人使用泰米尔语。2007 年开始，理事会发起了泰米尔语言节活动[2]。

---

[1] National Heritage Board. National language campaigns. https://www.nhb.gov.sg/what-we-do/our-work/community-engagement/public-programmes/nationwide-language-campaigns [2022-02-01].

[2] Language Councils. About the Tamil Language Council. https://www.languagecouncils.sg/tamil/en/about/about-the-tamil-language-council [2022-08-21].

4.9.2.2　新加坡的语言服务与语言技术

新加坡的语言服务和语言技术可以从语言词典编撰、语言数据库建设、翻译服务和媒体 4 个方面来讨论。

新加坡以英语、华语、马来语和泰米尔语为官方语言，与这 4 种语言相关的语言词典对于新加坡的教育和文化交流是必不可少的。由于这 4 门语言均为移民语言，是其他国家的通用语或官方语言，因此新加坡使用的大部分词典都是由其他国家出版公司发行的。新加坡本土教育出版机构编撰的纸质版词典中华语词典较多，针对性强，还有不少由当地科技公司研发的华语和马来语电子词典。2019年，新加坡考试局发布的中学剑桥水平考试（Cambridge General Certificate of Education，GCE）规定使用的词典列表中[①]，9 本华语词典中有 5 本由马来西亚的联营出版（马）有限公司出版，另外的《新编学生实用词典》（*New Student's Practical Dictionary*）为新加坡的新亚出版社（Singapore Asia Publishers）出版，《新世纪学生华语词典》（*New Century Chinese Dictionary for Students*）和《新世纪高级学习词典》（*New Century Advanced Learner's Dictionary* ）为新加坡怡学出版社（Singapore Yixue Publisher）和中国的商务印书馆（The Commercial Press）联合出版，《全球华语词典》（*Global Chinese Dictionary*）由中国商务印书馆授权新加坡的名创教育出版集团（Marshall Cavendish Education）在东南亚和英、美等地发行。列表中的 8 本马来语词典均为马来西亚的出版公司发行，5 本泰米尔语词典中有 4 本为印度的出版公司和教材委员会发行，1 本来自马来西亚的出版公司。新加坡当地科技公司研发的 10 本华语电子词典和华文考试电子词典以及 1 本马来语电子词典，也属于考试规定使用词典。新加坡还出版了基于《全球华语词典》编撰的、收录华语通用词语和特有词语共 88 000 多条的《全球华语大词典》，专门介绍新加坡特色英语的《新加坡式英语词典》（*Coxford Singlish Dictionary*）以及介绍新加坡特有华语词条的《时代新加坡特有词语词典》（*Times Dictionary of Singapore Chinese* ）。

新加坡语言语料库的建设主要集中在英语和华语两种语言。涉及英语语言的

---

① List of approved dictionaries for use in 2019 PSLE. https://www.seab.gov.sg/docs/default-source/documents/2019psledictlist_031220185877e9dade9e458a955510ad15b49c98.pdf [2022-02-01].

语料库主要聚焦新加坡英语，例如"国际英语语料库新加坡分库"（International Corpus of English-Singapore，ICE-SIN）、"国立教育学院新加坡英语口语语料库"（NIE Corpus of Spoken Singapore English，NIECSSE）和"新加坡英语口语语法语料库"（The Grammar of Spoken Singapore English Corpus，GSSEC）。华文教研中心基于课程开发与语言教学的需要，研发了两个教育专用语料库："新加坡学生日常华文书面语语料库"（Singapore Daily Written-Chinese Corpus，SDWCC）和"新加坡小学生日常华语口语语料库"（Singapore Primary School Children Spoken-Chinese Corpus，SPSCSCC）。另外，华文教研中心基于这两个语料库开发了华文教学资源平台来协助华语教师备课和出题。语言研究者们也开展了语料库建设，如南洋理工大学国立教育学院教学理论与实践研究中心的"新加坡华族学前儿童口语语料库"（Singapore Corpus of Preschoolers' Spoken Mandarin，SCPSM）。

新加坡拥有数十家提供翻译服务的翻译公司，如"莱佛士翻译社"（Raffle Translation），提供100多种语言翻译服务，是谷歌点击率最高的翻译公司之一；"新加坡翻译服务公司"（Translation Services Singapore）提供24种语言的翻译服务；"国际语言技术服务公司"（Lingua Technologies Internation）提供全球化的网络翻译服务；"ACTC专业翻译中心"（ACTC Professional Translation Service），提供40多种常用语言的翻译服务，2007年加入英国翻译公司协会（Association of Translation Companies），2010年成为联合国指定的中英文翻译提供商。

新加坡政府对人工智能技术的开发投入颇大，人工智能技术中的自然语言处理技术为人工智能语言翻译提供了强大的技术支持。为提高国家的人工智能能力，2017年5月，新加坡发布了"新加坡人工智能战略"（AI Singapore）。新加坡政府实施的"新加坡人工智能战略"，该项目研究办公室设在新加坡国立大学，联合了新加坡本土人工智能机构、人工智能新创企业和公司。该项目中的自然语言处理技术（Natural Language Processing）即语言机器翻译的核心技术研究致力于对新加坡人语言词汇的解读和处理（包括新加坡口语英语和方言），该项目也开展了语言翻译器的研究。南洋理工大学也建立了人工智能研究中心。

新加坡的两大媒体巨头为新加坡报业控股（Singapore Press Holdings）和新传媒（MediaCorp）。新加坡报业控股名下出版8种报纸，包括4种英文报纸、2

种中文报纸、1 种泰米尔语报纸和以印度新移民为对象的免费英文周报。除了报纸外，该集团还出版 13 种杂志，提供 5 个英语和华语广播频率。新传媒主营广播电台和电视台，提供 4 种官方语言的广播频率和电视频道，英语类最多，其次是华语类，而马来语和泰米尔语各自有一个频率和一个频道。广播电台中还有一个频率（FM 96.3）使用外语播放，包括法语、德语、日语和韩语 4 种语言。

4.9.2.3　新加坡的语言政策与规划

自 1819 年新加坡成为英国的自由贸易港之后，吸引了大量不同国家的移民来新加坡就业、经商、开发或创办企业，形成了多种族、多文化、多语言的新加坡。结合新加坡历史阶段的划分，新加坡语言政策与规划的历史发展分为以下 4 个阶段：殖民统治时期、自治时期、建国到 2000 年以及 21 世纪。

1. 殖民统治时期的语言政策与规划

英国殖民政府将英语带到了新加坡，使英语成为统治阶级的语言，是立法、行政、公告、文书的唯一语言。英语学校集中在上层阶级聚居地区，就读学生为欧洲移民和少数上层华族、马来族子女。部分英语学校采取双语或多语教学，但民族语班级和民族语教学很快就让位给了英语教学。例如，1823 年新加坡书院（Singapore Institution，后改名为莱佛士书院，Raffles Institution）成立时，初中班级分为以英语教学和以各族母语教学班级，但民族母语班级没多久就关闭了。殖民政府建立的两所英语和泰米尔语的双语学校，因为生源稀少也很快变为英语学校。

因为马来族、华族和印度族在语言文化上的巨大差别，出于政治考量，殖民政府采取亲马来族、力图控制华族和印度族的政策。作为海峡殖民地的主要民族，马来族成为英国殖民政府的主要拉拢对象，为了培养马来人为政府工作人员，英国殖民政府推行免费的马来语基础教育，但学校整体教育质量低下，学生学习热情不高。

华语学校由华族自己创办，包括两类：一类是少数华语和英语的双语学校，如颜永成义学和新加坡华人女子学堂；另一类是班级规模较小，但数量多且分布较广的、以华语方言为教学语言的中国传统儒学式学校，如萃英书院和章苑生学校。20 世纪后，华语学校的数量和规模引发英国殖民政府的担忧，英国殖民政府开始加强建设英语学校，支持马来语学校，同时打压华语学校，控制泰米尔语学校。1942~1945 年日据时期，日本殖民政府在所有学校推行日语，只允许马来语学校使用马来语，导致大量学校关闭，尤其是华语学校。

1945 年，英国恢复对新加坡的统治，重开了部分马来语学校和英语学校，而华语学校也在华族社群的努力下恢复办学。面对华语学校远超其他学校的规模和华语学校受民族主义浪潮席卷导致的政治化倾向，英国殖民政府通过限制华语学校建校办学、吸引华语学校转为英语学校和吸引华族子女就读英语学校的方式压制华语学校的整体发展并打压华语学校师生的反殖民主义运动。

1948 年，《十年教育计划》规定所有民族语言小学必须教授英语，而英语学校开设民族语言课程，这使得英语学校吸引了不少华族和印度族学生，且政府仅对英语学校、马来语学校和少数华语学校进行补贴，使大量华语学校生源减少、难以维持。1949 年，第一所高等院校——马来亚大学成立，以英语为教学媒介语，只招收英语中学的毕业生，使华语学校的生源进一步流向英语学校。1951 年，《巴恩报告书》提出面向所有民族建立一个马来语和英语的双语教育体制，《芬-吴报告书》建议马来人和印度人学习双语，而华人要学习华语、英语和马来语。1953 年的教育白皮书《华语学校——双语教育与增加津贴金》进一步规定了华语学校的英语学科开设和占比，《1954 年学校注册（修正）法案》规定政府有权随时宣布某学校为非法组织，注册官有权取消学校注册。殖民时代的民族语言没有官方地位且处处受政府排斥歧视，种种政令间接地缩减华文教育的生存空间（吴元华，2008）。

2. 自治时期的语言政策与规划

自治时期的新加坡政府既面临周围马来世界的压力，同时需要满足各族人民的需求和解决民生问题，因此，对处于不同地位、发展不一的各种语言进行管理显得尤为重要。在沿用英语以维持国家正常运转的同时，新加坡政府明确民族语言平等但要着重提升马来语的地位，在学校教育中实施双语教育，建立统一的国家教育体制。1956 年的《新加坡立法议院各党派华文教育委员会报告书》提出平等对待各种语言，英语作为通用语，实行双语教育。该报告书成为政府语言教育政策的基石。

《新加坡立法议院各党派华文教育调查委员会报告书》和 1959 年的《我国青春的泉源》都明确了英语作为共同语言的必要性以及英语在文化和科学方面担任的重要角色（吴元华，2008）。另外，为认同周围的马来世界，新加坡政府将马来语确立为新加坡国语进行推广，国歌歌词、士兵操练口令均为马来语，政府公告和公文除英文外还使用马来文撰写，政府工作人员必须考取马来语相关证书，政府还组织教师集体学习马来语，举办马来语文化活动，成立马来语语言和教育相关的各种协会。

为了建立覆盖所有语言源流学校、执行统一标准的国家教育体制，新加坡政府开始统一课程、统一考试和统一学制，给华语学校带来了巨大冲击。1962年，政府对华语中学的改制使原本的6年中学制变为4年中学和2年大学先修班，导致无法进入先修班的华语学校学生提前两年毕业，失去了更多的受教育机会，在就业市场上也远不如同年毕业的英语学校毕业生。学制的改变和华语学校自身的问题直接导致华族学生选择英语中学或混合学校，华语学校生源流失严重，学生人数年平均下降率近2%（黄明，2008）。1960年，新加坡政府在两所政府中学试行混合学校制度，混合学校中，华语分校和英语分校并存，共用设备，一起开展活动。虽然混合学校以拆除民族藩篱、灌输青少年共同效忠新加坡的意识为导向，且其数量自建立后不断增加，但是混合学校在教室分配、华英不同源流师生交流和学术水平方面存在的问题使混合学校教育无法达到教育部的预期目标（吴元华，2008）。

3. 建国到2000年的语言政策与规划

1965年，新加坡共和国成立，面对国民缺乏国家认同意识、华族和马来族种族冲突严重的困境，新加坡政府从实用主义出发，实行"多元民族主义"；通过宪法将英语、马来语、华语和泰米尔语确认为官方语言，马来语为国语，以"突出英语、扶持华语、消灭方言"为目标（黄明，2013），逐渐确立了英语第一、其他民族语第二的双语教育制度，在推广英语教育和提高双语教育效果的同时鼓励各民族对各自语言和文化的保护传承。

1966年，新加坡政府开始强制实行双语教育政策，规定母语小学的数学学科和科学学科必须使用英语讲授，同时增加第二语言课时，开展讲学校语活动，在小学升学考试中提高第二语言的分数占比（黄明，2008）。由于英语的经济价值和实用性，1971年，英语被确定为军队正式用语，1987年成为所有学校的第一教学媒介语。1975年，南洋大学教学媒介语从华语改为英语，且所有行政文件也都开始使用英语。1980年，南洋大学和新加坡大学合并，唯一一所华语高等院校彻底消亡。新加坡政府最终建立了英语第一、母语第二的国家教育体制。

新加坡使用的华文是繁体汉字，为了统一汉字使用标准、降低华语教学难度，

1969 年教育部颁布了《简体字表》，包含 502 个简体字，其中包括 11 个新加坡特用的简体字、38 个与中国简化方式不同的简体字以及 9 个新加坡偏旁没有简化的简体字；1974 年，教育部进一步规范华文的使用，颁布了含 2248 个简体字的《简化字总表》并于 1976 年进行修订，从而与中国汉字完全接轨①。1979 年，《吴庆瑞报告书》认为，以各种华语方言为家庭用语造成了学生考试成绩差、双语能力低下，因此新加坡政府采取了建立双语教育分流制度和开展"讲华语运动"两项措施。双语教育分流制度通过三次分流的方法，为不同语言能力的学生提供差异化教育，这样既有利于培养优秀双语人才，也便于实现全民教育。"讲华语运动"是一项每年举办的、采用多渠道推广的全国性活动，其目标由最初鼓励华人使用汉语普通话代替华语方言扩展为号召华人学习华语和华族文化。

在英语的巨大冲击下，很多家庭的家庭用语从原本的民族母语转向民族母语和英语并用，且呈现向英语单语转变的趋势，对民族语言的使用和民族文化的保护产生严重影响，学校的母语教学也远不能调动学生学习的积极性。新加坡政府对此很重视，开始在弘扬民族文化和鼓励母语（主要是华语）学习方面采取措施。1979 年的"特别辅助华文中学计划"，将 9 所优秀的华文中学设定为特选中学，华语和英语同时作为第一教学语言，明确了以英语为工具语言而以华语为文化语言，从而形成英语和华语并重、东西方文化平衡发展的特点（朱文富和周进，2013）。1990 年特选小学建立，2000 年和 2012 年两所中学先后成为特选学校。新加坡共有特选中学 11 所，特选小学 15 所②。对华语教学课程进行修订以提高华语教学质量是另一个重要措施，1992 年和 1999 年，根据华语教学调查委员会的报告书，新加坡政府对课程设置、考试制度和师资培训等进行了改革。

20 世纪 90 年代，新加坡教育部对泰米尔语教学进行评估和检查，允许部分学校开设印地语、旁遮普语、孟加拉语、古吉拉特语、乌尔都语课程，允许社区开办学习班，教授这 5 门语言，还建立了语言学习中心。

4. 21 世纪的语言政策与规划

进入 21 世纪，新加坡式英语的泛滥促使政府开始了一年一度的"讲正确英语

---

① 谢世涯. 新加坡与中国调整简体字的评骘. http://www.huayuqiao.org/articles/xieshiya/Simplified/6_XinJiaPoTiaoZhengJianTiZi-XP.htm#_edn7 [2022-02-01].

② 佚名. 2022. 新加坡特选中学是什么? http://www.65liuxue.com/content/00164965.html [2022-08-22].

运动"，通过报告会、短剧、英语周、讨论、竞赛、教师培训等方式鼓励使用正确英语。另外，新加坡教育部还组织开展教师在职培训，设立英语创意基金以加强校内学习风气建设。

同时，随着新一代接受英语教育的新加坡人成为国家的中流砥柱，民族语言衰落的趋势以及民族文化的发展停滞引起政府重视。新加坡政府重申其多元民族主义政策以及民族语言和文化的重要性，通过由上至下的一系列措施，如增设学校课程和国家级考试、丰富社会文化活动等，力图调动学生学习母语的积极性，建设双语和谐社会。

各种民族语言和方言都受到了英语的冲击，以华语为家庭用语的居民绝对人数在总人数中的占比也在下降，马来语只用于学校中的母语教育和马来族宗教文化活动。根据 Kuo（1980）的数据，泰米尔语的使用人数在减少，将其作为家庭用语的居民占比已经从 1985 年的 54%降为 2010 年的 3%（转引自 David et al.，2009）。其他的民族语言或方言也举步维艰。新加坡政府针对华语进行了课程改革，建设民族文化中心，以语言教育推动文化发展，以文化情感带动语言的学习。

2004 年，新加坡教育部发布了《黄庆新报告书》，提出按语言发展规律来改革华语教学，增加学生使用华语的机会（高茹和刘振平，2014）。随后，教育部发布了新的中小学华语教学课程标准，强调因材施教，在小学阶段施行模块教学。2009 年 11 月 17 日，华文教研中心正式揭牌，通过师资培训和教学研究来改善教学方法，提高华语教师专业素质，从而最终提高国家华语水平。

2010 年，新加坡总理李显龙与教育部部长黄永宏在申明中强调，母语教育在教育制度中的重要地位不会改变。随后，新加坡政府出台了《何品报告书》，对母语教育中高级别母语的学习、母语考试方式和如何帮助母语学习困难学生等提出了指导性意见和重要建议（高茹和刘振平，2014）。

在鼓励各个民族提高母语能力的同时，新加坡政府加大对民族文化传承和不同民族文化交流的投入。除了在众多公共场合提供双语或多语标识、在各类大众传媒使用 4 种官方语言外，政府还支持许多国家级组织开展母语文化活动，如国家艺术理事会于 2010 年发布了五年全国传统艺术计划,国家图书馆举办母语阅读节等。各族群举行的民间文化活动如民族文化知识竞赛和民俗用品展览等颇受民众欢迎。另外，政府分别于 2005 年、2015 年和 2016 年成立了新加坡马来文化中心、印度文化中心和华族文化中心，对使各族人民认识了解自己的民族文化和促进民族交流服务起到了重要作用。

4.9.3　新加坡的国民语言能力

新加坡是个多元语言、多元文化和多元民族的国家。英语是新加坡的国家通用语，在政府的"掌握英语的双语政策"（English-knowing Bilingualism）下（Pakir，2017），新加坡形成的英语主导型社会是符合新加坡发展需要的。一份针对 716 名新加坡五年级学生的调查发现，新加坡家庭中，单语家庭数量较少，多语的情况较为普遍，华族学生和印度族学生家庭中一半都以英语为家庭主要用语，而马来族学生家庭中以英语为主的情况只有四分之一，绝大部分学生都表示愿意学习母语，但更喜欢使用英语（Hornberger & Vaish，2009）。英语代替了其他所有语言，成为"民族之上"的语言（Bolton & Ng，2014），在新加坡人的双语或多语能力中占主导地位。

根据世界数据图谱分析平台数据[①]，2002～2013 年，新加坡公共教育支出在国家 GDP 总量中的占比在 2.78%～4.01%浮动，2020 年的支出为 2.51%。1980 年，新加坡成人识字率为 82.91%，青年（15～24 岁）识字率为 96.29%；2007 年，成人识字率上升为 92.5%，在 181 个国家中排在第 79 位；2016 年，青年识字率达到了 99.93%；2019 年，成人识字率提高到 97.48%。新加坡的高识字率水平反映出新加坡全民教育的普及性和政府对教育的大量投入，也体现了新加坡令人瞩目的国民英语能力。新加坡教育部发布的《2021 教育统计摘要》中，2020 年新加坡小学离校考英语科（包括口试和笔试）考试成绩在 C 以上的学生比例为 96.6%，说明绝大部分学生的英语能力满足了进入中学继续学习的要求。中学毕业时进行的剑桥 O 水准考试中，英语科通过学生人数达到 89.6%[②]，这反映出新加坡英语普及率高、学生英语水平普遍较高的状况。两位新加坡学生甚至荣获了英国举办的2018 年度女王英联邦作文比赛大奖。

在 2015 年和 2017 年的雅思培训类考试中，新加坡考生的平均成绩超过了中国，具体如表 4-39 所示。

---

① 世界数据图谱分析平台. 新加坡. https://cn.knoema.com/atlas/新加坡 [2021-12-15].

② Ministry of Education, Singapore. Education Statistics Digest 2021. https://www.moe.gov.sg/-/media/files/about-us/education-statistics-digest-2021.pdf?la=en&hash=66F301F1705A29404802981D2B8D4E96F8AAE5CC [2021-12-21].

表 4-39　2015 年和 2017 年中国和新加坡雅思培训类考试平均成绩对比（单位：分）

年份	国家	听力	阅读	写作	口语	总分
2015	中国	6.10	6.10	5.70	5.80	6.00
	新加坡	7.70	7.40	6.80	7.40	7.40
2017	中国	6.06	6.03	5.61	5.74	5.93
	新加坡	7.71	7.49	6.78	7.48	7.43

　　从表 4-39 可以看出，新加坡的雅思培训类考试成绩整体较高，听力、阅读和口语成绩均在 7.40 分以上，写作成绩最低，分别为 2015 年的 6.80 分和 2017 年的 6.78 分，总体而言，四项技能的成绩都远高于中国考生的成绩。根据表 3-7 和表 3-8，2017 年和 2018 年托福考试中，新加坡的成绩远远高于东盟其他国家。与中国的成绩对比，新加坡两年的托福考试平均成绩均比中国的成绩高出了 18 分，阅读、听力、口语和写作四项技能成绩较为均衡，具体见表 4-40。

表 4-40　2017 年和 2018 年中国和新加坡托福考试平均成绩对比（单位：分）

年份	国别	阅读	听力	口语	写作	总分
2017	中国	21	19	19	20	79
	新加坡	24	25	24	25	97
2018	中国	21	19	19	20	80 ↑
	新加坡	24	25	24	24	98 ↑

　　根据 2018 年的英孚标准英语熟练度年度报告，在 88 个国家和地区中，新加坡居于第三位，分数为 686，成为英语极高熟练度国家，也是 12 个极高熟练度国家中唯一一个亚洲国家[①]。2021 年的报告中，新加坡位居极高熟练度国家的第四，分数为 635（表 3-9），比第三的丹麦低一分[②]。

　　华语包括标准华语和华语方言。"讲华语运动"、孔子学院和孔子课堂的建

[①] 英孚教育. 2018. 英孚英语熟练度指标. https://liuxue.ef.com.cn/assetscdn/WIBIwq6RdJvcD9bc8RMd/cefcom-epi-site/reports/2018/ef-epi-2018-chinese-simplified.pdf [2021-12-22].

[②] 英孚教育. 2021. EF 英语熟练度指标：112 个国家和地区的英语水平排名. https://liuxue.ef.com.cn/assetscdn/WIBIwq6RdJvcD9bc8RMd/cefcom-epi-site/reports/2021/ef-epi-2021-chinese-simplified.pdf [2021-12-20].

立使更多新加坡华人能够使用标准华语。2015 年，有 34.9%的新加坡人将标准华语作为家庭用语，较 1990 年的 23.7%上升了 11.2%（Bokhorst-Heng & Silver，2017）。根据《2021 教育统计摘要》，2020 年华族学生中学毕业时进行的剑桥 O 水准考试中通过了标准华语考试的学生人数占 96.2%[①]。从标准华语的普及程度来看，大部分华族学生学习华语且达到了教育部课程大纲的要求，而且越来越多的学校，包括小学、中学、初级学院和理工学院，都鼓励学生参加 HSK 考试。根据新加坡政府规定，通过 HSK 考试是政府部门审核幼儿华文老师资质的必要条件之一，也是政府部门鉴定官员汉语水平的依据。2015 年中国推出国际汉语教师证书后，新加坡笔试报考人数超过 1000 人，考生人数和考试通过率在全球海外考点中名列前茅。

但是，新加坡人的华语能力仍令人担忧。政府对各阶段华语课程标准的修改降低了华语学习的准入门槛，实际上降低了国家华语教育总体标准。参加 HSK 考试的人数虽逐年增加，但通过考试的人数对比华族人口数量来说并不乐观。年轻一代受英语教育的华人对华族文化和华语认同度不高，学习华语主要是为了通过学校考试，很少主动使用华语。一些官方机构的华语水平有限，甚至在多个公开场合使用华语时出现问题，如 2017 年的"讲华语运动"活动标语中出现明显错别字。新加坡作家吴韦材认为，置身英语环境中的学生缺乏华语文化素养支持，没有对华语的归属感，使华语整体水平下降，而且"讲华语运动"缺少评估，方向不清，意义不大。华族呈现英语和华语双语并存的局面（黄明，2013），但两种语言的不均衡发展使华族整体的华语能力低于英语能力，华人说华语时往往夹杂不少英文词汇，且汉字熟练度较低。

在一项针对学龄前华族儿童的华语口语能力研究中，600 名华族儿童中 30%来自华语家庭，24%来自英语家庭，46%来自双语家庭。研究结果显示，儿童的华语口语能力与家庭语言有着密切关系。华语家庭儿童的华语词汇量和表达能力明显高于其他两组儿童，而英语家庭的儿童华语口语能力最低（Zhao et al.，2007）。2017 年另外一项针对小学生华语能力的研究发现，699 名学生中只有 9

---

① Ministry of Education, Singapore. Education Statistics Digest 2021. https://www.moe.gov.sg/-/media/files/about-us/education-statistics-digest-2021.pdf?la=en&hash=66F301F1705A29404802981D2B8D4E96F8AAE5CC/ [2021-12-21].

人属于完全的华语家庭，另外有一小部分来自英语家庭，大部分学生家庭则为双语家庭，或是以英语为主、华语为辅，或是以华语为主、英语为辅。这项研究发现，英语家庭学生的华语能力最差，不理解"把"字句和"被"字句的结构，学生整体华语能力随年级的增加而提升，但六年级学生对词性的掌握程度只有60%～70%。研究结果表明，学生的华语能力与家庭语言有非常紧密的关系，学生与一门语言的接触对学习这门语言的词汇多样性、句法复杂度以及语码转化有着直接的影响（Goh et al.，2018；Goh，2018）。这两项研究都反映出家庭语言环境对学生华语能力的直接影响，但是新加坡华语单语家庭在减少，而双语家庭或英语家庭的增加使华族整体华语能力处于下滑趋势。

新加坡华族的华语方言能力在"讲华语运动"的推动下也急剧下降。1990 年，以华语方言为家庭用语的居民占比为 39.6%；2000 年时该占比下降为 30.7%（其中使用闽南话的为 14.7%、潮州话的为 6.3%、广东话的为 7.3%，其他华语方言的为 2.4%）；到 2010 年，华人家庭中使用华语方言的居民占比降为 19.2%（其中使用闽南话的为 9.7%、潮州话的为 3.7%、广东话的为 4.8%，其他华语方言的为 1%）；2015 年，以华语方言为家庭用语的居民仅有 12.2%（Bokhorst-Heng & Silver，2017）。

2015 年，马来语作为家庭用语的人数比例为 10.7%，与 2000 年的 14.1% 相比，减少了 3.4%（Bokhorst-Heng & Silver，2017）。马来人通过学校母语课程学习标准马来语，2020 年小学离校考试母语科成绩显示 C 级以上的马来学生达到了97.5%，剑桥 O 水准考试中通过的学生占 99.2%[1]。日常生活中马来人更频繁使用市井马来语。虽然马来语在老一辈马来人中以及宗教活动中仍然拥有绝对优势，但英语在 18～24 岁的年轻人和拥有较高社会经济地位及高等教育背景的马来人中已占据主导地位，传统意义上的马来语绝对安全区域被英语逐渐蚕食（Cavallaro & Serwe，2010）。特殊时代造就的峇峇马来语也处于濒危状态[2]。马来族其他语言族群也面临着同样的情况，年轻一代缺乏正规的母语教育而且流

---

① Ministry of Education, Singapore. Education Statistics Digest 2021. https://www.moe.gov.sg/-/media/files/about-us/education-statistics-digest-2021.pdf?la=en&hash=66F301F1705A29404802981D2B8D4E96F8AAE5CC/ [2021-12-21].

② Pillai, A. D. 2009. Language Shift among Singaporean Malayalee Families. http://www.languageinindia.com/jan2009/singaporemalayalee.pdf [2019-08-01].

动性更大，这使得母语传承困难。

印度族中，泰米尔语和印地语是使用人数最多的两种语言。2000 年和 2010 年数据对比，以泰米尔语为家庭用语的人数占印度族人口比例下降了 6.2%，其他印度族语言为家庭用语的上升了 3.9%（Bokhorst-Heng & Silver，2017）。2020 年，小学离校考印度族学生母语科成绩在 C 以上的达到了 95.7%，剑桥 O 水准考试中母语科通过率为 95.2%[1]。虽然使用印度族民族语言的人数变化没有那么显著，但近一半的印度人更偏爱在家使用英语。一项对 30 个泰米尔语社区家庭的调查中，只有 5 个家庭在家使用泰米尔语，其他家庭都使用英语或英语和泰米尔语的混合语；虽然新加坡政府在学校、大众媒体方面提供了对泰米尔语的支持，但实用主义导向以及仅说英语的泰米尔精英的榜样作用使泰米尔社群的泰米尔语代际传承发生断裂，泰米尔语正逐渐失去语言活力（Kadakara，2015）。与此相对的是，以印地语为母语的印度北部移民数量增加，在泰米尔语以外的几种主要印度族语言中，印地语的热度逐渐上升；南亚语言教学与测试委员会（Board for the Teaching & Testing of South Asian Language，BTTSAL）数据显示，近一半的公立学校开设了印地语母语教育课程，2011~2017 年学生人数几乎翻了一倍（Jain & Wee，2018）。印地语成为印度族语言中唯一一门使用人数上升的民族语言。其他的印度族语言使用人数和范围都较小，只能依靠家庭传承学习，逐渐失去活力，如马拉雅拉姆年轻人对学习自己的母语——马拉雅拉姆语并不感兴趣[2]。

其他族由于构成复杂、语言种类多，学生在校母语成绩排在华族、马来族、印度族三个民族之后。2020 年，小学离校考中属于其他族的学生母语成绩 C 以上的比例仅为 89.8%，剑桥 O 水准考试中母语科通过率为 91.0%[3]。虽然中学速成课

---

① Ministry of Education, Singapore. Education Statistics Digest 2021. https://www.moe.gov.sg/-/media/files/about-us/education-statistics-digest-2021.pdf?la=en&hash=66F301F1705A29404802981D2B8D4E96F8AAE5CC/ [2021-12-21].

② Pillai, A. D. 2009. Language Shift among Singaporean Malayalee Families. http://www.languageinindia.com/jan2009/singaporemalayalee.pdf [2019-08-01].

③ Ministry of Education, Singapore. Education Statistics Digest 2021. https://www.moe.gov.sg/-/media/files/about-us/education-statistics-digest-2021.pdf?la=en&hash=66F301F1705A29404802981D2B8D4E96F8AAE5CC/ [2021-12-21].

程中提供了印尼语和阿拉伯语作为第三门民族语言的选修课程，但不同族群间语言的极大差异以及少数族群人数上的弱势，导致这些族群的母语处于危险边缘。此外，缺乏语言发展必要的社会经济环境和文化环境，加之英语的广泛使用，少数族群的民族母语能力降低，有的方言甚至已经消亡。例如，新加坡犹太人社区中，由于数量和构成的变化，20 世纪 50 年代早期，大约 1500 名犹太人可以使用阿拉伯语方言，但进入 21 世纪后减少到只有不足 10 人能流利使用（Geva-Kleinberger，2017）。

4.10　印度尼西亚的国家语言能力

印度尼西亚共和国（The Republic of Indonesia），简称"印尼"，是一个由 17 508 个岛屿组成的国家，陆地面积为 1 913 578.68 平方公里[①]。1800 年左右，荷兰在印尼建立殖民政府，1816 年，又重新沦为荷兰殖民地，1945 年，印尼宣布独立，1950 年，印尼实现统一，建立印度尼西亚共和国。苏哈托 1965 年发动军事政变并于 1968 年正式成为总统后，印尼进入新秩序时期，1998 年，苏哈托离职，1999 年，印尼举行大选，印尼进入新时期。

作为一个多元民族、多元语言和多元文化大国，印尼总人口 2.71 亿（2020年 12 月），是世界第四人口大国，有数百个民族和部族。爪哇族人口最多，占45%；其次为巽他族，占 14%；马都拉族人口占 7.5%；马来族人口占 7.5%；其他为 26%[②]。印尼没有国教，约 87%以上的人信奉伊斯兰教，是全世界穆斯林人口最多的国家。印尼实行六年小学、三年初中、三年高中的教育体制，小学六年为义务教育阶段，以公立教育机构为主，即印尼教育文化与研究技术部（Ministry of Education，Culture，Research and Technology）统管的国民学校和宗教事务部管理的宗教学校。印尼的私立教育机构发展迅速，数量庞大，大小不一，覆盖学前教育到高等教育。

---

① 中华人民共和国外交部. 2022. 印度尼西亚概况. https://www.fmprc.gov.cn/web/gjhdq_676201/gj_676203/yz_676205/1206_677244/1206x0_677246/ [2022-09-21].

② 中华人民共和国外交部. 2022. 印度尼西亚概况. https://www.fmprc.gov.cn/web/gjhdq_676201/gj_676203/yz_676205/1206_677244/1206x0_677246/ [2022-09-21].

4.10.1 印度尼西亚的国家语言资源

印尼是一个多语言国家，拥有丰富的语言资源。对印尼语言数量的统计不尽相同，印尼语言发展与培养机构网站上显示的已识别和验证的语言有 718 种[1]。一幅根据 2010 年普查制作的语言地图则显示印尼有 829 种语言，其中爪哇语使用人数最多，占 31.8%，其次是印尼语，占 19.7%[2]。世界民族语言网站的统计数据显示印尼的语言数量多达 723 种，其中 12 种已灭绝[3]。

4.10.1.1 印度尼西亚的民族语言资源

印尼的民族和部族数量超过 375 个，根据世界民族语言网站的统计，现存的 711 种语言中，705 种均为民族语言，其中有 360 种语言处于困境，80 种濒临灭绝[4]。联合国教科文组织 2009 年发布的数据警告，印尼有 147 种语言濒临灭绝，在濒危语言最多的国家中排在第三位。印尼的民族语言主要分为南岛语系、南岛语系中分离出来的巴布亚诸语言（Papuan languages）和达罗毗荼语系，绝大部分的印尼民族语言都属于南岛语系，不少语言之间关系密切，有很多相似之处。印尼使用的众多语言中，华语的地位较为特殊：虽然华族目前已被视为印尼的一个民族，华语的使用人数也在 200 万左右，但印尼政府仍视华语为外语。

1. 印尼语

印尼语，全称印度尼西亚语（Indonesian），是印尼的国语、通用语、唯一官方语言，是印尼国家发展过程中受其他语言词汇和语音影响而形成的印尼人使用的马来语，和马来西亚语在拼写、词汇和发音方面有一定区别。印尼使用人数最多的语言是爪哇语，但爪哇语因存在多种变体、词汇复杂而难以学习，而马来语在东南亚传播较广，无等级之分，语法结构较简单，且构词手段丰富，属开放

---

[1] Bahasa dan Peta Bahasa di Indonesia. https://petabahasa.kemdikbud.go.id/ [2022-02-04].

[2] Indonesian language map. 2020. Translator without Boarders. https://translatorswithoutborders. org/wp-content/uploads/2020/04/Indonesian-language-map.pdf [2022-02-03].

[3] Ethnologue: Languages of the World. Indonesia: Country. https://www.ethnologue.com/country/ ID/ [2019-06-21].

[4] Ethnologue: Languages of the World. Indonesia: Country. https://www.ethnologue.com/country/ ID/ [2019-06-21].

式语言，可以吸收各种外来和方言词汇以适应社会发展（唐慧，2010）。

印尼政府一直努力推广印尼语，大力发展初等教育，采取免收学费、供应课本和进行师资培训等措施，大大提高了小学入学率。1970 年，小学入学率为 83.68%；2018 年为 106.41%[①]。为了提高印尼外籍人员的印尼语熟练度，印尼教育文化与研究技术部开展了印尼语水平考试（Indonesian Language Proficiency Test），2016 年中爪哇省规定，所有外籍人员需要参加该考试才能延期工作签证。

印尼人印尼语水平的上升也使印尼语的国际地位和经济价值进一步提升。2011 年时，世界货币基金组织预测，印尼语在全球语言市场的占比将从 2008 年的 1.3%增长到 2014 年的 1.5%，其市场份额量将增长 15.4%，在所有呈增长趋势的语言中排列第四位（Graf，2011），印尼语的发展态势也印证了这一点。虽然印尼语已广为普及，但是日常生活中人们使用的印尼语口语与作为书面语的标准印尼语有较大区别。印尼语口语省略了一些特定的词缀，以其他语言为母语的印尼人往往交替使用印尼语和母语，在使用印尼语时夹杂母语词汇和发音，这种现象非常普遍，甚至印尼前总统苏哈托在使用印尼语演讲时也会夹杂一些爪哇方言。

2. 其他民族语言

在 1971 年和 1980 年的语言使用调查中，印尼主要使用的民族语言包括爪哇语（Javanese）、印尼语、巽他语（Sundanese）、马都拉语（Madurese）、马来语方言（Malay dialects）、望加锡语（Makasarese）、米南卡保语（Minangkabau）、布吉语（Bugis）、巴达克语（Batak）、亚齐语（Achinese）、巴厘语（Balinese）、萨萨克语（Sasak）（Nababan，1985）。根据世界民族语言网站的统计结果，目前印尼使用人数超过百万的民族语言除印尼语外，共 11 种。与上述提到的语言略有不同，没有望加锡语，但增加了班嘉语（Banjar），具体见表 4-41。

---

① The GlobalEconomy. Com. Indonesia: Primary school enrollment. https://www.theglobaleconomy.com/Indonesia/Primary_school_enrollment/ [2022-02-03].

表 4-41　印尼使用人数超过百万的民族语言及其分布①

序号	语言	使用人数/百万人	主要分布地区
1	爪哇语	68.2	万丹省、中爪哇省、东爪哇省、日惹特区、苏门答腊岛、楠榜省
2	巽他语	32.4	万丹省、西爪哇省、中爪哇省
3	马来语方言	17.5	亚齐特别行政区、邦加-勿里洞、加里曼丹省、占碑省、廖内省、马鲁古省、东努沙登加拉省、西努沙登加拉省、哥伦打洛省、巴布亚省
4	马都拉语	7.79	东爪哇省、南加里曼丹省
5	巴达克语	6.85	亚齐特别行政区、南苏门答腊省、北苏门答腊省
6	米南卡保语	4.24	明古鲁省、南苏门答腊省、西苏门答腊省
7	班嘉语	3.65	加里曼丹岛
8	布吉语	3.51	苏拉威西岛中部、南部、东南部和西部
9	亚齐语	3.5	亚齐特别行政区
10	巴厘语	3.3	巴厘省、西努沙登加拉省
11	萨萨克语	2.1	西努沙登加拉省

　　在印尼政府的政策指导下，一些使用人数相对较多的民族语言成为民族聚集区的常用语及学校教学媒介语之一。在爪哇族聚居的几个省，爪哇语是小学到高中必修的一门课程，也在中爪哇、日惹和东爪哇等几个省区的少数杂志和电视节目中使用，发行的爪哇语杂志有 5 种。巽他语是西爪哇和万丹两省的常用语言，一些当地的伊斯兰学校教授巽他语。巴厘省制定了一些促进巴厘语使用的规定。全国有 4～5 所大学开设了这 3 种语言专业。

　　虽然印尼民族语言资源丰富，但语言发展不平衡。根据语言代际传承干扰扩充量表（Expanded Graded Inter-generational Disruption Scale，EGIDS），所有语言根据身份功能、官方使用程度、代际传承情况、识字状况和最近一代流利使用者状况五个维度分成 13 个等级（Lewis & Simons，2010）。根据 EGIDS 量表，印尼众多语言中，印尼语是唯一的全国性语言，几种在部分省区常用的民族语言主要用于日常交流，并未广泛用于地区媒体、政府事务以及商业贸易中，只有爪哇语和格利亚斯语（Goliath，使用人数约 5600 人）是少数国民学校的教学

---

　　① Ethnologue: Languages of the World. Indonesia: Languages. https://www.ethnologue.com/country/ID/languages [2019-06-21].

媒介语之二。按照联合国教科文组织对语言濒危程度的分级，印尼处于安全级别、没有面临威胁的语言还不足一半。虽然各省政府有权制定有利于民族语言保护和教育发展的政策，实际上仅有几种使用人数多的语言如爪哇语、巽他语和巴厘语等得到了地方政府的语言扶持。

4.10.1.2　印度尼西亚的外语资源

印尼使用的外语以世界主要通用语为主，其中英语、阿拉伯语和华语的地位较为特殊。印尼独立后摒弃了殖民者的语言——荷兰语，选择英语作为与国际交流的语言，英语也是独立后相当一段时间内印尼公立教育体制内的唯一一门外语。印尼约有 87% 的人信仰伊斯兰教，因此作为伊斯兰教语言的阿拉伯语不仅是宗教活动使用的语言，也是印尼一些宗教学校和私立学校的必修内容。

华语是印尼华族的语言，包括标准华语和华语方言，方言中使用人数最多的是闽南方言、潮州方言、客家方言和海南方言。汉朝时期就已经有华人移居印尼，较大规模的华人移民出现在 18~19 世纪，华人在印尼国家独立和国家建设中发挥了重要的作用（黄昆章，2007）。但是，由于印尼政府对华族的压制和其他民族对华族的排斥，即便现今政府已经承认华族的贡献，华语仍被当作外语。

通过对印尼高校开设语种的调查，可以比较全面地了解印尼外语人才培养的情况。印尼的高等教育分为六类：大学、专科大学、专科学院、理工学校、专科学校和社区学校。高中生毕业后，可以选择接受学术型高等教育（学士学位）或者职业型高等教育（提供四种级别的毕业证，学制是 1~4 年）。根据 2013 年一份资料显示（Moeliodihardjo，2014），印尼约 3500 所高等教育机构中，只有约 150 所为公立院校，包括受印尼教育文化与研究技术部管理的 98 所（55 所大学、8 所专科大学、2 所专科学院和 33 所理工学校）和受宗教事务部管理的 52 所伊斯兰院校；私立学校包括 440 所大学、52 所专科大学、1463 所专科学院、158 所理工学校和 1240 所专科学校。私立院校数量庞大，以职业型高等教育机构为主，大部分学院和学校规模较小，学生数量少。结合莫利奥迪哈乔（Moeliodihardjo，2014）的数据和全球高校网（uniRank）网站上的统计，我们对印尼 542 所大学进行了调查，约 280 所大学开办了外语专业，其中拥有不止一种语言项目的大学为 52 所，只开设英语的大学约为 220 所，只开设阿拉伯语的院校不到 10 所。

由于学校数量庞大，表 4-42 仅列出开设一种以上语言项目的大学。由于某些学校的信息不完整，其外语硕士、博士项目情况不明确，具体情况见表 4-42。

表 4-42　印尼部分大学的外语开设情况

序号	所在城市	大学名称	院/系名称	语种数量/种	语种	备注
1	雅加达	印度尼西亚大学（University of Indonesia）	人文学院	9	英语、汉语、日语、法语、韩语、荷兰语、俄语、阿拉伯语、德语	
2	万隆	帕贾兰大学（Padjadjaran University）	文化科学学院	7	英语、汉语、日语、法语、俄语、阿拉伯语、德语	具有英语硕士点
3	万隆	印度尼西亚教育大学（Indonesia University of Education）	语言和文学教育学院	6	英语、德语、日语、阿拉伯语、法语、韩语	
4	日惹	卡查玛达大学（Gadjah Mada University）	文化科学学院	5	英语、汉语、日语、法语、韩语	
4	雅加达	雅加达州立大学（State University of Jakarta）	语言与艺术学院	5	英语、汉语、德语、阿拉伯语、日语	具有英语硕士点
4	三宝垄	三宝垄州立大学（State University of Semarang）	语言和艺术学院	5	英语、汉语、阿拉伯语、日语、法语	具有日语和法语硕士点
5	泗水	泗水州立大学（State University of Surabaya）	语言与艺术学院	4	英语、汉语、德语、日语	
5	望加锡	望加锡州立大学（State University of Makassar）	语言与文学学院	4	英语、德语、阿拉伯语、汉语	
5	玛琅	宝拉维加亚大学（Brawijaya University）	文化科学学院	4	英语、汉语、日语、法语	
6	雅加达	印尼建国大学（BINUS University）	人文学院	3	英语、汉语、日语	
6	雅加达	达玛佩撒德大学（Darma Persada University）	文学院	3	英语、汉语、日语	
6	雅加达	国民大学（National University）	语言和文学学院	3	英语、日语、韩语	
6	万隆	玛拉拿达基督教大学（Maranatha Christian University）	文学院	3	英语、汉语、日语	

续表

序号	所在城市	大学名称	院/系名称	语种数量/种	语种	备注
6	日惹	日惹州立大学（Yogyakarta State University）	语言与艺术学院	3	英语、德语、法语	
6	日惹	日惹穆罕默德迪亚大学（Muhammadiyah University of Yogyakarta）	语言教育学院	3	英语、阿拉伯语、日语	
6	美娜多	萨姆拉特兰吉大学（Sam Ratulangi University）	文化、语言与历史学院	3	英语、日语、德语	
6	美娜多	美娜多州立大学（Manado State University）	语言与艺术学院	3	英语、日语、法语	
6	棉兰	棉兰州立大学（Medan State University）	语言与艺术学院	3	英语、德语、法语	
6	梭罗	塞伯拉斯马雷特大学（Sebelas Maret University）	文化科学学院	3	英语、阿拉伯语、汉语	
6	普禾加多	苏迪曼大学（Jenderal Soedirman University）	文学院	3	英语、日语、汉语	
7	雅加达	邦达穆利亚大学（Bunda Mulia University）	社会与人文学院	2	英语、汉语	
7	雅加达	印尼克里斯大学（Christian University of Indonesia）	教育和培训学院	2	英语、汉语	
7	万隆	帕斯姆国民大学（National University of Pasim）	文学院	2	英语、日语	
7	万隆	乌大亚那大学（Udayana University）	文化学院	2	英语、日语	
7	万隆	伊斯兰苏南贡农贾迪大学（University of Islam Negeri Sunan Gunung Djati）	文化和人文学院	2	英语、阿拉伯语	
7	日惹	日惹州立伊斯兰大学（Sunan Kalijaga State Islamic University Yogyakarta）	文化学院	2	英语、阿拉伯语	
7	三宝垄	迪波涅戈罗大学（Diponegoro University）	人文学院	2	英语、日语	
7	三宝垄	努斯万特隆大学（Dian Nuswantoro University）	人文学院	2	英语、日语	
7	三宝垄	三宝垄州立科技大学（Walisongo State Islamic University）	教育与培训学院	2	英语、阿拉伯语	

续表

序号	所在城市	大学名称	院/系名称	语种数量/种	语种	备注
7	泗水	泗水伊斯兰州立大学（Islam University of Sunan Ampel Surabaya）	文化与人文学院	2	英语、阿拉伯语	
7	泗水	佩查大学（Petra Christian University）	文学院	2	英语、汉语	
7	泗水	维达卡缇卡大学（Widya Kartika University）	语言和文学学院	2	英语、汉语	
7	望加锡	印尼穆斯林大学（Islamic University of Indonesia）	文学院	2	英语、阿拉伯语	
7	望加锡	望加锡阿劳丁州立大学（Alauddin State Islamic University）	人文学院	2	英语、阿拉伯语	
7	望加锡	哈萨努丁大学（Hasanuddin University）	文化科学学院	2	英语、日语	具有英语和日语硕士点
7	巴东	安达拉斯大学（Andalas University）	人文学院	2	英语、日语	
7	巴东	巴东州立大学（State University of Padang）	语言与艺术学院	2	英语、日语	
7	雅加达	古纳达姆大学（Gunadarma University）	文学院	2	英语、汉语	
7	泗水	艾尔朗加大学（Airlangga University）	人文学院	2	英语、日语	
7	茂物	帕库安大学（Pakuan University）	文学院	2	英语、日语	
7	坤甸	丹戎布拉大学（Tanjungpura University）	教育与培训学院	2	英语、汉语	
7	班达楠榜	楠榜雷登因腾州立大学（Raden Intan State Islamic University of Lampung）	教育与培训学院	2	英语、阿拉伯语	具有阿拉伯语硕士点
7	班达亚齐	阿拉尼瑞州立大学（Ar-Raniry State Islamic University）	教育与培训学院	2	英语、阿拉伯语	
7	哥伦打洛	哥伦打洛穆罕默德迪亚大学（Muhammadiyah University of Gorontalo）	文学院	2	英语、阿拉伯语	
7	巴东	邦哈塔大学（Bung Hatta University）	文学院	2	英语、日语	

续表

序号	所在城市	大学名称	院/系名称	语种数量/种	语种	备注
7	北干	廖内大学（Riau University）	教育和培训学院	2	英语、日语	
7	佐邦	比桑达伦大学（Pesantren Tinggi Darul 'Ulum University）	语言与商业学院	2	英语、日语	
7	西冷	哈萨努丁班腾州立大学（Sultan Maulana Hasanuddin State Islamic University of Banten）	教育与培训学院	2	英语、阿拉伯语	
7	斯莱曼	日惹技术大学（University of Technology，Yogyakarta）	人文、教育与旅游学院	2	英语、日语	
7	新加拉惹	甘尼沙师范大学（Ganesha University of Education）	语言与艺术学院	2	英语、日语	
7	占碑	赛弗丁州立大学（Sultan Thaha Saifuddin State Islamic University）	文化与人文学院	2	英语、阿拉伯语	
7	登巴萨	登巴萨玛哈萨拉瓦蒂大学（Mahasaraswati University of Denpasar）	外语学院	2	英语、日语	

表 4-42 中的 52 所大学包括 31 所公立大学和 21 所私立大学，其中印度尼西亚大学开设的外语专业最多，有 9 种语言；其次是帕贾兰大学（7 种）和印度尼西亚教育大学（6 种）；开设 5 种外语语言专业的大学有 3 所，开设 4 种外语语言专业的有 3 所，开设 3 种外语语言专业的大学为 11 所，其余 32 所均为开设了 2 种外语语言专业的大学。所有上述大学都开设了外语语言专业，有 31 所大学开设了日语专业，19 所开设了阿拉伯语专业，19 所开设了汉语专业，9 所开设了德语专业，9 所开设了法语专业，2 所开设了俄语专业，1 所开设了荷兰语专业。除了英语，日语是各大学开设最多的外语。

根据统计结果可以发现：①私立高等教育在印尼高等教育中占有非常重要的地位，虽然私立高校的教育质量和教学规模参差不齐，但分布于各省的私立教育机构有效地补充了公立教育的不足，满足了印尼人民接受高等教育的需求；②印尼高校开设的外语类专业中，英语为最热门、开设高校数量最多的外语，在所有语言专业中仅次于印尼语，这也体现出印尼政府和印尼民众对英语的重视和英语在印尼作为第二语言的地位；③印尼高校开设的外语语种以世界主要通用语和亚洲较有影响力语言及宗教语言为主，语种数量少，在 500 多所大学中只有约 11%的大学开设了英语之外的其他语种。因此，无论是从语种数量还是外语教育规模来看，印尼的外语资源并不充足，英语较为普及但缺少对其他外语的开发和利用。

4.10.2　印度尼西亚的国家语言管理能力

4.10.2.1　印度尼西亚的国家语言文字管理机构

语言规划一直是印尼政府工作的重点，重要的语言决策往往是由印尼总统发令，由教育文化与研究技术部具体实施，一些重要政策还会通过立法的方式来明确其法律地位和效力，如 2009 年的《国旗、语言、国徽和国歌法》。印尼的国家语言文字管理机构是隶属于印尼教育文化与研究技术部的语言发展与培养机构（Language Development and Fostering Agency）。教育文化与研究技术部是印尼 2021 年将教育文化部重组后新成立的部门。

印尼独立之初就开始建立国家语言文字管理机构。1948 年根据当时的教育、教学和文化部部长令，文化办公室在日惹成立了语言中心。1952 年，语言中心划归印度尼西亚大学文学系，与语言科学和文化服务处共同组成语言文化研究所。1959 年，语言文化研究所与印度尼西亚大学分开，直接隶属于教育、教学和文化部，1966 年更名为语言与文学理事会，1969 年又改名为国家语言学院，1970 年设立了三个分支机构。1974 年，国家语言学院改名为语言发展中心，隶属文化局，负责制定语言研究与发展政策、实施语言研究与开发、建立技术研究机构以及在各地区实施语言研究和落实中央行政事务。1999 年，语言发展中心设立了 14 个分支机构，2000 年更名为语言中心。2009 年，印尼批准了 2009 年第 24 号法律——《国旗、语言、国徽和国歌法》，涉及国旗、语言和国歌，并重定有关国家各部的职位、职责和职能；语言中心更名为语言发展与培养机构，设有秘书处、技术实施单位，并在 30 个省设立了分支机构①。

印尼语言发展与培养机构以开展推动印尼语言和文学的发展、指导和保护作

---

① The Language Development and Fostering Agency. https://yamm.finance/wiki/Badan_Pengembangan_dan_Pembinaan_Bahasa.html [2022-02-04].

为使命，其任务包括为语言和文学的发展和保护制定技术政策、计划和预算，发展和保护语言和文学等；该机构通过制定计划和开展活动来解决各种语言和文学问题[①]。语言发展与培养机构还下设了语言文学发展中心和语言文学保护中心等机构，语言文学发展中心以制定和实施语言和文学发展领域的技术政策为任务[②]。另外还有一个语言文学多样性实验室，提供有关印尼语言和文学多样性的信息[③]。语言发展与培养机构还负责绘制印尼语言地图、举办活动、编撰词典、编辑文学选集、出版期刊等。

4.10.2.2　印度尼西亚的语言服务与语言技术

大量的语言资源使印尼涌现了多样化、多语种的书籍和词典。1947 年后，荷兰语书籍逐渐减少，印尼语书籍和以印尼为主题的英语书籍开始大量出现，还有少量民族语言文学作品和外文书籍。外文书籍中，英语书籍占 90% 以上（Graf，2011）。为了帮助国民更好、更快地学习印尼语，语言发展与培养机构印刷了成千上万本印尼语词典、拼写指南、术语词典、研究刊物等，以及很多其他民族语言与印尼语双语词典。总体而言，1975～2007 年，语言发展与培养机构提供给其他民族语言刊物的出版资源要少得多，在除印尼语外的民族语言中，"健康语言"（爪哇语、巽他语和巴厘语）的发行刊物和"非健康语言"的发行刊物数量也不平衡（Arka，2013）。

印尼语词典中最权威的当数《印尼语大词典》(*Kamus Besar Bahasa Indonesia*，*KBBI*)。该词典是 1988 年发行的官方词典，最早收录了 6.2 万个词条；经 1991年、2005 年、2008 年和 2016 年修订后词条数增加到 12.7 万。该词典还开发了电子版供下载使用，图 4-9 显示的是这本词典的 5 个版本（Moeljadi，2017）。

印尼语言发展与培养机构出版了字典，还在其网站上提供一些字典的电子版，包括酒店语言词典、科学词典等专业领域的词典以及一些双语词典如印尼语-菲律

① Profil Organisasi. 2022. The Language Development and Fostering Agency. http://demo.te.net.id/74/balai-bahasa/profil-organisasi [2022-02-04].

② Pusat Pembinaan Bahasa dan Sastra. Profil. https://rumahpusbin.kemdikbud.go.id/profil.php [2022-02-04].

③ Laboratorium Kebinekaan Bahasa dan Sastra. Latar Belakang. https://labbineka.kemdikbud.go.id/bahasa/tentang [2022-02-04].

宾语词典和印尼语-泰语词典等。

图 4-9　印尼最权威词典 *Kamus Besar Bahasa Indonesia* 的 5 个版本

其他出版公司发行的词典还包括印尼语与英语、汉语和法语的多种双语或三语词典，既有印刷版也有电子版，例如 1997 年印度尼西亚大学编撰的《汉语—印尼语大词典》、2000 年由中国印尼语专家编撰的《印尼语—汉语大词典》[①]。除了大量印尼语词典的问世之外，印尼出版行业开发了多个电子图书商店和阅读软件，如电子教科书（BSE）、印尼书籍（IndoBooks）。其他当地发行的民族语言双语或多语词典包括爪哇语-印尼语词典、巴厘语-英语-印尼语词典等。

为一门语言建立数据库是一种通过存储和学习功能保护这门语言的方式，对深入研究语言现象与文化、发展现代语言技术有重要意义，一定程度上也反映出印尼语言技术的发展。印尼语言学者对印尼语和其他民族语言（主要为爪哇语、巽他语和巴厘语）的数据库建设作出了大量贡献，例如包含 1029 句陈述句和 500 句疑问句的印尼语语音语料库（Cahyaningtyas & Arifianto，2017）、从不同文体不同来源收集的含有 4.5 万个句子的印尼语-英语平行语料库（Indonesian-English parallel corpus）（Larasati，2012）、东南亚语言项目图书馆（SEAlang Library）基于网络资源检索建立的印尼语文本语料库和爪哇语文本语料库、基于 WordNet 建立的巽他语词汇数据库（Budiwati & Setiawan，2018）、包含了 5800 条爪哇语录音和 4200 条巽他语录音的多语文本转语音语料库（Wibawa et al.，

---

① 陈文. 2000.《印尼语—汉语大词典》在印尼发行. https://www.chinanews.com.cn/2000-08-11/26/41224.html [2019-07-20].

2018）。一些民族语言保护组织利用互联网和网络技术来进行民族语言知识的分享、传播以及民族语言的数据收集以改变民族语言衰落的趋势，如致力于恢复巴厘语活力的组织——巴萨巴厘（Basabali），利用网络收集巴厘语词条、故事等，从而编撰了巴萨巴厘维基网络词典（BasabaliWiki）。

印尼的语言翻译服务主要由翻译公司承担，也有一些公司开发了印尼语和英语翻译软件。翻译公司中既有能提供上百种语言翻译服务的国际性翻译公司在印尼的分部，也有印尼当地规模较小的公司，如：卡拉威尔翻译公司（Caravel Translation），也称为印尼翻译机构（Indonesia Translation Agency），能够提供 25 种语言的翻译服务；成立于 2009 年的翻译星专业翻译公司（Translexi）能提供英语-印尼语、汉语-印尼语等语言翻译服务。还有一些公司提供特定领域或民族语言的翻译服务，如：印尼语翻译公司（Investindo），主要提供法律文件和公司文件印尼语与英语两种语言的翻译服务；位于东爪哇岩望的语言专业翻译公司（ProBahasa）提供英语-印尼语和英语-爪哇语的语言服务。近几年，印尼人工智能的研发发展迅速，人工智能新创企业数量可观，其中就有不少致力于印尼语自然语言处理技术（语言机器翻译的核心技术）研究的公司，如 BJ 技术（BJtech）、声呐平台（Sonar Platform）、语言智能（Bahasa.ai）等[1]。

印尼媒体行业发展迅速，2014 年时印度尼西亚的电视台已经达到 394 个[2]，有上千家日报发行。多数媒体集中在雅加达，语言以印尼语为主，有少量英语、华语和民族语言媒体。报纸中《罗盘报》（Kompas）是最有影响力的日报；发行较多的英语报纸为《雅加达邮报》（The Jakarta Post）和《雅加达环球报》（Jakarta Globe）。华文报纸中，最早出现的是印尼当局 1966 年发行的《印度尼西亚日报》，现名为《印尼星洲日报》；其他华人自己发行的报纸还包括《印度尼西亚商报》《国际日报》《世界日报》等。

4.10.2.3　印度尼西亚的语言政策与规划

作为一个有着悠久历史的国家，印尼经历了从封建王国到殖民统治，然后独

---

[1] Nanalyze. 2019. Top-11 artificial intelligence startups in Indonesia. https://www.nanalyze.com/2019/01/artificial-intelligence-indonesia/ [2019-07-28].

[2] 印尼头条. 2018. 浅谈印尼电视媒体发展概况. https://id.toutiaosg.com/浅谈印尼电视媒体发展概况/ [2021-12-22].

立建国的不同时期。语言的民族性决定了语言管理在国家稳定、民族融合、经济发展和现代化进程中所起到的作用（江健，2011）。历史的复杂性和民族的多样性使印尼的国家语言管理成为国家统一和民族建设的重要部分。

1. 殖民统治时期的语言政策与规划

荷兰对印尼的完全统治开始于 1816 年。荷兰殖民政府的语言管理政策是在其政治目的与客观环境不断变化和碰撞中均衡考虑制定的，从统治初期对语言教育的放任自流到后期的文化入侵都凸显了其政治意图。

荷兰殖民者推崇荷兰语，明确荷兰语为第一语言和官方语言，突出荷兰语代表的身份和威望（Groeneboer，1997），在普及荷兰语上殖民政府总是持消极态度，这种冷漠正是荷兰海外文化的政策特征（斯旺，2008）。荷兰殖民统治后期，文化入侵政策的推行使殖民政府全力推广荷兰语，在民族主义浪潮兴起时，加大荷兰语教育，并控制和压制民族语言源流教育。荷兰殖民政府建设荷兰语源流小学，管理土著学校，开办少量的中学和高等教育院校及培训学校和专科学校（唐慧，2010），同时对荷兰语、马来语和其他语言的地位及使用作出了明确规定。

针对不断发展壮大的华语教育，荷兰殖民政府担心华语学校成为反殖民运动的力量，对其采取了压制和同化政策。1908 年建立了荷华学校，吸引华族子弟离开华语学校，至 1932 年学校已达 117 所，学生 23 353 人（黄昆章，2007）。限制华语学校发展的政策包括：成立汉务司以监督有关华人各种事务，发布《荷属东印度学校条例》、《华侨学校注册条例》以及《荷印限制私立学校条例》，设置教育视察员等（黄昆章，2007）。

荷兰殖民政府将马来语确立为印尼的通用语，地位仅次于荷兰语，建立了先用马来语教学、后用荷兰语教学的荷印学校。1908 年成立了图书出版局并发行马来语报纸、杂志（许利平，1997）。马来语逐渐成为印尼各个民族的通用语，它将印尼不同民族凝聚在一起，共同对抗荷兰殖民统治。1928 年，第二届全印尼青年大会将马来语定为民族共同语，称为印尼语，并宣誓要效忠这一种语言[①]。1938 年，印尼第一届印尼语语言大会通过了要成立机构来对印尼语进行本体规划和发

---

① 中华人民共和国商务部. 2010. 印度尼西亚历史简述. http://id.mofcom.gov.cn/article/ddgk/200305/20030500088486.shtml [2022-02-05].

展推广的决议[①]。

2. 建国至 20 世纪末的语言政策与规划

1945 年印尼宣布独立，1950 年实现统一后，印尼制定了宪法，完全摒弃了带有殖民印记的荷兰语，规定印尼语为印尼唯一的国语和官方语言，同时在宪法第 13 章明确了国家对民族语言的尊重和保护，提出了应通过保留不同、多样的省区语言来体现语言差异（Bertrand，2003）。

印尼的一元化语言同化政策是印尼民族主义运动的产物，通过实行单语政策，充分利用语言的工具性和符号性，将不同民族和文化的人民凝聚在一种语言之下，发展居于民族之上的国家语言和国家文化。

在印尼语本体发展方面，印尼政府自 1947 年开始进行拼音方案改革，于 1972 年最终制定现行的印尼语拼字法（即 EYD 拼字法，Ejaan Yang Disempurnakan，英文为 Indonesian-improved Spelling System）。通过语言大会，印尼与马来西亚两国合作开展国语的词汇和语言政策等方面的研究，标准化印尼语的读音、语法、词汇和拼写。

在教育领域，国民小学规定前两年同时使用民族语言和印尼语教学，三、四年级后必须只以印尼语教学，私立的民族语学校必须开设印尼语课程。而且，所有教师都要进行印尼语学习，以便更好地贯彻国家相关政策（文峰，2008）。为了让母语各异、口音各异的国民学会和使用印尼语，政府成立了专门的语言机构来保护和推广印尼语。印尼的语言政策直接带动了印尼语使用人数的迅速增长，从 1928 年的 50 万左右（Nababan，1985），增加到 20 世纪 70 年代占总人口的 40.8%（许利平，1997）；1980 年，印尼人口统计显示，约 900 万印尼人（相当于当时人口的 61%）都已掌握了印尼语（Nababan，1985）。

印尼政府认可和尊重民族语言，允许各省对当地的主要通用语言进行一定程度的规划，语言发展与培养机构也通过旗下数十个分布在不同地区的机构及组织为民族语言的学习及文学发展提供帮助。在地方政策的保护下，少数使用人数较多的几种语言能够在学校和媒体领域中占有一席之地。例如 1992 年，巴厘省出台了有关巴厘语、识字率和巴厘文学的一些规定。另外，建立爪哇典范语、法律化

---

① Hallen, C. L. 1999. Language contact and its influence in Bahasa Indonesia's phonetic system. https://linguistics.byu.edu/classes/Ling450ch/reports/bahasa.htm [2021-02-05].

爪哇族节日等方法也为爪哇语的语言文化发展提供了一定保护。

但是，绝大部分的非印尼语源流小学都逐渐变成了只以印尼语为教学语言的学校，这使民族语言只能依靠地方性法规、民族代际传承和宗教学校来进行保护。例如，原本一直作为三个省区中小学教学用语之一的爪哇语被禁止当作教学语言，仅当作语言课程。另外，1957 年，印尼政府开展的移民计划使部分民族分散到印尼不同地区，民族语言的分布情况变得更为复杂，语言保护也更为困难。例如，迁移到楠榜省的巴厘人，其民族语言巴厘语逐渐让位给印尼语和当地其他语言，再加上楠榜省没有保护巴厘语的措施，巴厘语的使用范围迅速缩小、活力锐减。虽然整个印尼的巴厘语通过民族传承和部分地方性法规得以保存，但是年轻一代巴厘人的巴厘语水平仍然较低（Malini，2011）。

印尼当局对华族和华语的态度并不友好，华语一直被视为移民的语言，是一门外语。建国后，华人自建的华语学校一直在艰难困境中屹立不倒。印尼政府实行印尼语单语制后，针对华语学校发布了一系列的政策以加强印尼语的学习和使用，例如 1950 年的《关于学校申请津贴金的条例》和 1952 年的《外侨学校监督条例》。在种种压制措施和同化手段下，华语学校的数量仍大幅上涨，1957 年华语学校总共 1800 多所，覆盖了学前教育、初级教育和中级教育，学生约 40 万人（温广益，1997）。

1957 年，随着印尼实行《战时紧急状态法》，至 1965 年苏哈托发动军事政变后，一度欣欣向荣的华语学校发生巨变，并随着苏哈托正式执政后执行的政策而最终全部关闭。1957 年，《文教部长第 211/S60 号决定》要求外侨学校校长掌握印尼语，同年 11 月的《监督外侨教育条例》禁止华语学校招收印尼籍华人学生，禁止开办外侨大学（黄昆章，2007）。由于中国台湾地区卷入部分地区的叛乱，1958 年印尼政府将 700 多所华语学校转变为印尼语学校。苏哈托掌权后，印尼政府采取了极端的手段同化华人、消灭华族文化：1966 年下令取缔华语学校；1967 年明确规定禁止开办任何外语学校（外国使节为家庭成员开办的学校除外）；1974 年，学生可以学习少量华语的特种民族学校被关闭，华语补习班被禁止，至此华语教育完全消亡（黄昆章，2007）。

英语的中立性赋予了英语特殊的工具性和价值杠杆作用（江健，2011），被印尼政府选择作为与国际社会交流的主要语言。英语课程在很长时间内是印尼学校唯一的一门外语课程，到 20 世纪 60 年代英语已完全取代了荷兰语，成为印尼的主要外语（Sneddon，2003）。1967 年，印尼教育文化部明确了英语"第一外语"的地位，并规定英语为中学及高等院校的必修课（杨晓强，2011）。1975 年，国家课程政策研讨会确定英语为印尼拓展知识、提高文化技术、国际关系以及丰富印尼语的外语（Kaplan & Badauf，2003）。1945 年起，教育部先后五次修改英语教学大纲；1993 年，根据印尼中小学课程指导意见，小学可以在四年级设置每周 60～90 分钟的英语课（江健，2011）；1998 年，政府批准使用英语教授科学技术类的专门学科。

3. 21 世纪的语言政策与规划

1998 年苏哈托辞职后，印尼国家最高领导人几经更迭，2004 年苏西洛（Susilo）当选总统，印尼进入民主改革时期，从中央集权转向更多的区域自治以推进地区文化多样性的发展（Idri，2014）。在全球化进程的影响下，执政理念的变化使印尼政府在语言管理中体现出多元文化主义的特点：在巩固印尼语国语地位的同时放松了对民族语言使用及教育的控制，加强国家共同意识建设的同时尊重民族文化的传承和发展。

印尼语是印尼政府建设国家和保持领土完整的重要手段之一，普及和推行印尼语也就成为印尼政府的重要工作内容（Arka，2013）。实施数十年的印尼语普及政策使 90% 的印尼人掌握了印尼语，而印尼语逐渐从印尼第二语言上升为主要语言。但英语的快速发展影响了印尼语的纯净性，威胁到印尼语的地位。印尼大学生的网络交流中，仅有 26% 的学生完全使用印尼语，其余或多或少地夹杂了英语词汇（杨晓强，2011）。为了保护印尼语，政府于 2009 年通过了《国旗、语言、国徽和国歌法》，提出印尼人民应"热爱地方语言，使用国语，学习外语"，要求政府机构、企业、教育机构、私人团体、论坛的工作用语及文件、协议、备忘录等文字资料的语言必须是印尼语，各类建筑物的名称和机构名也必须以印尼语命名，除非外语名字具有特殊文化价值。2006 年、2009 年和 2013 年的中小学课程标准规定，通过印尼语的学习，学生应能够掌握印尼语书面语和口语，能够在印尼语学习和使用中提高自身的综合素质，能够欣赏印尼文学作品并通过阅读提高洞察力和个人礼仪、知识和语言表达能力，能够恰当地、有创造性地灵活使用印尼语（Nugraheni，2015）。2013 年的课程标准里还明确了采用交际教学法开展印尼语教学（Santoso，2016）。

对一个民族而言，语言实践、语言信仰、语言管理与该民族的民族性息息相关（García，2012）。为使各民族丰富的语言文化继续服务于印尼文化的发展，印尼政府通过法规来保护民族语言和文化，也采取了一些具体措施。《国旗、语言、国徽和国歌法》号召国民热爱地方语言，规定地方政府应在地方民族语言与文化的可持续发展中起到重要作用。民族语言可以用在特定的领域，也可以用于出版物和媒体、建筑物或机构。具有特殊历史文化或宗教习俗意义的事物则可以民族语言命名；特定信息和标识也可用民族语言作为补充说明。

1999 年的第 32 号部长政令允许学校开设专门体现地方特色的课程，印尼地方政府有权决定其辖区学校中该课程的内容，这使得一些民族语言较为统一的民族聚居区可以利用该课程开展民族语言文化教学。例如，日惹政府于 2004 年将爪哇语确定为小学到高中的学习科目以体现地方特色。但是，由于各地财力不一、民族居住分散、民族语言经济价值低，再加上民族语言教学中存在师资稀少、课程大纲不适于实际教学的情况，该课程并没能惠及各省区的主要民族语言，更不用提人数较少的民族的语言了。例如，马鲁古中部地区使用 42 种语言，但语言种类多，加之教师缺乏，某些民族语言已沦为第二语言，使这项政策在当地无法发挥效用（Musgrave，2014）。

2013 年，政府简化并合并了学校课程，将所有科目分为必修和附加两类，削弱了民族语言的教学。原本作为一门课程的爪哇语融入艺术与文化课程之中，实际上降低了爪哇语在学校教育中的地位，缩短了爪哇语学习的时长。为此，日惹政府出台了 64 号政令，规定所有私立和公立学校都必须教授爪哇语[①]。印尼政府重视民族语言，但缺乏有力的支持，同时印尼语的普及和网络时代印尼语的绝对优势，造成年轻一代印尼人逐渐成为以印尼语为主的双语者，最终将成为印尼语单语者（Idri，2014）。

这一时期，印尼政府对原有的一些民族歧视条款进行了修正，例如重新制定了区分原住民与非原住民的标准。受多元文化主义以及印尼与中国关系恢复发展的影响，印尼政府公开承认华族与其他民族的平等地位，对华族在印尼国家建设中的贡献予以肯定，给予华族更多的权利保障，也给华语教育带来了一线希望。1998 年底，华语补习班获准开办，1999 年政府公告中，华语享有与英语和其他外

---

① Kusuma, W. 2013. Jangan Hapus Bahasa Daerah Dari Kurikulum. https://bola.kompas.com/read/2013/01/15/14510369/~Regional~Jawa [2022-08-25].

语同等的地位，被列为中小学的主要选修课程，政府还允许民间开办华语学校。2004 年 1 月，雅加达华文教育协调机构成立，配合当时的教育文化部协调和解决华文教育问题。印尼逐步取消了长期以来对华族文化节庆、华文报刊出版、华文印刷品进口的限制，并与中国在华语教学、提供华语师资培训、举办 HSK 考试等方面开展合作。2004 年，在雅加达华文教育协调机构的支持下，巴厘岛首先建立了国民三语学校——文桥三语学校，之后在茉莉芬市和泗水市也建立了国民三语学校。学校在国民教育课程的基础上，开展印尼语、英语和华语三种语言的学习，华语课程的周学时在 4 个小时以上，除了语言课程外，还开设文化课程，举办民俗活动，开展中华道德教育。截至 2015 年，印尼的三语学校已经达到了近 70 所（高承，2016），至 2019 年，已有 70 多所，大部分集中在爪哇和苏门答腊（Chen et al.，2019）。印尼与中国关系的发展以及汉语价值和地位的提升，使汉语学习吸引了印尼各个民族的人民，印尼和中国在汉语教学和研究、汉语教材编写、汉语-印尼语词典编撰等方面开展进一步合作。

由于印尼政府一直重视英语教学，很多幼儿园都开办了英语课程。英语不仅是学校的必修课程，也常见于各类媒体和广告。印尼前总统苏西洛在其演讲中也常借用英语词汇表达。除了继续和以英语为母语的国家就英语师资培训及共同办学方面合作外，2004 年印尼发布了新英语教学大纲，确立了培养学生英语综合应用能力、提高语言交际能力的目标。

4.10.3　印度尼西亚的国民语言能力

建国后的数十年间，印尼政府通过采取一元化政策使印尼国民的语言使用状况发生了巨大变化。印尼语不仅成为印尼的国家通用语，还逐渐成为年轻一代印尼人的第一语言。根据 1971 年和 1990 年人口普查数据，20 世纪 70 年代早期，掌握印尼语的印尼人主要集中在城市，居住在城市的印尼人中掌握印尼语的 0～9 岁儿童占比约为 51%，10～49 岁的人为 80% 多，50 岁以上的不到 70%，而农村人口中掌握印尼语的人数比例就低得多了；到 1990 年时，5～9 岁掌握印尼语的儿童中，城市居住儿童的比例达 80% 以上，农村居住儿童的比例接近 60%，50 岁以上掌握印尼语的人中，城市居住者的比例升至 70% 以上，农村居住者的比例接近 50%，几乎全部 10～49 岁的印尼人已较为熟练地掌握了印尼语（Steinhauer，1994）。到 2006 年，约 90% 的印尼人都可以流利地使用印尼语（Musgrave，2014），即使是在比较偏远的地区（如西巴布亚的马老奇），几乎所有的年轻人都只说印尼语或当地的印尼语变体（Arka，2013）。印度尼西亚识字率的上升也反映出印尼语的普及情况。世界数据图谱分析平台数据显示，2003～2015 年，印尼公共教育支出占国家 GDP 的比重在 2.75%～3.58%浮动，其中 2015 年为历年支出占比之最，即 3.58%，2019 年为 2.84%。1980 年，印度尼西亚成人识字率为 67.31%，青年识字率为 85.44%；2016 年青年识字率为 99.67%，2018 年印尼成人识字率上升至 95.66%，2020 年成人识字率为 96.00%[①]。一项对中爪哇 5 所中学 333 名中学生的调查显示，超过一半的学生认为英语能够丰富印尼语词汇，帮助发展语言结构，同时提升社会地位。但也有接近一半的学生认为频繁使用英语会减少学习印尼语的兴趣，逐渐边缘化印尼语，但并不会改变印尼语的特点或威胁到印尼文化（Murtisari & Mali，2017）。

英语在印尼多个领域扮演着重要角色，尤其是教育、旅游和国际关系领域（Andriyanti，2016）。自建国后，政府多次调整课程标准，2013 年的课程标准确定了英语教学目标为提高英语能力以参加国际社会事务（Mattarima & Hamdan，2011），但印尼的英语教学水平和教学效果多年来一直为人诟病，原因多样，如：印尼政府担心英语威胁印尼语的地位，因而在制定语言政策时，从地位和功能方面对英语进行限制，将英语仅当做第一外语而非第二语言，注重英语作为国际通用语和科技用语的工具性功能（Lauder，2008）；印尼政府对学校的放权导致部分学校英语课程资源不足，课程设置不合理，学生数量多教师少，班级过大（Panggabean，2015）；英语教学从教授标准英语向教授英语地方变体转变（Andriyanti，2016）。尽管部分印尼精英能够流利地使用英语，但整体英语能力不高。研究表明，高中毕业生普遍无法正确、清晰地用英语交流（Sahiruddin，2013）。在一份针对 73 名印度尼西亚非语言专业研究生的外语能力调查中，大部分研究生的外语为英语，有一小部分能说法语和日语，英语能力中以阅读和听力能力较好，但总体外语能力都不高（Setiadi & Piyakun，2015）。

印度尼西亚国民英语能力的高低也可以从与中国国民英语能力的比较中看出。印度尼西亚与中国国民的英语能力基本属于同一级别，在雅思和托福考试中印尼成绩较高，但在英语熟练度测试中中国排名位于印度尼西亚之前。2015 年和

---

① 世界数据图谱分析平台. 印度尼西亚. https://cn.knoema.com/atlas/印度尼西亚 [2021-12-19].

2017 年雅思考试中，无论是培训类考试还是学术类考试，印度尼西亚的总分都略高于中国，具体如表 4-43 和表 4-44 所示。

表 4-43　2015 年和 2017 年中国和印度尼西亚的雅思学术类考试平均成绩对比（单位：分）

年份	国家	听力	阅读	写作	口语	总分
2015	中国	5.90	6.10	5.30	5.40	5.70
	印度尼西亚	6.60	6.60	5.80	6.20	6.40
2017	中国	5.90	6.11	5.37	5.39	5.76
	印度尼西亚	6.55	6.67	5.78	6.27	6.38

表 4-44　2015 年和 2017 年中国和印度尼西亚的雅思培训类考试平均成绩对比（单位：分）

年份	国家	听力	阅读	写作	口语	总分
2015	中国	6.10	6.10	5.70	5.80	6.00
	印度尼西亚	6.30	6.10	5.80	6.20	6.20
2017	中国	6.06	6.03	5.61	5.74	5.93
	印度尼西亚	6.08	5.84	5.59	6.02	5.95

表 4-44 所示，2015 年和 2017 年印度尼西亚的雅思培训类考试总成绩分别为 6.20 分和 5.95 分，比中国的 6.00 分和 5.93 分略高。表 4-43 显示，2015 年和 2017 年印度尼西亚的雅思学术类考试总分为 6.40 分和 6.38 分，比中国的 5.70 分和 5.76 分高出较多。印度尼西亚考生的听力、阅读、写作和口语四项技能中，写作部分成绩较低。根据表 3-7 和表 3-8，2017 年和 2018 年托福考试平均成绩也呈现出类似的情况：印度尼西亚考生总分分别为 85 分和 86 分，均比中国分数高出 6 分，四项英语技能成绩中，除阅读外，其他三项略高于中国，详见表 4-45。

表 4-45　2017 年和 2018 年中国和印度尼西亚的托福考试平均成绩对比（单位：分）

年份	国别	阅读	听力	口语	写作	总分
2017	中国	21	19	19	20	79
	印度尼西亚	21	22	21	22	85
2018	中国	21	19	19	20	80 ↑
	印度尼西亚	21	22	21	22	86 ↑

　　根据英孚教育的标准英语熟练度年度报告（表 3-9）可以看出，2021 年印度尼西亚分数为 466，属于低熟练度国家，其排名从 2019 年的 61 名跌落至 80 名；中国排在第 49 名，属于中等熟练度国家。城市英语熟练度排名中，雅加达属于中等熟练度城市，排在上海和北京之后。

　　阿拉伯语是伊斯兰教的宗教语言，为了参加祈祷、学习古兰经等宗教活动，信奉伊斯兰教的印尼人就要学习阿拉伯语。他们可以在清真寺和伊斯兰学校里学习阿拉伯语。伊斯兰学校包括寄宿学校、一般学校和高等教育机构。阿拉伯语为学校必修课程，伊斯兰研究课程和阿拉伯语课程都使用阿拉伯语为教学媒介语。80%以上的印尼人信仰伊斯兰教，这些印尼人或多或少都懂一些阿拉伯语，其中大部分人掌握的只有基本能够阅读经文的能力，只有伊斯兰学校学生和伊斯兰研究学者能够用阿拉伯语写作，而且仅限于阿拉伯后裔、阿拉伯语学者和伊斯兰学校的师生能够流利地讲阿拉伯语（Andriyanti，2016）。

　　华语一直被印尼政府视为外语，在 1999 年印尼政府建立一些双语或三语学校后，华语教育才重新发展起来。印尼华人家庭中，标准华语、华语方言、印尼语都在使用，但以印尼语为主。温北炎（2002）的调查显示，来自雅加达、日惹和万隆等地的华人大部分掌握的只是基本华语听说能力，家庭里使用华语的仅为36.9%，其中有 13.1%使用方言。沈玲（2015）对雅加达 547 名新生代华人家庭学生的调查发现，华人家庭三代华人中，标准华语和华语方言水平最低的都是新生代的年轻华人，标准华语听说流利的仅为 6.25%，华语方言听说流利的为 26.75%，对标准华语和华语方言完全不懂的华人占 1/3 左右。华人家庭中，第三代人的印尼语能力最强，华语能力最低，英语能力还有较大上升空间。

　　随着印尼和中国关系改善，华语经济价值提升，印尼与中国在师资培训、教材编写和高等教育方面积极开展合作，印尼学习华语的人数也逐年增加。为了满足不同年龄段学习者的需求，印尼有多类汉语考试，包括新 HSK 考试和汉语水平口语考试(HSKK)、新中小学生汉语考试、商务汉语考试(Business Chinese Test，BCT)。近十年间，各类汉语考试考生从 2010 年的 7880 人增至 2018 年的 16 460 人；各类考试中新 HSK 考试人数最多，2010 年考点为 9 个，至 2018 年底增至 18 个，考生也由 2010 年的 4644 人增至 2018 年的 12 260 人，增长率为 164%（张春烈，2019）；2019 年的第一次 HSK 考试人数就达到了 6078 人[①]；2020 年受新冠肺炎疫情影响，印尼全国有 16 个考点约 6000 名学生的新 HSK 考试受到影响，印尼教育文化部华文教育统筹处和雅加达华文教育协调机构采用网考方式，为 1000 多名学生提供了网上 HSK 考试[②]。另外，印尼三语学校协会组织开展"华文水平测试"，该测试是由中国国务院侨务办公室委托暨南大学华文学院专门为海外华裔研发的标准化统一考试；2021 年 6 月进行了首次"华文水平测试"，由暨南大学华文考试院主办，印尼参加测试的三语学校中小学生近 2000 人。[③]由于印尼人学习华语的热情和当地华人对华语教育的不懈努力，印尼的华语能力正越过最低点，处于逐步上升时期。

4.11 小　　结

本章从宏观和微观两个层面对东盟十国的国家语言能力做了详尽的探讨。宏观层面探讨了东盟十国的国家语言资源能力和国家语言管理能力，而微观层面阐述了东盟十国的国民语言能力。本章所做的研究为下一章即对比中国和东盟国家的国家语言能力打下了基础。

---

① 中国新闻网. 2019. 6000 余人参加今年印尼全国首次汉语考试. http://www.fj.chinanews.com.cn/news/2019/2019-03-25/436773.html [2022-10-20].

② 林永传. 2020. 印尼学生居家参加本年度汉语水平考试. https://www.chinanews.com.cn/gj/2020/06-29/9223927.shtml [2021-12-21].

③ 国际日报. 2021. 印尼三语学校协会携手各校成功举办华文测试. http://epaper.guojiribao.com/shtml/gjrb/20210617/77407.shtml [2021-12-21].

第5章

对比中国与东盟国家的国家语言能力

本章基于前面两章对中国和东盟十国的国家语言能力的阐述和分析进行国家语言能力对比研究。东盟十国中,越南、老挝、柬埔寨、泰国和缅甸五个国家地处亚洲东南部向南延伸的中南半岛上,因此又称为"中南半岛国家"或"陆地东南亚国家";马来西亚、新加坡、印度尼西亚、文莱和菲律宾五个国家被海域所包围,是典型的"海洋国家"或"海岛国家"(祁广谋和钟智翔,2013)。东盟"半岛五国"和"海洋五国"在地理、历史、人文、民族、语言等方面呈现出相似性,这在一定程度上也导致了其语言生态①的趋同性,也成为对两组国家进行分类对比的依据。因此,在进行对比时,本书分别从宏观的国家语言能力和微观的国家语言能力两个方面,对中国与东盟"半岛国家"和"海洋国家"的国家语言能力进行分别对比,之后进行归纳和总结,并探究产生差异或趋同的相关原因。

5.1　中国和东盟半岛五国的国家语言能力对比

东盟中位于中南半岛的五个国家又称半岛五国。中南半岛②是亚洲南部的三大半岛之一,自古以来,中南半岛国家是古丝绸之路的必经之地,这些国家也深受中国和印度文化及政治的影响。五个国家在地理、民族、经济、文化和历史方面

---

① 美国语言学家豪根(Haugen)把语言生态定义为"特定语言与环境之间的相互作用关系"(Haugen,1972)。他进而把语言所处的环境分为三种,即社会环境、自然环境以及心理环境(Haugen,1972)。社会环境是由语言数量、人口、民族、宗教、经济、政治因素等构成;自然环境是指地理分布、动物及植物状况、气候等;心理环境主要涉及人们的语言态度以及人们对语言的选择等。

② Ghosh, D. 2021. Indochina. https://www.worldatlas.com/geography/indochina.html [2021-12-25].

都具有一定相似性。

1. 地理的相似性

中南半岛五国基本上互为邻国，有三个国家与中国接壤即越南、老挝和缅甸。各国境内地形较为复杂，河流、山脉纵横。老挝素有"中南半岛屋脊"之称，以山地和高原居多，平原低谷较少，与中国、泰国、缅甸、越南和柬埔寨相邻。柬埔寨与泰国、老挝和越南比邻，境内有丘陵、山脉与平原。越南北部与中国广西、云南接壤，西部与老挝、柬埔寨比邻，境内 3/4 为山地和高原。缅甸东北靠中国，东南接泰国与老挝。泰国西部和西北与缅甸接壤，东北与老挝交界，东南与柬埔寨为邻，南边狭长的半岛与马来西亚相连。这五个国家地理上的相似性和相邻关系，在一定程度上也对其民族尤其是跨境民族及其语言产生了影响。

2. 民族的相似性

中南半岛五国地理上相互为邻，地形复杂多样，这些地理特征在很大程度上影响了民族的形成和分布。其民族构成具有一些共同的特点：民族众多，各国都有其主体民族；民族杂居，不少民族跨界而居；民族关系复杂；各民族经济发展不均衡等。

3. 经济的相似性

中南半岛五国中，有三个国家被联合国列为世界上最不发达国家即柬埔寨、老挝和缅甸，是发展中国家、低收入国家。泰国是五国中经济发展较好的国家，20 世纪 90 年泰国曾跻身成为"亚洲四小虎"之一，是新兴经济体和新兴工业化国家[①]，同时泰国也属于中等收入国家（祁广谋和钟智翔，2013）。

4. 文化的相似性

中南半岛五国呈现出鲜明的多元文化特点。泰国、老挝、柬埔寨在 13～15 世纪基本上完成了佛教化的过程，佛教于 11 世纪就在缅甸占据了统治地位，这些国家都深受印度文化的影响。越南建国后，受中国文化影响颇深，儒家文化一直占据着统治地位。随着时代的发展，半岛国家在不断发扬各国本土文化的同时吸收和融合西方文化、中国文化、阿拉伯文化等，使半岛国家的文化呈现出多元性的特点。

---

① 中华人民共和国外交部. 2022. 泰国国家概况. https://www.fmprc.gov.cn/web/gjhdq_676201/gj_676203/yz_676205/1206_676932/1206x0_676934/ [2022-09-25].

5. 历史的相似性

半岛五国历史上曾是独立国家，但近几个世纪以来除泰国外的四个国家先后遭受西方殖民者的侵略和殖民统治（王晋军，2015）。第二次世界大战结束后，曾经的殖民地纷纷宣布独立并努力摆脱殖民统治的影响，先后加入东盟。

5.1.1　中国和东盟半岛国家的宏观国家语言能力对比

宏观国家语言能力的对比从国家语言资源能力和国家语言管理能力两个方面来进行，前者包括国家民族语言资源和国家外语资源的对比，后者包括语言服务、语言技术水平以及语言政策和规划的对比。

5.1.1.1　中国和东盟半岛国家的国家语言资源能力对比

1. 中国和东盟半岛国家的民族语言资源对比

中国和东盟半岛国家都是多民族、多语言的国家，民族语言资源非常丰富。各国境内的民族语言资源包括主体民族使用的语言和很多少数民族语言以及众多方言。一些国家不仅有民族语言，而且还有通用语、官方语言、国语等。

中国有 56 个民族，91.11%的人口为主体民族汉族，汉语是我国使用人数最多的语言，普通话是我国的国家通用语言。据教育部公布的数据，2020 年全国范围内普通话普及率达到 80.72%，全球共 180 多个国家和地区开展中文教育，并且有 70 多个国家将中文纳入国民教育体系，海外学习汉语人数超过了 2000 万[①]。汉语的使用人口数量居世界第一，使用广泛度居世界第二。作为国际上的通用语言之一，它是联合国六种正式工作语言之一。中国少数民族所使用的语言达七八十种，分属汉藏语系、阿尔泰语系、南岛语系、南亚语系和印欧语系（郭龙生，2013）。任何一种少数民族语言只适用于某个地区。55 个少数民族中有 53 个民族拥有自己的语言，回族和满族全部转用了汉语，不少民族能转用、兼用汉语或其他民族语言。

泰国有 30 个民族和族群，80 多种语言，加上方言可达到 100 多种（戴庆厦，2013）。泰国的主体民族为占全国总人口数 40%的泰族，其次为华族和马来族等。泰语是泰国的官方语言和国语，英语为通用语。泰国的语言绝大部分属于汉藏语

[①] 中新网. 2021. 教育部：70 余国将中文纳入国民教育体系. https://www.chinanews.com.cn/edu/shipin/cns/2021/06-02/news890650.shtml [2021-12-23].

系、南亚语系或南岛语系，其中属于汉藏语系的语言最多；泰国 90% 以上的国民掌握了民族语言（Keyes，2003）。

越南有 54 个民族，105 种语言，占总人口 86% 的京族为主体民族，人口超过了 50 万的民族还包括岱依族、傣族、芒族、华族、侬族等。越南的各种语言分属于南亚语系、南岛语系和汉藏语系。越南语属于南亚语系，是越南的官方语言、通用语言和主要民族语言。约 90% 的少数民族人口均可不同程度地使用越南语。54 个民族中 26 个民族有本民族文字（范宏贵，1999），分属于三种不同的文字系统：拉丁化拼音文字，如巴拿文、埃地文；汉文字体系，如华文；巴利文体系，如泰文、佬文、高棉文等。

柬埔寨有 20 多个民族，主体民族为占总人口 80% 以上的高棉族，第二、第三、第四大民族分别是华族、越族或京族、占族。柬埔寨语属于南亚语系的孟-高棉语族，是柬埔寨的通用语言、国语以及三种官方语言之一。

老挝的民族数量为 50 个，老族为主体民族。老挝建国阵线根据各个民族所操持的语言，把老挝国内的民族分为老泰族群、孟-高棉族群、汉藏族群和苗瑶族群。老挝语是老挝的官方语言，属汉藏语系壮侗语族壮傣语支。

缅甸共有 135 个民族，65% 的人口为缅族。各少数民族都有自己的语言，其中克钦族、克伦族、掸族和孟族等民族有文字；缅甸语是缅甸的国语和通用语，属于汉藏语系藏缅语族缅语支。

中国和东盟半岛国家民族语言资源具体情况的对比见表 5-1。

表 5-1　中国和东盟半岛国家民族语言资源的对比

国家	民族数量/个	正在使用的语言数量/种[①]	语族/系	共同语/通用语/官方语言/国语
中国	56	301（2013 年）	汉藏语系藏缅语族、景颇语族、缅语支、羌语支、侗台语族、苗瑶语族；阿尔泰语系突厥语族、蒙古语族、满-通古斯语族；南岛语系；南亚语系；印欧语系	普通话为通用语
泰国	30	85（2013 年）	汉藏语系壮侗语族、苗瑶语族、藏缅语族；南亚语系和南岛语系	泰语

---

① Actualitix-World Data and Statistics. https://en.actualitix.com [2019-09-01].

续表

国家	民族数量/个	正在使用的语言数量/种	语族/系	共同语/通用语/官方语言/国语
越南	54	105（2013年）	南亚语系（越芒语族、孟-高棉语族、泰-卡岱语族、卡岱语族和苗瑶语族）；南岛语系（马来-波利尼西亚语族）；汉藏语系（汉语语族、藏缅语族）	越南语
柬埔寨	20～30	27（2014年）	汉藏语系汉语语族、藏缅语族及壮侗语族；南亚语系孟-高棉语族、越芒语族；南岛语系的马来-波利尼西亚语族	柬埔寨语（高棉语）
老挝	50	92（2013年）	南亚语系孟-高棉语族、汉藏语系苗瑶语族、壮侗语族	老挝语
缅甸	135	117（2014年）	汉藏语系藏缅语族、苗瑶语族、壮侗语族；南亚语系孟-高棉语族	缅甸语

表5-1显示，各国境内的语言主要分属于汉藏语系、南亚语系和南岛语系。6个国家的民族数量都在20个以上，缅甸的民族最多，有135个，中国的民族数量居第二位，其次为越南和老挝，泰国和柬埔寨分别居第五、第六位。

表5-1采用了一个数据统计网站——世界数据统计（Actualitix-World Date and Statistics）所提供的、有关6个国家正在使用的语言数量的相关数据。根据该网站的数据，中国正在使用的语言数量为301种，远远高于国内学者认同的70～80种语言，甚至100种语言，因此该数据应该是包含了各种方言在内的统计数据。由于学界对一些国家如缅甸、越南、柬埔寨、老挝等国的正在使用的语言数量统计不足，因此，该网站所提供的有关东盟半岛五国的语言资源数据有一定的参考价值。表5-1列出了各国正在使用的语言数量及统计的年份。表5-1显示，中国的语言使用数量高居榜首，其次为缅甸，有117种语言；越南和老挝分列第三、第四位，泰国和柬埔寨列第五、第六位。柬埔寨的语言数量最少，只有27种。总体而言，语言多样性是各国的一个共同特点。

2. 中国和东盟半岛国家的外语资源对比

该部分在对中国和东盟半岛五国的外语资源进行对比时，借助在第3章和第4章呈现的调研数据，对中国和半岛五国开设外语语种最多的高校进行比较和分析。

表 5-2 中国和东盟半岛国家开设外语最多的高校基本情况表

国别	开设外语最多的高校	外语数量/种	语种名称	学位授予
中国	北京外国语大学	98	亚洲（36 种）：柬埔寨语、老挝语、马来语、缅甸语、印尼语、越南语、泰语、菲律宾语、印地语、泰米尔语、僧伽罗语、孟加拉语、尼泊尔语、普什图语、梵语、巴利语、土库曼语、蒙古语、日语、朝鲜语、阿拉伯语、塔吉克语、迪维希语、希伯来语、乌尔都语、波斯语、哈萨克语、乌兹别克语、亚美尼亚语、格鲁吉亚语、阿塞拜疆语、塔吉克语、库尔德语、达里语、德顿语、吉尔吉斯语 欧洲（34 种）：俄语、英语、法语、德语、西班牙语、波兰语、捷克语、罗马尼亚语、瑞典语、葡萄牙语、匈牙利语、阿尔巴尼亚语、保加利亚语、白俄罗斯语、意大利语、塞尔维亚-克罗地亚语、斯洛伐克语、芬兰语、乌克兰语、荷兰语、挪威语、冰岛语、丹麦语、希腊语、斯洛文尼亚语、爱沙尼亚语、拉脱维亚语、立陶宛语、爱尔兰语、马耳他语、拉丁语、加泰罗尼亚语、马其顿语、卢森堡语 横跨亚欧大陆（1 种）：土耳其语 非洲（20 种）：斯瓦希里语、豪萨语、祖鲁语、阿姆哈拉语、索马里语、约鲁巴语、马达加斯加语、阿非利卡语、茨瓦纳语、恩德贝莱语、科摩罗语、绍纳语、提格雷尼亚语、斐济语、汤加语、隆迪语、卢旺达语、切瓦语、塞苏陀语、桑戈语 美洲（1 种）：克里奥尔语 大洋洲（6 种）：毛利语、库克群岛毛利语、萨摩亚语、比斯拉马语、纽埃语、皮金语	外国语言文学一级学科博士学位授权点
泰国	朱拉隆功大学	14	英语、法语、德语、西班牙语、意大利语、汉语、日语、巴利-梵语、俄语、韩语、马来语、越南语、缅甸语、葡萄牙语	法、德、汉、日、巴利-梵语专业招收研究生及翻译硕士；具有法语和德语博士学位授权点
越南	河内大学	10	英语、法语、汉语、俄语、日语、韩语、德语、西班牙语、葡萄牙语、意大利语	具有英、俄、法、汉、日五个语种的硕士学位授权点以及法语和俄语的博士学位授权点
柬埔寨	柬埔寨大学	7	汉语、英语、法语、日语、韩语、泰语、德语	具有英语硕士学位点
老挝	老挝国立大学	7	英语、汉语、俄语、越南语、韩语、法语、日语	

续表

国别	开设外语最多的高校	外语数量/种	语种名称	学位授予
缅甸	仰光外国语大学	9	英语、汉语、俄语、德语、日语、韩语、泰语、法语、意大利语	具有汉、英、法、德、日、韩、泰、意等8个语种的硕士和博士学位授权点

表 5-2 展示了中国和东盟半岛五国开设外语最多的高校情况。表 5-2 显示，中国的北京外国语大学以开设 98 个外语语种专业遥遥领先，语种覆盖五大洲即亚洲、欧洲、美洲、大洋洲和非洲，同时具有外国语言文学一级学科博士学位授权点。泰国的朱拉隆功大学以开设 14 个外语语种专业位列第二，语种涉及亚洲和欧洲的语言；该校招收法语、德语、汉语、日语、巴利-梵语的研究生和翻译硕士，同时招收法语、德语的博士生。越南的河内大学开设了 10 个外语语种专业，涉及亚洲和欧洲的语言；该校具有英语、俄语、法语、汉语、日语语种的硕士学位授权点和法语、俄语的博士学位授权点。缅甸的仰光外国语大学以开设 9 个外语语种位列第四，所开设的外语涉及亚洲和欧洲的语言。老挝和柬埔寨都以开设 7 个外语语种共同位列第五。

中国的北京外国语大学所开设的语种多，涉及面非常广，五大洲的语言都有开设；另外，该校具有外国语言文学一级学科博士学位授权点，充分显示了该校的师资实力和教学科研水平。作为中国一流的外语类高等学府，北京外国语大学与"一带一路"倡议相对接，通过对外语人才的培养，更好地服务于国家需求。

东盟半岛五国开设外语语种最多的高校具有一定的共性：①所开设的语种主要涉及亚洲和欧洲，特别是一些亚洲国家的语言，如汉语、韩语、日语等；②五所高校都开设了英语、法语、汉语、韩语和日语五个语种；③所开设的语种数量在一定程度上反映了一个国家的经济实力。

泰国、越南和缅甸高校的外语开设数量及外语语种学位授权点是与经济发展和对外开放的程度相关联的。截至 2021 年 11 月 1 日统计的数据显示，中南半岛五国的 GDP 总量中，泰国以 5462 亿美元居第一（东盟十中居第二）；越南以 3680 亿美元居第二；缅甸为 667 亿美元居于第三；柬埔寨和老挝分列第四、第五位①。这个 GDP 的排序与五国高校的外语开设数量呈现出非常高的契合度。泰国朱拉隆功大学、越南河内大学和缅甸仰光外国语大学所开设的外语数量相对较多，而且都具有外语博士学位授权点，外语教育和师资都具有较强的实力；柬埔寨和老挝的高校最多只开设了 7 种外语，而且只有硕士或学士学位授予权。

通过对中国和五个中南半岛国家的高校所开设外语语种的调查可以进一步发现两者之间存在着一些差异。

对我国高校外语开设情况的调查（表 3-2）表明，我国开设超 10 个语种的院校达到了 16 所，除了北京外国语大学以外，有 2 所院校开设了 30 多种外语即中国人民解放军战略支援部队信息工程大学和天津外国语大学；有 5 所大学开设了 20 多种外语，其余 8 所院校都开设了 10 种及以上的外语。但是，中国绝大多数大学所开设的语种数量低于 10 种，而且英语、日语、俄语、法语、德语是我国高校中开设最多的语种。中国任何一所大学都有英语专业或开设了英语课程，因此，英语是当之无愧的第一外语。总体而言，正如一些专家所言，中国外语语种的单一现象较为严重，英语专业的发展过快，而非通用语的发展较为缓慢，我国高校的外语语种出现了全局性与地域性的失衡。

泰国部分大学外语语种开设情况的数据（表 4-2）表明，朱拉隆功大学所开设的外语数量为 14 种，只有这一所大学的外语专业数量超过了 10 种，其余大学的外语种类都居于 3~8 种。英语、汉语、日语和法语为各个大学开设的主要外语。英语是泰国大学的第一外语，所有大学都开设了英语专业或课程，不少大学具有英语专业的硕士和博士学位授予权，如朱拉隆功大学、玛哈萨拉堪大学、那黎宣大学、泰国国立法政大学和孔敬大学等。

越南部分大学所开设的外语语种数量的排名（表 4-9）显示，河内大学开设了 10 种外语，是越南国内开设外语语种最多的高校，也是唯一一所开设了 10 种外语语种的高校。其余大学所开设的外语语种都在 3~8 种。英语是所有大学开设的外语语种，汉语、日语、韩语为开设频次较高的外语，其次为俄语和法语。排名前 7 的大学都有硕士学位授予权，河内大学、胡志明市国家大学下属人文社会

---

① Statistics Times. 2021. List of Asian countries by GDP. https://statisticstimes.com/economy/asian-countries-by-gdp.php#:~:text=GDP%20%28Nominal%29%20%20%20%20Country%2FEconomy%20%20,%20%208.37%20%2034%20more%20rows%20 [2021-12-21].

科学大学、河内国家大学下属外国语大学、岘港大学下属外国语大学以及顺化大学下属外国语大学具有一些语种的博士学位授予权。

缅甸部分大学外语语种开设情况的数据（表4-20）显示，缅甸的外语语种单一性显著，绝大部分大学都开设了英语。只有两所大学开设了多个语种，仰光外国语大学有9个外语专业，曼德勒外国语大学开设了8种外语专业。两所大学开设的外语种类不相上下，都开设了汉语、英语、俄语、德语、日语、韩语、泰语、法语等8种外语，唯一不同的是仰光外国语大学还开设了一门意大利语。此外，仰光外国语大学具有8个语种的硕士和博士学位授予权，而曼德勒外国语大学只有8个语种的硕士学位授予权。除了这两所大学外，只有曼德勒计算机研究大学开设了日语选修课程。其余11所大学只开设了英语专业或英语课程。

柬埔寨主要大学的外语开设情况（表4-16）显示，柬埔寨大学开设了7种外语，金边皇家大学开设了6种外语，其余21所大学所开设的外语为1～4种。英语是所有柬埔寨大学开设的外语，也是很多院校开设的唯一一门外语。金边皇家大学和柬埔寨大学所开设语种非常相似，都开设了汉语、英语、法语、日语、韩语、泰语等6个语种，唯一不同的是柬埔寨大学还开设了德语。所调研的大学中只有东南亚大学具有英语博士点，其他的几所大学只有硕士学位授予权，如金边皇家大学、国立马德望大学、西方大学、贝尔泰国际大学和金边国际大学等。

老挝12所大学和学院中（表4-18），老挝国立大学是开设外语语种最多的大学，共7个语种专业，其余11所大学或学院只开设了1～5种外语，而且所有的院校只能够培养本科毕业生。英语是所有高校都开设的外语语种，越南语是高居第二的外语语种，日语和汉语分别排列第三、第四位。

概言之，中国开设多语种的高校数量、高校所开设的语种数量和覆盖范围以及从学位授予所反映出的师资和办学实力都遥遥领先于东盟半岛五国。中国与半岛五国的一个共同特点就是英语是各国的第一大外语。英语的独大在一定程度上反映出外语语种的单一。快速发展和日益强大的中国，正由"本土型"国家向"国际型"国家转变，亟须丰富和充实外语资源，加快非通用语人才的培养，从而服务于国家的发展，服务于中国的崛起，而这也是教育部门、国家政策决定部门和高校需要共同考虑的问题。另外，我们通过对东盟半岛五国高校外语开设情况的调研发现，虽然东盟半岛五国的高校所开设的外语语种并不多，但所开设的语种都与本国的经济、历史和文化相关，如汉语、日语、韩语、法语等，各国所开设的外语在一定程度上与该国的外交倾向不无关系。

5.1.1.2　中国和东盟半岛国家的国家语言管理能力对比

本节的对比涉及中国和东盟半岛国家的国家语言文字管理机构、语言技术、语言服务和语言政策与规划。

1. 中国和东盟半岛国家的国家语言文字管理机构

表 5-3 展示了中国和东盟半岛五国的国家语言文字管理机构。表 5-3 显示，中国、泰国和缅甸具有独立的国家语言文字管理机构，而越南、老挝和柬埔寨则由国家的一个部委负责管理。

中国对国家语言文字的管理由三个部分组成，即国家语委、国家民委和教育部。国家语委隶属于教育部，负责中国的语言文字工作特别是汉语的标准化和规范化，推广普通话，编制国家语言文字工作的中长期规划，拟订国家语言文字工作的方针及政策等；国家民委主要指导少数民族语言文字的翻译，民族古籍的收集、整理和出版工作；外语的规划和语言政策的制定主要由教育部来实施和管理。中国的国家语言文字管理机构分工明确，相互协同，功能完备，三个机构都为政府机构的职能部门，能对中国境内的语言进行全面的管理和规划，与中国的国情和语情相匹配，能够保证政策、制度和规章的有效实施和执行。

东盟半岛五国中，虽然泰国和缅甸具有国家语言文字管理机构，但存在一定差别。泰国皇家学会是泰国享有声望的学术机构，但不是泰国的行政管理机构。泰国皇家学会在泰语的标准化、泰语的普及与推广方面起到了重要作用，并从 2007 年起开始制定国家语言政策，通过泰国国家语言政策制定委员会和泰国国家语言政策委员会来制定有关泰语、少数民族语言和外语的语言政策，以及针对聋哑人、译员等相关的语言政策。

缅甸的国家语言文字管理机构（缅甸语言委员会）是缅甸的国家语言文字管理机构，隶属于教育部，由教育部部长担任主席；其主要职责是开展缅甸语规范化和标准化的工作，提升和发展缅甸语；但没有对少数民族语言和外语进行管理。缅甸文学宫（又为缅甸翻译协会）是另一个官方机构，致力于缅甸语言文学的推广和普及以及古典文学名著的整理和出版。

越南、老挝和柬埔寨没有专门的国家语言文字管理机构，语言管理的职责由与教育部相当的官方管理部门来承担，即越南教育与培训部、老挝教育和体育部以及柬埔寨教育、青年和体育部。

表 5-3　中国和东盟半岛国家的国家语言文字管理机构

国别	国家语言文字管理机构	职能	性质
中国	中国文字改革研究委员会（1954 年）；国家语委（1985 年至今）	负责全国的教育事业和语言文字工作，拟订国家语言文字工作的方针及政策；编制国家语言文字工作的中长期规划；促进语言文字的规范化和标准化；组织、协调、指导推广普通话工作；推动语言文字的改革	官方管理机构
	中央人民政府民族事务委员会（1949 年）；中华人民共和国民族事务委员会（1954 年）；国家民族事务委员会（1978 年至今）	负责中国的少数民族的语言文字工作，指导少数民族语言文字的翻译，民族古籍的收集、整理和出版工作	
	教育部	管理和指导中国的外语教育、外语政策和外语规划	
泰国	暹粒皇家学会（1926 年）；泰国皇家学会（1933 年至今）	规范泰语并开展泰语标准化工作，普及、推广泰语；制定泰国国家语言政策，包括泰语、少数民族语言和外语	学术机构
越南	越南教育与培训部	管理各个层次的教育，制定相关教育政策；越南语言文字的管理机构和语言政策与规划的决策部门	官方管理机构
缅甸	缅甸文学及翻译委员会（1963 年）；缅甸语言委员会（1971 年至今）	对缅甸语言进行规划，完善和发展缅甸语；开展缅甸语规范化和标准化的工作，提升和推进缅甸语的发展	官方管理机构
	缅甸文学宫（1948 年至今）	推广和普及缅甸语言文学，整理和出版古典文学名著	
老挝	老挝教育和体育部	管理各级教育部门，通过对教育体制的管理和规范来管理国家的语言和文字的使用	官方管理机构
柬埔寨	柬埔寨教育、青年和体育部	全面负责柬埔寨各级教育，对小学、中学和部分大学实施管理，制定相关政策，确保各教育层次的有效教学管理	官方管理机构

2. 中国和东盟半岛国家的语言技术和语言服务

2000 年之后，语言服务在中国开始引起人们的关注，2010 年，中国翻译协会首次正式提出"语言服务业"这个概念，因此，语言服务的界定及其所涵盖的范围都是由中国学者完成的。虽然对该术语的定义还有不同的看法，但其包含的范围已得到广泛的认同。

以语言翻译为主，同时包含语言培训、语言技术、工具书开发等多个领域的语言服务始于中国的改革开放，经历了萌芽期（1978～1991 年）、初具规模期（1992～2002 年）、稳定发展期（2003～2011 年）和繁荣发展期（2012～2018

年）。在过去的 40 多年中，中国的语言服务呈现出不断发展、壮大的态势，整个行业的规范化、标准化、规模化日趋显现，"走出去"战略特别是"一带一路"倡议为语言服务产业的爆发式增长注入了强劲动力。语言服务在中国承办的高规格国际盛会和活动、中国文化的对外传播以及讲好中国故事中都起到了不可或缺的作用。中国的语言技术处于世界领先行列，其中，中国的语音识别技术与国际几乎同步，发展势头良好。中国是世界上第四个开始研究机器翻译的国家。美国的谷歌翻译代表统计机器翻译的最高水平，而中国的统计机器翻译系统也有不俗的成绩，有支持全球 200 多种语言互译的"百度翻译"、可支持 100 多种语言即时翻译的"有道翻译"等。总体而言，中国的语言服务展现出如下特点：中国的语言服务近些年来发展迅速，涉及多领域且日益规范化、标准化和规模化；另外，中国的机器翻译和语言技术处于国际领先地位，具有明显优势。

在东盟半岛五国中，泰国和越南的语言服务行业发展领先于缅甸、老挝和柬埔寨。

在东盟半岛五国中，泰国在语言服务，尤其是语言技术方面较为领先。泰国的人工智能起步于 20 世纪 80 年代末期，随着人工智能技术的不断发展，语言技术也得到了发展。20 世纪 90 年代，泰语文本编辑、泰语词库、电子词典相继面世，同时泰国的 AI 研究已逐渐覆盖语音处理、自然语言处理、机器翻译、语音识别、图像处理、机器学习、机器人等许多方面。泰国还开发了 VAJA 技术，即双语（泰语/英语）的文本-言语合成技术，具有多语言、语音翻译移动应用程序，该研究成果已运用于医院语音信息服务，而且该技术已为视力有缺陷的人群设计了接口程序，他们可以通过在线报纸获取信息。此外，泰国皇家学会在泰语以及泰语与外语的跨语言词典工具等语言服务涉及的领域起到了重要作用，如 2015 年泰国皇家学会、泰国国家电子和计算机技术中心发布的两款泰语移动 APP 为人们规范和正确使用泰语提供了便利，泰国皇家学会出版了泰国最权威的泰语词典《泰国皇家学会泰语大词典》和关于少数民族的《北大年马来语书写规则手册》《泰冲语书写规则手册》《泰高棉语书写规则手册》等。

越南的机器翻译研究团队于 1989 年成立，1990 年开始研制英-越机器翻译系统，相继研发了英-越机器翻译系统 EVTRAN 1.0，EVTRAN 2.0，EVTRAN 3.0，同时一些研发团队也对越南语和其他语言之间的转换进行了研究。到目前为止，越南已开发了一些在线翻译平台，如 vdict.com/#translation，以及 http://tratu.

coviet.vn/hoc-tieng-anh/dich-van-ban.html，但只能提供英越、越英、法越和越法之间的翻译，所涉及的语种比较有限。越南目前还没有大型的 AI 公司，只有几家脸书旗下的小企业，没有形成一定的规模，与当地的融合度较低。越南政府正采取措施来积极推进 AI 产业的发展。

相比较，缅甸、老挝和柬埔寨的语言技术、机器翻译等较弱，AI 技术还未充分开发，有待进一步提升和发展。这三个国家主要从语言作为工具的功能和教研功能等方面来服务社会和民众，都出版了国语词典来提高国语的规范化和标准化程度，也出版了不少跨语言的词典来满足社会发展和学习工作的需求。

3. 中国和东盟半岛国家的语言政策与规划

作为国家语言管理的一个重要组成部分，中国和东盟半岛国家的语言政策和语言规划呈现出一些共性，也存在差异。中国和东盟半岛五国都是多民族、多语言的国家，语言多样性非常突出，基于这个共同的特点，中国和东盟半岛五国都以法律的形式对主体民族语言进行了本体规划和地位规划；随着英语全球化时代的到来，中国和东盟半岛五国都做出了把英语作为主要外语的选择。在"一带一路"倡议不断推进的过程中，中国遵循和平合作、开放包容、互学互鉴、互利共赢的丝路精神，不仅推广汉语和中华文化，而且在高校积极开设"一带一路"沿线国家的语言，尤其是东盟国家的语言；随着"一带一路"的推进和深入，东盟半岛国家学习汉语的热潮持续升温。具体的共性如下。

第一，中国和东盟半岛五国都把主体民族语言确定为国家通用语、国语或官方语言，确立了主体民族语言的法律地位。

中国政府通过《中华人民共和国宪法》、《中华人民共和国民族区域自治法》和《中华人民共和国国家通用语言文字法》等法律和法规，明确了"国家推广全国通用的普通话和规范汉字"的基本遵循，从而确定了普通话及规范汉字的官方和法定地位。

老挝人民民主共和国在 1975 年 12 月成立后，随即把老挝主体民族——老族或俗称老龙族的语言和改革后的老龙族文字规定为老挝人民民主共和国的普通话（官方标准老挝语）和官方文字。缅甸 1948 年 1 月宣告独立后以宪法形式确立了缅语为官方语言的地位，并把缅语作为各级公立学校的教学语言。1953 年 11 月柬埔寨获得独立后，王国宪法规定高棉语为官方语言，高棉语恢复了国语的地位，高棉文成为全国通用文字。越南民主共和国成立后，新政府通过各种立法形式确立了国语字的地位，推广国语字。1975 年春越南实现南北统一后，继续推广普通话和国语字，同时帮助少数民族同胞学习普通话和国语字。从素可泰王朝泰文字的出现一直到 21 世纪，泰国的国家语言政策都是围绕着不断提升泰语的民族语言地位、推行泰语、推广泰文化而展开的。

第二，中国和东盟半岛五国大力发展主体民族语言，对其做充分的本体规划和地位规划。

中国和东盟半岛国家的历史、发展道路都各不相同，但在长期的历史发展中，中国和东盟半岛五国都不断努力，通过文字改进和改革，充分做好国家通用语的本体规划和地位规划，不断提升国家通用语的地位，扩大使用范围和使用程度。

中华人民共和国成立以来，政府就不遗余力地对汉语和汉字进行了充分的本体规划，通过简化汉字、推广普通话、制定和推行汉字改革方案等使普通话和汉字的普及度极大地提高。泰国一直以来实行"推行泰语、推广泰文化"的单一民族语言政策。从素可泰王朝和阿瑜陀耶王朝时期，到曼谷王朝时期，再到銮披汶政府时期和当代泰国时期，泰国政府都在不断地对泰语的文字系统和语言进行本体规划和地位规划。缅甸在蒲甘时期就开展了两次正字运动（刘书琳和邹长虹，2015），东吁王朝时期和贡榜王朝时期又出版了不少正字法的书籍（李佳，2009）。1948 年 1 月宣告独立后，缅甸政府出版了大量缅语译著；军政府时期又开展了名称标准化运动以去除殖民化、更好地宣传缅语以及扩大缅语的受众面。

第三，在全球化的语境下，中国和东盟半岛国家都重视英语教育，英语已成为各国的第一大外语。

全球化的浪潮带来了英语的全球化，英语作为世界通用语的地位日益凸显。为了加强与世界各国的在政治、经济、文化等多方面的沟通与联系，中国和东盟半岛五国都把英语教育放到了外语教育的首位。中国在 1978 年实行改革开放时，就把英语作为第一外语，同时也开展其他语种的教育。同样，老挝在 20 世纪 80 年代以后就大力发展英语教育，把英语作为主要外语；缅甸从吴努政府时期（1948～1962 年）开始就把英语作为主要的外语，历经多个历史时期直至现在，英语仍然是缅甸的主要外语和第二语言；柬埔寨从民主政府成立（1993 年）至今都把英语作为主要外语，法语次之（王晋军，2015）；越南在实施革新开放以来（1986 年至今），英语就是各个教育层次的主要外语；泰国在 19 世纪拉玛四世时期就引入了英语教学，1960 年推行了国家教育发展规划，英语成为最重要的外语，覆盖小学至大学各个阶段。

第四，为服务"一带一路"倡议，中国开设东南亚语言专业的大学增多，而东盟半岛国家随着中国国力和国际影响力的持续提升，学习汉语的热潮持续升温。

表 3-2 显示，中国开设的超 10 个语种的 16 所院校中，已开设东盟半岛国家语言的院校达到 12 所。与东盟半岛五国邻近的云南省和广西壮族自治区所开设东盟半岛五国语言的高校众多，如云南大学、广西大学等。中国高校东南亚语言的办学水平和办学层次也在不断提升，很多院校具有硕士甚至博士学位授予权，如北京大学、北京外国语大学等。

东盟半岛五国都设立了孔子学院或孔子学堂，汉语已成为除英语之外的第二大外语。通过对泰国排名前 20 的大学以及泰国主要的 78 所大学的调研可知（参见表 4-2），泰国的绝大多数大学开设了汉语专业；而且泰国是 2010 年亚洲国家中参加 HSK 考试人数最多的国家。缅甸于 1965 年由其国内首屈一指的仰光语言研究所创建了汉语系，由此标志着官办汉语教学的开始。根据调研数据，越南半数以上（51.7%）的大学开设了汉语专业，汉语是越南的第二大外语。

中国和东盟半岛国家在社会、经济、历史、政治制度等方面的差异也导致了语言政策和语言规划上的差异，具体如下。

第一，中国对通用语言文字进行了科学、合理的规划，制定了完备的法律法规，来提升全体国民对通用语言文字的掌握程度。

中华人民共和国成立以来就不断出台法律法规来提升国家通用语言文字的地位，扩大和普及它的使用。20 世纪 50 年代以来，中国政府颁布了《中华人民共和国宪法》、《汉语拼音方案》、《中华人民共和国民族区域自治法》和《中华人民共和国国家通用语言文字法》，确立了普通话和规范汉字的法律地位。在不同历史时期，中国政府都出台了相应的文件、法律法规来规范通用语言文字的使用，如《地名管理条例实施细则》（1996 年）、《广告语言文字管理暂行规定》（1998 年）、《普通话水平测试管理规定》（2003 年）、《汉语作为外语教学能力认定办法》（2004 年）等。

第二，中国和东盟半岛国家对少数民族语言的重视程度和语言规划有明显差异。

中国政府重视对少数民族语言的规划，确立少数民族的法律地位，从政治、文化、教育、财政支持、科学研究等角度来提升少数民族语言的地位和使用范围。

中国政府通过立法的形式，如通过《中华人民共和国宪法》《中华人民共和国民族区域自治法》《中华人民共和国国家通用语言文字法》等确立了少数民族语言的法定地位。此外，《中华人民共和国民族区域自治法》《中华人民共和国刑事诉讼法》《中华人民共和国义务教育法》等 12 部法律以及国务院及其职能部门的 22 项规章对民族语文做出了相关规定，民族自治地方还制定了民族语文工作条例[1]。中国政府还设立了从中央到地方的民族语文工作机构，如国家语委、国家民族事务委员会以及各省、自治区、直辖市的民族事务委员会等，共同管理和推动民族语文事业发展。此外，中国政府从财政支持、教育、文化、科学研究等方面对少数民族语言文字予以各种形式的支持。

多数东盟半岛国家对少数民族语言的重视程度不够，语言政策主要还是围绕着推广主体民族的语言——国家通用语或官方语言这个主题展开，有的国家很少对少数民族语言进行科学规划，少数民族语言的社会、政治、经济地位都远远不及主体民族语言。柬埔寨政府主要致力于推广和普及高棉语的工作，对在少数民族地区推行高棉语-少数民族语言的双语教学政策持有谨慎的态度。老挝没有实行民族区域自治，也没有把少数民族拒于国家的政治生活之外。老挝政府一直采用推广标准老挝语的单一语言政策以利于民族的交流与融合，但对众多的少数民族语言没有给予足够的重视，使得少数民族的身份和地位没有得到认可。

第三，中国和东盟半岛五国由于历史、社会、政治制度、语言国情等诸多不同，导致了外语政策的差异性。

中国的外语政策与中国的外交定位和国家经济发展的程度紧密相关。中华人民共和国成立初期实行了对苏联"一边倒"的外交政策，强调俄语教育，从而使俄语教育呈现出鼎盛期；"文化大革命"时期外语教育几乎处于停滞状态；中国实行改革开放政策后，英语成为第一外语；进入 21 世纪后，中国的外语政策呈现出多元化的特点，以国家的发展需求为导向，外语教育服务于国家发展，外语教育的多元化特征日益凸显。

东盟半岛五国中除了泰国以外，其余四国都曾经遭受西方列强的殖民统治，而且殖民统治的时间长达半个多世纪，这四个国家的外语政策都经历了多个时期，

---

[1] 中华人民共和国中央人民政府. 2009. 国家民委副主任丹珠昂奔谈"加强少数民族文化建设 促进少数民族文化事业发展". http://www.gov.cn/zxft/ft181/wz.htm [2019-10-20].

从宗主国语言独尊的语言政策，到独立建国时期确立民族语言为官方语言的语言政策，再到加入东盟后的多元语言政策（王晋军，2015）。

泰国在 1896 年成为英属缅甸和法属中南半岛之间的缓冲国，泰语为官方语言和国语。在英国和法国实行殖民统治期间，老挝、越南、缅甸及柬埔寨四国的语言状况都呈现出独尊殖民国家语言的语言政策，殖民者的语言均以法律的形式成为四国的官方语言。老挝在 1893～1954 年为法属殖民地，法语为官方语言；缅甸在英国殖民统治期间（1824～1948 年）以英语作为官方语言；柬埔寨在法国殖民统治期间（1863～1952 年）把法语确立为官方语言。第二次世界大战后，曾经的殖民地国家纷纷独立，成立民主国家。这四个国家的共同选择就是确立民族语言为国家的官方语言，提升民族和国家意识，殖民国家的语言最终成为一门外语课程。在 20 世纪后期，中南半岛五国相继加入东盟，英语的地位不断提升，英语教育在五国被不断加强。同时，随着中国国际影响力和综合国力的不断增强，特别是"一带一路"倡议的推进，中国和东盟国家间的文化交流不断深入，汉语学习的热潮一直呈现上升的趋势，热度不减。

5.1.2 中国和东盟半岛国家的微观国家语言能力对比

中国和东盟半岛国家都在各自的发展过程中，采取不同的措施和政策努力提高国民的语言能力，包括国家通用语言或官方语言能力以及外语能力。

5.1.2.1 中国和东盟半岛国家的国民通用语言能力

中国和东盟半岛国家在提升国民或公民的国家通用语言或国语能力上不懈努力，都已取得各自的成就。

中国政府一直致力于教育水平和国民语言能力的不断提升。中国国家语言能力的一个重要体现就是国民对国家通用语言文字的掌握程度。新中国成立以来，推广和普及普通话以及使用规范汉字就是国家语言文字工作的主要任务。2017 年我国普通话平均普及率已超过 70%，大城市的普通话普及率超过 90%[①]；2020 年

---

① 虎遵会. 2017. 云南城镇普通话普及率超 70%. http://yn.people.com.cn/GB/n2/2017/0913/c378439-30730104. html [2018-08-20].

全国范围内普通话普及率达到 80.72%[①]。根据习近平总书记把推广普通话纳入脱贫攻坚工作的重要指示精神，一些地区大力推广和普及普通话，云南省的城镇普通话普及率已由 2005 年的 57.12%上升到 2017 年的 70%；四川全省普通话普及率从 2006 年的 51.71%提高到 2018 年的 80.31%；广西的普通话普及率从 2000 年的 56%提升至 2017 年的 84.72%，提前实现了 2020 年的全国普通话普及率目标。但是，中国的普通话普及率的地区差异还比较大，农村地区只有 40%左右。中国不断加大对教育的投入，国家财政性教育经费支出占 GDP 的比重连续六年保持在 4%以上，2018 年为 3.54%，中国成人识字率从 2000 年的 90.92%上升至 2018 年的 96.84%；青年识字率从 2000 年的 98.86%上升至 2015 年的 99.73%。

泰国在 21 世纪初已有 90%以上的国民具备掌握民族语言的能力（Keyes，2003）。泰国的公共教育支出一直占比不低，2019 年为 2.97%，而 2013 年高至 4.12%。教育的投入使得民众受教育水平得以提升。泰国成人识字率从 2000 年的 92.65%上升至 2015 年的 92.87%，2018 年继续升至 93.77%；青年识字率从 2000 年的 97.98%上升至 2015 年的 98.15%[②]。

越南民主共和国于 1945 年成立后就通过各种立法形式确立国语字的地位，推广越南语普通话和国语字。越南政府不断加大教育投入，2008 年公共教育支出为 4.89%，而到 2013 年，公共教育支出的占比已达 5.65%，2019 年为 4.06%。国民的国语能力达到了较好的水平，2015 年越南青年识字率为 98.06%，成人识字率为 94.51%；2019 年成人识字率上升至 95.75%[③]。

缅甸独立后实施了改革开放，国家经济实力薄弱，教育发展缓慢。缅甸的教育预算占全国 GDP 的比重较低，多年来一直低于世界平均水平。1995 年缅甸政府的公共教育支出占全国 GDP 总量的 1.2%；2019 年也仅提升至 2%。缅甸政府采取了一系列措施不断提升缅甸的教育水平，其中扫盲运动取得了突出的成就，1971 年缅甸被联合国授予"穆罕默德·礼萨·巴列维奖"，1983 年又被授予"野间扫盲奖"。2015 年缅甸成人识字率达到了 93.09%，青年识字率为 96.33%；但

---

① 朗朗. 2021. 教育部：全国普通话普及率达 80.72% 全球 70 多个国家将中文纳入国民教育体系. https://m.gmw.cn/baijia/2021-06/02/1302335110.html [2021-12-23].

② 世界数据图谱分析平台. 泰国. https://cn.knoema.com/atlas/泰国 [2021-12-19].

③ 世界数据图谱分析平台. 越南. https://cn.knoema.com/atlas/越南 [2021-12-19].

受政局影响，2016 年青年识字率跌至 84.75%，2019 年成人识字率跌至 89.1%[①]。

柬埔寨饱受战争磨难，是世界上最不发达国家之一，由于国力薄弱，柬埔寨在教育上的投入不足，2013 年教育方面的投入只占 GDP 的 2%，2019 年仅为 2.2%。柬埔寨王国政府 1993 年成立后，教育得到了不断的发展，确保所有学龄儿童都可以接受九年制基础教育，同时推行非正式教育和扫盲运动。2015 年，柬埔寨成人识字率为 80.53%，青年识字率为 91.54%[②]。

老挝的国民经济较为落后，是世界上最不发达的国家之一，公共教育支出占比较低，2010 年的公共教育支出占比为 1.71%，2014 年升至 2.94%。教育水平总体比较落后，教育事业发展缓慢。老挝成人识字率 1995 年为 60.25%，2015 年提升到 84.7%；青年识字率从 1995 年的 71.13%提升为 2015 年的 90.23%[③]。由此，老挝的识字率已经达到中等水平。

表 5-4 清晰地展示出中国和东盟半岛国家的国民识字率和国家通用语言的水平，而各国对公共教育的投入比也显示出教育水平与国家经济实力的密切相关性。

中国的成人识字率和青年识字率位列首位。越南的国语普通话和国语字的普及率位居中国之后，2013 年越南的公共教育投入占比已达到了 5.65%，超出了世界的平均水平，2019 年也大于 4%。老挝和柬埔寨的识字率相对较低，成人识字率还不及 85%，而且公共教育投入占比较低。

表 5-4　中国和东盟半岛国家的国民识字率与公共教育投入占比对比

国别	成人识字率/%	青年识字率/%	公共教育投入占比/%
中国	96.84（2018 年）	99.73（2015 年）	3.54（2018 年）
越南	95.75（2019 年）	98.06（2015 年）	4.06（2019 年）
缅甸	89.10（2019 年）	84.75（2016 年）	2.00（2019 年）
泰国	93.77（2018 年）	98.15（2015 年）	2.97（2019 年）
柬埔寨	80.53（2015 年）	91.54（2015 年）	2.20（2019 年）
老挝	84.70（2015 年）	90.23（2015 年）	2.94（2014 年）

① 世界数据图谱分析平台. 缅甸. https://cn.knoema.com/atlas/缅甸 [2021-12-19].
② 世界数据图谱分析平台. 柬埔寨. https://cn.knoema.com/atlas/柬埔寨 [2021-12-19].
③ 世界数据图谱分析平台. 老挝. https://cn.knoema.com/atlas/老挝 [2021-12-19].

5.1.2.2　中国和东盟半岛国家的国民外语能力

国民或公民的外语能力主要通过各类考试来衡量。全国性和国际性外语考试的设置及考点的数量等在一定程度上也反映出一个国家的外语能力。中国不仅有多个语种的全国性外语考试，而且有许多国际外语考试的考点和考试机构。一些东盟半岛国家如老挝、柬埔寨，除了有限的国际考试考点外，国内几乎没有标准化的外语考试。

中国的全国性外语考试涉及的语种覆盖英语、日语、德语、法语、西班牙语、阿拉伯语等；与英语相关的全国性考试最多，其中包括大学英语四级、六级考试，英语专业四级、八级考试；涵盖英语、法语、德语、日语和俄语五个语种的全国外语水平考试（WSK）、大学入学考试、研究生入学考试；等等。这些不同种类的外语考试测试受试者的外语应用能力，成为升学、国家公费留学、专业能力考核等的主要测试手段。除了全国性的外语考试外，一些省份也举行了东南亚小语种的专业考试，如云南省教育厅举办的云南省泰语应用能力四、八级考试。

国际语言类考试的种类和考点数量可以反映出学习外语的人员数量以及一个国家或地区学习某种语言的趋势，以及人们的外语选择意向。

许多国际性考试在中国多地设立了考点，如雅思考试、托福考试、美国研究生入学考试、美国高中生大学入学考试、德语水平考试、日本语能力测试、法语水平考试、意大利语水平证书考试、西班牙语水平考试、巴西葡萄牙语水平测试、韩语等级考试、泰语水平考试等。在中国设立的各类国际语言类考试的考点种类和数量明显地反映出中国外语学习者的语言选择倾向。根据雅思官方所提供的数据，雅思考试在中国有 95 个考场，覆盖 43 个城市；办理英国签证及移民的雅思考试有 46 个考场，覆盖 32 个城市[①]。相比较，东盟半岛国家的雅思考点不多：泰国在 6 个城市设有雅思考点，如清迈、孔敬、曼谷等；柬埔寨有 3 个城市设立了雅思考试考点，如金边市、暹粒市等；缅甸共有 2 个雅思考点，一个在仰光，一个在曼德勒，而老挝只有唯一的一个雅思考点即老挝万象学院。

雅思考试和托福考试是各类国际性外语考试中参加人数较多的考试。通过对

---

① 雅思考试中国官网. 2019. 关于雅思考试在中国大陆地区新增 6 个考场的通知. https://www.chinaielts. org/whats_new/ielts_news/93532.shtml [2019-09-01].

比中国和东盟半岛五国的雅思和托福考试成绩，可以对中国和东盟半岛五国国民的英语能力有个比较清楚的认识。

《2018 白皮书》比较详细地分析了中国雅思考生近 5 年来的成绩变化。该白皮书指出中国雅思考生总分平均分集中在 5.5 分和 6 分，达到 6 分及以上的考生接近半数。2012～2017 年，中国学术类和培训类雅思考生的英语能力有所提升，尤其是阅读部分，平均分虽仍处在 6 分，但进步非常明显。雅思学术类考生的听力成绩提升最多；雅思培训类考生总体平均分有所提高，听力、阅读、写作、口语四项均有提升。总体而言，雅思学术类考生的阅读能力与全球平均水平相当，其余三项能力即听力、口语和写作与全球平均水平都还存在差距；雅思培训类考生的四项英语能力与全球平均水平存在差距，差距较小的是阅读能力，口语、听力和写作的差距较大。

根据雅思官方网站所提供的 2017 年东盟半岛 2 个国家即泰国、越南的雅思成绩（老挝、缅甸和柬埔寨无雅思考试数据），我们比较了 2017 年两国的雅思成绩与中国的雅思成绩（不含港澳台数据），结果发现 2017 年中国的雅思培训类考试成绩高于泰国，与越南平均分接近。中国的雅思学术平均分分别低于泰国和越南。在雅思官方公布的成绩中，并未提供缅甸、老挝、柬埔寨等国的考试成绩。为此，我们又参考了 2017 年和 2018 年中国（不含港澳台数据）和东盟各国的托福考试的平均成绩。中国的托福考试 2017 年和 2018 年的总成绩分别为 79 分和 80 分；该成绩仅好于泰国、柬埔寨和老挝，与缅甸成绩较为接近，但仍然低于越南的成绩，与新加坡、马来西亚、菲律宾和印度尼西亚的差距就更大。但是中国的托福考试成绩呈现上升趋势，中国考生的阅读成绩具有优势，与菲律宾、印度尼西亚考生的阅读成绩一致；在其他三项即听、说和写上还有较大差距。令人可喜的是，根据 2021 年的英孚标准英语熟练度年度报告，中国（不包含港澳台数据）的英语熟练度在 112 个国家和地区中处于 49 位，已由 2018 年时的英语低熟练度国家晋升为英语中等熟练度水平国家。

5.2　中国和东盟海洋五国的国家语言能力对比

东盟海洋五国包括菲律宾、文莱、马来西亚、新加坡和印度尼西亚。长久以来，这些海洋国家就是海上丝绸之路的必经之地，与中国有着密切的联系。东盟海洋五国在地理、民族、经济、文化、历史等方面具有很多的相似性，具有语言生态共性。

1. 地理的相似性

东盟海洋五国均为东南亚的海岛国家，菲律宾位于西太平洋，共有大小岛屿7000多个；文莱北濒南中国海，全境有 33 个岛屿；马来西亚被南中国海分为两个部分；新加坡北与马来西亚为邻，南与印度尼西亚相望，毗邻马六甲海峡南口，境内岛屿众多；印度尼西亚由大约17 508 个岛屿组成，是全世界最大的群岛国家。这五个国家被海峡和海洋包围，这在一定程度上造成了交通的不便，从而为多种语言和方言的存在创造了天然的条件。

2. 民族的相似性

东盟海洋五国都是多民族、多语言的国家。菲律宾境内有 90 多个民族，讲100 多种语言和方言；文莱有马来族、华族、许多原住民族和外来民族；马来西亚民族分为马来族、华族、印度族以及其他族；新加坡有华族、马来族、印度族、其他族等四个主要的族群；印度尼西亚是世界第四人口大国，有300 多个民族和部族。五个国家的民族多样性突出、语言多样。

3. 经济的相似性

联合国开发计划署公布的 2017 年度世界各国的人类发展指数显示，新加坡、文莱和马来西亚属于人类发展指数非常高的国家，其中新加坡和文莱属于高等收入国家，马来西亚属于中上收入；菲律宾和印度尼西亚属于人类发展指数中等国家，为中等收入国家[①]。东盟半岛五国中只有泰国属于中等收入国家，而其余四个国家都属于低收入国家。总体而言，海洋五国比半岛五国在经济上更为发达、更有活力。

4. 文化的相似性

东盟海洋五国以马来族为主，长期以来受到其他国家文化的影响。文莱、马来西亚和印度尼西亚先后受到印度文化和伊斯兰文化的影响；新加坡深受中国文

---

① United Nations Development Programme. Human Development Indices and Indicators 2018 Statistical Update. https://hdr.undp.org/system/files/documents//2018humandevelopmentstatisticalupdate pdf.pdf [2022-09-09].

化的影响；菲律宾长期受到西班牙文化和美国文化的影响。在独立建国后，东盟海洋五国都把发展自己国家的文化作为政府工作重要内容，积极构建包含本国各族人民的国家共同意识和国家文化；进入新世纪后，各国的文化呈现出突出本民族文化、不断融合其他文化的势头。

5. 历史的相似性

东盟海洋五国都有长期被西方国家殖民的历史。新加坡、文莱和马来西亚都曾沦为英国的殖民地，菲律宾曾先后沦为西班牙和美国的殖民地，印度尼西亚曾为荷兰的殖民地，被殖民统治的时间从几十年到300多年不等（王晋军，2015）。漫长的殖民统治对一些国家如新加坡、文莱及菲律宾的语言生态产生了深远的影响——曾经的宗主国语言已深植于国家的政治、经济、文化和教育领域，成为不可或缺的语言；这三个国家独立后都选择沿用殖民者的语言作为官方语言，其民族语言仍用作共同官方语言，并通过实行双语教育体制来加以巩固。印度尼西亚和马来西亚在第二次世界大战结束后获得了民主独立，确立了民族语言作为官方语言的地位，摈弃了前宗主国的语言，从而摆脱殖民统治所带来的影响，仅把前宗主国的语言作为外语及与国际交流的语言。

基于东盟海洋五国的相似性，中国与东盟海洋五国的国家语言能力对比同样从宏观和微观两个维度进行。

5.2.1 中国和东盟海洋国家的宏观国家语言能力对比

中国和东盟海洋国家的宏观国家语言能力对比包括国家语言资源能力和国家语言管理能力两个方面，前者涉及国家民族语言资源对比和国家外语资源对比，后者包括语言服务、语言技术水平以及语言政策和规划方面的对比。

5.2.1.1 中国和东盟海洋国家的国家语言资源能力对比

1. 中国和东盟海洋国家的民族语言资源对比

中国有56个民族，各民族的语言分属于五个语系；主体民族为汉族，普通话为国家通用语；53个少数民族有自己的语言，具体情况在5.1.1.1节中已做描述。东盟海洋国家均为多民族、多文化、多语言的国家，有丰富的民族语言资源，除主体民族语言和方言外，少数民族语言众多，有的国家以民族语言为通用语和官方语言，有的国家多种民族语言同为官方语言。

菲律宾民族数量众多，将支系民族计算在内，民族数量达 200 个以上。根据各民族社会、经济、历史文化的不同特点，以及语言、宗教和人类学等方面的种族差异，菲律宾的民族分为三大类：平原民族、山地民族和南方穆斯林民族（摩洛人）。菲律宾民族语言至少有 182 种，绝大多数的本土语言属于南岛语系[①]。菲律宾语是国语和官方语言之一，是以首都马尼拉所讲的他加禄语为基础而形成的，70%的菲律宾人能够使用菲律宾语，除国语外另有 19 种区域语言为官方辅助语言，但仅在特定地区使用。

文莱的民族分为原住民族（马来族和统称为"达雅克人"的土著民族）和外来民族（华人以及来自英国、印度、印度尼西亚的移民和劳工）（邵建平和杨祥章，2012），具体包括马来族、华族、原住民族和其他族。文莱使用的民族语言和方言有 15 种，包括白拉奕语、都东语、华语和华语方言、马来语、伊班语等[②]。马来语是文莱的官方语言和国语，使用罗米文字。华语（汉藏语系）包括标准华语和方言。"达雅克人"的达雅克语属于南岛语系印度尼西亚语族。

马来西亚的民族主要分为马来族、华族、印度族以及其他族。马来族为主体民族，使用的马来语称为马来西亚语，是马来西亚的国语和通用语；大部分原住民语言都缺少文字系统。马来西亚目前使用的语言和方言数量为 133 种，分属南岛语系、汉藏语系、达罗毗荼语系、南亚语系。

新加坡政府将新加坡人划分为四个民族即华族、马来族、印度族和其他族。主体民族华族人口占 74%左右，其民族语言华语为四种官方语言之一，其他三种为英语、马来语和泰米尔语。新加坡使用的民族语言和方言数量约为 24 种，使用人数最多的为标准华语和华语方言，其次是马来语，然后是泰米尔语，其他民族语言的使用人数均低于 10 万。

印度尼西亚是一个多民族、多语言，人口排在世界第四位的大国，民族和部族数量超过 300 个，爪哇族为第一大族，人口占 45%。印度尼西亚的语言数量为 719 种，仍在使用的语言为 707 种，分为南岛语系、南岛语系中分离出来的巴布亚诸语言和达罗毗荼语系。印尼语是印度尼西亚唯一官方语言、通用语，是马来

---

① Koyfman, S. 2019. What language is spoken in the Philippines? https://www.babbel.com/en/magazine/what-language-is-spoken-in-the-philippines [2022-06-05].

② Ethnologue: Languages of the World. Brunei: Languages. https://www.ethnologue.com/country/BN/languages [2022-09-09].

语的印尼变体。其他民族语言中，使用人数超过百万的民族语言共 11 种，其中爪哇语的使用人数最多，众多的民族语言发展不平衡，大部分民族语言活力等级较低。表 5-5 对比了中国和东盟海洋国家的民族语言资源。

表 5-5　中国和东盟海洋国家的民族语言资源

国家	民族数量/个	正在使用的语言数量/种[①]	语族/系	共同语/通用语/官方语言/国语
中国	56	301（2013 年）	汉藏语系（藏缅语族、景颇语族、缅语支、羌语支、侗台语族、苗瑶语族）、阿尔泰语系（突厥语族、蒙古语族、满-通古斯语族）、南岛语系、南亚语系和印欧语系	普通话和规范汉字作为全国通用语言和文字
菲律宾	200 多	182（2019 年）	南岛语系（印度尼西亚语族）	菲律宾语、英语
文莱	4	15（2019 年）	南岛语系（印度尼西亚语族）、汉藏语系（汉语语族）	马来语、英语
新加坡	4	24（2019 年）	汉藏语系（汉语语族）、南岛语系（印度尼西亚语族）、达罗毗荼语系	英语为通用语，马来语为国语，英语、华语、马来语和泰米尔语同为官方语言
马来西亚	4	133（2019 年）	南岛语系（印度尼西亚语族）、汉藏语系（汉语语族）、达罗毗荼语系、南亚语系	马来语、英语
印度尼西亚	300 多	707（2014 年）	南岛语系（印度尼西亚语族）、汉藏语系（汉语语族）、达罗毗荼语系、巴布亚诸语言	印尼语

　　根据前面描述和表 5-5 可以看出，中国和东盟海洋五国同属多民族国家。文莱、新加坡和马来西亚的民族数量计为 4 个，由于民族的计算方法和定义不同，实际上一些民族如"印度族"和"其他族"包含多个民族。六个国家中，民族数量最多的为印度尼西亚，其次是菲律宾，中国排在第三。民族语言数量的计算均包含了民族语言和方言。印度尼西亚的语言数量最多，有 707 种；中国排在第二，语言数量为 301 种，菲律宾和马来西亚分别有 182 和 133 种，排在第三和第四，新加坡和文莱排在最后。各国语言均包含了属于南岛语系的语言，除菲律宾外的四个国家还都包含了汉藏语系语言。另有少量语言属于南亚语系和巴布亚诸语言。中国和新加坡的语言以汉藏语系语言居多，而菲律宾、文莱、马来西亚和印尼的南岛语系语言较为突出。

---

① Actualitix-World Data and Statistics. https://en.actualitix.com [2019-09-01].

中国和东盟海洋国家均确立了国家的官方语言和通用语，拥有完整、标准的语言文字体系；东盟海洋五国中，除印度尼西亚外，其他四国的官方语言不仅包含民族语言，也包含了英语。菲律宾、文莱和新加坡均实施双语教育体系，马来西亚以英语为第二通用语。另外，新加坡和印度尼西亚的第一语言都不是本国主体民族的语言。

2. 中国和东盟海洋国家的外语资源对比

由于殖民和移民历史的影响，东盟海洋五国有不少欧亚移民，所以这五个国家使用的语言中也包含了一些外语。独立建国后，东盟海洋五国的语言政策不同，其外语现状也有所区别。表5-6呈现了中国和东盟海洋国家开设外语语种最多的高校。

表 5-6 中国和东盟海洋国家开设外语最多的高校情况表

国家	开设外语最多的高校	外语数量/种	语种名称	学位授予
中国	北京外国语大学	98	亚洲（36种）：柬埔寨语、老挝语、马来语、缅甸语、印尼语、越南语、泰语、菲律宾语、印地语、泰米尔语、僧伽罗语、孟加拉语、尼泊尔语、普什图语、梵语、巴利语、土库曼语、蒙古语、日语、朝鲜语、阿拉伯语、塔吉克语、迪维希语、希伯来语、乌尔都语、波斯语、哈萨克语、乌兹别克语、亚美尼亚语、格鲁吉亚语、阿塞拜疆语、塔吉克语、库尔德语、达里语、德顿语、吉尔吉斯语 欧洲（34种）：俄语、英语、法语、德语、西班牙语、波兰语、捷克语、罗马尼亚语、瑞典语、葡萄牙语、匈牙利语、阿尔巴尼亚语、保加利亚语、白俄罗斯语、意大利语、塞尔维亚-克罗地亚语、斯洛伐克语、芬兰语、乌克兰语、荷兰语、挪威语、冰岛语、丹麦语、希腊语、斯洛文尼亚语、爱沙尼亚语、拉脱维亚语、立陶宛语、爱尔兰语、马耳他语、拉丁语、加泰罗尼亚语、马其顿语、卢森堡语 横跨亚欧大陆（1种）：土耳其语 非洲（20种）：斯瓦希里语、豪萨语、祖鲁语、阿姆哈拉语、索马里语、约鲁巴语、马达加斯加语、阿非利卡语、茨瓦纳语、恩德贝莱语、科摩罗语、绍纳语、提格雷尼亚语、斐济语、汤加语、隆迪语、卢旺达语、切瓦语、塞苏陀语、桑戈语 美洲（1种）：克里奥尔语 大洋洲（6种）：毛利语、库克群岛毛利语、萨摩亚语、比斯拉马语、纽埃语、皮金语	具有外国语言文学一级学科博士学位授权点

国家	开设外语最多的高校	外语数量/种	语种名称	学位授予
菲律宾	马尼拉雅典耀大学	7	英语、法语、德语、意大利语、葡萄牙语、俄语、西班牙语	具有英语硕士点、博士点
文莱	文莱大学	8	英语、阿拉伯语、日语、韩语、法语、德语、汉语、菲律宾语	
新加坡	新加坡国立大学	8	英语、法语、德语、日语、韩语、西班牙语、泰语、越南语	有英语硕士点和博士点，其他语种为语言课程
马来西亚	马来亚大学	7	英语、阿拉伯语、法语、德语、日语、西班牙语、意大利语	具有英语硕士点
印度尼西亚	印度尼西亚大学	9	英语、汉语、日语、法语、韩语、荷兰语、俄语、阿拉伯语、德语	

　　根据表 5-6，我国的北京外国语大学开设了 98 个外语语种专业，远远超过了东盟海洋五国，外语语种覆盖五大洲，具有外国语言文学一级学科博士点。开设近百个外语专业不仅是学校对外语人才培养的重视，也充分体现出国家经济实力和学校的综合实力，也体现出国家的语言战略。

　　东盟海洋五国开设的外语语种数量都在 10 种以内，相互差别不大。印度尼西亚大学开设了 9 种外语，菲律宾的马尼拉雅典耀大学和文莱的文莱大学开设了 8 种，其中马尼拉雅典耀大学具有英语硕士点和博士点。新加坡国立大学开设了英语专业并具有硕士点和博士点，除了马来语、华语和泰米尔语这几种民族语言本科专业外，学校的语言研究中心提供包括英语在内的 8 种外语课程。马来西亚的马来亚大学开设了 7 种外语，其中英语具有硕士点。这些大学开设的外语语种主要为欧洲语言和亚洲语言。从表 5-6 可以看出，东盟海洋五国外语语种开设最多的高校之间存在一定共性：①所开设的语种数量都没有超过 10 种，仅限于亚洲和欧洲国家语言；②开设的亚洲语言主要是邻近国家的语言，包括汉语、韩语、日语；③开设的欧洲语言以欧洲使用范围最广的几种语言为主，包括英语、法语、俄语、德语。

　　通过分析，我们可以看出中国和东盟海洋国家在外语资源方面的一些异同。我国调研的高校都开设了英语，绝大部分高校开设的语种数量在 10 种以内，开设了 10 种以上外语的学校有 16 所，其中有 5 所大学的外语语种为 20 种左右，有 2

所大学外语语种为 30 多种，具体情况见表 3-2。开设多门外语的高校比例在全国高校来说并不高。虽然一些高校开设了符合自身地域特点的外语，如广西和云南一些高校设置了东盟国家语言专业，但全国范围内的高校外语语种主要集中为英语、日语、俄语、法语、德语，尤其以英语为第一外语，外语语种整体发展不均衡。

我们调研的 21 所菲律宾大学中（表 4-26），外语总语种数量为 10 种，即英语、印尼语、法语、德语、意大利语、葡萄牙语、俄语、西班牙语、汉语、日语；日语和印尼语开设有专业，英语有硕士和博士项目，法语、德语、西班牙语有硕士项目，意大利语、葡萄牙语、俄语和汉语仅开设了语言课程。19 所大学开设了英语专业，菲律宾大学开设了英语、法语、德语和西班牙语专业，2 所大学开设了西班牙语专业，1 所开设了日语、印尼语专业，开设多语种专业的学校数量少，这也反映出菲律宾高校外语开设以英语为主，语种单一。

文莱共有 3 所大学和几所学院（表 4-32）。文莱大学的语言中心提供英语、阿拉伯语、汉语、日语、韩语、法语、德语、意大利语和越南语的语言课程。文莱苏丹沙里夫阿里伊斯兰大学开设了英语和阿拉伯语专业。文莱理工大学实行全英文授课。阿拉伯语是除英语之外文莱威望最高、使用最多的外语。

新加坡高校开设的外语情况（表 4-38）表明，新加坡排名前四十的大学开设 15 种外语课程或专业，包括英语、法语、德语、日语、韩语、西班牙语、泰语、越南语、阿拉伯语、印尼语、意大利语、俄语、拉丁语、梵语、古希腊语。新加坡国立大学和南洋理工大学开设了英语语言专业，同时具有硕士和博士授权点；新加坡国立大学的语言研究中心提供 10 种外语课程。耶鲁-新加坡国立大学学院是四十所高校中唯一提供了多种语言课程的私立学校，开设了 6 种外语课程。新加坡管理发展学院可提供英语硕士项目。由于英语是新加坡第一语言，新加坡高校均以英语为教学媒介语。

调研的 75 所马来西亚大学涉及的外语语种总共有 11 种，仅有 17 所开设了外语专业（表 4-34）。马来亚大学开设了 7 个语种的外语专业，另有 3 种语言的语言课程。马来西亚博特拉大学开设了英语、阿拉伯语和波斯语专业并设有这三个专业的硕士点和博士点。开设了英语专业的大学有 16 所，开设了阿拉伯语专业的有 6 所；另外有 3 所高校开设了 2 个外语专业，其他 12 所都只开设了一门外语。3 所大学都具有英语和阿拉伯语的硕士和博士学位授予资格，马来西亚博特拉大学具有英语、阿拉伯语、波斯语的硕士、博士学位授予权。

根据表4-42，印尼的500多高校中有近四成大学都开设了英语专业，开设了2种以上外语语种的学校有52所。印尼高校开设的外语数量最高达到9门。印度尼西亚大学是开设外语数量最多的高校，即开设了9门外语。排在其后的是帕贾兰大学，开设了7门外语；印度尼西亚教育大学，开设了6门外语。其余大学开设外语语种数量分别为：开设5种外语的有3所学校，4种外语的有3所学校，3种外语的有11所学校，2种外语的32所学校。所有外语中英语一家独大。除英语外，日语是开设学校最多的外语，共有31所学校开设了日语；之后是阿拉伯语，开设学校为19所。印尼具有高层次语言人才培养资质的学校比较有限，只有3所大学具有英语硕士点，2所大学具有日语硕士点，2所大学分别具有法语和阿拉伯语硕士点。

对比分析中国和东盟海洋国家高校外语开设情况后发现，就外语语种数量、覆盖范围、开设外语语种高校的数量及学位授予情况而言，中国遥遥领先于东盟海洋国家。我国与东盟海洋五国都重视英语，英语是各国与国际接轨、促进国家经济和科技发展的重要工具，也是各国高校开设最多的一门外语。此外，我国外语课程或专业的开设主要服务于我国逐渐走向国际化以及国家对外合作交流和国家发展的需要，国家为近百种外语专业的设立提供了强大的经济支持和政策支持。东盟海洋五国的外语资源既受国家经济实力和国土面积的影响，也与国家的历史、经济、文化和宗教有密切关系。五个国家都有长期遭受西方国家殖民统治的历史。文莱、新加坡和马来西亚曾受英国殖民统治，菲律宾曾受西班牙和美国殖民统治，因此独立后英语在这些国家仍占有重要地位，成为这四个国家的通用语言或官方语言，而在菲律宾西班牙语也是高校开设较多的语言。印尼独立后摒弃了荷兰殖民者的语言，选择了英语作为与国际交流的语言。

另外，文莱、马来西亚和印尼三个国家中，伊斯兰教是第一大宗教，伊斯兰教徒占人口大多数，因此作为伊斯兰教语言的阿拉伯语也成为诸多高校开设的一门外语。此外，东盟海洋五国开设的其他外语主要为亚洲邻近国家语言和欧洲影响力较大的语言，同时也受国家贸易发展和外交倾向的影响，如印尼与日本贸易协定的签订某种程度上也刺激了印尼高校日语课程和专业的开设。

5.2.1.2　中国和东盟海洋国家的国家语言管理能力对比

本节从国家政策与规划、语言技术和语言服务、语言政策与规划等方面依序进行对比，从而全面体现中国和东盟海洋五国的国家语言管理能力的情况。

1. 中国和东盟海洋国家的国家语言文字管理机构

通过比较各个国家的国家语言文字管理机构（表 5-7）可以发现，中国与东盟海洋五国都有隶属国家、专门进行语言文字管理的职能部门。中国的语言文字管理机构负责对全国语言的管理，既包括汉语，也包括少数民族语言文字；东盟海洋五国的语言文字管理机构主要对主体民族语言文字进行管理，而较少涉及少数民族语言文字的管理，少数民族语言文字的管理和发展往往只能依靠地方政府、民间学术组织或民间机构。

中国语言文字管理工作涉及教育部、国家语委和国家民委。教育部统管语言规划和语言政策，国家语委主要围绕汉语开展相关工作，国家民委则负责少数民族语言文字翻译、古籍整理出版等工作，三者协同合作，对全国语言进行管理。

菲律宾的语言文字管理机构是1991年成立的菲律宾语言委员会，前身为1937年成立的菲律宾国家语言研究所，以发展、保护菲律宾境内的语言为目标和任务。文莱于1965年建立了语言文学研究院，与教育部一起负责马来语的本体规划和地位规划，工作重点为马来语标准化和推动马来语语言和文学的发展，其下属的语言文学研究院图书馆还承担着推广阅读文化，如制定早期识字计划和学前教育计划等责任。马来西亚的语言管理主要由隶属教育部的四个机构即马来西亚语言文学研究院、华语规范理事会、泰米尔语规范理事会和伊斯兰教育司来分别负责国语、华语、泰米尔语、阿拉伯语的语言规范、语言教育和语言规划，而其他少数民族的语言管理则是由地方政府负责。新加坡的语言文字管理主要由教育部和文化、社区及青年部负责。教育部负责四种官方语言教育政策的制定和教学实施；隶属文化、社区及青年部的国家文物局设立语言委员会秘书处，协助下设的推广华语理事会、泰米尔语理事会和马来语理事会进行这三种民族语言的标准化和推广工作。印度尼西亚的语言发展与培养机构隶属印尼教育文化与研究技术部，在30个省设立了分支机构，以提高印尼语质量、推动印尼语语言和文学的发展为主。

表 5-7　中国和东盟海洋国家的国家语言文字管理机构

国家	国家语言文字管理机构	职能	性质
中国	中国文字改革研究委员会（1954 年）、国家语委（1985 年至今）	负责全国的教育事业和语言文字工作，拟订国家语言文字工作的方针及政策；编制国家语言文字工作的中长期规划；促进语言文字的规范化和标准化；组织、协调、指导推广普通话工作；推动语言文字的改革	官方管理机构
	中央人民政府民族事务委员会（1949 年）、中华人民共和国民族事务委员会（1954 年）、国家民族事务委员会（1978 年至今）	负责中国的少数民族的语言文字工作，指导少数民族语言文字的翻译，民族古籍的收集、整理和出版工作	
	教育部	管理和指导中国的外语教育、外语政策和外语规划	
菲律宾	菲律宾语国家语言研究所（1937 年）、菲律宾语言研究所（1987 年）、菲律宾语言委员会（1991 年至今）	发展、保护菲律宾境内的语言	官方管理机构
文莱	语言文学研究院	负责马来语语言本体规划、马来语文学和文化的发展；标准化马来语的书写及发音；编撰词典；举办马来语研讨会和活动；提高识字阅读水平	官方管理机构
马来西亚	图书局（1956 年）、马来西亚语言文学研究院（1956 年）	制定马来语相关政策；开展马来语建设；开展推广马来语相关活动；出版马来语图书和词典	官方管理机构
	马来西亚华语规范工委会（1997 年）、马来西亚华语规范理事会（2006 年）	规范华语语言文字；鼓励规范华语的使用	
	泰米尔语规范理事会	负责泰米尔语词汇创造；进行泰米尔语书籍文献翻译、资料印刷；提高泰米尔语使用者的语法技能	
	伊斯兰教育司	负责阿拉伯语的语言教育	
新加坡	国家文物局（推广华语理事会、马来语理事会和泰米尔语理事会）	开展"讲正确英语"运动；推广讲华语运动；规范新加坡马来语文字拼写，负责马来语推广和发展相关活动；负责推动泰米尔语言使用的相关活动	官方管理机构（理事会为官方与民间共管）
印度尼西亚	语言发展与培养机构	提高印尼语质量；推动印尼语语言和文学的发展；举办印尼语相关活动和会议；编撰词典；编辑文学选集；编写儿童故事和识字普及用书	官方管理机构

2. 中国和东盟海洋国家的语言技术和语言服务

语言技术和语言服务包括语言翻译、语言培训、语言技术和工具书开发等多个领域。中国在语言技术和语言服务领域与国际水平同步，语言技术发展迅速，是世界上第 4 个开始研究机器翻译的国家，无论是语言工具书的开发、语料库的建设还是人工智能领域的自然语言处理技术，中国都领先于东盟海洋国家，居于世界前列。

东盟海洋五国开发了用于推广和学习本国通用语和官方语言的词典，既有双语词典也有多语词典，还开发了电子词典供下载使用，如菲律宾用于学习菲律宾语的《菲律宾图文词典》、新加坡的华语电子学习词典、马来西亚最权威的《马来语大辞典》和印尼的《印尼语大词典》。对通用语或官方语言语料库建设也较为成熟，如新加坡的"新加坡小学生日常华语口语语料库"，印度尼西亚的"国家语言文学研究院语料数据库"和"印尼语语音语料库"，各国外语数据库中以英语学习者的语料库建设较多。

东盟海洋五国的本土翻译公司数量不少，可以提供各种类型的翻译服务，大型公司可提供上百种语言的翻译服务，有的公司与软件开发公司合作，利用翻译软件和翻译管理软件更好地进行翻译服务和管理。虽然有些国家也开发了语言翻译工具，如菲律宾的 Tagalog Translate.com 在线翻译软件，但谷歌公司的谷歌翻译和"ImTranslator"翻译引擎的民间使用更为普遍。

在语言技术领域，东盟海洋五国中，新加坡和马来西亚属于进行研发较早、技术较为领先的国家，如马来西亚的美卡福控股集团研发了用于研发翻译工具的灵格达文法技术。近年来海洋五国都开始了人工智能技术的研发，其中菲律宾、新加坡和马来西亚投入最大，发展最快，印尼次之，文莱落后于其他四国。菲律宾制定了人工智能战略框架，提出联合高校和行业巨头，以创新为导向，营造供各类型企业合作生产的环境。新加坡政府的 AI 战略国家项目包括语言实验室对自然语言处理技术、语音识别和机器翻译的研发。马来西亚政府 2017 年宣布国家人工智能框架，建立了数据转换促进项目。印尼也涌现了一些致力于印尼语和其他印尼地方语言相关人工智能技术研究的公司。文莱的人工智能技术研究和利用开始较晚，规模也不大，只有少数公司崭露头角。

3. 中国和东盟海洋国家的语言政策与规划

中国和东盟海洋国家同为多民族、多语言国家，语言问题关乎国家政治经济发展、民族团结和国家长治久安。中国与东盟海洋五国都根据各自国情制定了符合本国发展的语言政策，在语言管理方面既有共性又有明显差异。

双方的共性主要体现在以下几个方面。

第一，中国和东盟海洋国家都以立法的形式确立了官方语言或国语的法律地位。为了国家统一和民族团结，确立国家的官方语言、国语或通用语成为促进各民族交流、培养国家意识和民族认同的重要保证。

在中国，《中华人民共和国宪法》、《中华人民共和国民族区域自治法》和《中华人民共和国国家通用语言文字法》等法律法规，明确了国家推广普通话和汉字的政策，确定了普通话及规范汉字的法定地位。

菲律宾在自治时期就确定了菲律宾的国语。1938 年颁布了《国语法》，将他加禄语确定为国语；独立后制定了联邦令第 570 条，宣布以他加禄语为基础的国语作为官方语言，并经宪法正式更名为菲律宾语；1973 年，菲律宾宪法宣布菲律宾语和英语共同作为菲律宾官方语言，并在 1987 年新修订的《菲律宾共和国宪法》中再次确认。文莱于 1959 年出台了《文莱宪法》，确立马来语为国语、马来语和英语共同为官方语言。新加坡共和国成立后在《新加坡共和国宪法》第 153 条确立了马来语（文字为罗米文）为国语，英语、华语、马来语和泰米尔语为享有同等地位的官方语言。马来西亚独立后实施的《马来西亚宪法》中第 152 章确立了马来语为国语，并规定英语在十年内为官方语言。1967 年制定了《国家语言法》，规定国语马来语为唯一官方语言，英语不再是官方语言。印度尼西亚独立并统一以后在其宪法第十五章中明确规定印尼语为印尼的唯一官方语言。

第二，中国和东盟海洋国家都对国家通用语或国语做了充分的本体规划和地位规划。

为了使国家通用语或国语能更快地为国民学习使用并提高国民的识字水平，中国和海洋五国都对国家通用语或国语进行了本体规划，规范语音和文字，提升其地位，扩大其使用范围和使用程度。

中国政府对汉字进行了充分的本体规划，如简化汉字、推广普通话、制定和推行汉语改革方案，并通过许多举措如建立语言文字网站、进行中文信息处理等促进普通话和规范汉字的使用及研究。

菲律宾 1937 年组建了菲律宾国家语言研究所，1987 年改名为菲律宾语言研究所，1991 年被菲律宾语言委员会取代，主要负责发展、保护菲律宾境内的语言。

文莱政府的语言文学研究院，通过举办文学和诗歌研讨会、出版本地作家马来语作品、制作宣传标语等方式来提升民众使用马来语的意识、推动马来语文学和文化的发展；1983 年文莱实施新的标准马来语拼写系统，1985 年加入了马来西亚和印尼两国组成的马来语委员会，共同成立了"文印马马来语委员会"。马来西亚政府成立了语言文学研究院以服务于马来语本体规划项目和马来语语言文学发展，1967 年成立全国教科书管理局并规定所有教科书中都要融入马来文化，1972年与印尼达成了马来语拼写规则协议。新加坡将四种语言确立为官方语言后，于1971 年认定英语为军队正式用语并于 1987 年明确英语为所有学校的第一教学媒介语，2000 年开展"讲正确英语"活动，1979 年开始开展讲华语运动。印尼 1947年进行了印尼语拼音方案改革，建立了语言发展与培养机构，对印尼语进行本体规划和推广，1972 年与马来西亚签订文化协定，同年 8 月确定了现行的印尼语拼字法。

第三，英语是中国和东盟海洋国家最重要的外语，英语教育也成为各国语言教育的重要内容。

英语是世界通用语，也是网络信息和科技研究的重要载体，是各国科技发展、与其他国家贸易往来、沟通交流最重要的语言工具。中国和海洋五国的第一外语都是英语。中国在实行改革开放后，将英语作为第一外语，进入新世纪英语学习覆盖了各个教育阶段，同时也呈现出外语教育的多元化。长期的殖民史导致了英语在菲律宾、新加坡、文莱和马来西亚的独特地位，独立之后，菲律宾、新加坡和文莱选择了将英语与民族语言共同作为官方语言，实行"英语+民族语"的双语教育体制。马来西亚在独立之初保留英语作为官方语言，但之后英语降级为一门外语课程；20 世纪末马来西亚政府重新重视英语，使英语成为某些地区的官方语言以及高校的教学语言。印尼独立时摈弃荷兰语，选择英语作为学校唯一一门外语课程；1967 年印尼明确英语"第一外语"的地位，并规定英语为中学及高校的必修课。

第四，"一带一路"倡议的推进加深了中国和东盟海洋国家的贸易往来和合作交流，使双方都更重视对方的语言。

调研的开设 10 种以上外语的中国高校中，有 7 所开办了马来语专业，分别是北京外国语大学、中国人民解放军战略支援部队信息工程大学、天津外国语大学、广东外语外贸大学、中国传媒大学、西安外国语大学和云南民族大学，一些大学已具有马来语专业的硕士学位甚至博士学位授予权。东盟海洋五国中，马来西亚是唯一拥有完整华语教育体系的国家，有采用多语进行教学的华语高校，而且很多高校开设了汉语专业。新加坡针对华语教育进行了多次课程改革，高校开设汉语课程，私立汉语补习班数量庞大，参加 HSK 考试人数逐年上升。在菲律宾，无论是华族还是其他民族都对华语学习表现出浓厚兴趣，华语是大学外语选修课之一，也是大学入学考试外语考试科目之一。文莱的中华中学是文莱规模最大、人数最多的华语学校，2007 年开始成为文莱唯一 HSK 考试考点。印尼的华语教育经历了苏哈托时代的寒冬后逐渐复苏，虽然华族华语水平有一定下降，但华人开始积极学习华语。印尼开办了多所三语学校，举办 HSK 考试，与中国合作开展汉语教学和研究、教材编写和词典编撰。

中国和东盟海洋国家在语言政策和规划方面还存在很大差异，具体表现在以下几个方面。

第一，历史原因导致中国和东盟海洋国家确立官方语言、国语和通用语的具体情况不同。

中国确定了普通话和通用汉字为全国唯一统一使用的语言和文字，而东盟海洋国家的情况较为复杂。东盟海洋五国都经历了西方殖民统治的历史，曾经殖民者的语言对这五个国家的语言生态都有着深远的影响。因此，除了印度尼西亚在独立时完全摒弃了荷兰语以外，其他四个国家都在建国初期确立了国语或通用语，而且明确了曾经殖民者的语言和民族语言同为官方语言。

菲律宾确立了菲律宾语为国语，菲律宾语和英语同为官方语言；文莱确立了马来语为国语，马来语和英语同为官方语言；新加坡确立了马来语为国语，英语、华语、马来语和泰米尔语为官方语言；马来西亚在独立十年内选择了马来语与英语同为官方语言。

另外，东盟海洋五国中，新加坡和印度尼西亚都没有选择主体民族的语言作为国语和通用语。虽然新加坡的华族占总人口的 74%左右，但新加坡政府将马来语确立为国语以认同周围的马来世界，将英语作为国家通用语以构建科技化、国际化的新加坡；在印度尼西亚，爪哇族人口最多，但由于爪哇语等级复杂不易学，加之马来语在东南亚使用广泛，最终印度尼西亚选择马来语为国语和通用语，更名为印尼语。

第二，中国重视少数民族语言的规划，而东盟海洋国家的少数民族语言规划不够完备。

　　中国政府通过立法形式确立了少数民族的法律地位，还在其他的法规中专门针对少数民族语言管理进行说明，建立了从上至下的多级民族语文工作机构以促进少数民族语言的发展。

　　东盟海洋五国中，新加坡将民族语言华语、马来语和泰米尔语确立为官方语言，并纳入双语教育体制内，通过语言理事会、开展文化活动和建设文化中心以推动语言发展，相较其他四国，新加坡对各民族语言都有更为明确的管理和规划。但是，其他四国对少数民族语言缺少科学规划，少数民族语言的社会、政治、经济地位都远远不及主体民族语言，甚至一些少数民族语言濒临灭绝。菲律宾的 19 种区域方言在政府的语言规划中始终只是作为辅助性语言，使用场合及使用人数都极其有限。文莱的少数民族语言保护和规划主要由私立机构来完成。少数民族语言数量逐渐在减少。19 世纪，文莱有 20 多种少数民族语言，到现在只有 10 种。马来西亚有华语和泰米尔语的语言理事会，也将华语、泰米尔语和几种使用人数较多的原住民语言纳入学校课程，但少数民族语言的保护和发展还主要依靠民间组织。印尼政府法律上认可了民族语言作为国家文化的一部分，规定地方政府应积极发展民族语言和民族文学，允许各地学校开设地方特色课程，但只有使用人数最多的几种民族语言能得到当地政府的支持。

　　第三，历史、社会、政治制度、语言国情等方面的差异导致中国和东盟海洋国家的外语政策存在差异性。

　　中国的外语政策经历了中华人民共和国成立初期以俄语为第一外语、"文化大革命"时期外语教育几乎停滞、改革开放后外语以英语为主、21 世纪外语教育呈多元化特征的多个阶段。

　　东盟海洋国家的外语政策整体上都是围绕英语而制定的，进入 21 世纪外语教育兼顾少量邻近国家语言和欧洲主要通用语。虽然海洋五国都有遭受西方国家殖民统治的历史，但建国后的外语政策并不一致，大致可以分为两类。一类是在建国后继续使用殖民者语言作为官方语言，以英语为通用语和官方语言，实行民族语言和英语的双语教育政策，这类国家包括菲律宾、文莱和新加坡。菲律宾 1974 年开始实施双语教育政策，菲律宾语和英语同为教学媒介语，区域方言作为辅助性语言或最初的识字语言。文莱独立后实行了马来语-英语双语教育体制，在全面贯彻马来语教育的同时，循序渐进引入英语教学。新加坡独立后通过一系列改革和改制，完成了教学媒介语的转变，实行双语教育政策。另一类是确立民族语言的法定地位，同时在各教育层次开设英语课程，不断重视英语教育。马来西亚在独立后十年内保留英语为官方语言，1967 年实施语言法后逐步完成了以马来语代替英语为国家通用语和教学媒介语的转变，英语仅是一门课程；20 世纪 90 年代后，英语教育得到重视，21 世纪，英语已成为马来西亚的第二语言。同样，印度尼西亚独立之初完全摈弃了荷兰语，选择英语作为对外交流的工具，在各教育层次开展英语教育，进入新世纪英语成为印尼外语教育的重点。

5.2.2　中国和东盟海洋国家的微观国家语言能力对比

对国家微观语言能力的考察通过对国民语言能力的分析来实现，本节对中国和东盟海洋国家国民语言能力的两方面即国民通用语言能力和国民外语能力进行对比和分析。

5.2.2.1　中国和东盟海洋国家的国民通用语言能力

国民通用语能力既关系到个人生活、职业规划等多个方面，也是国家语言规划和国家语言战略的一部分，对国家发展、社会进步有重要影响。

新中国自成立后就开始推广和普及普通话和规范汉字，尽管目前普通话的普及率还存在地区差异，至 2017 年我国普通话平均普及率已超 70%，大城市的普通话普及率超过 90%。对教育的大量投入也使中国成人识字率从 2000 年的 90.92%上升至 2018 年的 96.84%，青年识字率从 2000 年的 98.86%上升至 2015 年 99.73%[①]。

根据菲律宾统计局的统计数据，70%的菲律宾人能在日常生活中广泛使用国语菲律宾语，他加禄语和其余 13 种民族语言的使用人数占菲律宾总人口的 90%。菲律宾政府公共教育事业支出占 GDP 的比重在 1998 年为 3.81%，2019 年为 3.23%。1980 年成人识字率为 83.32%，青年识字率为 91.79%，2015 年分别增至 98.18%和 98.22%，2019 年成人识字率为 96.28%[②]。文莱教育发展程度位居全球 127 个国家的第 34 位，公共教育支出占 GDP 的比重在 2016 年为 4.43%。1981 年成人识字率为 77.74%，青年识字率为 93.68%，2015 年分别升至 96.66%和 99.6%，2018 年分别升至 97.21%和 99.71%，位居世界前列[③]。马来西亚以推广马来语和英

---

① 世界数据图谱分析平台. 中国. https://cn.knoema.com/atlas/中国 [2021-12-17].

② 世界数据图谱分析平台. 菲律宾. https://cn.knoema.com/atlas/菲律宾 [2021-12-14].

③ 世界数据图谱分析平台. 文莱. https://cn.knoema.com/atlas/文莱 [2021-12-17].

语为语言政策的核心内容，绝大部分马来西亚人在日常生活中都能使用马来语。2010 年至 2017 年马来西亚教育占 GDP 的比重均在 4.6% 以上，2017 年高达 4.74%，2019 年降为 4.16%。1980 年时马来西亚成人识字率为 69.52%，青年识字率为 87.97%，2015 年分别升至 94.64% 和 98.42%，2019 年成人识字率上升为 94.97%[①]。新加坡以英语为通用语，1980 年新加坡成人识字率为 82.91%，青年识字率为 96.29%，2016 年时青年识字率达到了 99.93%，2019 年成人识字率提高到 97.48%[②]。20 世纪 70 年代早期，绝大部分印尼人只会使用各自的民族语言，而到 2006 年，约 90% 的印尼人可以流利地使用印尼语了。2003 年至 2015 年，印尼公共教育支出占 GDP 的比重均在 2.75% 以上，2019 年为 2.84%。1980 年印尼成人识字率为 67.31%，2020 年升至 96%，1980 年青年识字率为 85.44%，2016 年升至 99.67%[③]。

　　表 5-8 列出了中国和东盟海洋五国的国民识字率以及公共教育投入占比，从表中可以看出，中国和东盟海洋五国的成人识字率和青年识字率都高于 94%，青年识字率均在 98% 以上，国家通用语言能力处于较高水平。各国教育水平与国家经济实力和政府对教育的重视程度有着密切关系，表中显示，文莱和马来西亚的公共教育投入占比最高，菲律宾居中，印尼和新加坡最低。但是，菲律宾和新加坡近年的公立教育投入都有所增加，菲律宾 2019 年总预算中教育及基建仍然是政府的最主要支出。

表 5-8　中国和东盟海洋国家的国民识字率与公共教育投入占比对比

国别	成人识字率/%	青年识字率/%	公共教育投入占比/%
中国	96.84（2018 年）	99.73（2015 年）	3.54（2018 年）
菲律宾	96.28（2019 年）	98.22（2015 年）	3.23（2019 年）
文莱	97.21（2018 年）	99.71（2018 年）	4.43（2016 年）
新加坡	97.48（2019 年）	99.93（2016 年）	2.51（2020 年）
马来西亚	94.97（2019 年）	98.42（2015 年）	4.16（2019 年）
印度尼西亚	96.00（2020 年）	99.67（2016 年）	2.84（2019 年）

---

① 世界数据图谱分析平台. 马来西亚. https://cn.knoema.com/atlas/马来西亚 [2021-12-17].
② 世界数据图谱分析平台. 新加坡. https://cn.knoema.com/atlas/新加坡 [2021-12-17].
③ 世界数据图谱分析平台. 马来西亚. https://cn.knoema.com/atlas/马来西亚 [2021-12-17].

5.2.2.2 中国和东盟海洋国家的国民外语能力

中国和东盟海洋国家的外语资源差异较大，国民的外语能力也不尽相同。通过对外语考试类型的比较以及外语考试成绩的比较可以在一定程度上反映国民外语能力。六个国家的外语考试中，英语类考试最多，其他外语考试较少。

中国的全国性外语考试既有大学英语和英语专业的等级考试，也有英、法、德、日和俄五个语种的全国外语水平考试；其他英语类考试包括中考、高考、研究生入学考试等，云南省还设置了泰语、缅语和越语应用能力考试。中国的国际性考试考点覆盖多个语种，如英、德、日、法、意、西、葡、韩、泰等，英语类考试考点最多。中国外语学习者的数量在不断增加，英语仍是主要选择，但外语语种的多元化日渐凸显，小语种教育也蒸蒸日上。

菲律宾英语类的全国性考试包括国家学业成就测试和各高校入学考试，国际性考试以托福和雅思为主。文莱的初级教育考试、剑桥通用教育 O 水准和 A 水准考试都包括了英语科目。新加坡全国性的英语考试包括小学离校考、剑桥 O 水准和 A 水准考试等。马来西亚英语类的考试包括马来西亚教育文凭考试、马来西亚高级教育文凭考试、马来西亚大学英语测试等，印尼的全国最终水平学习评估考试和国家大学入学考试都包含了英语科目。这些国家都有国际性英语考试，包括托福、雅思等。

通过对比中国和东盟海洋国家的雅思及托福成绩，可以研判各国的国民英语能力。中国雅思考试中考生的英语能力有所提升，其中阅读部分进步较突出，雅思学术类考生的听力和写作能力也有所上升，雅思培训类考生总体平均分有一定提高。根据雅思官网 2017 年考试成绩数据，与东盟海洋国家相比，中国的成绩几乎都低于东盟海洋国家（表 5-9）。在东盟海洋五国雅思学术类考试成绩中，文莱和新加坡缺少相关数据，马来西亚是三个国家中成绩最高的一个，但三个国家的平均分相差不大；培训类考试中，新加坡遥遥领先，其次是马来西亚，其他两个国家成绩差距较小。中国与东盟海洋五国的英语四项技能中听力和阅读成绩均较高，写作成绩最低。

表 5-9　2017 年中国和东盟海洋国家的雅思考试平均成绩对比（单位：分）

考试类型	国家	听力	阅读	写作	口语	总分
学术类	中国	5.90	6.11	5.37	5.39	5.76
	菲律宾	7.27	6.80	6.20	6.85	6.84

考试类型	国家	听力	阅读	写作	口语	总分
学术类	马来西亚	7.27	7.07	6.25	6.71	6.89
	印度尼西亚	6.55	6.67	5.78	6.27	6.38
培训类	中国	6.06	6.03	5.61	5.74	5.93
	菲律宾	6.46	5.99	5.98	6.46	6.29
	新加坡	7.71	7.49	6.78	7.48	7.43
	马来西亚	7.11	6.89	6.31	6.87	6.86
	印度尼西亚	6.08	5.84	5.59	6.02	5.95

2017 年和 2018 年托福考试成绩（表 3-7 和表 3-8）反映出来的情况相似，两年考试成绩中，中国成绩（不含港澳台数据）（2017 年为 79 分，2018 年为 80 分）都低于海洋国家的成绩。东盟海洋国家中，除文莱没有考试数据外，其他四国的托福成绩与雅思培训类成绩情况类似，新加坡最高，其次是马来西亚和菲律宾，最后是印尼。上述对比中中国的成绩排在最后，且 2018 年的英孚标准英语熟练度年度报告中中国与印尼均为低熟练度国家，根据 2021 年英孚标准英语熟练度年度报告的排名（表 3-9），新加坡为极高熟练度国家，菲律宾和马来西亚为高熟练度国家，中国已经上升为中等熟练度国家，印尼仍属于低熟练度国家。

5.3　小　结

本章把东盟十国分为半岛国家和海洋国家，从宏观和微观两个维度分别对比了中国和东盟半岛五国以及中国和东盟海洋五国的国家语言能力，并结合历史、社会、人文等诸多语言生态因素对国家语言资源、国家语言管理能力、国民语言能力等方面进行了详尽阐述和分析。

第6章

结　语

本章将着重梳理相关的研究发现，同时尝试提出提升我国国家语言能力的有关建议和设想，最后总结本书的不足和局限并对后续研究进行展望。

6.1　主要研究内容

本书从"语言能力"的概念入手，探讨了自乔姆斯基以来对该术语的相关研究，发现其中有深化、传承，同时存在质疑和挑战。20世纪90年代，出于巩固美国国家安全和保持其全球霸权地位的考量，美国学者提出了"国家语言能力"的概念。进入21世纪，中国改革开放不断深入，国家经济飞速发展，中国成为世界上最大、综合实力最强的发展中国家。我国的国际地位不断提高，现已成为国际舞台上的一支重要力量。中国要实现十八大报告所提出的"两个一百年"奋斗目标、实现中华民族的伟大复兴，国家语言能力建设就显得日趋紧迫，也要求语言工作者进行深入的思考和探索。2010~2018年，中国学术界集中涌现出关于"国家语言能力"的研究成果。它们主要涉及对此概念在中国语境下的内涵、外延及相关框架的研究等。因此，国家语言能力研究，作为一个研究领域，已深深烙上了中国印记，具有鲜明的中国特色和国家情怀，是以服务国家战略、服务"一带一路"为导向的重要议题。基于此，我们在本书所涉及的各项研究工作有所发现，也有所反思。下文是对本书主要研究内容的提炼和概括。

6.1.1　"国家语言能力"的再认识

本书首先梳理了国内外有关国家语言能力的相关研究，提出了适用于本书的概念、理论框架和对比研究步骤。由于研究对象是中国和东盟国家的国家语言能力对比，因此我们不仅要研究我国的国家语言能力，还需要放眼东盟十个国家的国家语言能力，以便进一步做对比分析。把国内学界对国家语言能力的定义、框架同东盟十国的国情、语情相结合，帮助我们提出适用于本书的国家语言能力研究框架。在该框架内，国家语言能力被划分为宏观和微观两个维度。第一，宏观国家语言能力包括国家语言资源能力和国家语言管理能力：国家语言资源能力又可以再细分为国家民族语言资源和国家外语资源；国家语言管理能力包括语言政策与规划、语言服务以及语言技术水平。第二，微观国家语言能力主要涉及国民语言能力。

6.1.2 对中国和东盟十国国家语言能力的概述

基于我们确立的研究框架，本书对中国和东盟十个国家的国家语言能力逐一进行了阐述、分析和梳理。其中，国家语言能力的核心部分，即各国的宏观国家语言能力，是本书着重探讨的内容。在此，我们重点讨论了中国和东盟国家的国家语言资源和国家语言管理能力这两个主要方面及其分项。我们对微观国家语言能力的探讨主要针对的是各国的国民语言能力，即国民的国家通用语言能力/民族共同语能力和国民的外语能力。通过对世界权威机构提供的数据资料做分析和研判，本书归纳出较为具体的国民语言能力综述。

6.1.3 中国和东盟十国国家语言能力的异同

将中国和东盟十国的国家语言能力概述代入本书所确立的对比框架中，有助于我们从宏观和微观两个层面审视中国和东盟十国的国家语言能力差异。由于东盟方面所涉及的国家较多，我们根据地缘、史缘、亲缘等因素，把东盟十国划分为"东盟半岛国家"（包括越南、老挝、柬埔寨、泰国和缅甸）和"东盟海洋国家"（包括马来西亚、新加坡、印度尼西亚、文莱和菲律宾）。它们在地理、历史、人文等方面的相似性，在一定程度上导致了其语言生态的趋同性。为此，我们从宏观和微观两个维度对比两组国家与中国的国家语言能力差异，并结合历史、社会、人文等诸多语言生态因素进行了细致的分析和探讨。通过宏观和微观两个维度的多指标对比，我们发现中国和东盟国家的国家语言能力存在的共性和差异。

从国家语言资源来看，中国和东盟国家都是多民族、多语言国家，它们的国家语言资源都十分丰富，尤其是民族语言资源。东盟国家各国境内不仅有主体民族使用的语言，还有很多少数民族使用的语言和众多的方言。一些国家不仅有民族语言，还有通用语、官方语言等。有的东盟国家以民族语言为通用语和官方语言，而有的东盟国家则确立了多种民族语言同为官方语言。境内的语言主要分属汉藏语系、南亚语系、南岛语系和达罗毗荼语系等。就中国来说，境内语言共覆盖 5 个语系，即汉藏语系、南亚语系、南岛语系、阿尔泰语系和印欧语系。相较而言，泰国、越南和柬埔寨的语言则分属汉藏语系、南亚语系和南岛语系及其支语族/系；老挝和缅甸的语言主要属于南亚语系和汉藏语系的范畴；新加坡、马来西亚、印度尼西亚的语言分属南岛语系、汉藏语系和达罗毗荼语系等；文莱和菲律宾的语言分属南岛语系和汉藏语系。此外，多数东盟国家都确立了各自的主体民族语言为通用语或官方语言，有统一的、标准化的语音及文字体系。

从国家外语资源能力来看，中国开设外语语种的数量和开设外语语种的院校是东盟各国无法比拟的。从调研所知，中国开设超 10 种以上外语的院校达到了 16 所。仅北京外国语大学一所已经开设了 98 种外语，截至 2018 年 3 月，该校已经开齐了 175 个与中国建交国家的官方语言，涵盖了欧盟国家的 24 种官方语言和东盟国家的官方语言。相较之下，东盟各国开设外语语种数量少，所开设的外语语种数量大部分在 10 种以内，且开设的高校不多；所设语种主要涉及亚洲和欧洲，特别是邻近国家的语言，如英语、汉语、韩语、日语等。

就国家语言管理能力看，中国对国家语言文字的管理机构由国家语委、国家民族事务委员会和教育部三部分组成。它们功能完备，对中国境内所进行的语言管理和规划能够保证政策、制度和规章的有效实施和执行。在东盟半岛五国中，只有泰国和缅甸设有国家语言文字管理机构，但它们的国家语言文字管理机构又存在一定的差别。泰国皇家学会是泰国享有声望的学术机构，但不是泰国的行政管理机构。缅甸语委员会作为缅甸的国家语言文字管理机构，隶属于教育部。越南、老挝和柬埔寨并没有专门的国家语言文字管理机构，语言管理的职责分别由与教育部相当的官方管理部门来完成，即越南教育与培训部、老挝教育和体育部以及柬埔寨教育、青年和体育部。在东盟海洋国家中，菲律宾、文莱、马来西亚和印度尼西亚都有隶属国家的专门语言文字管理机构。东盟海洋国家语言文字管理机构的职能主要是管理国家主要民族语言，而对少数民族语言文字关注较少，所以少数民族语言的管理和发展往往只能由地方政府或民间学术组织及民间机构来完成。

在语言技术和语言服务方面，中国是"语言服务"概念的首创者，给这一领域赋予了浓厚的中国特色，其内容及其规范化、标准化和规模化已日趋明晰。该产业在国家战略的助推下已成为朝阳产业。中国的机器翻译和语言技术处于国际先进行列，优势较为明显。在东盟半岛五国中，泰国和越南的语言服务和语言技术领先于其他三个国家即缅甸、老挝和柬埔寨。其中，泰国是东盟半岛五国中语言服务较为领先的国家，尤其在语言技术方面。除文莱外，东盟海洋五国都开发了很多有助于推广和学习本国国语和主体民族语言的词典，既有双语词典也有多语词典，还开发了电子词典供下载使用。在海洋五国中，新加坡和马来西亚是语言技术研发较早、技术程度较领先的国家。

在语言政策和语言规划领域，中国和东盟国家存在共性和差异。其中，共性在于：①中国和多数东盟国家都把主体民族语言确定为国家通用语、国语或官方语言，并以立法的形式予以确立；②中国和多数东盟国家都大力发展主体民族语言，对其做了充分的本体规划和地位规划；③在全球化语境下，中国和东盟国家都重视英语教育，英语已成为各国的第一大外语；④为了服务"一带一路"倡议，中国开设东南亚语言专业的大学增多，而很多东盟国家也随着"一带一路"倡议的推进，学习汉语的热情持续升温。尽管如此，中国和东盟十国在历史、社会、政治制度、语言国情等方面也有诸多不同，导致了语言政策（尤其是外语政策）的差异性：①中国对通用语言文字进行了科学、合理的规划，制定了完备的法律、法规，来提升全体国民的通用语言文字水平；②中国政府重视少数民族语言的规划，确立少数民族的法律地位，从政治、文化、教育、财政支持、科学研究等角度来提升少数民族语言的地位和扩大使用范围；③多数东盟国家对少数民族语言的重视程度不够，有的国家甚至很少对少数民族语言进行科学规划；④除泰国以外的东盟国家都有被西方国家殖民的历史，曾经殖民者的语言对这些国家的语言生态产生了深远影响。在摆脱殖民统治、独立建国后，很多国家都确立民族语言为国家官方语言，从而提升民族和国家意识，如：缅甸、老挝、柬埔寨、越南等；一些国家把民族语言确立为国语，把民族语言和英语同时确立为官方语言，如文莱、菲律宾、马来西亚等；新加坡则把马来语确定为国语，把英语、华语、马来语和泰米尔语四种语言设置为共同官方语言。

在国民语言能力方面，国家的经济实力与对公共教育的投入一直是影响国民识字率及国家通用语言使用水平的重要因素。在东盟国家，老挝和柬埔寨的成人识字率较低，分别为84.7%和80.53%。中国的成人识字率处于较高水平，高于东盟半岛五国的成人识字率；同时我国的青年识字率较高，仅次于新加坡，位列第二。尽管如此，我国国民的整体英语水平还有待提升。通过对历年雅思和托福成绩的对比，我们发现中国国民的外语水平虽然有了明显提高，但是仍有很大提升空间。目前，我国的雅思和托福成绩仅高于泰国、柬埔寨、老挝等国，与东盟海洋国家还有较大差距。

6.2 对提升我国国家语言能力的启示及有关设想

基于对比，本书基本摸清了目前我国国家语言能力所存在的短板：外语语种单一，外语资源不够丰富；国民的外语能力亟待提高；少数民族地区及欠发达地区的国家通用语言文字的普及程度有待与国家的社会经济发展相适应。这些再次表明了提升我国国家语言能力的必要性。本节将从当前的不足出发，分别从提升国家语言资源能力、语言服务和语言技术能力等方面提供有关的建议和设想。

6.2.1 提升我国的国家语言资源能力

（1）推广和普及国家通用语言文字强化中华民族的文化认同和国家认同。

推广和普及国家通用语言文字关系到国家的统一和稳定。所谓"国民之魂，文以化之；国家之神，文以铸之"（转引自李卫红，2015）。从通用语的交际功能和文化象征功能角度，我们提出提升方案如下。

第一，摸清当前普通话普及的阶段性状况，科学预估未来走势。现阶段，我国对自身语言资源能力（包括国家通用语）缺乏全面了解，现有的一些统计数据还停留在估算阶段（文秋芳和张天伟，2018）。顶层设计还需要下级单位付诸实践：①各地区应严格遵照本地的实际情况拟定具体、细化的方案；②进一步深入当地了解具体情况，通过总结不断修正方案，以确保科学性和实践性；③严格制定实施方案，按质按量落实工作计划；④加强数据分析与政策研究，做到以数据结果科学预判未来几年的增速与走势；⑤各地区积极互通，建设普通话普及情况的科学调查平台。

第二，加强国家通用语言文字培训力度，锁定关键地区和人群。各级语言文字工作部门要在锁定关键地区的前提下，以学校为主阵地，继续面向教师和干部举办培训活动，后逐渐转由他们培训当地其他行业人群。

第三，健全语言文字的法制化与规范化建设，逐步引导统一地方规范。《国家语言文字事业"十三五"发展规划》已提出诸如研究修订《中华人民共和国国家通用语言文字法》并研究制定《〈国家通用语言文字法〉实施办法》等计划，但要实现它们还需要围绕繁体字、方言及外语政策等召开专题研讨会，在广泛征求意见和多轮次讨论的基础上进行实施（周道娟和李强，2019）。此外，有关部门应建立其语言景观的规范化标准，尤其对于地方文化和旅游领域，以消除现存的"繁体字滥用和错别字现象；汉语拼音拼写错误现象；词语误用、生造词语、名称不统一等使用不当现象；词性误用、搭配不当、成分残缺、语序不当等语法问题；标点符号的误用、残缺、赘余和错位问题；以及语篇逻辑不当"等（韩荔华，2018）。

第四，完善国家通用语言文字的规范标准，注重在各行业内的宣传和渗入。规范标准对行业语言规范化的正面影响显而易见，但在特定行业语境下，规范标准与实际使用间落差不小。有关单位应鼓励将普通话标准嵌入到行业内部的评定规则中，逐渐督促从业者成长为"语言+业务"的复合型劳动者。诸多社会语言使用场景普遍存在语言不规范的现象，如：地方文化和旅游场域的公示语（韩荔华，2018）、国产动画片表述问题（饶宏泉等，2019）等。有关管理部门应对所辖领域制定规范化标准，明确使用范围并给予指导性意见，同时辅以监管审查机制，以避免无章可循。此外，语言培训应该与行业规范标准紧密接轨，并将其纳入地方语言文字工作督导评估中去（容宏等，2018）。

第五，推广手语、盲文通用语，以特殊教育院校为阵地实现特殊人群的推普脱贫。作为教育部和国家语委第一部有关手语的语言文字规范，《国家通用手语常用词表》的推广应从院校培训、社会培训和媒体推广三个方面开展；《国家通用盲文方案》的推广则可从小学教育、中学教育和社会推广来开展。

（2）我国非通用外语资源的开发和建设需要合理化资源配置。

在我国外语能力由"引进来"转向"走出去"、"内需型"转向"外向型"、"单一型"转向"多元化"（沈骑，2015）的今天，我国的外语语种资源分配失衡、"一带一路"沿线语种储备不足已成普遍共识。据此，我们以国家为导向，对我国非通用外语资源的开发和建设提出以下合理化建议。

第一，充分地实地调查和研究论证，科学地制定战略规划。首先，须开展我国非通用外语能力的调查评估及相关语言人才资源库的建设；其次，科学分析和预判我国当前及未来较长一段时期内所要应对的国际安全局势和"一带一路"建设的需要，然后充分研究发达国家的成功经验，并与我国现实国情有机结合；最后，参考现实需求、锁定关键非通用外语语种，以便于规划者出台相关关键语言人才培养战略，直击我国外语能力的薄弱环节。

第二，调整专业招生标准，推出标准化文件作为招生标尺。非通用语专业的招生须在源头上把好质量关。招生单位可在考察高考成绩（尤其是语文和外语成绩）的基础上，增设加试环节，对计划招入非通用语专业的考生进行语言天赋和敏感度方面的科学测评，以此保障招生质量（文秋芳和张天伟，2018）。此外，相关部门应在科学论证的基础上，下达有关高校非通用语专业人才培养标准化的调控性文件，规定开设非通用语专业量化标准，并为已经开设专业的院校设立招生和培养模式标准。这样既有效避免大政方针导向下某些专业短期内过速增长而长此以往形成人才供大于求的尴尬局面，还避免了一些院校过度自由或盲目调节自己的招生计划和培养模式而导致的非通用语人才的培养脱离实际或原地踏步。

第三，优化教师结构，鼓励推动学科基础建设和区域/国别研究。首先，逐渐提升对教师的入职学历要求，重点把控入职人员的学术和教学能力标准，以保证培养质量。当然，某些语种的高层次人才在国内普遍缺失是客观现实，不是即刻能改变之事，可考虑从国外大学（特别是"一带一路"沿线国家）以直接引进或聘请为客座教授等路径将部分语种的语言教师带入我国高校的非通用语教育中来，这样不论是对国内教师还是学生培养都会产生积极影响。其次，对于占绝大多数的年轻教师，要积极开展国内校际和国际的学术交流，多为他们提供学习和提高的机会、平台，让他们尽快成长，进一步提升我国非通用语教师水平，形成应有的成就感与归属感。再次，要以政策为基准适当调控办学速度、规避盲目办学，最大限度地避免标准缺位引起的乱象，如在基础办学条件薄弱、对该语种的培养方案认识不清的基础上就贸然招生。最后，鼓励教师从事学科急需的基础性工作（如教科书编写、工具书编写、文化和文学作品翻译等），适当在科研评定中对这些工作做分值上的肯定。

第四，注重复合型人才培养模式的多样化，关注语言使用能力和语言背景知识。在对入门课程与专业课认识到位的前提下，各校要延续外语复合型高端人才的培养理念，但须有选择地在培养模式上做必要的细分，譬如：可采取"通用语+非通用语""非通用语+专业"两个模式并行，学生可依据自己的兴趣或未来职业规划选择最适合自己发展的培养模式。此外，在教师人力条件允许的前提下，考虑适当开设专门用途语言教学，以便让学生在学校里掌握一些特定工作语境下的基本用法。除语言使用能力外，鼓励教师把国别/区域研究的成果融合到课堂中，给学生传授未来从事跨文化工作所需的语言背景知识。

第五，建构各语种间的跨学科平台，为师生提供校际、国家交流和实践基地。这里，我们建议，鼓励在校内跨系、跨学科甚至是校际外语学院间建筑"互助"平台。从"教师共同体"出发，以强势学科、系部牵头，加强合作、交流、学习。在国际上，分别在各国（尤其"一带一路"沿线国家）开设语言交流与实践基地，可为非通用语专业的师生提供到目标语言环境中交流和学习的机会，为我国非通用语打造一批国际化的教师团队和人才梯队。

改革开放至今，作为世界通用语的英语在我国外语教育中始终占据举足轻重的地位，然而我国的英语教育始终存在着一些悬而未决的困局，如：过分强调标准化的通用英语技能、英语使用者的"中国文化失语"现象普遍、高水平英语人才紧缺等。在"一带一路"背景下，解决困难的紧迫性更为凸显。就此，我们尝试提出可行性方案，服务于提升我国国民的通用外语能力。

第一，推进专门用途英语培养模式。首先，多数出身于人文社科背景的大学英语教师应有意识地了解所教学生的专业内容，将研究重心向专门用语英语偏移，如：从事基于语料库的"语体""语域"研究，再将自己的研究成果与课堂融合；内容不仅局限于专业词汇，更多的是教会学生如何在特定语域下，随语篇类型的变化调用所储备的词汇和语法来组织语篇。其次，与专业课教师进行充分沟通并联合开设课程。最后，在一些公共外语学生英语水平普遍不达标的院校，可考虑将专门用途英语课程作为必修课放在英语专业开设，同时向非英语专业学生开设选修课。

第二，加强外语教学中有关中国传统文化的内容比重。首先，在英语课程中（尤其涉及中西文化对比），要从教材编写和课堂信息补充等方面加大中国传统文化信息的融合度，保障学习者掌握我国的社会文化；其次，教学过程中加入符合中国国情的英语表达教学,让学生能在社会主义核心价值观的指导下储备标准、规范且讲述中国文化的词汇语法资源;最后,除内容外,教师还应注重技巧培养,让英语学习者在跨文化交流过程中掌握以英语输出中华文化的有效话语策略。这些都是强化英语学习者的本国文化自信、讲好中国故事的必要准备。

第三,着力培养高水平英语人才。培养高水平英语人才的主要压力和责任落在英语专业肩上,因此我国开设英语专业的高校应结合学校和区域特点做如下布局:首先,外语类院校应致力于高端外语人才的培养(以维持人文本位为主),强调语言本体(包括多语种、翻译等)的使用能力和国际关系、外交事务等方面的参与能力;其次,师范类致力于外语教学方法、实践经验的培养,着力为社会培养高质量的英语教师;再次,财经类则重点培养商务英语专业学生,强调外语与商务活动结合的能力;最后,综合类则可根据所在区域优势、学校优势、师资等因素综合酌情选择设置特色。

(3)国家现存的语言资源需要得到有效保护。

语言濒危已成为全球性问题(全球目前有40%的语言处于濒危状态),这一现象在我国少数民族语言和汉方言中比较突出(见孙宏开,2006;曹志耘,2014;2015;刘丽静,2015;庄初升,2017等)。中国政府已积极采取"中国语言资源保护工程""中国语言资源有声数据库"等建设措施。在未来的保护工作和建设进程中,我国将继续向世界传递中国声音、展示中国方案、贡献中国智慧。

第一,更加善于总结我国成功经验,响应保护世界语言多样性国际倡议。我们要继续总结过往的成功经验,积极响应和落实《岳麓宣言》中语言多样性保护在语情监测、学术研究、城市网络建设、政策导向、青年培养、国际标准制定、技术开发、基础设施等方面的一系列倡议,着力于推动世界语言多样性的保护。

第二,拓展学术研究,鼓励多维探索。①国家语言能力研究者可在国别研究范畴下着重关注语言资源保护成效显著国家的成功或失败的经验和案例(连谊慧,2016),以此为鉴消化吸收为我国所用;②鼓励有关语言资源性质和类型的理论探讨,以明确其内涵和分类体系,同时在语言功能视角下开展语言保护、语言信息处理、语言学习、语言知识等方面研究(李宇明,2019);③专家研究团队要在加强自身理论探索的前提下进一步在中国语言资源保护工程中的专业性、规范性和前瞻性上起到顾问和指导的作用(曹志耘,2015);④以省/自治区为单位组织进行抢救性调查,重点关注和记录少数民族语言和汉方言的语音、词汇、语法、文化等方面的特征和使用状况；⑤对现有的有关汉方言和少数民族语言的文献资源（如：字汇、词汇、字典、词典、调查报告、语言志、方言志等）进行图像化、文本化和数字化储存（曹志耘，2015），并不断根据新近调查结果更新资源；⑥加强中国语言资源有声数据库研发，在技术规范、工具研发、平台搭建等方面致力于汉方言和少数民族语言有声语料的采集、整理、加工、保存和呈现等关键技术的突破；⑦鼓励进一步搭建有关语言资源保护的大型学术研讨和交流平台（包括"中文语言资源联盟"），助力文献出版、扩大学术影响力。

6.2.2　提升我国的语言服务能力和语言技术能力

虽然我国的语言服务和语言技术与东盟国家相比，具有显著的优势，但是与我国的国家发展战略还存在着差距，仍有诸多提升空间，例如：产业定位模糊，缺乏行业标准；政府资讯平台语种设置不足，欠缺对应急语言援助的预案储备；行业语言服务意识和规范化标准缺位，从业者语言服务能力不足；技术创新顶层设计不足，企业缺乏政策支持和发展后劲。据此，我们尝试提出如下建议。

第一，明确产业门类和定位，健全行业规范化标准。国家应尽快确立语言产业在国民经济中作为独立产业门类的地位，将经济数据纳入国民经济的统计中去。按照产业链上企业的产出类别，国家可对其做出准确定位，以便对其规模和经济产值有较科学、可靠的认识。同时，相关部门应统筹规划我国中长期语言技术开发的战略部署，明确语言行业在未来的战略地位和开创性作用，对相关创新研究予以鼓励。行业内部应逐步建成与国际接轨的、较为健全的语言服务标准化体系，完善诚信体系建设和行业自律管理制度，进一步督促整个产业规范化运行。

第二，提升学术研究水平，呼吁民主决策空间。我们呼吁在语言服务制定中加入一定的民主决策空间，让语言战略研究者在全社会的监督下保有一定的话语权，保持学术研究与语言政策的骨肉联系。在此，政策制定者与学者之间的知识界面不应格格不入，而是前者也应有语言政策学相关知识储备，后者则应将知识面拓宽至管理和服务领域，这样有助于双方更好地沟通政策制定，集思广益创制出更理想的语言服务政策。

第三，加强语言援救应急预案，注重多语人才培养和人才库建设。有关部门应提高对语言服务在救助工作中的重视程度，避免因语言障碍造成救援人员对救助现场的掌控缺失；加强在少数民族地区（尤其地处地震带的地区）推广多语教育，尤其注重培养多语人才，在应急情境下师生能及时应急充当翻译或心理疏导者的角色，助力救援工作的顺利开展；加强建设多发灾区的语言人才数据库，基于对灾区多语人才拥有情况的调查，建立数据库并时时更新，以方便突发性特殊事件时的提取与选派；鼓励更多在外工作的双语或多语者积极回乡充当志愿者，为家乡救灾贡献力量。

第四，提升行业语言能力门槛和内部培训质量，健全行业语言服务的规范化标准。用人单位首先把关行业的入职门槛，提高用人标准中对行业语言服务能力的要求。其次，树立行业语言服务的规范化标准，将语言服务能力评价纳入岗位或绩效考核。此外，也可设置一些与语言服务水平评测标准相结合的奖励机制，对在行业语言服务中业务能力突出、服务到位的员工予以鼓励。最后，为行业从业者提供各个层次的语言服务能力培训，使其逐渐成长为"语言+业务"的复合型人才。

第五，以需求为导向制定战略部署，鼓励技术创新和技术竞争。首先，国家应以发展需求为目标引导语言技术服务业的全面发展，通过对其给予政策扶持和研发投入的方式进行顶层设计和战略布局。其次，企业自身应积极开展研发攻克技术壁垒，力争在人工智能的时代让中国站到时代前沿，与发达国家进行技术竞争和创新竞争。最后，继续强化高校和研究机构有关中文信息处理的人才培养质量，力争通过前赴后继的努力最终在技术水准上赶超西方发达国家，为中文国际标准化话语权的争取提供坚实的后盾。

6.3　研究局限和未来方向

国内学界从 2010 年起有不少成果探讨了国家语言能力的重要性，国家语言能力的内涵、外延和理论框架等，而对比国家间语言能力的研究成果并不多见。因此，为方便本书研究的开展，我们在前人成果的基础上，确定了适合于本书的国家语言能力的定义，同时探讨了适用于国家之间语言能力对比的总体框架和对比模型。当然，本书也存在一些不足之处，需要后续改进和提升：我们的定义和框架富有探索性，同时局限于所研究的内容；一些东盟国家经济欠发达、相关研究不多，造成了文献短缺或文献更新的困难；受限于时间、精力、人力和物力，我们在进行个人语言能力调研时，主要采用了个案调研的方法，所涉及的国家和调研对象都相对有限，这也是本书的一个主要局限。

国家语言能力是软实力，也是硬实力。我们的研究证明，一个国家的国家语言能力是与该国的经济实力紧密相关的。总体而言，东盟海洋五国的国家语言能力高于东盟半岛五国的国家语言能力，其中一个重要因素就是东盟海洋五国的经济发展程度总体都高于东盟半岛五国。经济的发展能够促进和保障教育投入，从而促使国家教育水平的提升和国民语言能力的提高，同时也会带动国家语言管理能力的升级。同样，国家语言能力的提升也能对国家经济的发展和繁荣起到促进作用。

由于篇幅、精力、人力、物力等所限，本书的部分内容采用了个案调研的方法。如果各方面条件允许，未来我们将选取更多的调研对象进行分析和对比。此外，本书尚未探讨各国应对突发事件时的外语能力，而这些都值得深入探究。

由于国家语言能力与经济发展水平密切相关，在实现中华民族的伟大复兴中，我们需要学习和借鉴他国的经验。因此，我们不仅要研究东盟国家的经验和教训，也需要研究发达国家的国家语言管理经验、制定语言规划和语言政策的经验、提升国民语言能力的经验等，从而不断提升我国的国家语言能力，助力"中国梦"的实现和中华民族的腾飞。

参考文献

艾布拉姆·德·斯旺. 2008. 世界上的语言——全球语言系统[M]. 乔修峰译. 广州：花城出版社.

芭芭拉·沃森·安达娅，伦纳德·安达娅. 2010. 马来西亚史[M]. 黄秋迪译. 北京：中国大百科全书出版社.

白碧波. 2010. 元江县因远镇语言使用现状及其演变[M]. 北京：商务印书馆.

博纳德·斯波斯基. 2011. 语言政策——社会语言学中的重要论题[M]. 张治国译. 北京：商务印书馆.

曹志耘. 2014. 方言濒危、文化碎片和方言学者的使命[J]. 中国语言学报，（16）：207-214.

曹志耘. 2015. 中国语言资源保护工程的定位、目标与任务[J]. 语言文字应用，（4）：10-17.

陈兵. 2013. 影响柬埔寨语言国情的外来语研究[J]. 西安外国语大学学报，（1）：14-17.

陈恩泉. 1990. 试论粤语在中国语言生活中的地位[J]. 暨南学报（哲学社会科学版），（1）：65-69，76.

陈松岑. 1999. 新加坡华人的语言态度及其对语言能力和语言使用的影响[J]. 语言教学与研究，（1）：81-95.

陈文祥. 2007. 新疆伊犁地区东乡族语言状况调查[J]. 兰州大学学报（社会科学版），（4）：92-98.

陈章太. 1999. 再论语言生活调查[J]. 语言教学与研究，（3）：23-33.

大卫·钱德勒. 2013. 柬埔寨史[M]. 许亮译. 北京：中国大百科全书出版社.

戴冬梅，谈佳. 2013. 法国陆军外语能力特点评析[J]. 外语研究，（6）：12-17.

戴曼纯. 2011. 国家语言能力、语言规划与国家安全[J]. 语言文字应用，（4）：123-131.

戴曼纯，李艳红. 2018. 论基于国家语言能力建设的外语规划[J]. 语言战略研究，（5）：32-39.

戴庆厦. 2007. 基诺族语言使用现状及其演变[M]. 北京：商务印书馆.

戴庆厦. 2008. 阿昌族语言使用现状及其演变[M]. 北京：商务印书馆.

戴庆厦. 2011. 澜沧拉祜族语言使用现状及其演变[M]. 北京：商务印书馆.

戴庆厦. 2013. 泰国优勉（瑶）族及其语言[M]. 北京：中国社会科学出版社.

戴庆厦. 2014. 云南玉龙县九河白族乡少数民族的语言生活[M]. 北京：商务印书馆.

戴庆厦，和智利，杨露. 2015. 论边境地区的语言生活——芒海镇吕英村语言生活个案分析[J]. 贵州民族研究，36（4）：172-178.

戴炜栋. 2008. 高校外语专业教育发展报告[M]. 上海：上海外语教育出版社.

戴炜栋. 2009. 我国外语专业教育 60 年：回顾与展望[J]. 中国外语，（5）：10-15.

戴炜栋. 2018. 高校外语专业教育 40 年：回顾与展望[J]. 当代外语研究，（4）：3-4.

邓永红. 2018. 湖南籍外来人口的语言生活状况[C]//屈哨兵. 广州语言生活状况报告（2018）. 北京：商务印书馆：118-128.

董洁. 2011. 北京农民工子弟语言使用与身份认同调查[C]//教育部语言文字信息管理司. 中国语言生活状况报告（2011）. 北京：商务印书馆：130-136.

董晓波. 2018-03-16. 提升国家语言能力 保障国家安全发展——美国国家安全语言战略的启示[N]. 中国社会科学报，3.

范宏贵. 1999. 越南民族与民族问题[M]. 南宁：广西民族出版社.

范俊军. 2000. 湘南（郴州）双方言的社会语言学透视[J]. 湖南大学学报（社会科学版），14（3）：73-79.

付义荣. 2012. 关于农民工语言研究的回顾与反思[J]. 语言文字应用，（4）：38-47.

傅岩松，彭天洋. 2014. 新形势下我国国防语言能力建设的思考与对策[J]. 云南师范大学学报（哲学社会科学版），（3）：18-22.

高承. 2016. 印尼三语学校微观华语环境建设的特色分析[D]. 泉州：华侨大学.

高茹，刘振平. 2014. 新加坡双语教育政策中因材施教理念的注入与发展——新加坡教育政策报告书解读[J]. 外国教育研究，41（3）：22-32.

格雷戈里奥·F. 赛义德. 1979. 菲律宾共和国：历史、政府与文明[M]. 上册. 吴世昌译. 北京：商务印书馆.

古小松. 2013. 东南亚民族[M]. 南宁：广西民族出版社.

郭俊. 2015. 南京市小学生应用文学习状况调查[C]//教育部语言文字信息管理司. 中国语言生活状况报告（2015）. 北京：商务印书馆：123-129.

郭龙生. 2008. 中国当代语言规划的理论与实践[M]. 广州：广东教育出版社.

郭龙生. 2013. 浅议科学的语言规划对促进国家认同的积极作用[C]//苏金智，夏中华. 语言、民族与国家. 北京：商务印书馆：113-126.

郭伟，张文彦，张凯，等. 2019. 华文阅读现状与能力提升建议——以马来西亚美里培民中学和中国首都师范大学附属中学对比分析为例[J]. 内蒙古师范大学学报（教育科学版），（6）：82-88.

郭元兵. 2009. 文莱高等教育述评[J]. 郧阳师范高等专科学校学报，（2）：142-144.

郭振铎，张笑梅. 2001. 越南通史[M]. 北京：中国人民大学出版社.

国家语言文字工作委员会. 2017. 中国语言文字事业发展报告（2017）[M]. 北京：商务印书馆.

国家语言文字工作委员会. 2021. 中国语言文字事业发展报告（2021）[M]. 北京：商务印书馆.

韩荔华. 2018. 旅游景区的语言景观状况[C]//国家语言文字工作委员会. 中国语言生活状况报

告（2018）. 北京：商务印书馆：104-112.

贺圣达，李晨阳. 2007. 缅甸民族的种类和各民族现有人口[J]. 广西民族大学学报（哲学社会科
　　学版），（1）：112-117.

贺圣达，李晨阳. 2010. 列国志·缅甸[M]. 北京：社会科学文献出版社.

胡才. 1994. 当代菲律宾[M]. 成都：四川人民出版社.

胡明扬. 2007. 语言知识和语言能力[J]. 语言文字应用，（3）：5-9.

胡文仲. 2001. 我国外语教育规划的得与失[J]. 外语教学与研究（外国语文双月刊），（4）：
　　245-251.

黄伯荣，廖序东. 2011. 现代汉语上册（第五版）[M]. 北京：高等教育出版社.

黄德宽. 2014-03-28. 国家安全战略中的语言文字工作[N]. 中国教育报，8.

黄昆章. 2007. 印度尼西亚华文教育发展史[M]. 北京：外语教学与研究出版社.

黄明. 2008. 新加坡双语教育发展史——英汉语用环境变迁研究（1946-2006）[D]. 厦门：厦门
　　大学.

黄明. 2013. 英语运动及华语运动与新加坡华人的语言转移[J]. 西南民族大学学报（人文社会科
　　学版），（3）：186-190.

黄慕霞. 2010. 老挝语语音教程[M]. 昆明：云南大学出版社.

黄素芳. 2003. 现代老语的形成与老挝的语言政策[J]. 东南亚，（3）：39，46-48.

黄兴亚，王晋军. 2018. 独龙江乡独龙族村民母语能力调查[J]. 语言战略研究，（5）：77-88.

黄勇，覃海伦，波里·巴帕潘. 2013. 基础老挝语（1）[M]. 广州：世界图书出版广东有限公司.

江健. 2011. 东南亚国家语言教育政策的发展特征及趋势[J]. 比较教育研究，（9）：73-76.

金志茹. 2008. 试论我国外语教育的现状及相关语言政策[J]. 国外理论动态，（12）：98-100.

雷艳萍. 2013. 畲族学生的语言生活状况研究——基于景宁小学生与高中生语言使用情况的同
　　期调查[J]. 宁波大学学报（人文科学版），26（2）：55-60.

李晨阳，瞿健文，卢光盛，等. 2010. 柬埔寨[M]. 北京：社会科学文献出版社.

李传松. 2009. 新中国近现代外语教育史[M]. 北京：旅游出版社.

李传松，许宝发. 2007. 中国近现代外语教育史[M]. 上海：上海外语教育出版社.

李德鹏. 2018. 论国民语言能力的层级[J]. 云南师范大学学报（对外汉语教学与研究版），16（6）：
　　45-54.

李佳. 2009. 缅甸的语言政策和语言教育[J]. 东南亚南亚研究，（2）：75-80.

李涛，陈丙先. 2012. 菲律宾概论[M]. 广州：世界图书出版广东有限公司.

李卫红. 2015. 提高语言能力 促进文明交流——在世界语言大会全体会议上的演讲[C]//教育部
　　语言文字信息管理司. 中国语言生活状况报告（2015）. 北京：商务印书馆：48-54.

李现乐. 2018. 语言服务研究的若干问题思考[J]. 云南师范大学学报（哲学社会科学版），（2）：
　　51-57.

李枭鹰，苏婷婷.2013. 老挝高等教育政策法规[M]. 桂林：广西师范大学出版社.

李旭练.2013. 少数民族语言类型使用现状调查分析[J]. 民族翻译，（1）：50-55.

李娅玲.2011. 菲律宾语言教育政策的历史演变及启示[J]. 外语教学与研究，43（5）：756-762.

李迎迎.2013. 新时期俄罗斯军队外语能力建设概观[J]. 外语研究，（6）：7-11.

李宇明.2008. 语言功能规划刍议[J]，语言文字应用，（1）：2-8.

李宇明.2010. 中国外语规划的若干思考[J]. 外国语，（1）：2-8.

李宇明.2011. 提升国家语言能力的若干思考[J]. 南开语言学刊，（1）：1-8，180.

李宇明.2012. 中国语言生活的时代特征[J]. 中国语文，（4）：367-375.

李宇明. 2017. 推广普通话：普及与提高并行——序《中国语言生活状况报告（2017）》[C]//
国家语言文字工作委员会. 中国语言生活状况报告（2017）. 北京：商务印书馆：3-6.

李宇明. 2019. 中国语言文字事业 70 年——序《中国语言生活状况报告（2019）》[C]//国家语
言文字工作委员会. 中国语言生活状况报告（2019）. 北京：商务印书馆：3-9.

力量，夏历.2008. 城市农民工用语现状与发展趋势[J]. 河北学刊，28（4）：199-201.

连谊慧.2016. "语言保护"多人谈[J]. 语言战略研究，（3）：52-59.

梁立俊，莫洁玲.2012. 文莱社会文化与投资环境[M]. 广州：世界图书出版广东有限公司.

梁琳琳，杨亦鸣.2017-02-17. 充分掌握沿线国家语言国情[N]. 中国社会科学报.

梁晓波.2018. 世界一流军队国防语言能力建设研究[J]. 解放军外国语学院学报，41（6）：10-18.

梁晓波，谭桔玲.2015. 国防话语研究：一个方兴未艾的领域[J]. 外语研究，（6）：5-9.

梁永佳，阿嘎佐诗.2013. 在种族与国族之间：新加坡多元种族主义政策[J]. 西北民族研究,（2）：
88-98.

刘黛琳，张剑宇.2009. 高职高专公共英语教学现状调查与改革思路[J]. 中国外语，（6）：77-83.

刘丹青.2015. 语言能力的多样性和语言教学的多样化[J]. 世界汉语教学，（1）：3-11.

刘丽静.2015. 广西非物质文化遗产保护与各民族语言保护[J]. 社会科学家，（4）：145-149.

刘上扶.2009. 东盟各国语言纵横谈[M]. 南宁：广西教育出版社.

刘书琳，邹长虹.2015. 中国与缅甸语言政策、语言规划的对比研究及启示[J]. 广西师范学院学
报（哲学社会科学版），（6）：167-171.

刘新生，潘正秀.2005. 文莱[M]. 北京：社会科学文献出版社.

卢军，郑军军，钟楠.2012. 柬埔寨概论[M]. 广州：世界图书出版广东有限公司.

鲁子问.2006. 美国外语政策的国家安全目标对我国的启示[J]. 社会主义研究，（3）：115-118.

陆俭明.2016. "语言能力"内涵之吾见[J]. 语言政策与规划研究，（1）：2-4.

罗民，张晋军，谢欧航，等.2011. 新汉语水平考试（HSK）海外实施报告[J]. 中国考试，（4）：
17-21.

罗圣荣.2015. 马来西亚的印度人及其历史变迁[M]. 北京：中国社会科学出版社.

罗文青.2007. 越南语言文字使用的历史回溯[J]. 广西民族大学学报（哲学社会科学版），（1）：

107-111.

马晓雷，梁晓波，庞超伟. 2018.《美国国防语言转型路线图》的政策议程分析——基于多源流模型的视角[J]. 外语研究，（1）：1-7.

马燕冰，黄莺. 2007. 菲律宾[M]. 北京：社会科学文献出版社.

马永辉. 2016.《菲律宾语言政策与英语研究》评述[J]. 江苏理工学院学报，（3）：128-132.

欧以克. 2005. 革新时期的越南民族教育政策[J]. 民族教育研究，（3）：45-48.

帕娜·韩那肯. 1994. 泰国教育[M]. 曼谷：瓦塔那帕尼有限公司.

潘娜. 2009. 泰语中的英语外来词[J]. 文教资料，（35）：48-50.

潘远洋. 2010. 泰国军情探析[M]. 北京：军事谊文出版社.

庞超伟，杨波. 2016. 美军军民融合式的国防语言人才储备研究——美军国家语言服务团的建设及启示[J]. 外语研究，（5）：1-4.

祁广谋. 2006. 越语文化语言学[M]. 洛阳：解放军外语音像出版社.

祁广谋，钟智翔. 2013. 东南亚概论[M]. 广州：世界图书出版广东有限公司.

钱伟. 2017. 变革中的马来西亚华人高等教育[J]. 东南亚南亚研究，（2）：76-81.

秦颖. 2016. 中外语言技术开发应用现状与展望[J]. 云南师范大学学报(哲学社会科学版),（2）：32-37.

屈哨兵. 2011. 广州"撑粤语"事件引发的思考[J]. 云南师范大学学报（哲学社会科学版），43（1）：54-62.

瞿继勇. 2014. 湘西地区少数民族语言态度研究[D]. 西安：陕西师范大学.

饶宏泉，王宁波，王云帆. 2019. 国产动画片语言暴力调查[C]//国家语言文字工作委员会. 中国语言生活状况报告（2019）. 北京：商务印书馆：129-136.

容宏，易军，周道娟，等. 2018. 国家通用语言文字工作[C]//国家语言文字工作委员会. 中国语言生活状况报告（2018）. 北京：商务印书馆：35-39.

阮越雄. 2014. 越南国语字的发展及其替代汉字和喃字的过程[J]. 现代语文（语言研究），（1）：90-93.

尚紫薇. 2013. 21 世纪初越南少数民族双语教育发展及特色探析[J]. 民族教育研究，（1）：94-98.

邵建平，杨祥章. 2012. 文莱概论[M]. 广州：世界图书出版广东有限公司.

申宵. 2017. 论语言服务的时代内涵与丝路核心区的语言服务[J]. 西北民族大学学报（哲学社会科学版），（6）：124-130.

申小龙. 1990. 洪堡特"语言世界观"思想研究[J]. 河南师范大学学报(哲学社会科学版)，（2）：55-60.

沈玲. 2015. 印尼华人家庭语言使用与文化认同分析——印尼雅加达 500 余名新生代华裔的调查研究[J]. 世界民族，（5）：73-85.

沈骑. 2015. "一带一路"倡议下国家外语能力建设的战略转型[J]. 云南师范大学学报（哲学社

会科学版），47（5）：9-13.

沈骑，夏天. 2014. 论语言战略与国家利益的维护与拓展[J]. 新疆师范大学学报（哲学社会科学版），（4）：112-118.

盛林，沈楠. 2012. 农民工子女语言使用状况的调查及启示[J]. 南京社会科学，（11）：74-78，85.

宋正纯. 1988. 新疆图佤（瓦）人的多语家庭[J]. 民族语文，（3）：61-68.

孙宏开. 2006. 中国濒危少数民族语言的抢救与保护[J]. 暨南学报（哲学社会科学版），（5）：126-129.

孙宏开. 2015. 中国少数民族语言规划百年议[J]. 青海民族研究，（2）：91-99.

谭晓健. 2015. 19 世纪中叶以来泰国语言教育政策嬗变[J]. 云南师范大学学报（对外汉语教学与研究版），（1）：71-79.

唐斌. 2002. "双重边缘人"：城市农民工自我认同的形成及社会影响[J]. 中南民族大学学报（人文社会科学版），S1：36-38.

唐红丽. 2014-06-04. 中国国家语言能力建设任重而事急[N]. 中国社会科学报.

唐慧. 2010. 试论印尼语国语地位的确立与巩固[J]. 世界民族，（5）：37-43.

唐庆华. 2009. 越南历代语言政策的嬗变[J]. 东南亚纵横，（12）：33-36.

唐伟萌. 2018. 文莱马来奕中华中学华裔学生汉语语言态度调查分析[D]. 广州：广东外语外贸大学.

田禾，周方冶. 2005. 泰国[M]. 北京：社会科学文献出版社.

田静. 2009. 里山彝族青少年语言生活的新特点[J]. 湖北民族学院学报（哲学社会科学版），27（2）：70-74.

田静，金海月，时建，等. 2009. 彝汉杂居区彝族的语言生活——云南通海县里山乡彝族个案研究[J]. 西南民族大学学报（人文社科版），（5）：43-49.

王海兰. 2018. 广州企业语言使用情况[C]//屈哨兵. 广州语言生活状况报告（2018）. 北京：商务印书馆：158-167.

王晋军. 2015. 中国和东盟国家外语政策对比研究[M]. 昆明：云南大学出版社.

王晋军，黄兴亚. 2017. 独龙族中小学生母语能力调查及对策研究[J]. 西南边疆民族研究，24：153-161.

王晋军，施黎辉. 2020. 中国与东盟国家民族语言政策对比研究[M]. 北京：社会科学文献出版社.

王敏姐. 2009. 语音识别技术的研究与发展[J]. 微型机与应用，（23）：1-2，6.

王培光. 2006. 语感与语言能力[M]. 北京：北京大学出版社.

王萍，叶建军. 2018. 关于我军整体外语能力建设的几点思考[J]. 外语研究，（4）：53-58.

王生龙，王劲松. 2013. 中原城市化进程中公民语言能力问题分析与思考[J]. 语言文字应用，（2）：10-18.

王士录. 1994. 当代柬埔寨[M]. 成都：四川人民出版社.

王喜娟. 2013. 柬埔寨大学治理问题研究[J]. 黑龙江高教研究，（6）：1-4.

王喜娟，王瑜，李枭鹰，等. 2014. 柬埔寨高等教育政策法规[M]. 桂林：广西师范大学出版社.

王雪梅. 2006. EFL 学习者语言能力、语用能力性别差异研究及其教学启示[J]. 外国语言文学，（1）：29-33，72.

王玉珏. 2017. 英国军队外语能力建设历史及现状评析[J]. 解放军外国语学院学报,（6）:95-102.

王育弘，王育珊. 2018. 佤族"原始部落"翁丁的语言生活[C]//国家语言文字工作委员会. 中国语言生活状况报告（2018）. 北京：商务印书馆：118-123.

王远新. 2013. 城市"牧民社区"的语言生活——二连浩特市星光小区语言使用和语言态度调查[J]. 满语研究，（1）：87-95.

王远新. 2017. "一寨两国"的语言生活——云南省瑞丽市云井村村民语言使用和语言态度调查[J]. 陕西师范大学学报（哲学社会科学版），46（4）：147-160.

威廉·冯·洪堡特. 1999. 论人类语言结构的差异及其对人类精神发展的影响[M]. 姚小平译. 北京：商务印书馆.

魏晖. 2015. 国家语言能力有关问题探讨[J]. 语言文字应用，（4）：35-43.

魏晖. 2016. 基于资源观的国家语言能力[J]. 语言政策与规划研究，（1）：7-9.

魏琳，刘雨虹. 2018. 青年"广二代"语言生活状况[C]//屈哨兵. 广州语言生活状况报告（2018）. 北京：商务印书馆：111-117.

温北炎. 2002. 关于印尼华人融入当地主流社会的问卷调查[J]. 东南亚研究，（2）：4-8.

温广益. 1997. 1967 年以来印尼华文教育的沉浮[J]. 华侨华人历史研究，（3）：56-59.

温科秋. 2010. 老挝的多语现象与语言政策[J]. 东南亚纵横，（1）：64-68.

文峰. 2008. 语言政策与国家利益——以印尼华文政策的演变为例[J]. 东南亚研究，（6）：80-84.

文秋芳. 2014. 美国语言研究的基本特征：服务于国家安全战略——以马里兰大学高级语言研究中心为中心[J]. 云南师范大学学报（哲学社会科学版），（3）：1-9.

文秋芳. 2016. 国家语言能力的内涵及其评价指标[J]. 云南师范大学学报（哲学社会科学版），（2）：23-31.

文秋芳. 2017. 国家话语能力的内涵——对国家语言能力的新认识[J]. 新疆师范大学学报（哲学社会科学版），（3）：66-72.

文秋芳，苏静. 2011. 军队外语能力及其形成——来自美国《国防语言变革路线图》的启示[J]. 外语研究，（4）：1-7.

文秋芳，苏静，监艳红. 2011. 国家外语能力的理论构建与应用尝试[J]. 中国外语，（3）：4-10.

文秋芳，张天伟. 2013. 后"9·11"时代美国国家外语能力建设成效及其启示[J]. 中国外语，（6）：4-11.

文秋芳，张天伟. 2018. 国家语言能力理论体系构建研究[M]. 北京：北京大学出版社.

吴杰伟. 2003. 菲律宾语 300 句[M]. 上海：上海外语教育出版社.

吴元华. 2008. 务实的决策——新加坡政府华语文政策研究[M]. 北京：当代世界出版社.

谢晓明. 2006. 关注农民工的语言生活状况[J]. 江汉大学学报（人文科学版），（4）：59-62.

邢小龙. 2013. 乌鲁木齐地区高校少数民族学生的语言生活[J]. 中央民族大学学报（哲学社会科学版），40（1）：156-160.

徐朝晖. 2018. 在穗外籍商务人员学习和使用汉语情况[C]//屈哨兵. 广州语言生活状况报告（2018）. 北京：商务印书馆：149-157.

许利平. 1997. 印度尼西亚的双语现象[J]. 解放军外语学院学报，（3）：49-51.

杨静林，黄飞. 2017. 新世纪以来菲律宾华文教育的新发展及其困境[J]. 八桂侨刊，（1）：36-41，72.

杨林. 2009. 东盟教育[M]. 桂林：广西师范大学出版社.

杨鲁. 2017-06-15. 提升军事语言战斗力——从印度边防军学汉语谈起[N]. 中国社会科学报，6.

杨文明. 2016. 柬埔寨高等教育治理模式演进研究[J]. 比较教育研究，38（4）：43-50.

杨晓强. 2011. 语言接触与英语对当代印尼语词汇的影响——兼论印尼语的英语化问题[J]. 解放军外国语学院学报，34（5）：53-57.

杨绪明，宁家静. 2019. "一带一路"视域下文莱汉语传播现状及策略[J]. 北华大学学报（社会科学版），（3）：30-36.

杨亦鸣. 2015-11-24. "一带一路"建设面临语言服务能力不足问题，提高国家语言能力迫在眉睫[N]. 人民日报，7.

杨亦鸣. 2018-01-14. 新时代语言能力建设服务国家需求大有可为[N]. 光明日报，12.

姚喜双. 2016. 《语言文字规划纲要》与国民语言能力提高[J]. 语言科学，（4）：337-338.

叶萍. 2010. 语言政策对菲律宾经济文化的影响[J]. 东南亚纵横，（4）：103-106.

叶婷婷. 2011. 马来西亚汉语水平考试（HSK）调查与分析[J]. 汉语国际传播研究，（1）：163-171.

于根元. 2003. 应用语言学概论[M]. 北京：商务印书馆.

俞亚克，黄敏. 1994. 当代文莱[M]. 成都：四川人民出版社.

张斌华，张媛媛. 2015. 外来务工人员子女语言使用状况研究——以东莞民办小学为例[J]. 语言文字应用，（2）：40-49.

张春烈. 2019. 印尼新汉语水平考试相关问题调查分析[D]. 长沙：湖南师范大学.

张建新. 2010. 21 世纪初东盟高等教育[M]. 昆明：云南人民出版社.

张敬然. 2003. 浅说柬埔寨语[J]. 国际广播影视，（2）：33-35.

张佩嘉. 2016. 马来西亚华文小学非华裔学生识字教学的研究——以沙巴州培正小学为例[D]. 武汉：华中师范大学.

张强，杨亦鸣. 2016. 语言能力：从理论探讨到重大需求[J]. 语言战略研究，（6）：69-76.

张天伟. 2013. 美国军队外语能力的培养体系及其启示[J]. 外语研究，（6）：1-6，112.

张天伟. 2017. 国家语言能力视角下的我国非通用语教育：问题与对策[J]. 外语界，（2）：44-52.

张先亮. 2015. 从新型城镇化角度看市民语言能力[J]. 中国社会科学，（3）：119-126.

张先亮，赵思思. 2013. 试论国民语言能力与人力资源强国[J]. 语言文字应用，（2）：2-9.

张延成，孙婉. 2015. 当代语言技术研究前沿与发展趋势[J]. 云南师范大学学报（对外汉语教学与研究版），13（4）：48-55.

张艳玲，王玉伟. 2018. 北京市小学生口语交际能力现状调查[C]//李艳，贺宏志. 北京语言生活状况报告（2018）. 北京：商务印书馆：114-122.

张迎宝，王铭滟，冯紫晴. 2018. 在穗外籍人士汉语学习需求调查[C]//屈哨兵. 广州语言生活状况报告（2018）. 北京：商务印书馆：129-135.

张勇. 2014. 建设21世纪海上丝绸之路的战略意义[J]. 新经济，（31）：47-53.

张振江. 2001. 普通话在广东：语用、语言能力与语言声望的背离及初步的解释[J]. 中南民族学院学报（人文社会科学版），（2）：62-65.

张治国，郭彩霞. 2016. 文莱语言政策研究及其对我国的启示[J]. 西安外国语大学学报，（3）：28-31.

赵凤珠. 2010. 景洪市嘎洒镇傣族语言文字使用现状及其演变[M]. 北京：商务印书馆.

赵婕. 2018. 新疆柯尔克孜族语言使用调查[C]//国家语言文字工作委员会. 中国语言生活状况报告（2018）. 北京：商务印书馆：132-140.

赵世举. 2015. 全球竞争中的国家语言能力[J]. 中国社会科学，（3）：105-118.

赵燕. 2012. 泰国语言政策初探[J]. 东南亚纵横，（7）：42-45.

郑良树. 2007. 马来西亚华文教育发展简史[M]. 北京：外语教学与研究出版社.

郑淑花. 2004. 从殖民地语言政策到民族独立的语言政策——老挝语言政策研究[J]. 广西教育学院学报，（6）：135-137.

郑文龙. 2008. 马来西亚国民小学华语课程及教材的沿革研究[D]. 广州：暨南大学硕士学位论文.

中国语言文字使用情况调查领导小组办公室. 2006. 中国语言文字使用情况调查资料[M]. 北京：语文出版社.

中山大学东南亚史研究所. 1987. 泰国史[M]. 广州：广东人民出版社.

钟海青，王喜娟. 2012. 马来西亚高等教育政策法规[M]. 桂林：广西师范大学出版社.

钟美苏，孙有中. 2014. 以人才培养为中心，全面推进外语类专业教学改革与发展——第五届高等学校外国语言文学类专业教学指导委员会工作思路[J]. 外语界，（1）：2-8.

钟智翔. 2004. 论缅语历史分期问题[J]. 东方语言文化论丛，35：31-39.

钟智翔，尹湘玲. 2014. 缅甸文化概论[M]. 广州：世界图书出版广东有限公司.

周道娟，李强. 2019. 国家通用语言文字工作[C]//国家语言文字工作委员会. 中国语言生活状况报告（2019）. 北京：商务印书馆：77-82.

周国炎. 2009. 布依族语言使用现状及其演变[M]. 北京：商务印书馆.

周健，刘东燕. 2004. 越南的民族政策及其对我国边境民族地区的影响[J]. 东南亚纵横，（11）：14-19.

周庆生. 2013. 中国"主体多样"语言政策的发展[J]. 新疆师范大学学报（哲学社会科学版），（2）：32-44.

周庆生. 2015. 语言生活与语言政策：中国少数民族研究[M]. 北京：社会科学文献出版社.

朱晋伟，王利峰. 2012. 江苏跨国公司外籍员工汉语技能调查[C]//教育部语言文字信息管理司. 中国语言生活状况报告（2012）. 北京：商务印书馆：135-140.

朱文富，周进. 2013. 新加坡特选中学的双语教育及其历史经验[J]. 河北大学学报（哲学社会科学版），（5）：1-8.

庄初升. 2017. 濒危汉语方言与中国非物质文化遗产保护[J]. 方言，39（2）：247-255.

Abdul-Hamid, A. F. 2017. Islamic education in Malaysia[C]. In H. Daun & R. Arjmand, (Eds.), *Handbook of Islamic Education* (pp. 1-17). Cham: Springer.

Allott, A. J. 1985. Language policy and language planning in Burma[C]. In D. Bradley (Ed.), *Papers in South-East Asian Linguistics, No. 9: Language Policy, Language Planning and Sociolinguistics in South-East Asia* (pp. 131-154). Canberra: Australian National University.

Andriyanti, E. 2016. *Multilingualism of High School Students in Yogyakarta, Indonesia: The Language Shift and Maintenance*[D]. Sydney: Macquarie University.

Arka, I. W. 2013. Language management and minority language maintenance in (eastern) Indonesia: Strategic issues[J]. *Language Documentation and Conservation, 7*: 74-105.

Bachman, L. F. 1990. *Fundamental Considerations in Language Testing*[M]. Oxford: Oxford University Press.

Bertrand, J. 2003. Language policy and the promotion of national identity[C]. In M. E. Brown & S. Ganguly (Eds.), *Fighting Words: Language Policy and Ethnic Relations in Asia* (pp. 263-290). Cambridge: The MIT Press.

Bokhorst-Heng, W. D. & Silver, R. E. 2017. Contested spaces in policy enactment: A Bourdieusian analysis of language policy in Singapore[J]. *Language Policy,* 16(3): 333-351.

Bolton, K. & Ng, B. C. 2014. The dynamics of multilingualism in contemporary Singapore[J]. *World Englishes*, 33(3): 307-318.

Bouangeune, S., Sakigawa, M. & Hirakawa, Y. 2008. Determinants and issues in student achievement in English at the Lao secondary education level[J]. *The Asian EFL Journal*, 10(1): 48-64.

Brecht, R. & Rivers, W. P. 1999. Language policy in the U.S.: Questions addressing a sea change in language in the U.S.[J]. *NFLC Policy Issues*, (1): 1-4.

Brecht, R. & Rivers, W. P. 2005. Language needs analysis at the societal level[C]. In M. H.

Long (Ed.), *Second Language Needs Analysis* (pp. 79-104). Cambridge: Cambridge University Press.

Brecht, R. & Rivers, W. P. 2012. U.S. language policy in defense and attack[C]. In B. Spolsky (Ed.), *The Cambridge Handbook of Language Policy* (pp. 262-277). Cambridge: Cambridge University Press.

Brecht, R. D. & Walton A. R. 1994. National strategic planning in the less commonly taught languages[J]. *The ANNALS of the American Academy of Political and Social Science*, 532(1): 190-212.

Budiwati, S. D. & Setiawan, N. N. 2018. Experiment on building Sundanese lexical database based on WordNet[J]. *Journal of Physics: Conference Series*, 971: 1-9.

Cahyaningtyas, E. & Arifianto, D. 2017. Development of under-resourced Bahasa Indonesia speech corpus[R]. Paper presented at the Proceedings of APSIPA Annual Summit and Conference, Malaysia.

Canale, M. & Swain, M. 1980. Theoretical bases of communicative approaches to second language teaching and testing[J]. *Applied Linguistics*, 1(1): 1-47.

Cavallaro, F. & Serwe, S. K. 2010. Language use and language shift among the Malays in Singapore[J]. *Applied Linguistics Review*, 1(1): 129-170.

Chaloetiarana, T. 1978. *Thai Politics, 1932-1957: Extracts and Documents*[M]. Bangkok: Social Science Association of Thailand.

Chen, Y., Li, C. & Sutanto, Y. 2019. The role of Indonesian trilingual schools in social integration and cultural inheritanic (based on a survey of Chinese descent students in the trilinguan schools)[R]. Paper presented at the First International Conference on Culture, Education, Linguistics and Literature, CELL 2019, Purwokerto, Central Java, Indonesia.

Chomsky, N. 1965. *Aspects of the Theory of Syntax*[M]. Cambridge: The MIT Press.

Chomsky, N. 1977. *Essays on Form and Interpretation*[M]. New York: Elsevier North-Holland, Inc.

Coluzzi, P. 2011. Majority and minority language planning in Brunei Darussalam[J]. *Language Problems and Language Planning*, 35(3): 222-240.

Darmi, R. & Albion, P. 2012. Exploring language anxiety of Malaysian learners[R]. Paper presented at the 2nd Malaysian Postgraduate Conference (MPC2012), Bond University, Queensland, Austrilia.

David, M. K. 2005. Reasons for language shift in Peninsular Malaysia[J]. *Journal of Modern Languages*, 15(1): 1-11.

David, M. K., Cavallaro, F. & Coluzzi, P. 2009. Language policies—impact on language maintenance and teaching: Focus on Malaysia, Singapore, Brunei and the Philippines[J]. *The Linguistics Journal*, special issue: 155-191.

de Saussure, F. 1983. *Course in General Linguistics*[M]. R. Harris trans. London: Gerald Duckworth & Co.

Devaraj, P. 2016. English language proficiency among Malaysian lecturers: Concerns, controversies and issues[J]. *International Journal of Social Sciences & Education*, 2(3): 189-204.

Do, H. T. 2006. The role of English in Vietnam's foreign language policy: A brief history[R]. Paper presented at the 19th Annual EA Education Conference, Australia.

García, O. 2012. Ethnic identity and language policy[C]. In B. Spolsky (Ed.), *The Cambridge Handbook of Language Policy* (pp. 79-99). Cambridge: Cambridge University Press.

Gayle, J. K. 1994. English teaching boom in Vietnam: An American perspective[R]. Paper presented at the TESOL Convention, Baltimore, MD.

Geva-Kleinberger, A. 2017. Language death among the Jews of Singapore: The case of the obsolescence of the Arabic dialect[J]. *Journal Asiatique*, (1): 137-143.

Gill, S. K. 2006. Change in language policy in Malaysia: The reality of implementation in public universities[J]. *Current Issues in Language Planning*, 7(1): 82-94.

Gill, S. K., & Kirkpatrick, A. 2012. English in Asian and European higher education[C]. In C. A. Chapelle (Ed.), *The Encyclopedia of Applied Linguistics* (pp. 1-4). Oxford: Blackwell Publishing.

Goh, H. H. 2018. *Mandarin Competence of Chinese-English Bilingual Preschoolers: A Corpus-based Analysis of Singaporean Children's Speech*[M]. Singapore: Springer.

Goh, H. H., Zhao, C. & Kwek, S. H. 2018. Mandarin competence of primary school students in Singapore: A preliminary comparison across academic level and home language backgrounds[C]. In K. Soh (Ed.), *Teaching Chinese Language in Singapore* (pp. 51-62). Singapore: Springer.

Graf, A. 2011. Beyond 2020: Malay and Indonesian in a new linguistic world order[J]. *Kemanuslaan*, 18(1): 77-100.

Groeneboer, K. 1997. Nederlands-Indie en het Nederlands[C]. In K. Groneboer (Ed.), *Koloniale Taalpolitiek in Oost en West: Nederlands-Indie, Suriname, Nederlandse Antillen en Aruba* (pp. 84-155). Amsterdam: Amsterdam University Press.

Hashim, A. 2009. Not plain sailing: Malaysia's language choice in policy and education[J]. *AILA Review*, 22(1): 36-51.

Haugen, E. I. 1972. The ecology of language[C]. In A. S. Dil (Ed.), *The Ecology of Language: Essays by Einar Huagen* (pp. 325-339). Stanford: Stanford University Press.

Ho, P. Y., Chew, F. P. & Thock, K. P. 2017. Mother tongue and ethnic identity: A study of independent Chinese secondary school students in Malaysia[J]. *Advanced Science Letters*, 23(3): 2112-2115.

Ho-Abdullah, I., Ahmad, Z., Ghani, R. A., et al. 2004. A practical grammar of Malay—A corpus-based approach to the description of Malay[R]. Paper presented at the First COLLA Regional Workshop, Putrajaya, Malaysia.

Hornberger, N. & Vaish, V. 2009. Multilingual language policy and school linguistic practice: Globalization and English-language teaching in India, Singapore and South Africa[J]. *Compare: A Journal of Comparative and International Education*, 39(3): 305-320.

Hymes, D. H. 1972. On communicative competence[C]. In J. B. Pride & J. Holmes (Eds.), *Sociolinguistics: Selected Readings* (pp. 269-293). Harmondsworth: Penguin.

Idri, S. 2014. Language policy and the construction of national and ethnic identities in Indonesia[J]. *US-China Education Review B*, 4(10): 691-705.

Ismail, K., Nopiah, Z. M. & Rasul, M. S. 2017. Malaysian teachers' competency in technical vocational education and training: A review[R]. Proceedings of the 4th UPI International Conference on Technical and Vocational Education and Training, Bandung, Indonesia.

Jain, R. & Wee, L. 2018. Diversity management and the presumptive universality of categories: The case of the Indians in Singapore[J]. *Current Issues in Language Planning*, 20(4): 1-17.

Joharry, S. A. & Rahim, H. A. 2014. Corpus research in Malaysia: A bibliographic analysis[J]. *Kajian Malaysia*, 32(1): 17-43.

Jones, G. M. 1997. Bilingual education in Brunei Darussalam[C]. In J. Cummins & D. Corson (Eds.), *Bilingual Education* (pp. 243-250). New York: Springer.

Jones, G., Martin, P. W. & Ożóg, A. C. K. 1993. Multilingualism and bilingual education in Brunei Darussalam[J]. *Journal of Multilingual and Multicultural Development*, 14(1-2): 39-58.

Kadakara, S. 2015. Status of Tamil language in Singapore: An analysis of family domain[J]. *Education Research and Perspectives*, 42: 25-64.

Kadir, K. A. & Noo, W. S. 2015. Students' awareness of the importance of English language proficiency with regard to future employment[J]. *World Review of Business Research*, 5(3): 259-272.

Kanchanawa, N. 2014. The importance of dialects and indigenous languages[J]. *Journal of Humanities and Social Sciences*, 6(1): 1-7.

Kaplan, R. B. & Baldauf, R. B. 1997. *Language Planning from Practice to Theory*[M]. Clevedon: Multilingual Matters.

Kaplan, R. B. & Baldauf, R. B. 2003. *Language and Language-in-education Planning in the Pacific Basin*[M]. Dordrecht: Kluwer Academic Publishers.

Kawtrakul, A. & Praneetpolgrang, P. 2014. A history of AI research and development in Thailand: Three periods, three directions[J]. *AI Magazine*, 35(2): 83-92.

Keyes, C. F. 2003. The politics of languages in Thailand and Laos[C]. In M. E. Brown & S. Ganguly (Eds.), *Fighting Words: Language Policy and Ethnic Relations in Asia* (pp. 177-210). Cambridge: The MIT Press.

Kuo, E. C. Y. 1980. The sociolinguistic situation in Singapore: Unity in diversity[C]. In E. A. Afendras & E. C. Y. Kuo (Eds.), *Language and Society in Singapore* (pp. 39-62). Singapore: NUS Press.

Larasati, S. D. 2012. IDENTIC corpus: Morphologically enriched Indonesian-English parallel corpus[R]. Paper presented at the Proceedings of the 8th International Conference on Language Resources and Evaluation, Istanbul, Turkey.

Lauder, A. 2008. The status and function of English in Indonesia: A review of key factors[J]. *Makara, Sosial Humaniora*, 12(1): 9-20.

Lewis, M. & Simons, G. 2010. Assessing endangerment: Expanding Fisherman's GIDS[J]. *Revue Roumaine de Linguistique*, 55(2): 103-120.

Loh, F. S. 1975. *Seeds of Separatism: Educational Policy in Malaya 1874-1940*[M]. Kuala Lumpur: Oxford University Press.

Luangthongkum, T. 2007. The positions of non-Thai language in Thailand[C]. In H. L. Guan & L. Suryadinata (Eds.), *Language, Nation and Development in Southeast Asia* (pp. 181-194). Singapore: ISEAS Publishing.

Lyu, D. C., Tan, T. P., Chng, E. S., et al. 2010. Mandarin-English code-switching speech corpus in South-East Asia: SEAME[J]. *Language Resources and Evaluation*, 49(3): 1986-1989.

Malini, N. N. S. 2011. *Dynamics of Balinese Language in the Transmigration Area of Lampung Province*[D]. Denpasar: Udayana University.

Martin, P. W. 1992. Shifts in language allegiance in Borneo: The Belait community of Brunei Darussalam[J]. *Borneo Research Bulletin*, 24: 20-24.

Martin, P. W. 2008. Educational discourses and literacy in Brunei Darussalam[J]. *International Journal of Bilingual Education and Bilingualism*, 11(2): 206-224.

Mattarima, K. & Hamdan, A. R. 2011. The teaching constraints of English as a foreign language in Indonesia: The context of school based curriculum[J]. *Sosiohumanika*, 4(2): 287-300.

Mclellan, J., Haji-Othman, N. A. & Deterding, D. 2016. The language situation in Brunei Darussalam[C]. In J. McLellan, N. A. Haji-Othman & D. Deterding (Eds.), *The Use and Status of Language in Brunei Darussalam* (pp. 9-16). New York and London: Springer.

Mebbett, L. W. 1977. The indianization of Southeast Asia[J]. *Journal of Southeast Asian Studies*, 8(1): 1-14.

Moeliodihardjo, G. 2014. Higher education sector in Indonesia[R]. Paper presented in International Seminar Massification of Higher Education in Large Academic Systems, New Delhi.

Moeljadi, D. 2017. Building an online Indonesian dictionary from word and excel files[R]. Paper presented in NIE-ELL Postgraduate Conference (PGC), National Institute of Education (NIE), Singapore.

Muniandy, M., Nair, G. K. S., Krishnan, S. K., et al. 2010. Sociolinguistic competence and Malaysian students' English language proficiency[J]. *English Language Teaching*, 3(3): 145-151.

Murtisari, E. T. & Mali, Y. C. G. 2017. Impact of English on the Indonesian language and culture: High school students' perceptions[J]. *Studies About Languages*, (30): 90-104.

Musgrave, S. 2014. Language shift and language maintenance in Indonesia[C]. In P. Sercombe & P. Tupas (Eds.), *Language, Education and Nation-building* (pp. 87-105). London: Palgrave Macmillan UK.

Nababan, P. W. J. 1985. Bilingualism in Indonesia: Ethnic language maintenance and the spread of the national language[J]. *Asian Journal of Social Science*, 13(1): 1-18.

Nguyen, H. T. M. 2011. Primary English language education policy in Vietnam: Insights from implementation[J]. *Current Issues in Language Planning*, 12(2): 225-249.

Noor, Z. M., Sarudi, I. & Aminudin, Z. M. 2017. English language proficiency and initiatives of universities[J]. *The Social Sciences*, 12(1): 1-4.

Nugraheni, A. S. 2015. Controversy a policy change in the curriculum in Indonesia in terms of the point of view of Indonesian language subject[J]. *Journal of Education and Practice*, 6(2): 53-61.

Omar, A. H. 2014. Processing Malaysian indigenous languages: A focus on phonology and grammar[J]. *Open Journal of Modern Linguistics*, 4(5): 728-738.

Pakir, A. 2007. The range and depth of English-knowing bilinguals in Singapore[J]. *World Englishes*, 10(2): 167-179.

Pakir, A. 2017. English-knowing bilingualism in ASEAN: Current issues and implications[R]. Paper presented at 2017 PALT International Conference, University of Santo Tomas, The Philippines.

Pal, T. & Isak, S. 2017. Language attitude among Tamil language teachers[J]. *International Journal of Advanced and Applied Sciences*, (4): 142-147.

Panggabean, H. 2015. Problematic approach to English learning and teaching: A case in Indonesia[J]. *English Language Teaching*, 8(3): 35-48.

Powell, R. 2002. Language planning and the British Empire: Comparing Pakistan, Malaysia and Kenya[J]. *Current Issues in Language Planning*, 3(3): 205-279.

Rahim, H. A. 2014. Corpora in language research in Malaysia[J]. *Kajian Malaysia*, 32(1): 1-16.

Rustam, R. 2006. The Malay documentation centre of the dewan Bahasa Dan pustaka (Malaysia): From philology to the social sciences[J]. *Alexandria: The Journal of National and International Library and Information Issues*, 18(2): 103-110.

Sahiruddin, A. 2013. The implementation of the 2013 curriculum and the issues of English language teaching and learning in Indonesia[R]. Paper presented at the Asian Conference on Language Learning, Osaka, Japan.

Samad, A. A. 2004. Beyond concordance lines: Using concordances to investigating language development[J]. *Internet Journal of e-Language Learning & Teaching*, 1(1): 43-51.

Santoso, A. 2016. Critical perspective on language teaching to establish Indonesian society that have critical language awareness[J]. *American Journal of Educational Research*, 4(3): 273-282.

Setiadi, R. & Piyakun, A. 2015. Foreign language proficiency and study skills among Indonesian and Thai graduate students of education studies[J]. *International Journal of Education*, 8(2): 129-137.

Sinayah, M., Perumal, T., Maruthai, E., et al. 2017. Language choice of Malaysian Tamil students in Facebook: A case study in a Malaysian university[J]. *Pertanika Journal of Social Sciences and Humanities*, 25(4): 1861-1872.

Smalley, W. A. 1994. *Linguistic Diversity and National Unity: Language Ecology in Thailand*[M]. Chicago: University of Chicago Press.

Smith, B. 1994. Language choice and terminology for national development[J]. *Terminology*, (2): 291-301.

Sneddon, J. 2003. *The Indonesian Language: Its History and Role in Modern Society*[M]. Sydney: UNSW Press.

Steinhauer, H. 1994. The Indonesian language situation and linguistics: Prospects and possibilities[J]. *The Humanities and Social Sciences of Southeast Asia and Oceania,* 150(4): 755-783.

Taylor, D. S. 1988. The meaning and use of the term 'competence' in linguistics and applied linguistics[J]. *Applied Linguistics,* 9(2): 148-168.

Ting, S. H. & Ling, T. Y. 2012. Language use and sustainability status of indigenous languages in Sarawak, Malaysia[J]. *Journal of Multilingual and Multicultural Development,* 33(1): 1-17.

Tun Jugah Foundation. 2011. Bup Sereba Reti Jaku Iban (An Iban Monolingual Dictionary)[Z]. Kuching: Tun Jugah Foundation.

Vasavakul, T. 2003. Language policy and ethnic relations in Vietnam[C]. In M. E. Brown & S. Ganguly (Eds.), *Fighting Words: Language Policy and Ethnic Relations in Asia* (pp. 211-238). Cambridge: The MIT Press.

Wang, X. M. 2017. Can a language spread from bottom upwards? A study on the spread of standard Chinese in Johor, Malaysia[J]. *Global Chinese,* 3(2): 201-216.

Wang, X. M. & Chong, S. L. 2011. A hierarchical model for language maintenance and language shift: Focus on the Malaysian Chinese community[J]. *Journal of Multilingual and Multicultural Development,* 32(6): 1-15.

Wang, X. M. & Xu, D. 2018. The mismatches between minority language practices and national language policy in Malaysia: A linguistic landscape approach[J]. *Kajian Malaysia,* 36(1): 105-125.

Wibawa, J. A. E., Sarin, S., Li, C., et al. 2018. Building open Javanese and Sundanese corpora for multilingual text-to-speech[R]. Paper presented at the Proceedings of the 11th International Conference on Language Resources and Evaluation, Miyazaki, Japan.

Wilson, C. 1993. Education in Hanoi[J]. *TESOL Matters,* 3(4): 16-27.

Wright, S. 2002. Language education and foreign relations in Vietnam[C]. In J. W. Tollefson (Ed.), *Language Policies in Education: Critical Issues* (pp. 225-244). Mahwah: Lawrence Erlbaum.

Yong, L., Mei, K. P. & Zhi Xin, L. 2016. Language policy and planning (LPP) for English in Malaysian education system in the 21st century[J]. *Journal of English Language and Literature,* 6(2): 455-463.

Yuttapongtada, M. 2007. นโยบายการสอนภาษาต่างประเทศของไทยตั้งแต่สมัยสุโขทัยจนถึงปัจจุบัน[J]. *Volume of Letters,* 36(2): 1-13.

Zhao, S. H., Liu, Y. B. & Hong, H. Q. 2007. Singaporean preschoolers' oral competence in Mandarin[J]. *Language Policy,* 6(1): 73-94.